조선후기
법사회사
연구 Ⅰ

조선후기 법사회사 연구 Ⅰ

초판1쇄 발행 2024년 6월 30일

기획 연세대 법학연구원 법사회사센터
지음 심재우, 박경, 차인배, 문준영, 유승희, 손경찬, 심희기, 이유진, 조윤선, 이하경, 김정자
펴냄 홍종화

주간 조승연
편집·디자인 오경희·조정화·오성현
　　　　　　　신나래·박선주·정성희
관리 박정대

펴낸곳 민속원
창업 홍기원
출판등록 제1990-000045호
주소 서울 마포구 토정로25길 41(대흥동 337-25)
전화 02) 804-3320, 805-3320, 806-3320(代)
팩스 02) 802-3346
이메일 minsokwon@naver.com
홈페이지 www.minsokwon.com

ISBN　978-89-285-1999-6　93900

ⓒ 심재우, 박경, 차인배, 문준영, 유승희, 손경찬, 심희기, 이유진, 조윤선, 이하경, 김정자, 2024
ⓒ 민속원, 2024, Printed in Seoul, Korea

이 책은 저작권법에 따라 보호를 받는 저작물이므로 무단전재와 복제를 금지하며,
이 책의 전부 또는 일부를 이용하려면 반드시 저작권자와 출판사의 서면동의를 받아야 합니다.

연세대학교 법학연구원 법사회사센터 기획

조선후기 법사회사 연구 I

심재우·박 경·차인배·문준영
유승희·손경찬·심희기·이유진
조윤선·이하경·김정자 지음

민속원

서문

　이 책은 연세대 법학연구원 '19세기 국가, 법, 사회 연구단'에서 기획, 발간한『조선후기 사법기구』(박영사, 2022년 5월)에 이은 두 번째 연구총서이다. 본 연구단은 한국 전통사회에서 근대로의 이행기에 해당하는 19세기 조선의 법과 사회의 변화상을 구체적, 심층적으로 규명하는 것을 목표로 하여 2019년 9월부터 현재까지 한국연구재단의 인문사회연구소 사업의 연구비 지원을 받아 연구를 수행하고 있다. 전체 사업기간은 2019년 9월부터 2022년 8월(1단계), 2022년 9월부터 2025년 8월(2단계)까지 총 6년으로 현재 2단계 2년차의 연구를 진행 중이다.

　주지하듯이 한국에서 19세기는 조선왕조의 지배질서의 이완과 근대적 제도의 도입을 특징으로 한다. 이 시기는 전통적 법질서의 지속 속에서 근대법의 도입이 이루어지면서 다양한 법과 관행이 공존하였다. 따라서 19세기 한국 법사에 대한 총체적 이해를 위해서는 기존 전통법적 질서의 내용과 특질을 살펴보고, 근대적 개혁 이후에 지속되거나 사라진 것에 대한 해명이 필요하다. 아울러 갑오개혁 이후 도입된 근대법의 내용은 물론 새로운 근대적 법체계가 어떻게 사회에 정착되었는지에 대한 탐구가 이루어져야 한다.

이와 같은 문제의식에서 본 연구단은 구체적으로 다음의 연구 목표를 세웠다. 먼저 1단계에서는 19세기에 생산된 형정과 소송 관련 자료들을 활용하여 조선왕조 법과 사회의 모습을 여러 측면에서 재조명하고, 2단계에서는 1단계 연구를 심화, 발전시킴으로써 전통법 세계의 심층적 이해와 비교사적 특질을 규명하는 것이다. 다루고자 하는 주제도 법제와 실무, 범죄와 형벌, 분쟁과 소송, 법생활과 법의식, 관행과 질서에 이르기까지 다소 광범위하다.

앞서 언급한 첫 번째 연구총서 『조선후기 사법기구』가 조선후기 사법업무를 분장하고 있는 중앙과 지방 주요기관의 지위와 역할을 종합적으로 살핀 것이라면, 이 책 『조선후기 법사회사 연구 Ⅰ』은 형정과 형벌, 갈등과 분쟁, 사법과 정치 등 19세기 법사法史의 여러 범주에서 공동연구진이 연구기간 중에 발표한 연구성과를 선별한 것이다. 이 책에 수록된 논문 대부분은 2단계에서 발표된 것이지만 1단계에서 발표된 논문도 일부 포함되어 있다.

본 연구단의 연구진들은 법을 연구주제로 설정하였지만, 단순히 법학적 관심에 갇힌 법제사 연구를 지향하고자 하는 것이 아니다. 우리의 연구는 보다 넓은 시야에서 한국사회를 규정하는 중요한 기제인 법의 기능과 효과를 파악하고, 궁극적으로 법적 현상들을 정치, 경제, 사회, 문화와의 체계적 관련 속에서 검토하여 그 속에서 법과 사회의 역사적 전개의 계기와 동인을 탐구한다는 '법의 사회사', '법사회사'로 관점의 확장을 시도하고자 했음을 밝혀둔다. 이 책의 제목을 법사회사라고 한 이유는 이 때문이다.

이제 수록된 논문의 내용을 간단히 소개하고자 한다. 먼저 제1부 형정과 형벌에서는 범죄와 형벌, 그리고 이를 둘러싼 국가 사법행정의 특징을 검토한 다섯 편의 논문을 실었다.

「조선시대 도형徒刑의 집행과 도배죄인徒配罪人 관리」(심재우)는 오형五刑 가운데 그 실체가 불분명한 형벌인 도형徒刑의 특질과 시기별 도형 집행의 양상을 살펴본 글이다. 원래 도형의 본질은 노역에 있었는데, 조선시대에도 초기까지만 해도 도형 죄수에게 청직廳直, 정료간庭燎干, 조지서造紙署의 도침군擣砧軍 등 여러 가지 형태의 노역을 부과하였다. 연구에 따르면 도형의 집행 방식은 조선후기에 크게 변화하였다. 즉 도형 죄수에게 노역을 부과하는 형태가 아니라 다른 지역으로 정배定配보내는 방식으로의 도형 집행이 달라졌다는 것이다. 즉 도형은 유형流刑과 뚜렷한 차이를 보이지 않는 기간이 정해진 단기 유배형으로 변질되었다는 것이다. 이 연구는 그동안 주목하지 않은 도형의 내용을 본격적으로 규명했다는 점에서 의의가 있으나, 왜 그와 같이 변화했는지에 대해서는 후속 연구를 기다려야 할 것으로 보인다.

「『흠흠신서』 살옥殺獄 판결에 나타난 감정의 법적 수용 방식-복수 살인 및 부모 위해자 살해 사건을 중심으로」(박경)는 『흠흠신서』에 수록된 조선후기의 의살義殺, 즉 의로운 살인에 대한 사건 판결 사례를 분석하고 그 의미를 살펴본 글이다. 『대명률』에서는 아들이나 손자가 조부모나 부모를 죽인 자를 복수 살해한 경우 이를 의로운 살인으로 규정하여 감형하거나 무죄 석방하도록 규정하고 있으며, 조선에서도 이와 같은 사건은 『대명률』의 규정에 의거하여 처리되었다. 그런데 『흠흠신서』의 사례를 살펴본 결과 조선후기 명분이 강화되는 분위기 속에서 의로운 살인의 범위가 더욱 넓게 적용되었다. 예컨대 부모, 남편, 자식, 형제를 살해한 자에 대한 복수 살인, 부모에게 위해를 가한 자에 대한 구타 살인의 경우에도 감형되고 있었다는 것이다. 필자는 이를 부모 자식 간의 정리, 형과 아우 간의 우애와 같은 감정을 법적으로 존중하여 형량에 관용을 베푼 것으로 보았다. 다만 이와 같은 관용적 판결이 법적 안정성이라는 측면에서 적절했는지, 아울러 어떤 문제를 노정했는지는 향후 좀 더 면밀히 검토해야 할 필요가 있다.

「조선후기 '치도형治盜刑'의 운영과 폐지 과정 - 포도청捕盜廳의 난장亂杖을 중심으로 - 」(차인배)는 조선후기 도적을 다스리기 위해 포도청에서 사용한 신문 방법인 난장亂杖의 운영과 폐지 과정을 분석한 글이다. 도적을 다스리기 위해 사용하는 형벌을 치도형治盜刑이라 하는데, 필자에 따르면 고신拷訊에서의 난장과 주리, 행형行刑에서의 월족과 자자형이 치도형으로 주로 이용되었다고 한다. 이 중 난장은 자백을 받기 위해 도적의 발바닥과 발가락을 때리는 방식의 고문이었는데, 난장으로 인해 죄수의 발가락이 떨어지고 심지어 죄수가 사망하는 사례가 발생하기도 했다. 이에 가혹한 고문을 금지하는 일환으로 영조는 신하들의 찬반 논의를 거쳐 1777년(영조 46)에 난장을 제거하였다. 끝으로 필자는 난장이 금지된 이후에는 치도곤治盜棍이 통상적인 치도형으로 정착한 것으로 보았다. 포도청의 죄수 심문 사례와 업무 내용을 세밀하게 살필 수 있는 연구이다.

「19세기 '심리의 시대'를 들여다보는 창 - 『일성록』·『추조결옥록』·장계등록을 이용한 살옥사건 기록의 재구성 - 」(문준영)은 19세기 살옥에 관한 현존 기록을 종합적으로 검토한 후, 살옥사건의 진행경과, 즉 지방의 수사 단계에서부터 조정의 최종 확정 판결까지를 일목요연하게 보여줄 수 있는 64개의 사건기록을 확보하여 그 자료적 가치와 활용방안을 제시한 글이다. 내용은 세 부분으로 나눌 수 있는데, 먼저 살옥사건의 수사·재판절차를 살펴보고, 장계등록과 다른 자료를 결합하여 확보한 사건 기록의 작성 경위와 개요를 설명한 다음, 이들 사건기록이 보여주는 경향과 특징을 소개하고 있다. 비슷한 시기에 제출한 논문에서 필자는 사형죄수를 처리하는 방식이 정조 3년(1779)을 끝으로 계복啓覆에서 심리審理로 바뀌는 것에 착안하여 19세기를 심리의 시대로 규정한 바 있는데, 이 글에서 제시한 64개의 사건기록은 심리의 시대 살옥사건의 내용과 그 처리과정을 생생하게 보여주는 길잡이가 될 것으로 기대한다.

「19세기 후반 '수도안囚徒案'의 분석과 죄인의 실태 - 함경남도 지역을 중심으로 - 」(유승희)는 조선시대 죄인의 수감상황을 기록한 수도안囚徒案 자료를 분석한 논문이다. 필자는 먼저 의금부의 『시수책時囚冊』과 『전옥서 수도기典獄署囚徒記』부터 지방 각 군현의 수도안에 이르기까지 현존하는 19세기 수도안 자료 11종을 규장각 등에서 발굴하여 구성과 특징을 검토하였다. 이어 시수죄인의 실태를 구체적으로 살펴보기 위해 1890년(고종 27) 7월부터 이듬해 10월까지 함경도내 13개 부·군에 수감된 죄수를 기록한 『도내시수죄인수도성책道內時囚罪人囚徒成冊』을 집중 분석하였다. 그 결과 함경도민의 경우 유배지가 본도로 지정되었고, 감영에 위치한 함흥 지역에 시수죄인의 절반이 수감된 사실, 당시 함경도관찰사가 월평균 3명의 죄인을 도류형으로 직단直斷했음을 밝혔다. 형정 분석을 위한 자료 이용의 범위를 수도안으로까지 확대시켰다는 데 의미가 있는 성과이다.

다음으로 제2부 갈등과 분쟁에서는 민장民狀과 입안立案 등 자료를 통해 민사분쟁의 양상을 살핀 세 편의 논문을 실었다.

「관습상 명의신탁 사례 - 1722년 안동부입안(『康熙六十一年 二月 日 安東府立案)의 평석 - 」(손경찬)은 18세기 안동에서 있었던 토지소유권의 귀속에 관한 분쟁을 담은 안동부입안을 분석하여 그 법제적 의미를 살핀 글이다. 필자는 입안에 실린 소송의 원고와 피고의 주장, 송관의 처분 등을 상세하게 검토함으로써 다음의 결론에 도달하였다. 먼저 조선시대 양반이 본인 소유의 재산을 노비 특히 호노戶奴에게 신탁하는 명의신탁의 관습을 확인하였다. 그리고 그동안 논란이 된 '기상記上'의 용어를 상속법제에 관한 용어로 파악하여 자식 없이 사망한 노비의 재산을 노비 주인에게 특별귀속하는 의미가 있음을 밝혔다. 마지막으로 조선시대 민사소송 관련 법규 가운데 시효 제도와 유사한 과한법過限法, 소송에 불출석한 당사자에게 패소판결을 내리도록 하는 친착결절법親着決折法의 적용 양상을 파악하였다. 이 연구는 조선시대 민사재판의 실태 및 민사절차법의 운용을 살피는 데 결송입안이 중요한 단서를 제공할 수 있음을 보여준다.

「19세기 조선의 민사집행의 실태」(심희기)는 조선의 민사재판에서 송관訟官의 처분이 제대로 집행되지 않았음에 착안하여 민장치부책民狀致簿冊과 의송등서책議送謄書冊, 여러 고문서 기록을 활용하여 19세기 민사집행의 실태를 실증적으로 살펴본 글이다. 필자는 채송債訟과 산송山訟 관련 여러 사례를 통해 19세기 송관의 판결이 제대로 이행되지 않은 일들이 빈번히 발생하였고, 이에 대한 대책으로 승소인들은 착수독굴捉囚督掘·착수독봉捉囚督捧으로 불리우는 채무구금imprisonment for debt 수단의 사용을 강하게 청원하였지만 송관은 이에 소극적이었고 채무구금을 최후수단으로만 활용하려 한 점을 밝혔다. 아울러 조선정부가 국고손실이 발생할 때마다 채무구금 수단을 최대한 애용한 사실, 서양 중세의 유사 사례와 달리 19세기 조선의 채무구금은 형사적 프로세스의 일부로 편입되어 있었다는 점에서 차이를 보인다고 주장하였다. 조선왕조 민사재판에서 판결의 기판력, 또는 확정력 관념이 미약하였음은 주지의 사실인데, 이와 더불어 판결을 강제로 관철시키는 구조 또한 취약했던 상황을 잘 보여주는 연구이다.

「19세기 말 김산군 백성들의 삶과 갈등 - 1896년 민장치부책 분석 - 」(이유진)은 19세기 말 김산군 백성들이 군수에게 올린 민장을 분석하여 지역내 현안과 갈등양상을 밝힌 글로서, 분석 대상 민장은 1896년 7월부터 12월까지 4개월분 599건이다. 필자는 민장의 내용에 따라 크게 부세갈등, 경제갈등, 사회갈등, 청원·간은, 기타로 분류하고 각 유형별로 주요 사례를 검토하였다. 특히 김산군 민장이 작성된 시기가 갑오·을미개혁을 거치면서 사회제도적으로 급격한 변화가 있은 직후라는 점에 주목하여 신구 질서의 변화로 인한 충돌과 갈등이 어떤 방식으로 노정되었는지를 사법제도, 조세제도, 역둔토 문제, 신분 질서의 네 개 범주로 나눠 정리하여 당시 지역 사정을 잘 보여주고 있다. 필자가 논문에서 밝혔듯이 민장치부책은 군수에게 올린 민장이 짧게 요약되어 있다는 점에서 한계가 있는 자료이다. 하지만 본 김산군 사례에 더하여 현존하는 다양한 민장이 종합적으로 검토된다면 지역별, 시기별 현안에 대한 비교 검토가 가능할 것으로 기대한다.

제3부 사법과 정치에서는 관리범죄에 대한 법 규정과 인식, 그리고 소원·추국 등을 통한 국가와 법의 문제를 다룬 세 편의 논문을 실었다.

「조선후기 공죄公罪·사죄私罪 조율의 변화와 적용 사례」(조윤선)는 조선시대 관리들의 범죄에 적용된 공죄·사죄의 개념과 법적 규정을 살펴보고, 실제 조율 양상의 특징을 규명한 글이다. 중국과 한국의 전통법에서 공죄는 관리가 공무를 수행하는 과정에서 사리를 추구하지 않으면서 범하는 실수나 착오를 말한다. 반면 사죄는 일반인이 사익을 추구하는 과정에서 저지른 고의성 범죄로서, 관리가 공무를 빙자하여 사리를 추구하면 역시 공죄가 아닌 사죄가 된다. 필자는 관리범죄의 조율 사례를 통해 사안의 중대함과 관원의 직위 고하에 따라 공죄, 사죄 적용에 차이가 있었다고 분석한다. 즉 고의범이 아니더라도 범죄의 사안이나 관계되는 바가 중하면 사죄로 처벌하였고, 같은 죄라도 고위직이면 공죄, 실무를 담당한 하위직이면 사죄로 처벌하는 경향이 있었다는 것이다. 아울러 정조대에는 공죄 조율의 비중이 높았는데, 이는 사죄를 적용하여 관리를 체직시켜서 발생하는 행정 공백을 줄이기 위한 의도였다고 본다. 조선시대 관리범죄 인식의 시기별 변화상을 살펴볼 수 있는 연구이다.

「조선후기 소원訴冤을 둘러싼 법정, 법, 그리고 국가」(이하경)는 조선후기 소원·소송을 제기하기 위해 민인들이 사법제도에 크게 의존했다는 점에 주목하여 새로운 시각에서 조선의 법정, 법, 그리고 국가의 성격을 살펴보았다. 필자의 문제의식은 당시 조선국가의 공적, 법적인 절차를 민인들이 적극 활용한 이유에 대한 선행연구의 설명이 불충분하다는 인식에서 출발한다. 필자는 먼저 법정을 형벌이 남용되는 국가권력 현시의 장으로 이해하는 대신 여러 주체들이 상호과정의 결과로 사법적인 판단이 도출되는 공간으로 파악할 것을 주문한다. 이어 법은 단순히 국가권력을 집행하는 통치 수단으로 봐서는 곤란하다는 것인데, 소원과 관련한 입법 과정은 국가와 사회와의 지속적인 상호작용과 협상 과정에서 도출하게 된 결과물이기 때문이다. 마지막으로 조선 국가가 단순히 공공질서를 확보하는 데에만 중점을 둔 것이 아니라 개인 간의 분쟁에 개입하여 사법적인 정의를 추구했다고 본다. 즉 조선 국가는 사법제도 속에서 사회와 소통하는 주체로서 볼 수 있다는 것이다. 이 연구는 실증적 분석에 경도된 역사학계에 시각의 전환, 방법론의 모색 필요성을 환기시켰다는 의미가 있다.

「1801년(순조 1) '신유옥사辛酉獄事'의 시작과 변화 양상 - 이가환李家煥·이기양李基讓 추국 사건과 주문모周文謨 신부神父 추국 관련『추안급국안推案及鞫案』을 중심으로 - 」(김정자)는 조선후기 사학邪學, 즉 천주교 신자들에 대한 대대적인 적발, 처벌이 이루어진 1801년 '신유옥사'의 전개과정을 분석한 글이다. 사료는 천주교인들에 대한 심문 기록이 상세히 기록되어 있는『추안급국안』이며, 분석의 중심 내용은 옥사의 초기에 행해졌던 이가환 李家煥·이기양李基讓 추국, 그리고 중국 주문모周文謨 신부 추국이다. 필자는 자료를 꼼꼼히 분석하여 이가환 등에 대한 추국은 남인 내 채제공蔡濟恭 계열과 신서파信西派 세력, 신진세력에 대한 심문에서 시작하여 외척 홍낙임洪樂任과의 연합 여부에 대한 심문으로 바뀌었고, 또한 주문모 신부 자수로 종친 세력과 노·소론, 소북인 내 '시파時派' 세력에 대한 추국으로 변화했다고 설명한다. 이를 통해 신유옥사가 천주교도에 대한 처벌의 목적 외에도 반대세력 제거를 위한 정치적 성격도 지닌 것으로 보았다. 필자가 활용한『추안급국안』을 이용하여 조선 사회를 뒤흔들었던 각종 역모, 변란 사건 등에 관한 재판에 좀 더 다가갈 수 있기를 기대한다.

이상으로 이 책에 수록된 모두 열한 편 논문의 주요 내용과 연구사적 의미를 간단히 살펴보았다. 검토 과정에서 알 수 있듯이 각각의 논문은 처음부터 총서 체계에 맞추어서 역할 분담이 이루어진 것이 아니라 공동연구진 각자의 관심에 따라 수행된 연구의 결과물이다. 또한 법학, 역사학, 정치학

등 참여한 연구진의 전공에 따라 당대 시대상과 문제의식에서 차이도 발견된다. 그럼에도 불구하고 이 책은 법사 연구자가 많지 않은 학계의 현 상황에서 법사학과 역사학의 긴밀한 소통을 시도했다는 점, 그리고 19세기 법과 사회에 대한 다양한 주제의 연구 필요성을 제시했다는 점에서 의의가 있다고 자평한다. 부족한 점에 대해서는 독자 여러분의 많은 질정을 부탁드린다.

끝으로 연구비를 지원해주고 공동연구가 원활하게 진행될 수 있도록 연구 환경을 제공해준 한국연구재단과 연세대학교 법학연구원에 감사드리며, 내년에 출간 예정인 세 번째 연구총서는 더욱 내실있는 성과가 될 수 있도록 노력할 것을 약속드린다.

2024년 5월 13일
연구진을 대표하여 심재우 씀

목 차
Contents

서문 | 심재우　5

제1부
형정과 형벌

조선시대 도형徒刑의 집행과 도배죄인徒配罪人 관리 | 심재우
　1. 머리말 ··· 22
　2. 조선전기 도역徒役의 실체 ··· 25
　3. 조선후기 도형 집행의 변화 ·· 33
　4. 도류안徒流案의 작성과 도배죄인徒配罪人 관리 ······························ 39
　5. 맺음말 ·· 46

『흠흠신서』 살옥殺獄 판결에 나타난 감정의 법적 수용 방식 | 박경
복수 살인 및 부모 위해자 살해 사건을 중심으로
　1. 머리말 ·· 50
　2. 18세기 복수 살인 및 부모 위해자 살해 관련 법 제정 ··················· 53
　3. 정조대 판결 경향과 『흠흠신서』 판결 수록 방식 ··························· 65
　4. 맺음말 ·· 78

조선후기 '치도형治盜刑'의 운영과 폐지 과정 | 차인배
포도청捕盜廳의 난장亂杖을 중심으로

1. 머리말 ··· 84
2. 사법기구의 심문절차 정비 ·· 87
3. 포도청의 난장 운영 실태 ·· 95
4. 난장 제거와 후속 조치 ·· 113
5. 맺음말 ·· 124

19세기 '심리의 시대'를 들여다보는 창 | 문준영
『일성록』· 『추조결옥록』· 장계등록을 이용한 살옥사건 기록의 재구성

1. 서론 ·· 128
2. 조선 후기 살옥사건 처리와 '심리의 시대' ······················· 133
3. 19세기 살옥안 관련 기록 현황과 장계등록 자료의 가치 ······ 149
4. 심리의 시대의 한 단면: 사형판결 없는 사형죄인 처리와 징벌 ······ 162
5. 맺음말 ·· 169
[부록] 장계등록 · 『일성록』· 『추조결옥록』을 이용한 64개 살옥안 처리 기록의 재구성 ······ 174

19세기 후반 '수도안囚徒案'의 분석과 죄인의 실태 | 유승희
함경남도 지역을 중심으로

1. 머리말 ·· 180
2. 조선시대 국가의 죄수 기록과 '수도안' ······························ 183
3. 19세기 '수도안' 자료와 특징 ·· 188
4. 19세기 후반 함경남도 죄인의 실태 ····································· 200
5. 맺음말 ·· 215

15

제2부
갈등과 분쟁

관습상 명의신탁 사례 | 손경찬
1722년 안동부입안(「康熙六十一年 二月 日 安東府立案」)의 평석

1. 시작하며 ··· 222
2. 1722년 안동부입안(「康熙六十一年 二月 日 安東府立案」)의 내용 ········· 225
3. 1722년 안동부입안(「康熙六十一年 二月 日 安東府立案」)의 분석 ········· 237
4. 마치면서 ··· 254

19세기 조선의 민사집행의 실태 | 심희기

1. 문제의 제기 ·· 260
2. 최후수단으로서의 채무구금 ·· 261
3. 관찰사의 제사 이후의 상황 전개 ·· 267
4. 송관의 한두 번의 용서 ··· 268
5. 위금취리율違禁取利律과 결후잉집률決後仍執律 ·································· 271
6. 채무구금을 요구하는 채권자·묘지권자 ····································· 275
7. 관찰사가 채무구금을 지시하는 사례 ·· 277
8. 채무자 감옥(debtor's prison)의 기능을 겸하는 19세기 조선의 감옥 ··· 281
9. 채무구금의 최대 애용자였던 조선 정부 ····································· 285
10. 징벌적 형사사법 시스템과 채무구금의 관계 ····························· 286

19세기 말 김산군 백성들의 삶과 갈등 | 이유진
1896년 민장치부책 분석

1. 머리말 ·· 292
2. 김산군 민장에 대한 기초적 분석 ·· 297
3. 김산군 백성들의 삶과 갈등 - 지속과 변화의 관점에서 ············· 309
4. 맺음말 ·· 317

제3부
사법과 정치

조선 후기 공죄公罪·사죄私罪 조율의 변화와 적용 사례 | 조윤선
 1. 머리말 ·· 324
 2. 공죄公罪·사죄私罪의 개념과 처벌 규정 ··· 326
 3. 법전 규정의 공죄·사죄 죄목罪目과 적용 기준의 확대 ······································· 335
 4. 정조대正祖代 조율 양상과 공죄公罪 적용의 의미 ·· 350
 5. 맺음말 ·· 358

조선후기 소원訴冤을 둘러싼 법정, 법, 그리고 국가 | 이하경
 1. 머리말 ·· 364
 2. 조선후기 법정 ··· 367
 3. 조선후기 법 ·· 373
 4. 조선후기 국가 ··· 379
 5. 추국 공간 분석에의 함의 ··· 384
 6. 맺음말 ·· 387

1801년(순조 1) '신유옥사辛酉獄事'의 시작과 변화 양상 | 김정자
이가환李家煥·이기양李基讓 추국 사건과 주문모周文謨 신부神父 추국 관련
『추안급국안推案及鞫案』을 중심으로
 1. 머리말 ·· 394
 2. '신유옥사' 이전 정조正祖 연간 이가환 관련 '사학邪學'·'사설邪說'의 변화 양상 ········ 400
 3. 이가환·이기양의 '사학'·'사설' 세력 관련 추국 사건 ·· 411
 4. 주문모 신부 종친宗親 은언군恩彦君 폐궁廢宮 관련 추국과
   '사학'·'사설'·'무고誣告' 관련 사안으로의 확산 ··· 439
 5. 맺음말 ·· 445

제1부
형정과 형벌

조선시대 도형徒刑의 집행과 도배죄인徒配罪人 관리*

심재우
한국학중앙연구원 교수

조선시대 도형徒刑의 집행과
도배죄인徒配罪人 관리

1. 머리말

　조선 태조가 중국 명나라 『대명률』의 계수를 표방하고 그 해설서에 해당하는 『대명률직해』를 편찬한 이래 『대명률』은 오랫동안 조선사회에서 공식적으로 기본적인 형사규범으로 기능하였다. 대한제국기에 최초의 근대 형법인 『형법대전』이 편찬되지만, 『형법대전』의 많은 내용에서 『대명률』의 조문이 그대로 수록되는 등 왕조 말기까지 『대명률』의 영향은 절대적이었다.[1] 형벌도 마찬가지여서, 조선왕조에서 시행한 태笞, 장杖, 도徒, 유流, 사死의 다섯가지 형벌 또한 『대명률』의 첫머리에 나오는 오형五刑[2]을 그대로 채택한 것이다.
　이 다섯 가지 형벌 가운데 태형·장형은 10대에서 100대까지 정해진 형

---

*　이 글은 『한국문화』 104, 서울대규장각한국학연구원, 2023, 89~112쪽에 게재된 논문을 연구총서의 기획 의도에 맞게 약간의 수정을 가하여 수록한 것이다.
1　조선시대 『대명률』의 수용과 운용에 대한 전반적인 내용은 다음 연구 참조. 조지만, 『조선시대의 형사법 - 대명률과 국전 - 』 경인문화사, 2007; 심재우, 「조선말기 형사법 체계와 『대명률』의 위상」, 『역사와 현실』 65, 2007.
2　『大明律』 卷首, 「五刑之圖」와 「五刑名義」 참조.

장을 가해 죄인에게 고통을 주는 것이고, 사형은 극형으로서 죄인의 목숨을 빼앗는 형이다. 이처럼 태형·장형, 사형은 형벌의 강약에서는 큰 차이가 있지만, 집행과 동시에 관의 형벌 집행이 마무리된다는 데 공통점이 있다. 반면 도형·유형은 노역, 혹은 추방을 위해 죄인을 정해진 기간 동안 정배定配시키는 형태이므로 배소配所에 도착하는 것으로 끝이 아닌 형벌 집행의 시작이었다. 이처럼 도형, 유형은 일정 기간 혹은 종신 동안 배소에서 머무른다는 점에서 오형 중 가장 독특하고 특징적인 형벌이라 할 수 있다. 따라서 도형, 유형 집행과 관련한 제도 변천, 그리고 그 성격을 규명하는 작업은 조선시대 형벌과 처벌문화를 심층적으로 이해하기 위해 더없이 중요하다고 생각한다.

그런데 당대 법제의 기본 골격과 체계를 이해하는 데 중요한 조선시대 형벌제도에 대해서는 아직까지 관련 연구가 충분하지 않은 것이 사실이다. 특히 도형, 유형 중에서도 유형에 대한 연구가 그나마 꾸준히 이루어진 것에 비해 도형에 대한 검토는 거의 전무했다고 봐도 무방하다. 예컨대 유형, 즉 유배형의 경우 유배지 문제, 유배 노정은 물론 유배지에서의 생활상에 대한 사례 연구가 적지 않게 축적되었지만,[3] 도형의 집행 때 부과되는 것으로 알려진 노역勞役의 실체는 여전히 불분명한 채로 남아 있다.

물론 도형이 갖는 형벌로서의 성격에 대해 언급한 연구가 전혀 없었던 것은 아니다. 예를 들어 오갑균은 조선왕조의 여러 사법기구의 특징을 분석하는 연구를 수행하면서 형벌 문제도 간략히 다룬 바 있다. 즉 그는 『각사등록各司謄錄』에 수록된 조선후기 각도 감영監營의 계록류啓錄類 자료의 검토를 바탕으로 『대명률』의 도형은 도역徒役의 기간이 명시되고 장형杖刑을 부과하는 원칙이 있지만, 실제 판결을 보면 도역에 대한 언급이 없고 배

---

[3] 유배제도 연구의 현 상황에 대해서는 다음 연구에서 확인할 수 있다. 심재우, 「조선시대 유배제도 연구의 성과와 과제」, 『도서문화』 58, 2021.

소지配所地에서도 역을 부과한 기록이 없다는 점에서 법규대로 시행되지 못한 것으로 추정하였다.[4]

이와 함께 정연식은 쉽게 풀어쓴 대중 역사서에서 도형이 1년 이상 3년 이내로 일정 기관에 배속해서 노역을 시키는 형벌이므로 요즘의 유기징역에 해당한다고 전제하였다. 하지만 실제로는 특별히 하는 일 없이 배소에서 지내는 일이 많아 도형은 유형과 뚜렷이 구분되지 않았으며, 도형과 유형이 서로 넘나드는 말로 쓰이게 되었다고 서술하였다.[5]

이 두 연구는 도형에 대한 본격적인 분석이 아니며, 특히 정연식의 글은 본격 연구서가 아니라 근거 자료를 제시하지 않은 점이 아쉽다. 하지만 도형이 규정대로 시행되지 않은 사례와 실상을 일부 소개하고 있다는 점에서 의미가 있다.

반면 이들과 달리 도형에 부과된 노역의 실체를 실증적으로 분석한 연구도 있다. 일본 교토대학 야기 다케시 교수는 15세기 조선왕조실록 기록을 꼼꼼하게 분석하여 조선 정부에서 도형 죄수를 지방관 청사에 배속시켜 각종 잡역雜役에 사역시키고 있는 사실을 제시하였다. 그가 제시한 잡역의 형태는 청직廳直, 도침군擣砧軍, 역일수驛日守, 봉수군烽燧軍, 정료간庭燎干 등 다양했는데, 시기에 따라 노역의 부과에 차이가 존재했다는 것이다.[6]

이 글은 이들 성과를 바탕으로 조선시대 도형의 성격을 종합적으로 분석하고자 한다. 특히 기존 검토에서 제대로 다루지 못한 조선후기 도형의 집행 양상과 죄수 관리 문제를 추적하여, 도형 집행의 시기별 변화를 규명

4　오갑균, 『조선시대 사법제도 연구』, 삼영사, 1995, 208쪽.
5　정연식, 『일상으로 본 조선시대 이야기』 2, 청년사, 2001, 174~177쪽.
6　矢木 毅, 「朝鮮初期의 徒流刑について」, 『前近代中國의 刑罰』, 京都大學 人文科學硏究所, 1996. 이 논문은 이후 그의 단독 저서 『朝鮮朝刑罰制度의 硏究』(朋友書店, 2019)에 수정, 수록(1장)되므로 이하에서는 그의 저서에 실린 논문을 인용하고자 한다. 한편 『朝鮮朝刑罰制度의 硏究』는 조선시대 형벌과 징계 체계에 대한 최초의 본격적인 연구서로서 그의 독창적인 견해가 제시되어 있는데, 이 책의 의의에 대해서는 다음 연구를 참고할 수 있다. 심재우, 「조선시대 형벌과 형정 연구의 진전을 위한 모색 - 矢木 毅, 『朝鮮朝刑罰制度의 硏究』(2019, 朋友書店) 분석을 중심으로 - 」, 『역사와 현실』 118, 2020.

할 계획이다.

앞서 제시한 몇몇 성과를 종합하면 전체적으로 조선초기 도형에는 규정처럼 노역이 부과된 것은 분명하나 어느 시점부터 도형의 집행이 변질된 것으로 이해할 수 있다. 이 글은 방금 지적한 것처럼 기존의 연구가 시기적으로 제한되고 관련 자료도 본격적으로 검토되지 못한 점을 고려하여 조선전 시기를 대상으로 도형의 집행 양상을 전반적으로 검토하고자 한다. 이를 통해 조선후기 도형 집행의 변화를 밝힐 것이다. 자료로는 조선왕조실록, 승정원일기, 법전류 외에도 조선후기 도형 집행 모습을 살펴볼 수 있는 도류안徒流案, 시수성책時囚成冊 등 규장각 소장 도서도 일부 활용할 예정이다.

이를 위해 먼저 조선초기 도형의 노역 부과 양상을 살펴보고, 이어 조선후기에 도형 집행이 어떻게 변모하는가를 추적한다. 마지막으로 배소配所 선정, 석방 등 도배죄인徒配罪囚 관리 및 도배 행정 문제를 다루고자 한다. 이 과정에서 사료에 등장하는 도배徒配 사례와 도배죄인 사면 문제 등도 살펴본다. 이상의 검토를 통해 조선 형벌사에서 도형이 갖는 성격과 의의를 제시할 수 있을 것으로 기대한다.

2. 조선전기 도역徒役의 실체

서두에서 언급한 것처럼 형벌 태·장·도·류·사의 오형 가운데 하나인 도형徒刑은 조선시대에 태·장형보다는 무겁고 유·사형보다는 가벼운 딱 중간에 위치하는 형벌이었다. 주지하듯이 오형은 태·장·도·류·사의 다섯가지 형벌을 태형 5등(笞一十, 笞二十, 笞三十, 笞四十, 笞五十), 장형 5등(杖六十, 杖七十, 杖八十, 杖九十, 杖一百), 도형 5등(杖六十 徒一年, 杖七十 徒一年半, 杖八十 徒二年, 杖九十 徒二年半, 杖一百 徒三年), 유형 3등(杖一百 流二千里, 杖一百 流二千五百里, 杖一百 流三千里), 사형 2등(絞, 斬)의 20개 등급으로 배열한 것인데, 중국의 오형제도는 중국의 수, 당대를 거치면서 정립되어 이후 청말에 이르기까지 유지, 계승되었다.[7]

여기서 신체형에 해당하는 태장형, 생명을 빼앗는 사형과 달리 도류형이 독특한데, 도류형은 무기추방형에 해당하는 유형과 노역을 본질로 하는 도형으로 구성되어 있었다. 중국에서 도형이 죄수를 노역에 종사하도록 함으로써 개과천선하도록 하는 것은 그 연원이 서주西周 시대로 거슬러 올라가는데, 관련 기록은 『주례周禮』와 청동 명문에 나온다.[8] 이후 수나라 때 노역의 기간에 따라 도형이 1년, 1년반, 2년, 2년반, 3년의 5등급으로 확립된 이래 명청시대에 이르기까지 변동없이 지속되었는데, 다만 노역의 내용이 시대에 따라 차이가 있었다는 것이 연구자들의 일반적인 견해이다.

예컨대 당나라에서는 도형을 집행할 때 서울에서는 남자는 장작감將作監, 부인은 소부감小府監에 보내 노역을 하게 하였고, 지방에서는 해당 지역의 관아에서 관역官役에 종사하게 하거나 창고의 수리, 관청의 잡역 등에 동원하였다.[9] 반면 명나라에서는 『대명률』에 소금을 굽거나 쇠를 불리게 하는 노역을 부과하도록 규정하고 있다.[10] 이처럼 도형은 노역을 기본으로 하되 노역의 방식과 내용은 각 왕대의 여건에 따라 조금씩 차이를 보였다고 하겠다.[11]

그렇다면 조선왕조에서는 도형을 어떻게 집행했을까? 먼저 분명히 할 내용은 조선왕조실록을 비롯한 관련 기록을 통해 조선초기인 15세기에는

---

7 니이다 노보루는 남북조시대 내지 수당시대에 정형화된 태·장·도·류·사의 5형 체계가 송, 원을 거치며 일부 변화가 있었지만 명, 청에까지 질적 변화 없이 계승되었다고 설명한다. 仁井田陞, 『中國法制史硏究 - 刑法』, 東京大學 東洋文化硏究所, 1959, 122쪽.
8 장진번 주편, 한기종 등 옮김, 『중국법제사』, 소나무, 2006, 144~146쪽.
9 仁井田陞, 『唐令拾遺』, 東方文化學院 東京硏究所, 1933, 773쪽.
10 『大明律』卷首, 五刑名義. "徒者 謂人犯罪稍重 拘收在官 煎鹽炒鐵一應用力辛苦之事 自一年至三年 爲五等 每杖一十及半年爲一等加減."
11 노역을 기본으로 하는 도형은 청나라에 와서 '단기 유배형'으로 그 성격이 변질되는데, 이에 대해서는 다음 장에서 살펴보기로 한다.

중국에서 당초 형벌이 마련된 취지에 의거하여 조선왕조에서도 도형에 노역이 부과된 사실이다. 이에 대해서는 앞서 말한 대로 야기 다케시 교수가 검토한 바 있는데, 이 글에서는 야기 교수의 성과를 바탕으로[12] 법전과 실록의 기록을 추가로 보완하여 조선전기 도역의 내용을 재정리해 보기로 한다.

조선왕조실록의 기사를 검토하기에 앞서 먼저 법전의 해설서인 『경국대전주해經國大典註解』의 기록부터 살펴보자. 1554년(명종 9)에 안위安瑋가 간행한 『경국대전주해』의 후집後集에는 『경국대전』에 나오는 자구에 대한 해설이 실려 있는데, 여기서 도류형徒流刑을 설명하면서 유형流刑이 먼 지역에 종신 추방하는 형임에 비해, 도徒는 노역奴役, 즉 죄를 지어 노역에 종사하는 형임을 분명히 하였다.[13] 이처럼 조선왕조에서도 중국에서처럼 도형은 노역을 본질로 한다는 점을 명확히 이해하였고, 실제로 다음에 제시하는 것처럼 그렇게 집행하였다.

그렇다면 조선초기에 구체적으로 도형죄수에게 부과된 노역이 무엇이었는지가 검토해야 할 핵심 주제이다. 조선초기에도 노역 부과의 내용은 다양하였는데, 이를 하나하나 살펴보기로 한다.

먼저 도형죄수들은 관아에 배속되어 각종 잡역을 수행하는 청직廳直, 정료간庭燎干의 역을 수행했다. 청직은 지방관아에서 수위 역할을 하는 임무를, 정료간은 야간에 관아 뜰에 불을 밝히는 임무를 맡았는데, 이들은 관아의 잡역부로서 도형에 부과된 노역의 가장 일반적인 형태였다.

예컨대 조선왕조실록에 세종대인 1442년(세종 24) 5월에 실화한 백성 최득림이란 자를 장구십杖九十 도이년반徒二年半의 형에 처하여 강원도 안협 고을의 정료간으로 배속한 사례가 보인다.[14] 4년 뒤인 1446년에 세종은

---

12 야기 다케시, 앞의 책, 2019, 65~70쪽.
13 『經國大典註解』(後集) 刑典 秋官 司寇 逃亡條 徒流. "徒 奴役也 以罪供徭作也(밑줄 필자, 이하동일) 自一年至三年爲五等 每杖一十及半年爲一等加減 流 遣去之遠如水之流 不忍刑殺 流去遠方 終身不得回鄕也 自二千里至三千里爲三等 每五百里爲一等加減 三流同爲一減."

우의정 하연과 이야기하면서 이 시기 도역은 각 관청의 청직으로 정하는 것이 관례라고 언급한다.[15]

이처럼 세종대에 도형에 처한 자들을 관청의 청직, 정료간에 배속시켜 노역을 행하게 하였음을 알 수 있는데, 특히 연산군 대에는 문신 정여창이 정배되어 정료간 일을 수행한 일이 유명하다. 정여창은 무오사화가 일어난 1498년(연산군 4)에 함경도 종성 관아에 배속되었는데, 『연려실기술』의 기록에 따르면 그는 처음에 뜰에 피우는 화로를 돌보는 소임, 즉 정로부庭爐夫로서 매번 사신使臣이 공관公館에 들면 불피우는 일을 공손하게 잘 수행했다고 한다.[16] 여기서 정로부는 정료간을 말한다.

그런데 당시 도형의 노역 부과가 청직, 정료간이 전부는 아니었다. 도역수徒役囚에게는 조지서造紙署에서 종이를 다듬이질하여 반듯하게 만드는 일을 맡은 도침군擣砧軍으로 배속하는 경우도 있었다.

위에서 살펴본 1446년의 실록 기사에 따르면 도형의 역으로 관례대로 청직으로 배속하는 대신 이 때 도침군으로 정했다는 사실을 알 수 있다.[17] 도침군 배속 사례는 이뿐만이 아니어서 이미 이보다 2년 전에 죄수가 조지서에서 도역을 수행하고 있었음이 확인된다.[18]

도침군의 역은 청직 등에 비해서는 훨씬 고역이었던 것으로 보인다. 1444년(세종 26)에 우빈객 김종서는 당시 도죄徒罪를 범한 양가良家 자제子弟를 도침군으로 보내다 보니 이들이 천례賤隷와 다를 바 없을 정도로 고초가

---

14 『세종실록』 권96, 세종 24년 5월 11일(경오).
15 『세종실록』 권114, 세종 28년 12월 1일(갑오).
16 『燃藜室記述』 권6, 燕山朝故事本末 戊午黨籍 鄭汝昌. 다만 정여창은 종성에 7년간 정배되어 그곳에서 사망했다는 점에서 그가 도형이 아닌 유형에 처해져서 노역을 수행했던 것으로 이해된다. 아무튼 당시 정료간이 상당히 보편적인 노역이었음을 짐작하게 해준다.
17 『세종실록』 권114, 세종 28년 12월 1일(갑오). "甲午朔 召右議政河演等曰 徒役之人 定各司廳直 例也 今定擣砧軍."
18 『세종실록』 권104, 세종 26년 6월 24일(임인).

막심하다고 주장하였다.¹⁹ 이 때문에 다음의 기사에서 보듯이 관리나 양반들의 경우 조지서 도침군에 배속하지 않는 관행이 정착하기도 했다.

> 의금부·형조·사헌부·병조·도총부에 전교하기를, "지금 이후로 도년徒年으로 정역定役한 자 가운데 조사朝士와 사대부士大夫의 자제子弟로서 응당 벼슬길에 들어갈 자를 제외하고, 잡범雜犯으로서 응당 도년이 될 자는 모두 조지서의 도침군에 충당하게 하라." 하였다.²⁰

이처럼 성종대에는 도역 수행을 위해 도침군으로 정역시키는 일이 보편화되었다. 하지만 위의 기사에서 보듯이 국왕 성종은 현직 관리나 사대부 자제의 경우 예외를 두어 고역인 도침군에 배속하지 말 것을 지시하고 있어 신분 고하에 따라 도역의 부과에 차등을 두었음도 함께 알 수 있다.

다음으로 도역의 또 하나의 형태가 봉화군烽火軍으로의 배속이다. 봉화군은 봉수군烽燧軍이라고도 한다. 봉화군은 불과 연기로 긴급 상황을 알리던 통신제도인 전국의 봉수에 배치된 군인을 말하는데, 도형에 처한 자의 노역의 한 형태로도 활용되었던 것이다. 이와 관련하여 도역수를 청직, 도침군 등으로 정역하던 세종대에 서울과 지방의 도형 죄수를 봉화군으로 배정한 사례가 있다.²¹

청직·정료간, 도침군, 봉수군에 이어 마지막으로 도역의 내용 중 빼놓을 수 없는 것이 역참驛站에서의 노역 수행이다. 역참의 여러 관속들은 업무가 원래부터 매우 과중하였는데, 아래에 살펴보듯이 도형수들은 이러한 역참에 배속되어 역참의 역리驛吏, 역일수驛日守, 참일수站日守, 역졸驛卒 등

---

19 『세종실록』권104, 세종 26년 6월 21일(기해).
20 『성종실록』권98, 성종 9년 11월 4일(신유).
21 『세종실록』권114, 세종 28년 10월 6일(경자).

으로 정역하였다.

역참 배속의 첫 번째 대상자로는 향리를 꼽을 수 있다. 1455(단종 3) 기사에는 태종, 세종대의 수교를 모아놓은 『속경제육전續經濟六典』 형전刑典의 규정이 등장하는데, '원악향리元惡鄕吏는 사람들로 하여금 진고陳告하는 것을 허락하여, 도형을 범한 자는 장형을 가하여 도내의 잔망殘亡한 역驛에, 유형을 범한 자는 장형을 가하여 타도他道의 잔망한 역에 역리驛吏로 영속永屬시킨다'는 내용이다.[22] 이를 통해 도형을 범한 향리를 도내의 역리로 배속하는 조치가 왕조 초기부터 행해졌음을 알 수 있는데, 실제로 성종대에는 이 규정을 기초로 하여 조폐凋弊한 역驛을 회생시키기 위해 도형, 유형을 범한 향리를 강원도 회양역淮陽驛과 신안역新安驛 역리로 정속시킨 사례가 보인다.[23]

향리 외에도 일반 평민들은 역일수, 참일수로 배속하기도 하였다. 1448년(세종 30) 3월에 세종은 형조에 전지를 내려 황해도의 참로站路가 허술하니 나아질 때까지 도류 죄인 가운데 유품流品, 권무權務, 성중관成衆官, 유음자손有蔭子孫을 제외한 나머지를 역참의 일수日守로 예속시키라는 명을 내렸는데,[24] 이후 역참 배치는 다른 도에까지 확대되었다.

한편 위의 세종 30년 조치만 보면 양반 관리들은 역참에 배속시키지 않은 것처럼 보이지만, 실제는 도형에 처해진 관리들이 역참의 노역에서 완전히 면제된 것은 아니었던 것으로 보인다. 예컨대 1531년(중종 26)에 사헌부의 탄핵을 받은 이조정랑 이찬과 홍문관 저작 김로가 각각 부여의 은산역銀山驛, 문의의 덕창역德昌驛에 도배된 것처럼[25] 현직 관리 신분으로도 역

---

22 『단종실록』 권14, 단종 3년 5월 14일(무오). "議政府 據兵曹呈啓…竊考續經刑典 元惡鄕吏 許人陳告 犯徒者 決杖道內殘亡諸驛 犯流者 決杖他道殘亡驛吏永屬…"
23 『성종실록』 권68, 성종 7년 6월 18일(기축).
24 『세종실록』 권119, 세종 30년 3월 24일(기유).
25 『중종실록』 권70, 중종 26년 3월 12일(정유).

에 배속되고 있었다.

　이상 조선전기 도형에 부과되는 노역의 유형을 살펴보았는데, 그렇다면 실제로 도형죄수들이 부과된 노역을 어떻게 수행했는지 궁금하다. 위에서 살펴본 것처럼 도역의 유형에 따라 정도의 차이가 존재하긴 했지만, 기본적으로 도역을 수행하는 것 자체가 고역苦役이었다. 이 때문에 1487년(성종 18)에는 유학幼學 조세신이란 인물이 국왕에게 상서上書하여 형제 간의 불화 문제로 강상을 범한 아버지 조유의 도역을 아들인 자신이 대신할 수 있게 해달라고 호소하는 일도 있었다.[26] 해당 기사에서 조유가 구체적으로 어떤 도역을 수행했는지는 알 수 없지만 도형죄수의 노역이 만만치 않았음을 짐작케 해준다.

　도역이 고되다 보니 각종 편법이 등장하기도 했다. 1496년(연산군 2) 승지 송질宋軼의 언급에 따르면 당시 도형수가 배속된 사율원司律院과 같은 일부 관청에서는 대가를 받고 이들의 노역을 면제시켜 주는 일도 있었던 듯하다.[27] 이보다 앞선 1430년(세종 12)에는 관리에게 청탁하여 자신의 노자奴子를 보내 대신 복역하게 하기도 했다.[28]

　이처럼 도역을 부과해도 출역出役하지 않는 경우도 있었다. 그런데 위와 같은 특혜나 편법은 양반 관리들에게 집중되었다고 봐야 하는데, 사실 조정에서도 관리로 근무하다가 도배된 자들에게 일반 백성들과 동일하게 노역을 부과하는 것이 불편하다는 인식을 갖고 있었기 때문이다.

　예컨대 1495년(연산군 1) 5월에 전 첨지 심미沈湄가 국상國喪 중에 금령禁令을 어기고 소를 잡아서 탄핵되는 일이 있었다. 이에 장일백杖一百 도일년徒一年으로 조율되었는데, 연산군은 2품 재상을 역임한 자에게 도역을 부

26　『성종실록』 권200, 성종 18년 2월 20일(경인).
27　『연산군일기』 권14, 연산군 2년 윤3월 23일(경오).
28　『세종실록』 권50, 세종 12년 윤12월 14일(경술).

과하는 것이 바람직하지 않다는 파평부원군 윤필상尹弼商의 요청을 받아 들여 죄상罪狀을 장부에 기록하는 선에서 사건을 마무리했다.²⁹ 이처럼 연산군이 심미에게 도형을 집행하지 않은 이유는 적어도 이 시기에는 양반 관리라 하더라도 도형에 처해질 경우 공식적으로 노역을 수행하는 것을 피할 수 없었기 때문이다.³⁰

그렇다면 이후의 상황은 어떠했을까? 16세기 후반에 양반 관리의 노역 수행이 실제 어떠했는지를 가장 잘 보여주는 사례가 1589년(선조 22)에 함경도 길주 영동역嶺東驛에 배속된 조헌趙憲에 관한 다음 기사가 아닐까 싶다.

> 옛 관례에 따라 역驛에 배속된 자는 반드시 역관驛官에게 사정私情을 얘기하여 모두 자기의 노비가 그 역을 대립代立하도록 하거나, 혹은 아예 면제되는 자도 있었다. 조헌은 홀로 그렇게 하지 않고 반드시 몸소 노역을 담당하며 말하기를, "조정에서 이렇게 노역시키는 것으로써 죄있는 자를 다스리고자 하는데, 이것을 모면하기를 요구한다면 이것은 반드시 임금의 명을 받지 않는 것이다." 하였다. 이 때문에 왕명을 받든 사신으로 지나가면서 영동역을 들르지 않는 자가 많았다.³¹

위 『연려실기술』에서는 조헌이 역에 배속되어 직접 노역을 수행했음을 강조하고 있는데, 이를 통해 두 가지 내용을 알 수 있다. 첫째, 도형에 처해질 경우 양반 관리들도 공식적으로는 여전히 노역을 수행해야 했다는 점, 둘째, 그럼에도 불구하고 관리들은 직접 노역을 수행하지는 않는 것이 관

---

29 『연산군일기』 권5, 연산군 1년 5월 16일(무술). 이때 윤필상은 연산군에게 고위 관리가 죄를 범했다고 도역을 가하는 것은 불편하다면서 徒役은 庶民의 일이라고까지 주장하였다.
30 앞서 소개한 야기 교수도 조선초기 도역수들의 노역 복역에는 예외가 없었다는 입장이다. 다만 관인들은 역일수(驛日守) 같은 무거운 노역 대신 봉수군(烽燧軍), 정료간(庭燎干) 등 비교적 가벼운 노역이 할당되는 등 신분에 따라 노역 부과에 차등이 있었다고 보았다. 야기 다케시, 앞의 책, 2019, 70쪽.
31 『燃藜室記述』 권16, 宣祖朝故事本末 壬辰義兵 趙憲.

례였다는 점, 즉 노역을 몸소 행한 조헌은 아주 예외적인 사례였다는 것이다. 요컨대 조선 초기와 달리 이때가 되면 사실상 도형에 처해진 관리들이 점차 도역에서 공식, 비공식적으로 면제되고 있었다고 봐도 좋을 것 같다.

3. 조선후기 도형 집행의 변화

앞에서 우리는 오형의 하나인 도형이 조선초기 실제로 어떻게 집행되었는가를 살펴보았다. 검토 결과 이때까지만 해도 중국 법률에 규정된 형벌의 취지에 맞게 도형죄수에게 노역을 부과하고 있었음을 알 수 있었다. 다만 노역의 내용은 시기에 따라 혹은 사정에 따라 조금씩 달라서, 대개 청직, 정료간, 도침군, 봉화군, 역일수·참일수와 역리 등의 역에 배속하였다. 특히 관리들의 경우 일반인에 비해 비교적 가벼운 노역에 차정되는 것이 일반적이었고, 노역 부과도 점차 느슨해져서 16세기에는 공식, 비공식적으로 노역에서 이탈하는 조짐이 보이고 있었다는 것이 앞 장의 주요 내용이다.

그렇다면 조선후기에는 어떠했을까? 조선초기와 마찬가지로 도배죄인에게 각종 노역을 부과하는 방식의 형 집행이 가능했을까? 결론부터 이야기하면 도형의 집행 방식은 조선후기에 오면서 큰 변화가 동반되었는데, 이와 관련하여 1628년(인조 6) 12월에 판의금부사 이귀가 도형 집행 문제와 관련해 국왕 인조에게 아뢴 말에 먼저 주목할 필요가 있다.

그는 '도徒'란 도역徒役을 말하는데, 그래서 도역을 범한 자는 조지서造紙署나 와서瓦署, 혹은 경기 내의 가까운 역驛에 배정하였다고 하여 조선전기 도역 부과 상황을 정확히 지적하였다. 이어 그는 근래에 들어 이것이 변화하여 유배와 유사하게 멀게, 혹은 가깝게 정배시키는 방식으로 도형이 달라졌으며, 자신이 판의금부사로 부임한 뒤에도 조선전기의 방식으로 되돌리지 못했다고 자책하였다.³² 이 기사는 임란 이후 도형 집행 방식에 변화가 생겼음을 보여준다.

이처럼 조선후기에 와서 도형의 성격이 도역 부과가 아니라 유배보내는 형태로 변경되었음을 더욱 적나라하게 확인시켜 주는 기사가 앞선 기사보다 2년 뒤인 1630년(인조 8) 1월 의금부와 인조와의 대화이다.

> 의금부가 아뢰기를, "조종조에서 원찬遠竄, 부처付處, 도삼년徒三年 이하의 죄인들에 대해 각각 죄의 경중에 따라 처벌하였는데, 도삼년 이하는 『대명률』에 의거하여 혹 조지서造紙署나 와서瓦署에 정배하여 그 기한만큼 노역을 시켰습니다. 그런데 난리 이후로는 이 법이 영영 폐기되어 비록 도년徒年일지라도 원근을 구분하지 않고 마음대로 정배하고 있는데, 대부분 변방으로 정하고 있습니다. 이귀가 여러 차례 탑전榻前에서 이러한 뜻을 극력 간쟁하였습니다만 대간에게 논박을 입어 자기의 견해를 고수하지 못했습니다. 지금부터 도삼년 이하의 죄는 법전대로 정배하리까?" 하니, 국왕이 답하기를, "와서 등지에 정배하는 것이 옛규례였다 하더라도 합당치 않은 듯하다." 하였다.³³

위 기사에서 보듯이 『대명률』 규정에 의거하여 도형수에게 노역을 부과하는 방식이 임진왜란 이후 폐기되고, 새로운 방식, 즉 대부분 먼 변방으로 유배보내는 관례가 자리잡았다. 그리고 이런 관례는 국왕 또한 어찌할 수 없는 변화라는 것을 인식하였으니, 의금부의 계문에 대해 노역 방식으

---

32 『인조실록』 권19, 인조 6년 12월 6일(임진). "壬辰 判義禁府事李貴上箚曰 法典流配之律 各有其等 有流三千里者 有中道付處者 有徒年定配者 徒年既在中道之次 則非邊遠定配可知 且所謂徒者 徒役也 故自祖宗朝 犯徒役者 雖京城之人 或定於造紙署 瓦署 或定於畿內近驛 近來執法者 或以愛憎 任意低昂 徒配之罪一也 而或遠 或近 臣曾於榻前 陳達此事 則上敎曰 豈有徒年 而遠竄者乎 臣旣聞此敎 忝本府之後 所當一依祖宗朝法制 而痼弊卒難革改 徒配之人 或中道 或遠道 冒法定送 臣亦有罪…"

33 『인조실록』 권22, 인조 8년 1월 22일(임인).

로 도형 집행을 되돌리는 것은 어렵다는 위 인조의 답변이 이를 말해준다.

물론 조선초기와 같이 도형 죄수를 노역에 동원하려는 시도가 전혀 없었던 것은 아니다. 숙종 때 병조판서 이유李濡는 경기도에 도배된 죄인들을 한강 일대의 나룻터에 배속시켜 별장別將 지휘 하에 사환을 시키는 방안을 강구한 적이 있었다. 도형 죄수에게 나룻배 운행의 노역을 시키려는 구상이었다. 하지만 실현 가능성이 높지 않다는 여러 관리들의 반대로 이유가 내놓은 방안은 무산되었다.[34]

이상 소개한 몇몇 기사에서 확인할 수 있듯이 양난을 거치면서 조선후기에 도형의 집행 방식은 근본적으로 변질되었다. 다시 말하면 이제 도형의 형벌은 노역 부과라는 본래의 특질을 잃고 유형과 유사한 형태로 먼 지방으로 단기간 정배시키는 방식으로 완전히 탈바꿈하였으니, 이와 같은 도형 집행의 변질은 조선후기 형벌제도에서 중요한 특징의 하나로 볼 수 있다. 이러한 사실을 전제로 하여 이하에서는 실제 조선후기 도형 집행의 몇몇 사례를 살펴봄으로써 도형 형벌의 성격 변질이 갖는 의미를 좀 더 음미해보기로 한다.

결론부터 이야기한다면 필자가 조선왕조실록, 승정원일기, 보첩·계록 등 지방관아 문서류를 일별해 본 결과 조선후기에는 앞서 언급한 것처럼 이전 시기와 달리 도형수를 유배형의 배소 지정 방식과 유사하게 각도 여러 군현, 혹은 역에 정배시키고 있었다. 이는 노역 부과가 유명무실해지면서 도형이 단기 유배형화한 것을 웅변한다고 하겠다. 이때 도형 집행의 주체는 중앙에서는 국왕의 지휘하에 의금부·형조가, 지방에서는 유형 이하 형벌의 직단권을 가지고 있는 관찰사가 맡았다.[35]

---

34 『숙종실록』 권38, 숙종 29년 5월 3일(정미).
35 관찰사 직단으로 도형, 유형 죄수들을 정배시키는 사례에 대해서는 다음 논문 참조. 심재우, 「19세기 전반 평안도 지역 유배인의 성격과 유배행정 - 『平安監營啓錄』 순조대 기사 분석 - 」, 『한국문화』 59, 2012.

다만 도형 집행 사례 중 일반 군현이 아니라 특별히 역을 지정하여 배소를 지정한 경우에 도배죄수에게 전기처럼 역일수 등의 노역을 시켰는가가 쟁점이다.[36] 예컨대 1668년(현종 9) 1월에 변방의 무관과 지방 수령 재임 중에 잘못이 적발된 이중화, 나팔기 두 사람을 지방의 역에 배속시킨 사례가 있다. 기록에는 이중화를 황해도 안악의 진목역眞木驛에, 나팔기는 경상도 성주의 경안역慶安驛에 각각 도삼년徒三年, 도일년徒一年 정배하였다.[37] 이 기록에서는 이들을 역에 배속시킨 사실만 나올 뿐이지만 이때 의금부에서 이들을 역일수, 역졸 등 어떤 형태의 노역을 부과했을 가능성을 전혀 배제할 수는 없다.

그렇지만 필자는 크게 두 가지 이유로 조선후기에 도형수로 역에 배속된 경우에도 전기와 달리 도배죄수에게 노역 수행이 의무적으로 동반되지는 않았다고 본다. 첫째, 노역 부과 관행이 폐지되었다는 앞선 인조대 기사에 더하여 조선후기 재판의 판결문이나 지방 관아의 공문서 어떤 기록에서도 도형수에게 노역을 부과한 사례나 도역의 실체를 보여주는 내용을 찾을 수 없기 때문이다. 둘째, 관찰사의 계록啓錄 자료에서 각도 관찰사가 직권으로 도배보내는 경우 역驛이 아닌 군현을 배소로 지정하고 있고, 보수주인保授主人의 지정 등 정배된 도형수徒刑囚의 관리도 역의 찰방察訪이 아니라 전적으로 고을 수령이 맡았을 뿐이라는 사실도 놓쳐서는 곤란하다.[38] 이는 도형수가 역에 배속되더라도 해당 역이 위치한 군현 수령이 이들을

---

36 야기 교수의 경우 도배에 처해진 죄인의 배소가 대부분 역(驛)이라는 점에 착안하여 율문 규정대로 당연히 노역이 부과되었을 것으로 보고 있다(야기 다케시, 앞의 책, 2019, 295~298쪽 참조). 하지만 야기 교수의 주장과 달리 조선후기 여러 관찰사의 계록(啓錄) 자료에는 도형을 부과할 때 역이 아닌 군현을 배소로 지정하고 있다. 따라서 필자는 노역이 없었을 것으로 보는데 이에 대해서는 뒤에 상술하기로 한다.

37 『승정원일기』 206책, 현종 9년 1월 24일(계해). "禁府 李重華 安岳眞木驛徒三年 羅八紀 星州慶安驛徒一年定配 啓."

38 특히 관찰사의 계록류 자료에는 도배죄인에 대한 행정을 고을 수령이 수행하고 있는 내용을 구체적으로 살펴볼 수 있는데, 이를 분석, 소개한 연구로는 오갑균, 앞의 책, 1995, 205~201쪽 참조.

관리했다는 이야기인데, 도배죄인이 형식적으로 역에 배속할 뿐 특별한 노역이 부과되지 않은 유배죄인과 별반 차이가 없었음을 추론케 해준다.

지금까지 이야기한 것처럼 도형이 사실상 유형과 뚜렷이 구분되지 않게 되면서 도형과 유형을 도류형徒流刑으로 묶어 관련 규정을 만드는 일도 늘어났다. 이 문제와 관련해서 먼저 정조대의 사례를 소개한다.『추관지秋官志』에서는 각 고을에 정배된 도류 죄인의 수가 10명이 넘을 경우 다른 곳으로 이송시키도록 하는 1786년(정조 10)의 조치가 실려 있다. 이는 정배인의 숫자가 너무 많으면 고을에 부담을 주기 때문에 정배인 숫자의 상한선을 두기 위한 것인데, 이때 10명에는 도형과 유형 죄수가 포함되고 있다.[39] 또 이보다 4년 뒤인 1790년(정조 14)에 국왕 정조는 근래 도류죄수의 배소에 처첩妻妾이 따라가는 사례가 없다는 점을 비판하고,『대명률』규정에 의거하여 도류죄인이 배소에 가족을 동반할 수 있게 하라는 지시를 내린 바 있다.[40]

이들 사례는 모두 도형·유형을 하나의 범주로 인식하고 있음을 보여주는 것으로, 도형의 성격이 사실상 1년에서 3년까지 기한이 정해진 유형流刑으로 변질되었기 때문이라고 이해하는 것이 합리적이다. 위 정조대의 조치 외에도 1757년(영조 33)에 부모가 아프거나 연로한 경우에는 도류죄인에게서 속전贖錢을 받고 정배를 면해주도록 한 사례,[41] 철종대인 1857년(철종 8)에 도류인의 경우 원래의 집이 있던 도道에 배소를 정하지 못하도록 하는 정식[42] 등도 큰 틀에서 도류형을 하나로 묶어서 보기 때문에 이루어진 조치라 하겠다.

---

39 『秋官志』권7, 考律部 續條二 徒流 徒流移送. 10인 이상 죄수를 이배시키는 이 조치는『수교정례(受敎定例)』(규장각, 규12407) 五十二,「定配滿十移配」(『수교정례·율례요람』, 법제처, 1970, 61~62쪽)에서도 나온다.
40 『秋官志』권7, 考律部 續條二 徒流 徒流家屬許送.
41 『受敎謄錄』(규장각, 규15142),「丁巳十二月初三日」.
42 『秋官志』권7, 考律部 考律部 續條二 徒流 (補)父母篤老徒流許贖.

그렇다면 노역형을 특징으로 하는 도형이 조선후기에 와서 유형과 유사한 방식으로 집행 방식이 변화하게 된 이유는 무엇인가? 아쉽게도 이에 대해서는 현재 명확하게 답을 내릴 수는 없다. 다만 조선후기 군역과 요역을 중심으로 한 노동력 징발 체계가 크게 동요하여 부역노동이 붕괴하고 인부를 모집하여 품삯을 지불하는 모립제募立制가 대두되는 저간의 변화[43]와 무관하지는 않을 것으로 보인다. 아울러 노역에 응하는 도역죄인을 감시하고 점검·관리하는 어려움, 관리들의 경우는 이미 조선전기부터 도역으로부터의 이탈이 진행되고 있던 현실 등도 연계하여 해석할 필요가 있다.

그런데 형벌 도형이 유형화하는 모습은 비단 조선에만 한정하는 사안이 아니고 중국 청대에도 이와 유사한 흐름이 감지된다는 것이 흥미롭다. 최근 김한밝은 시가 슈조滋賀秀三를 비롯한 관련 학자들의 견해를 종합하여 청대 도형徒刑이 노역勞役을 동반하는 형벌에서 성내省內의 유배형流配刑으로 그 성격이 변질되었음을 소개하고 있다. 즉 그의 정리에 따르면 청대에 도형은 『당율소의唐律疏議』에서 『대청율례大淸律例』에 이르기까지 법전에 실려 있는 그 본질적 구성요소인 노역이 소멸함으로써 노역형이 아니라 유배형이었다는 것이다. 특히 유형이 죄인의 원래 거주하는 성 밖으로 보내는 유배형이었다면, 도형은 성내로 보내는 단기 유배형으로 부를 수 있다는 것이다.[44]

지금까지 검토한 내용을 요약해보면 노역으로 상징되던 도형이 조선후기에 단기 유배형의 형태로 변질되었다고 정리할 수 있다. 중국 청나라에서도 이와 유사한 흐름이 보이는 점을 고려할 때 이 무렵 조선과 청에서

---

43 조선후기에 노역을 강제할 수 없었던 시대 상황에 대한 접근은 다음 연구 참조. 윤용출, 『조선후기의 요역제와 고용노동』, 서울대학교 출판부, 1998.
44 キム・ハンバク, 『配流刑の時代: 淸朝と刑罰』, 京都: 京都大學學術出版會, 2022, 101~103쪽.

노역 부과의 형벌은 사실상 불가능하였던 것으로 보인다. 도형이 변질되는 계기는 현재로서는 명확히 단정할 수 없지만, 일단 조선후기 사회전반의 변화 속에서 이루어진 것으로 해석해도 좋을 것이다.

4. 도류안徒流案의 작성과 도배죄인徒配罪人 관리

앞 장에서 조선후기에 오면서 도역이 유명무실해지면서 도형의 성격도 본래적 의미의 노역형에서 탈피하여 유형과 유사한 형태로 먼 지역으로 기한을 정해 정배시키는 추방형화하였음을 논증하였다. 이제 본 장에서는 도형 부과 문제에서 더 나아가 정부의 도배 행정과 도배죄인 관리 실태를 검토하여 조선왕조 사회에서의 도형 형벌의 특징과 성격에 좀 더 다가가기로 한다. 이를 위해 도형의 특징인 도역 기간의 문제와 함께 도배 지역, 도류안徒流案 작성과 관리, 사면을 통한 석방 양상 등에 대한 규정과 사례를 아울러 분석하고자 한다.

먼저 도형수들이 정해진 기한을 마친 이후의 석방 문제부터 다룬다. 앞서 언급한 대로 도형의 가장 큰 특징은 1년에서 최대 3년까지 기한이 정해져 있다는 사실이다. 따라서 도년徒年 기한이 지나면 석방되는 것이 당연하지만, 이러한 원칙이 건국 초기부터 확립되어 있지는 못했던 것으로 보인다. 조선왕조실록 1424년(세종 6) 4월의 다음 기사를 보자.

의금부에서 啓하기를, "이진李震이 의천군宜川郡에 부임했을 때에 도죄徒罪를 범하였으므로 경상도 영해부寧海府에 정료간庭燎干으로 정하였던 것인데, 노역 기한이 이미 찼습니다. <u>도역徒役하는 사람은 기한이 다 차도 놓아 보내는 법이 없으므로 지금까지 석방하지 않아서 민망스럽습니다.</u> 노역한 날짜를 고찰해서 놓아 보내고, 또 지금부터는 도역인으로서 기한이 다 되었으면 도역인이 소재한 관에서 수시로 보고하여 놓아 보내는 것을 항구적인 규정으로 하기를 청합니다." 하니, 그대로 따랐다.[45]

위의 기사는 의금부에서 국왕에게 도죄 기한이 찬 죄수의 석방에 관한 규정 마련을 요청하는 내용인데, 이전에는 명확한 규정이 없다 보니 도역 연한이 다 찬 죄수들이 석방되지 못한 사례가 많았음을 시사한다. 즉 이때 비로소 기한이 차면 도역인을 관할하는 관리가 수시로 보고하도록 하는 조치가 마련되었고, 세종대 마련된 위 규정은 도형 죄수가 기한이 차면 바로 보고하도록 하는 내용으로 『대전후속록大典後續錄』에 법제화되기에 이르렀다.[46]

시기가 많이 내려오는 자료이긴 하지만 『경상감영계록慶尙監營啓錄』에서 이 규정의 준수 여부를 가늠할 수 있는 기록이 보인다. 예컨대 1872년(고종 9) 11월 16일 기사에는 경상감영에서 고종에게 올린 장계狀啓가 실려 있는데, 거기에는 경상도 진주목에 도삼년徒三年 정배된 오남석吳南石의 석방 과정을 볼 수 있다. 그는 '사문용형私門用刑'의 죄목으로 기사년(1869) 8월에 진주에 정배되어 3년이 경과하게 되자, 감영에서는 이 사실을 형조를 거쳐 국왕에 보고하여 법전 규정에 의거하여 석방 명령을 받았다. 이에 감영에서는 진주목에 관문關文을 내려 오남석의 방송을 지시하고 마침내 임신년(1872) 11월 9일 그는 방송放送되었다.[47] 『대전후속록』의 규정이 그대로 지켜지고 있는 모습이다.

그러나 이와 반대로 도년 기한이 찬 경우에도 석방되지 않는 사례도 종종 있었다. 1776년(정조 즉위)에 거제부사 윤형렬尹衡烈은 그곳 위리안치 죄

---

45 『세종실록』 권24, 세종 6년 4월 4일(기유).
46 『大典後續錄』 권5, 刑典 推斷. "犯徒罪付處者 隨其限滿 書啓."
47 『慶尙監營啓錄』 壬申十一月十六日(『각사등록 11 - 경상도편1』, 국사편찬위원회, 372쪽).

인 관리에 소홀히 했다는 이유로 충청도 해미현 몽웅역夢熊驛에 도삼년 정배되었는데, 죄명이 조금 중하다는 이유로 4년이 지나도록 충청감사가 조정에 보고하지 않아 석방이 지체되었다.[48] 결국 보고를 하지 않은 관리는 파직되고 윤형렬은 석방되는 것으로 귀결되었지만, 석방을 요청하는 장청狀請을 감사가 올리지 않아 기한이 지나도 석방이 되지 않는 사례는 이후에도 종종 발생하였다.[49] 이상 본 것처럼 종신형인 유형과 달리 도형은 기한이 정해져 있기 때문에, 제때 석방될 수 있도록 정배된 지역의 수령과 감사는 도배죄인의 현황을 파악하고 관리에 더욱 주의를 기울여야 했다.

그런데 방금 살펴본 석방 문제를 비롯하여 도배 죄수를 체계적으로 관리하기 위해 작성된 자료가 『도류안徒流案』이다. 『도류안』은 명칭에서 보듯이 도형 죄수만을 대상으로 한 것이 아니라 도형과 유형을 망라하는 죄수 명단을 말한다. 조선후기에 와서 도형이 유형화함으로써 각도 각 군현에 정배된 도형, 유형죄인을 함께 파악할 필요성이 증대됨에 따라 『도류안』이 본격적으로 작성, 활용되었던 것이다.[50]

『도류안』은 일차적으로 도별로 작성되었고 이를 조정의 형조와 의금부에서 수합하여 국왕에 정기적으로 보고하였다. 구체적으로 『도류안』에는 전국 각도에 정배된 도류徒流, 부처付處, 안치安置 등 도류형의 범주로 묶을 수 있는 죄수들이 망라되어 있었는데, 각각의 죄목罪目, 형량刑量, 배소配所,

---

48 『受敎謄錄』(국립중앙도서관, 古6022-77), 「庚子六月初十日到付」 전후 사정에 대한 자세한 내용은 『승정원일기』 1385책, 정조 즉위년 12월 9일, 즉위년 12월 15일, 정조 4년 5월 29일, 정조 4년 6월 2일 참조.

49 예컨대 1801년(순조 1) 신유사옥으로 도배(徒配)된 자들 가운데 8년이 넘도록 석방되지 못한 자들이 조정에서 논란이 되기도 하였으며(『순조실록』 권12, 순조 9년 6월 20일(기유)), 심지어 도삼년(徒三年) 정배(定配)에 처해진 여성이 무려 26년이 지나도록 배소(配所)를 떠나지 못했던 일도 있었다(심재우, 「1801년 천주교 유배인의 현황과 유배지에서의 삶 - 『사학징의(邪學懲義)』 분석을 중심으로 - 」, 『한국문화』 87, 2019, 303쪽).

50 조선왕조실록 검색에 따르면 '도류안' 명칭이 처음 등장하는 시기가 현종대이다. 『현종실록』 권7, 현종 5년 1월 10일(계유).

발배일發配日· 도배일到配日, 보수주인保授主人, 이배移配 · 감형減刑 · 해배解配 · 도망 · 사망 등 죄수들에 관한 정보의 상당 부분이 담겨있었다.[51]

실제로 『경상감영계록』을 보면 정배지 군현과 감영에서는 도류죄인의 현황을 상세히 파악하고, 이를 수시로 조정에 보고하고 있음이 그대로 드러난다. 예컨대 1863년(철종 14) 5월 13일에 경상감사가 조정에 올린 장계를 보면 4월 한달 동안에 다른 지역에서 경상도 각 군현에 정배되어 온 도류죄인 명단이 적혀 있다. 거기에는 군현별로 정배인에 대한 상세한 정보가 기재되어 있는데, 이를 첫머리에 실린 상주 지역 도삼년 죄인 황봉린黃奉麟의 사례를 통해 알아보기로 한다.

황봉린과 관련해서는 평안도 의주에서 경상도 상주로 도배된 사실, 죄목은 이웃 사람이 자신의 처를 겁탈하려 하는 사실을 발견하고 구타하여 죽인 죄, 형량은 장일백杖一百 도삼년徒三年, 배소인 상주에는 4월 1일 도착, 보수주인은 양인良人 이익철李益哲임이 나온다.[52] 여기서 보듯이 도배죄인의 배소 지정과 보수주인 선정 등 제반 조치는 유배죄인에 대한 것과 별반 차이가 없었다.

한편 『도류안』의 작성 및 보고가 정조대에 정례화되고 있음에도 주목할 필요가 있다. 1790년(정조 14)에 각도에서 올린 보고서를 바탕으로 형조에서 매년 중삭仲朔, 즉 2 · 5 · 8 · 11월에 수정한 『도류안』을 국왕에게 보고하도록 하는 조치가 마련되었다.[53] 이때부터는 1년에 네 번 정기적으로 도

---

51 최근 임학성은 서울대 규장각에 소장된 19세기말 20세기 초에 작성된 『도류안(徒流案)』, 『정배안(定配案)』 명칭의 자료에 담긴 죄수 정보를 바탕으로 이 시기 섬 지역으로의 '도배(島配)' 양상을 분석한 바 있다(임학성, 「19세기 말~20세기 초 '유배안' 자료를 통해 본 도배 양상 - 서울대 규장각 한국학연구원 소장 자료의 통계적 분석 사례 - 」 『도서문화』 59, 2022 참조). 임학성이 분석한 자료들은 시기적으로 후대 기록이므로 조선후기의 일반적인 도류안의 형식을 그대로 반영하는가는 알 수 없다. 그렇지만 도류안에 도류 죄인들의 다양한 정보가 수록되어 있었음은 충분히 유추할 수 있다.

52 『慶尙監營啓錄』 癸亥五月十三日(『각사등록 11 - 경상도편1』, 국사편찬위원회, 11~13쪽).

53 『秋官志』 권2, 詳覆部 啓覆 獄案修啓. "右承旨入侍時 筵稟定式內 錄啓案 雖一度隨到請出 修正以入 而不必郞廳詣闕請出 以某道某邑某罪人錄啓修正之意 書于標紙 使執吏納于政院 政院招司謁請出 諸道徒流

류죄인의 최신 정보가 현행화되어 국왕에게 보고되었음을 알 수 있는데, 이 규정은『육전조례六典條例』에 공식 수록되었다.[54] 또한 이보다 8년 전인 1782년(정조 6)에는 정배된 죄인이 사망할 경우 관할 감사가 조정에 보고하는 계본啓本 형식도 정했는데, 도류안 명단에서 사망자는 자동적으로 삭제 조치하게 하였다.[55]

이처럼 정조대에『도류안』기록이 정기적으로 수정, 정리된 까닭은 일차적으로 도류죄인을 효과적으로 관리 감독하기 위한 것이기도 하지만, 동시에 사면령이 내려질 때 사면 대상자를 가리기 위해서이기도 했다. 물론 사면령과 무관하게 국왕은 필요에 따라 그때그때 특정 개인을 대상으로 해배解配 조치를 내리기도 하지만, 이하에서 대규모 사면령에 대한 것만 간단히 살펴보자.

여기서 본격적인 논의를 할 수는 없지만 조선시대 국가적인 경사가 있어서 이를 기념하기 위해서, 또는 천재지변이 발생했을 때 국왕이 사령赦令을 내리고 죄수들에 대한 사면을 자주 단행하였음은 주지의 사실이다. 특히 조선후기 사면 대상에는 '잡범사죄雜犯死罪 이하以下', 즉 사형을 제외한 도형, 유형 죄수들이 광범위하게 포함되게 되는데,[56] 국왕에 의한 최종 사면 대상자 선정과 관련하여 각도 감사는『도류안』의 내용을 바탕으로 이른바 '방미방성책放未放成冊'을 올렸다. 이 성책에는 이번 사면 때 석방할 죄인, 석방하지 말아야 할 죄인, 국왕의 최종 판단을 구하여 석방 여부를 결정할 죄인의 세 부류로 도류 죄인을 나누었는데, 이를 방질放秩, 잉질仍秩, 품질

案 則一倂以仲朔請出 修正以入事 定式."
54 『六典條例』권9, 刑典 刑曹 總例. "徒流案 四仲朔初十日 修啓 舊件換出."
55 『受敎謄錄』(국립중앙도서관, 古6022-77) 12,「壬寅六月十八日到付」. 정배죄인 물고계본 규식(定配罪人 物故啓本 規式)에 관한 내용이 실려 있다.
56 조선시대 사면제도의 운영과 정비 과정에 대해서는 다음 논문에 상세하다. 조윤선,「조선시대 사면·소결의 운영과 법제적·정치적 의의」『조선시대사학보』 38, 2006.

稟秩이라고 불렀다.[57]

그런데 각 지역에 정배된 도류죄인의 규모가 상당하였기 때문에 사면령에 의해 해배되는 죄수들의 숫자 또한 적지 않았다. 예컨대 숙종대인 1708년(숙종 34)에 도류 죄수의 규모가 천여 명에 가깝다는 기록이 있으며,[58] 영조대인 1758년(영조 34)에는 팔도 도류안에 기재된 숫자가 1,080명이라는 보고도 있다.[59] 철종대인 1856년(철종 7)에는 각도에 정배된 1,052명의 도형·유형 죄인을 소방疏放하기도 하였다. 이들 기록에는 유형 죄수가 함께 포함되어 있으므로 우리의 관심인 도배죄인만을 대상으로 이들의 규모, 배소에서의 존재 양상, 석방 과정을 파악하는 데는 한계가 있다.

이러한 아쉬움을 부분적으로 해소해 줄 수 있는 자료가 19세기에 처벌받은 관리들의 명단을 기재한 규장각 소장 『시수책時囚冊』(규17288, 13책)이다. 『시수책』은 19세기 위법 관리들의 범법 사항 및 처벌 내역 등을 기재한 의금부 수도안囚徒案이다. 최근 유승희는 이 『시수책』의 내용을 분석하여 의금부 시수時囚의 실태를 살펴본 논문을 발표하였는데,[60] 이 논문에 따르면 『시수책』에는 1810년부터 1895년까지 총 53년간 5,446건에 달하는 방대한 규모의 범죄 관원 처벌 내역이 기재되어 있다. 이하에서는 이 가운데 논문에 제시된 도배죄인의 관한 내용을 소개하기로 한다.

먼저 도형, 유형 죄수의 규모에 관한 것이다. 『시수책』에는 의금부에 의해 조율된 죄수가 도형 335명, 유형 1,219명으로 도배죄수가 유형죄수에 비해 그 규모가 4분의 1 정도였음을 알 수 있다. 그런데 도형으로 조율된 335명 중 실제 도배된 자는 174명이며, 나머지는 속전을 내고 석방되었다

---

57 심재우, 앞의 논문, 2021, 61쪽.
58 『숙종실록』 권46, 숙종 34년 12월 30일(임신).
59 『승정원일기』 1163책, 영조 34년 12월 5일(정사).
60 유승희, 「19세기 의금부 『시수책』의 체제와 피죄 관원의 실태」, 『고문서연구』 63, 2023.

고 한다.⁶¹

다음으로 도배 지역을 살펴보면 강원도, 충청도, 황해도 3개 도의 역驛이 있는 군현에 배소가 마련되었으며, 형기刑期와 상관없이 1년 이내에 거의 절반 이상이 석방되고 있음도 확인된다. 특히 도배지는 팔도 가운데에서도 서울에서 비교적 가까운 3개 도에 집중되었고, 도형죄인은 대체로 1개 역에 1인씩 배치되고 있는 것이 흥미롭다.⁶² 당시 의금부에서 먼 지방으로 정배하는 유형과 차이를 두기 위해 도형죄수를 가까운 지역의 역에 배소를 마련하고 있었던 것으로 볼 수 있는데, 이는 지방 관찰사의 도배죄인 배소 선정과는 차이가 있었다.⁶³ 이처럼 『시수책』은 1810년 이후의 기록, 그것도 의금부 소관 죄수들을 대상으로 했다는 점에서 한계가 있지만 우리에게 19세기 도배죄인의 모습에 좀 더 구체적으로 다가갈 기회를 제공해주는 것은 분명하다.

지금까지 조선후기의 『도류안』 그리고, 도배 행정과 도배죄인 관리 문제 등을 추가로 살펴보았다. 검토 결과 알 수 있듯이 도형의 집행 양상과 도형수들의 생활상 등 도형 전반의 성격을 이해하기 위해서는 추가적인 자료발굴과 분석이 필요하다. 관련 기록에 대한 보다 종합적인 분석을 통해 도배죄인의 실상에 좀 더 접근하는 것은 향후의 과제로 돌리고자 한다.

---

61 위의 논문, 70~71쪽.
62 위의 논문, 72~76쪽.
63 이에 대해서는 앞 장에서도 언급한 바 있다. 좀 더 구체적으로 순조대 『평안감영계록(平安監營啓錄)』에 등장하는 도배 사례를 소개하면 『시수책(時囚冊)』의 사례와 달리 평안도 지역의 군현을 배소로 지정하고 있다. 군현이 아닌 역(驛)을 특정하여 배소(配所)로 지정한 사례는 한 건도 없다. 관련 내용은 심재우, 앞의 논문, 2012, 176~186쪽 참조.

5. 맺음말

　사회의 각종 일탈 행위에 대한 법적 제재를 의미하는 형벌은 국가 권력을 유지하기 위해 행사되는 중요한 물리력이다. 따라서 형벌의 집행 방식과 성격을 해명하기 위한 작업은 그 시대의 법률문화를 이해하는 데 중요한 과제라는 것을 부정하기 어렵다. 이와 같은 문제의식을 바탕으로 이 글은 조선왕조 형벌제도 가운데 크게 주목을 받지 못했던 도형의 특질과 시기별 도형 집행의 양상을 살펴보았다.

　본문에서 검토한 것처럼 원래 중국에서 제도화된 도형은 그 본질은 노역에 있었다. 조선시대에도 초기까지만 해도 도형죄수에게 여러 가지 형태의 노역을 부과한 사실을 알 수 있었다. 하지만 도형의 집행 방식은 조선후기에 변화하여 도형이 실제로는 단기 유배형의 형식으로 변질되었다는 것이 이 글의 핵심 주장이다. 이와 함께 본문의 주요 내용을 정리하면 대략 다음과 같다.

　첫째, 조선초기 노역을 특질로 하는 도형의 노역 부과 방식은 시기에 따라 당시 상황에 따라 조금씩 차이가 있었다. 대개 도형수를 관아에 배치시켜 청직, 정료간 등의 잡역을 부과하는 것이 일반적이었는데, 이 외에도 종이를 만드는 조지서의 도침군에 배속하거나, 중요한 통신 수단이었던 봉화나 역참 등에도 배치하였다.

　둘째, 양난을 거치면서 도형의 집행 방식은 큰 변화가 생겼다. 그것은 도형죄수에게 노역을 부과하는 형태가 아니라 다른 지역으로 정배보내는 방식으로의 변화이다. 이 때문에 도형은 유형과 뚜렷한 차이를 보이지 않고 기간이 정해진 단기 유배형의 형태로 변질되었다.

　셋째, 조선후기 도형과 유형이 큰 차이를 보이지 않으면서 정부에서는 각도 각 군현에 정배된 도형죄인, 유형죄인을 함께 파악할 필요성이 증대된다. 『도류안』이 본격적으로 작성되고, 활용된 것은 이 때문이다. 『도류안』의 작성, 보고는 도배徒配 및 유배流配 죄수의 효과적인 관리와 사면대상자 선정을 위한 것인데, 특히 정조대에 정례화되고 있었다. 또한 사면령에 의해 석방된 죄인들에 대한 기록에서 알 수 있듯이 당시 도류죄인徒流罪人의 규모는 상당했음을 알 수 있었다.

    이 글은 조선시대 형벌제도의 특징과 집행 양상을 조망하기 위한 일환으로 도형 집행의 실태를 살펴보려 했지만, 제도 전반에 대한 기초적 접근에 불과한 것이 사실이다. 따라서 본문에서 밝혀낸 성과에도 불구하고 도형의 실체를 보다 분명히 파악하기 위해 여전히 해결해야 할 과제가 적지 않다. 예컨대 이 글에서는 도형의 한 형태로 파악할 수 있는 충군充軍, 위노爲奴 등에 대해서는 언급하지 못했다. 또한 조선후기 각 지방 관찰사 차원에서 도형을 집행한 모습을 살펴볼 수 있는 다양한 계록류 자료와 의금부『시수책』기록에 대한 본격적인 비교 분석 작업을 수행하지 못한 것도 아쉽다. 도형의 실체를 보다 분명히 해줄 수 있는 추가적인 자료 발굴을 통해 조선시대 형벌제도의 본모습을 드러내는 작업은 후일을 기약하기로 한다.

참고문헌

1. 저서
오갑균, 『조선시대 사법제도 연구』, 삼영사, 1995.
윤용출, 『조선후기의 요역제와 고용노동』, 서울대학교 출판부, 1998.
장진번 주편, 한기종 등 옮김, 『중국법제사』, 소나무, 2006.
정연식, 『일상으로 본 조선시대 이야기』 2, 청년사, 2001.
조지만, 『조선시대의 형사법 - 대명률과 국전 -』, 경인문화사, 2007.
キム・ハンバク, 『配流刑の時代 : 淸朝と刑罰』, 京都大學學術出版會, 2022.
仁井田陞, 『唐令拾遺』, 東方文化學院 東京硏究所, 1933.
_____, 『中國法制史硏究 - 刑法』, 東京大學 東洋文化硏究所, 1959.
矢木 毅, 『朝鮮朝刑罰制度の硏究』, 朋友書店, 2019.

2. 논문
심재우, 「조선말기 형사법 체계와 『대명률』의 위상」, 『역사와 현실』 65, 2007.
_____, 「19세기 전반 평안도 지역 유배인의 성격과 유배행정 - 『平安監營啓錄』 순조대 기사 분석 -」, 『한국문화』 59, 2012.
_____, 「1801년 천주교 유배인의 현황과 유배지에서의 삶 - 『사학징의(邪學懲義) 분석을 중심으로 -」, 『한국문화』 87, 2019.
_____, 「조선시대 형벌과 형정 연구의 진전을 위한 모색 - 矢木 毅, 『朝鮮朝刑罰制度の硏究』(2019, 朋友書店) 분석을 중심으로 -」, 『역사와 현실』 118, 2020.
_____, 「조선시대 유배제도 연구의 성과와 과제」, 『도서문화』 58, 2021.
유승희, 「19세기 의금부 『시수책』의 체제와 피죄 관원의 실태」, 『고문서연구』 63, 2023.
임학성, 「19세기 말~20세기 초 '유배안' 자료를 통해 본 도배 양상 - 서울대 규장각 한국학연구원 소장 자료의 통계적 분석 사례 -」, 『도서문화』 59, 2022.
조윤선, 「조선시대 사면·소결의 운영과 법제적·정치적 의의」, 『조선시대사학보』 38, 2006.
矢木 毅, 「朝鮮初期の徒流刑について」, 『前近代中國の刑罰』, 京都大學 人文科學硏究所, 1996.

『흠흠신서』살옥殺獄 판결에 나타난 감정의 법적 수용 방식*

복수 살인 및 부모 위해자 살해 사건을 중심으로

박경
건양대학교 인문융합학부 강의전담교수

『흠흠신서』 살옥殺獄 판결에 나타난 감정의 법적 수용 방식
: 복수 살인 및 부모 위해자 살해 사건을 중심으로

1. 머리말

　조선 건국 후 위정자들은 가족 질서 확립을 통해 유교적 사회 질서를 구축하는 다양한 정책을 수립하고 실현시켜 나갔다. 형정刑政에서는 『대명률』을 수용하고, 이를 조선의 실정에 맞게 적용하거나 변용하기 위한 여러 수교들을 반포함으로써 이러한 정책 방향에 부응해나갔다.[1] 『대명률』 규정은 조선 전기부터 조선 사회가 지향하는 가치와 실정에 맞게 수용되고 변용되었다. 또한 조선 후기 명분이 강화되어가는 분위기 속에서 다수의 가족 관계 형률들이 수교의 형식으로 반포되었다. 이는 『대명률』을 변용한 형률도 있었고, 조선의 형정 운용에 필요한 새로운 형률도 있었다.

　이 연구에서는 『흠흠신서』의 부모, 남편, 자식, 형제를 살해한 자를 죽

---

* 이 글은 「『흠흠신서』 殺獄 판결에 나타난 감정의 법적 수용 방식: 복수 살인 및 부모 위해자 살인 사건을 중심으로」, 『역사민속학』 60, 한국역사민속학회, 2021, 41~74쪽에 게재된 논문을 총서의 기획 의도에 맞게 약간의 수정을 가하여 수록한 것이다.

[1] 박병호, 「朝鮮初期 法制定과 社會相 - 大明律의 實用을 중심으로 -」, 『국사관논총』 80, 국사편찬위원회, 1998, 1~36쪽; 정긍식 · 조지만, 「朝鮮 前期 大明律의 受容과 變容」, 『진단학보』 96, 진단학회, 2003, 205~241쪽; 조지만, 『조선시대의 형사법 - 대명률과 국전 - 』, 경인문화사, 2007 참조.

인 복수 살인 사례와 부모를 구타하거나 부모가 음행했다고 모함한 자를 구타하여 죽게 한 사례를 중심으로 18세기 관련 법 제정과 판결 경향을 검토하고자 한다. 이 두 사안은 의로운 동기를 가지고 타인을 죽이는 '의살義殺'의 범주에 속하는데,[2] 다음 두 측면에서 차별성이 있다. 첫째, 전자는 살인을 살인으로 갚은 사례이고, 후자는 구타, 무고 등을 살인으로 갚은 사례이다. 둘째, 전자는 고의 살인이나 계획 살인도 포함되는 반면, 후자는 구타치사만 해당된다.

부모에 대한 복수 살인은 "부모의 원수와 하늘을 함께 일 수 없다"는 「곡례曲禮」의 문구[3]에 의해 정당화되었다. 이에 따라 중국이나 조선의 법과 판결에서는 부모, 조부모 살해자를 계획 살해하거나 고의 살인했다 하더라도 효를 적극적으로 실천한 행위라는 점을 감안하여 용서하거나 가볍게 처벌했다. 반면에 부모를 구타하거나 모함한 자에게 살인으로 갚는 것은 『대명률』에서는 일반 살인율로 처벌하도록 했다. 그런데 조선 후기에는 부모를 구타한 자를 구타하다 죽게 된 경우에 감형하도록 법제화되고 관대한 판결이 내려졌다. 이 두 사안은 『흠흠신서』의 각각 다른 항목에 수록되어 있으며, 내용 수록 방식이 달라 이에 대해서도 분석을 가하고자 한다.

이 두 사안 중 복수 살인에 대해서는 그동안 여러 연구가 축적되어 왔다. 1980년대 심희기는 중국과 한국의 복수론, 고려시대와 조선시대 복수의 실태를 종합적으로 조명했다.[4] 그리고 2000년대 이후 다산의 복수론에 대한 법적 검토,[5] 『심리록』 사례를 통한 복수 살인의 실태 분석,[6] 『추관지』

---

2 '의살'에 대해서는 김호의 연구가 있다.(김호, 「'의살(義殺)'의 조건과 한계」, 『역사와 현실』 84, 한국역사연구회, 2012, 331~362쪽)
3 "父之讎 弗與共戴天", 『예기』, 「曲禮」 上.
4 심희기, 「復讐考序說」, 『법학연구』 26-1, 부산대학교 법학연구소, 1983, 283~310쪽.
5 윤재현, 「다산(茶山) 정약용(丁若鏞)의 복수론(復讐論)」, 『다산학』 3, 다산학술문화재단, 2002, 422~449쪽.
6 김현진, 「復讐 殺人事件을 통해 본 朝鮮後期의 社會相 -『審理錄』을 중심으로 - 」, 『역사민속학』 26, 역사민속학회, 2008, 107~140쪽.

복수 살인 판결의 서사 분석을 통한 복수 살인 판결 양상을 분석한 연구[7] 등이 이루어졌다. 이를 통해 조선 후기 복수 살인의 실태와 판결 경향이 상당 부분 밝혀졌다. 또한『흠흠신서』에 수록된 정약용의 복수론이 조명되었는데, 이 연구들에서는 그가 복수의 요건을 엄격하게 제한했다는 점이 규명되었다.[8]

본 연구에서는『흠흠신서』의 복수 살인 사례와 함께 부모를 위해한 자를 구타하여 죽게 한 사례의 판결 과정을 함께 다루고자 한다. 이를 통해 기존의 복수 살인 실태나 판결 경향 연구에서 더 나아가 부모와 자식 사이, 형제 사이의 친밀한 감정이 분노로 전화되어 살인을 저지르게 되었을 때 법과 판결에서 이러한 감정들을 어떠한 방식으로 고려했는지를 파악하고자 한다.[9] 또한 이 두 사안의 수록 방식을 비교함으로써 정약용이 복수 살인의 요건을 엄격히 할 것을 주장했던 이유를 밝히고자 한다. 이는 부모와 자식 사이, 형제 사이의 친밀한 감정으로 인해 발생한 분노의 감정이 살인으로 이어졌을 때 그 감정을 법과 판결에서 고려함으로써 나타났던 사회 문제에 대한 고민이 반영된 것이기도 하다. 이를 위해 2장에서는 이 두 사안들에 적용되었던 형률에 대해 검토하고자 한다. 그리고 3장에서는『흠흠신서』해당 사례 판결 양상과 사건 수록 방식을 분석하고자 한다.

---

7   최진경,「正祖時代 '復讐殺人'의 양상과 그 의미 :『추관지』復讐殺人 판례를 중심으로」,『한문학보』35, 2016, 45~72쪽.
8   윤재현, 앞의 논문, 431~439쪽; 김호, 앞의 논문(「'의살(義殺)'의 조건과 한계」), 349~352쪽; 심재우,『백성의 무게를 견뎌라 - 법학자 정약용의 삶과 흠흠신서 읽기 -』, 산처럼, 2018, 178~184쪽.
9   관련 연구로는 정리와 법의 긴장 관계에 대해 다룬 김호의 연구가 있다.(김호,「조선 후기 강상(綱常)의 강조와 다산 정약용의 정(情)·리(理)·법(法) :『흠흠신서(欽欽新書)』에 나타난 법과 도덕의 긴장」,『다산학』20, 다산학술문화재단, 2012, 7~39쪽) 본 연구에서는 법과 정리 사이의 긴장 관계가 아닌 법의 정리 수용 정도를 살펴보았다.

2. 18세기 복수 살인 및 부모 위해자 살해 관련 법 제정

1) 『대명률』 규정과 그 법의法意

조선시대 가족을 살해하거나 구타한 자를 죽인 자에 대한 처벌은 『대명률』 부조피구父祖被毆조의 다음 규정이 기본이 되었다.

> 조부모나 부모가 다른 사람에게 구타당하는데, 아들이나 손자가 즉시 구호하여 되갚아 구타한 경우 구타당한 자가 절상折傷에 이르지 않으면 논하지 않는다. 절상 이상에 이르면 일반 투구[凡鬪]의 형량에서 3등을 감한다. 죽음에 이르면 상률常律에 의한다. 조부모나 부모가 다른 사람에게 살해되었는데, 아들이나 손자가 살해한 자를 멋대로 죽이면 장 60에 처한다. 단, 즉시 죽이면 논하지 않는다.[10]

이 규정에서는 두 가지 범죄 행위의 형량을 규정했다. 그 하나는 조부모나 부모가 다른 사람에게 구타당하는 현장에서 자식이나 손자가 조부모나 부모를 구하기 위해 구타한 자에게 폭력을 가한 경우의 형량이다. 다른 하나는 조부모나 부모가 다른 사람에게 살해되었을 때 그 살인자를 자식이나 손자가 법에 의하지 않고 멋대로 죽인 경우의 형량이다. 각각의 형량을 정리하면 다음 〈표 1〉과 같다.

---

10 "凡祖父母父母爲人所毆 子孫卽時救護而還毆 非折傷 勿論 至折傷以上 減凡鬪三等 至死者 依常律 若祖父母父母爲人所殺 而子孫擅殺行兇人者 杖六十 其卽時殺死者 勿論", 『대명률』 권20, 형률, 鬪毆, 父祖被毆.

〈표 1〉『대명률』 부조피구조의 범죄 행위에 따른 형량

번호	범죄 행위	피해자의 상태	형량
1	조부모나 부모가 다른 사람에게 구타당하는데, 아들이나 손자가 즉시 구호하여 되갚아 구타함.	절상(折傷)에 이르지 않음.	논하지 않음.
		절상 이상의 상해를 입음.	일반 투구[凡鬪]의 형량에서 3등을 감함.
		사망	**상률(常律)에 의함.**
2	조부모나 부모가 다른 사람에게 살해되었는데, 아들이나 손자가 살해한 자를 멋대로 죽임.		장 60
		살해 즉시 죽임.	**논하지 않음.**

〈표 1〉을 검토하면, 1의 행위에 대해서는 구타당한 사람이 사망한 경우를 제외하고는 일반 폭행의 형량으로 처벌하지 않고 감형하도록 했다. 이 연구가 살옥 판결에 대한 연구인만큼 살인에 대한 형량을 검토해보면, 1의 경우 피해자가 사망하지 않으면 감형했지만 사망하게 되면 감형하지 않고 '상률常律'로 처리하도록 함으로써 일반 살인 형량을 그대로 적용시켰다. 『대명률』에서 피해자와 가해자 사이가 특수 관계가 아니라면 구타치사에 해당하는 투구살鬪毆殺에 대해서는 교형에 처하도록 규정했기 때문에 이 경우 피해자 사망시 교형에 처해지는 것이 일반적이었다.[11] 반면 흔히 복수살인이라고 불리는 2의 경우 장 60에 처하도록 했고, 즉시 죽였다면 아예 처벌하지 않도록 했다. 『대명률』에서는 특수 관계가 아닌 사람을 살해한 일반 살인의 경우 살해의 고의성이 없는 투구살은 교형, 고의 살인은 참형에 처하도록 했다.[12] 그런데 이 경우에 장 60에 처하도록 하거나 논죄하지 않도록 한 것은 살인의 동기가 부모, 조부모의 복수라는 점을 감안한 결과였다.

---

11 『대명률』 권19, 형률, 人命, 鬪毆及故殺人.
12 위와 같음.

이 규정의 법의를 서술한 『대명률집설부례』 부조피구조의 첫머리에는 "원수와는 하늘을 함께 이지 않는다는 것은 만세 불변의 의에 관계된다."[13] 라고 전제한 후 『대명률』의 이 두 규정에 대해 해설했다. 먼저 조부모, 부모가 타인에게 구타당하여 그 욕됨이 매우 커 자식이나 손자가 즉시 구호하여 되갚아 구타한 것은 그 정리가 매우 절박한 데서 나온 것이라고 했다. 절상이 아니면 논하지 않는 것은 부모의 수치를 설욕할 수 있도록 한 것이라고 했고, 절상 이상에 이르면 일반 투구율에서 3등을 감하도록 한 것은 그 부모를 위하여 갚겠다는 마음을 헤아려 용서한 것이라고 했다. 그렇지만 구타하여 죽음에 이르게 되면 인명을 중하게 여겨 상률에 의해 교형에 처하도록 했다고 서술했다.[14] 다음으로 조부모, 부모 살해자 복수 살인의 형량에 대해서는 "조부모나 부모가 타인에게 살해당해 그 원수에게 매우 크게 화가 나 자식이나 손자된 자가 관에 고하지 않고 부모나 조부모를 살해한 자를 멋대로 죽인 경우 비록 그것이 사사로이 살해한 것이라 죄가 된다 하더라도 실로 함께 하늘을 이지 않는 의義에 격해져 어찌 그 다른 것을 계산했겠는가? 그러므로 장 60에 그치도록 하여 경계한 것이다."라고 했다. 이는 이 조항 첫머리에 전제한 부모, 조부모를 죽인 자와 함께 하늘을 이지 않는 의가 가벼운 처벌의 이유가 되었다는 것을 설명한 것이다. 또한 즉시 죽인 경우에 대해서는 죽여야 할 죄를 진 사람을 한 때의 대의에 격해져 살해했다고 해서 금할 수 없다고 하며, 이는 강상을 돕고 흉악하고 사나운 자를 없애기 위한 것이라는 말을 덧붙였다.[15]

이렇게 『대명률』 부조피구조는 부모, 조부모를 위하는 마음을 존중한

13　"讐有不共戴天者 乃天經地義之所關 不容以常法禁之也", 『大明律集說附例』 권7, 형률, 父祖被毆.
14　상률에 의한다고 한 규정을 교형에 처하도록 했다고 해설한 것은 구타하다 사망에 이른 경우, 즉 투구살(鬪毆殺)의 형량이 교형이기 때문이다. 일반적으로 구타당하는 조부모, 부모를 구하기 위해 구타한 경우 폭행의 의도는 있지만 살인의 의도는 없는 것으로 판단되어 투구살로 교형에 처해질 가능성이 높았다. 그러나 살인에 고의가 있었다고 판명된 경우에는 고의 살인의 형량인 참형에 해당할 수 있다.
15　『大明律集說附例』 권7, 형률, 父祖被毆.

규정이다. 특히 부모나 조부모를 살해한 자를 죽인 경우 형량을 대폭 감경하거나 논죄하지 않도록 한 것은 부모를 죽인 자와 하늘을 함께 일 수 없다는 「곡례」의 문구에서부터 계승되어 온 인식이 법제화된 것이었다. 또한 부모, 조부모를 죽인 자는 어차피 형률상 사형에 처해질 죄를 저지른 자라는 점도 감형의 부차적인 이유가 되었다. 그러나 부모, 조부모를 구타한 자를 구타하여 사망하게 된 경우는 상대방의 구타 행위를 살인으로 갚은 것이기 때문에 인명을 살해했다는 점을 중히 여겨 일반 살인 형량을 적용시켰다. 이를 통해 부모, 조부모를 향한 자식, 손자의 효를 권면하면서도 형률 조항 간에 균형과 조화가 이루어질 수 있도록 형률을 체계화시켰음을 알 수 있다.

"아버지의 원수와는 하늘을 함께 이지 않는다"는 「곡례」의 문구는 중국 역대 왕조의 법과 판결에서 부모, 조부모 살해자 복수 살인에 대해 관대하게 처벌하거나 면죄하도록 한 근거 논리가 되었다. 이는 부모에 대한 효에서 비롯된 '분노'의 감정을 법적으로도 존중했다는 것을 의미한다. 구체적으로는 『대명률집설부례』에서 언급한 것처럼 '조부모, 부모를 죽인 자와 하늘을 함께 이지 않는 의에 격해지는' 감정을 당연한 것으로 보는 관점이 법에 반영된 것이라 할 수 있다. 뒤에서 언급하겠지만 『흠흠신서』에는 의에 격해지는 감정을 표현하는 말로 '의분義憤'이라는 용어가 사용되었다.

2) 18세기 수교의 반포

18세기 조선에서는 위의 『대명률』 규정에 준하여 적용할 사안을 확대하고, 규정 시행상의 세부 규정을 마련하여 제정한 수교들이 반포되었다. 이들 수교에서 범죄 행위와 형량을 정리하여 제시하면 다음과 같다.

(가) 처가 남편을 살해한 원수를 멋대로 살해함. → 장 60을 치고 석방 [1706, 숙종 32]16

(나) 어머니가 자식의 복수를 함. → 장 60 [1706, 숙종 32]17

(다) 아버지가 살해되었는데, 성옥成獄 4년 후에 관의 사건 규명을 기다리지 않고 멋대로 찔러 살해함. → 사형을 감하여 정배 [1721, 경종 원년]18

(라) 전세田稅를 납부하지 않은 매부 때문에 관에서 장을 맞다 사망하자 그 딸과 처가 그 매부(딸에게는 고모부)를 함께 구타하여 사망에 이르게 하고 자수함. → 처는 참작하여 정배. 딸은 석방하고, 그 절의를 포장 [1730, 영조 6]19

(마) 아버지를 죽이고 눈먼 어머니와 통간한 사람을 9년 동안 찾다가 복수하고 관에 자수함. → 특별히 복호. 눈먼 어머니 석방 [1736, 영조 12]20

(바) 아버지가 엄지 손가락이 물려 두 마디가 썩어 63일 만에 사망하자 누이, 처와 의논하여 칼로 가해자를 찌름. →『대명률부례』에서 지체肢體를 부러뜨리면 보고 기한을 20일에 한하여 더해줄 수 있도록 한 조문에 의해 아들은 멋대로 죽인 본율 시행. 그 누이와 처는 분간 [1736, 영조 12]21

---

16 "其夫爲人所殺 而痛夫非命 刃刺讎人之腹 妻爲夫擅殺讎人者 律無其條 杖六十決放",『신보수교집록』하, 형전, 殺獄, 康熙丙戌承傳.

17 "母復其子之讎 猶用子復其父之律 論以子孫擅殺行兇人者 杖六十之律",『신보수교집록』하, 형전, 殺獄, 康熙丙戌承傳.

18 "其父爲人所殺 而成獄四年之後 不待究覈 擅自刺殺 可謂無所據 而旣曰爲父復讎 則不可無可恕之道 參酌 減死定配",『신보수교집록』하, 형전, 殺獄, 康熙辛丑承傳.

19 "因其妹夫田稅不納 被官杖而死 其女其妻 共打其同姓叔母夫 致死後 自現入獄 互相爭死者 其妻 參酌定配 其女 特爲放送 以表其節",『신보수교집록』하, 형전, 殺獄, 雍正庚戌承傳.

20 "殺其父通其盲母者 以九歲稚兒 能記父讎 尋母於九年 雪讎於白晝之中 自首官庭 視死如歸 特爲給復 其盲母 則放送 令其子護歸全孝",『신보수교집록』하, 형전, 推斷, 乾隆丙辰承傳.

21 "他人因鬪 咬其父母指 至於肉剝碎骨 因以毒氣 兩節腐落 終以此致死 在於被咬後六十三日 而與其妹其妻 誓心密議 懷刃刺讎者 依大明律附例 折跌肢體 用加限二十日之例 只依擅殺本律施行 婦女 幷分揀",『신보수교집록』하, 형전, 殺獄, 乾隆丙辰承傳.

이 규정들 중 (가), (나)는 조부모, 부모 살해자 복수 살인 규정을 남편, 자식 살해자를 복수 살인한 경우까지 확대하여 적용하도록 한 규정이라는 점에서 주목된다. 1706년(숙종 32)에 반포된 이 두 수교에서는 처가 남편을 살해한 자를 복수 살인한 경우와 어머니가 자식을 살해한 자를 복수 살인한 경우에도 자식, 손자가 부모, 조부모를 살해한 자를 복수 살인하는 경우에 장 60에 처하도록 한 형률을 적용하도록 했다.

남편을 살해한 사람에게 처가 복수한 경우에 그 절의를 존중하여 감형해야 한다는 인식은 이 수교 반포 이전부터 있었다. 1664년(현종 5)에 남편을 죽인 마을 사람을 찔러 죽인 임생의 처벌에 대한 형조 계문에서 "부처夫妻는 삼강三綱의 하나이니, 자식이나 손자가 조부모나 부모를 위해 복수한 경우와 조금도 다를 것이 없다"[22]는 논리로 『대명률』부조피구조를 적용하여 장 60에 해당한다고 보고했다. 이에 현종은 그 자리에서 죽였으니, 논하지 말도록 하라고 명했다.[23] 수교 반포 이전에 이미 남편을 살해한 자를 죽인 사안에 부처 관계는 부자 관계와 함께 삼강의 하나라는 이유로 『대명률』부조피구조를 적용했던 것이다. 1687년(숙종 13) 춘옥이 남편 살해자를 복수 살인한 사건에 대한 대신들의 의논에서도 "자식이 아버지에게, 처가 남편에게는 그 의義가 한 가지이다."라는 논리를 폈다.[24] 그리고 남편이 사망했을 때 관에 고했던 사실도 함께 감안하여 논죄하지 않고 정려하기까지 했다.[25]

이를 통해 (가)의 수교가 반포되기 이전에 이미 관장 관사인 형조의 관원들과 대신들, 왕에 이르기까지 처가 남편을 살해한 자를 죽인 사건을 자

---

22 "夫妻乃三綱之一 與子孫爲祖父母父母復讎 少無異同", 『현종실록』 권7, 현종 5년 정월 20일 계미; 『현종개수실록』 권10, 현종 5년 정월 20일 계미.
23 『현종실록』 권7, 현종 5년 정월 20일 계미; 『현종개수실록』 권10, 현종 5년 정월 20일 계미.
24 "子之父 妻之夫 其義一也", 『숙종실록』 권18, 숙종 13년 5월 28일 을사.
25 『숙종실록』 권18, 숙종 13년 5월 28일 을사.

식이나 손자가 부모나 조부모를 살해한 자를 죽인 경우와 동일하게 처리해야 한다는 인식이 있었으며, 이러한 인식에 의거한 판결이 이루어지고 있었음을 알 수 있다. 이러한 상황에서 1706년(숙종 32)에 (가)의 수교가 반포되었다. 이 수교가 반포되기 이전에는 지배층 내의 공감대에 기반하여 이와 같은 판결이 내려졌다 하더라도 사형에 해당하는 범죄의 최종 판결자인 왕의 명에 의해 이루어진 것이었다. 이때 담당 관사에서는 이러한 판결을 정당화하는 논리를 제공하는 역할을 했다. 그런데 이 수교가 반포됨으로써 관사에서 이를 상례로 적용할 수 있게 되었다. 다만 이 수교에는 부모, 조부모 복수율의 즉시 죽이면 논하지 말도록 한 규정은 포함되지 않았다.[26]

선조대 이래 살옥 처리 과정에서 부자 관계에 적용되던 형률을 부처 관계로 확장시키는 데 활용된 논리인 '삼강은 일체'라는 인식이 이 규정에도 반영된 것으로,[27] 처의 남편에 대한 절의가 강조되어갔던 조선 후기 사회상이 투영되어 있다. 그런데 어머니가 자식을 살해한 자에게 복수한 경우에도 부모, 조부모 살해자 복수 살인의 형률을 적용하도록 한 (나)의 수교는 자식의 부모에 대한 효, 처의 남편에 대한 의義를 존중하여 복수 살인에 감형하도록 한 법과는 또 다른 차원의 인식에서 비롯된 것이다.

(나) 수교의 취지는 1690년(숙종 16) 자식이 피살되자 그 자리에서 그 살인자를 살해한 경덕의 사례를 통해 확인할 수 있다. 이때 형조 계문에서는 『대명률』의 조부모, 부모 살해자 복수 살인 규정을 거론하며, 율문에는 부모가 자손을 죽인 원수를 멋대로 살해한 것에 관한 조문이 없다 하더라도

---

[26] 이는 이후 처의 남편 살해자 복수 살인에 모두 장 60을 적용했다는 것을 의미하는 것은 아니다. 왕이 최종 판결에서 논죄하지 않도록 하고, 심지어 복호 등의 포상을 하도록 명하는 경우도 있었다.

[27] 1607년(선조 40) 처가 남편을 살해한 경우 사형에 처한 후 자식이 부모를 살해했을 때 적용되던 자녀를 속공하고 집을 허물어 연못으로 만드는 부가 조치를 시행하도록 한 수교가 반포되었는데, 이는 '삼강은 일체'라는 논리에 근거한 것이었다.(박경, 「살옥殺獄 판결을 통해 본 조선후기 지배층의 부처(夫妻)관계상」 『여성과 역사』 10, 여성과 역사, 2009, 43~46쪽) 선조대 출현한 '삼강은 일체'라는 논리는 이와 같이 처가 남편 살해자를 죽인 사안의 판결과 법 제정에도 활용되었다.

"자손이 조부모에 대해서와 조부모가 자손에 대해서는 정리情理가 다르지 않다"[28]는 입장을 표명했다. 그렇지만 이 사안은 법에 없기 때문에 경솔하게 판단할 수 없다며 왕이 판단하기를 청했다. 숙종은 경덕이 그 아들이 살해되는 것을 보았으니, 지정至情에 관계된다며, 장 60에 처하고 석방하도록 판결했다.[29] 이렇게 부모, 자식 간의 정리를 이유로 아들을 살해한 자를 죽인 경덕에 대해 부모, 조부모 살해자 복수 살인 규정의 형량인 장 60을 적용했다. 다만 자식을 살해한 자를 그 자리에서 살해한 사건임에도 즉시 살해하면 논하지 않도록 한 규정을 적용시키지는 않았다.

이 사례에서, 관장 관사인 형조에서 자식이나 손자가 부모, 조부모 살해자를 죽인 경우의 형률을 적용하도록 계문했다는 것이 주목된다. 조율 담당 관사로 엄정한 형률 적용의 책무가 있는 형조에서 이러한 계문을 올렸다는 것은 당시 지배층 사이에 이에 대한 공감대가 형성되어 있었다는 것을 의미한다. 그리고 부모의 자식에 대한 정리가 자식의 부모에 대한 정리와 같다는 근거 논리를 제시했다는 점에서 부모, 조부모에 대한 효, 남편에 대한 의와 같은 규범적 가치 뿐 아니라 부모, 자식 간의 정리 역시 살인의 엄중함을 상쇄하는 가치로써 존중되었다는 사실을 알 수 있다. 이러한 판결 경향은 (나)의 1706년(숙종 32) 수교에 그대로 반영되었다.

이렇게 18세기 조선에서는 『대명률』 규정대로 부모, 조부모 살해자 복수 살인에 대해 감형하거나 논죄하지 않은 것은 물론이고, 처의 남편에 대한 의義를 부모, 조부모에 대한 효와 같은 반열에 두어 처가 남편 살해자를 죽인 사건에도 부모, 조부모 살해자 복수 살인의 형량을 적용하도록 했다. 또한 부모, 자식 간의 정리도 중시하여 어머니가 자식을 살해한 자를 죽인

---

28 "子孫之於祖父母 祖父母之於子孫 情理雖無異同 其在執法之道 不敢以無於法之法輕斷重獄 上裁", 『추관지』 권3, 詳覆部, 復讎, 復子女讎.
29 『추관지』 권3, 詳覆部, 復讎, 復子女讎.

경우에도 부모, 조부모 살해자 복수 살인의 형량을 적용하도록 했다. 법에 의하지 않은 사적인 살인에 대한 엄중한 처벌에 예외를 인정하는 범위를 부모, 조부모를 위한 마음에서 비롯된 살인 뿐 아니라 남편을 위한 마음, 자식을 위한 마음에서 비롯된 살인까지 확장시키는 모습을 보인 것이다.

한편,『추관지』의 '복수' 조항에는 아버지, 어머니, 남편, 자녀 복수 항목과 함께 형을 살해한 자를 복수 살인한 사건에 대한 정조대의 판결 2건이 '복형수復兄讎' 항목에 수록되어 있다. 법제화되지는 않은 사안인만큼 두 사건 모두 일반 살인죄에 비해 감형하기는 했지만 사건의 성격에 따라 판결 형량이 달랐다. 김점동이 형을 죽게 한 이광평, 이기평을 구타하여 사망하게 한 사건에서는 김점동에 대하여 사형을 감하여 정배하도록 했다. 그리고 김대노미가 형을 죽게 한 김연석을 구타하여 사망하게 한 사건에서는 사형에 처해야 할 사람을 법에 의하지 않고 멋대로 살해한 경우에 장 100에 처한다는『대명률』규정을 적용했다. 감형 이유를 살펴보면, 김점동 사건의 관찰사 장계에서는 "아들이나 아우가 아버지나 형을 보위하고자 하는 마음"을 감형해야 하는 이유로 들었다. 김대노미 사건의 형조 계문에서는 김대노미의 구타에 대해 "슬퍼하고 원통해하여 결박하고 구타한 것은 인정人情이 반드시 그러한 것"이라고 했으며, 정조는 "분憤이 일어나 뒷일을 생각하지 않고 필연적으로 마주잡고 구타했으니, 이는 진실로 천리天理와 인정人情에 당연한 것"이라며 가볍게 처벌해야 한다고 판부했다.[30] 아우의 형을 위하는 마음, 그리고 그 마음으로 인해 분이 일어나 형을 죽게 한 사람을 구타한 것을 필연적인 행위로 인식하고, 구타당한 자가 사망했음에도 불구하고 감형한 것이다.『추관지』복수 항목에는 아우가 형을 살해한 자를 죽인 사례만 수록되어 있지만 18세기 실제 판결에서는 아우를 죽게 한

---

30 『추관지』권3, 祥覆部, 復讎, 復兄讎.

사람을 구타하여 죽음에 이르게 한 경우도 아우를 위한 마음을 고려하여 감형했다. 이는 형제 간의 우애를 보호해주어야 한다는 논리가 살인의 엄중함을 상쇄했던 18세기의 형사 사건 처리의 방향을 보여준다.

(다), (마), (바) 수교는 자식이 부모를 살해한 자를 복수로 죽인 경우에 대한 규정이며, (라)는 자식과 처가 함께 그들에게 아버지, 남편이 되는 사람의 죽음에 원인을 제공한 자를 구타하여 죽게 한 경우의 규정이다. 이 수교들은 복수 살인 사건의 변수를 감안한 형량과 처리지침에 관한 규정들이다. 이 중 (다)는 성옥 후 판결이 내려지기 전에 복수 살인한 경우이고, (라)는 복수 살인 대상자가 원인을 제공했지만 관의 행정 행위에 의해 사망한 경우이다. 이 두 수교는 복수 살인 사안이라는 점을 참작하면서도 법 질서와 관의 권위를 수호하고자 하는 목적의 판단이 함께 이루어진 규정이었다. (마)는 9살 때 아버지를 살해하고 눈먼 어머니와 통간한 자를 기억하여 9년 만에 복수 살인하고 어머니를 찾은 특정한 사건에 대한 판결이 법제화된 수교이다. 어렸을 때의 일을 기억하여 아버지의 원수를 갚고 어머니를 찾은 효성스러운 마음을 높이 사 법조문상의 장 60의 형량도 적용하지 않고, 포상까지 하도록 했다. 이는 부모를 살해한 자를 즉시 복수 살인한 사안이 아니라 하더라도 어려서 복수할 수 없었다든가 하는 사정이 있다면, 이를 참작하여 논죄하지 않을 것이라는 점을 천명한 것이다. 여기에 수년동안 아버지의 원수를 응징할 의지를 가지고 결국 복수 살인을 하게 된 원동력인 효성스러운 마음을 고려한다면 죄를 물을 사안이 아니라 포상할 사안이라는 점을 표명했다. (바)는 복수 살인의 동기가 된 아버지의 죽음을 피살로 볼 것인지 판단하기 위한 보고保辜 기한의 세부 규정이다. 즉, 법적으로 복수 살인 여부를 판정하기 위해 폭행과 죽음의 인과 관계를 따지는 기준 중 하나인 보고 기한의 적용에 관해 규정한 수교이다.

이 규정들 중 복수 살인 감형 대상을 확대시킨 (가), (나)와 성옥 후 관의 판결을 기다리지 않고 사사로이 살해한 자에 대한 규정인 (다), 복수 살인의 원인이 된 이전 살인 사건의 보고 기한 적용 지침인 (바)는 『속대전』 살옥조에 다음과 같이 수록되었다.

> ○ 그 아버지가 살해당해 성옥되었는데, 관의 사건 규명을 기다리지 않고 멋대로 그 원수를 살해하면 사형을 감하여 정배한다. 〈…《중략》… ○ 그 아버지가 다른 사람과 싸우다가 물려 상처가 썩어 사망했는데, 60일 후에 그 아들, 딸과 며느리가 그 원수를 멋대로 죽이면 『대명률부례』의 지체를 부러뜨리면 보고 기한을 20일 더하는 예에 의하여 그 아들은 다만 멋대로 죽인 본율을 적용하고, 그 며느리와 딸은 분간한다.〉[31]

> ○ 처가 남편의 원수에게 복수하고 어머니가 자식의 원수에게 복수하여 그 원수를 멋대로 죽이면 자식이나 손자가 부모, 조부모를 살해한 사람을 멋대로 죽인 경우에 적용하는 형률에 의하여 장 60에 처한다.[32]

이 규정은 『대전통편』, 『대전회통』에도 그대로 전재되어 이에 관한 사건이 발생했을 때 적용되었다.[33]

복수 살인 규정 외에도 1711년(숙종 37)에는 아버지가 구타당하자 자식이 아버지를 구타한 사람을 폭행해 죽음에 이르게 한 경우 사형을 감하도록 한 다음과 같은 법이 제정되었다.

---

31 "○ 其父被殺成獄 不待究覈 擅殺其讎人者 減死定配 〈…《중략》… ○ 其父與人鬪而被咬 腐傷致死 於六十日之後 其子女與婦 擅殺其讎人者 依大明律附例折跌肢體加限二十日之例 其子只用擅殺本律 其婦女分揀〉", 『속대전』 권5, 형전, 살옥. *〈 〉 안은 세주
32 "妻復夫讎 母復子讎 擅殺其讎人者 依子孫擅殺行兇人律 杖六十", 『속대전』 권5, 형전, 살옥.
33 『속대전』 권5, 형전, 살옥; 『대전통편』 권5, 형전, 살옥; 『대전회통』 권5, 형전, 살옥.

그 아버지가 구타당하자 그 자식이 아버지를 구타한 사람을 되갚아 구타하여 사망하게 되면 사형을 감하여 정배한다. [1711, 숙종 37]³⁴

앞서 언급한 『대명률』에서는 조부모, 부모를 구타한 사람을 폭행하여 사망하게 되면 사형에 처하도록 했다. 그런데 이 수교에서는 아버지를 구타한 자를 구타하다 죽게 한 경우 사형을 감하여 정배하도록 했다. 이는 구타를 살인으로 갚은 사안이기 때문에 『대명률』에서는 효를 표출한 행위라는 점보다는 인명을 해친 행위라는 점을 우선시했다. 반면에 18세기 조선에서는 사형을 감하도록 법제화했다. 복수 살인과는 달리 살인 의도를 가진 경우까지 감형하는 것은 아니었고, 아버지가 구타당하는 상황에서 아버지를 구하기 위해, 혹은 분을 참지 못해 구타한 것을 효의 발로로 보아 이 때문에 사람이 죽더라도 사형에 처할 사안까지는 아니라고 본 것이다. 판결시에 참작하여 감형하는 데 그치지 않고 아예 법제화한 것은 효성스러운 마음이 표출된 결과로 사람이 죽게 되었다면 필히 정상을 참작해야 한다는 공감대가 형성되었기 때문이라고 할 수 있다.

이 규정은 아버지가 구타당하여 중상을 입은 경우로 전제 조건이 변경되어 『속대전』에 "그 아버지가 다른 사람에게 구타당하여 무겁게 상해를 입자 그 자식이 그 사람을 구타하여 사망하게 되면 사형을 감하여 정배한다."라고 수록되었다. 이 규정 역시 이후 『대전통편』, 『대전회통』에 그대로 전재되었다.³⁵ 한편, 이는 아버지가 구타당한 사안에 대한 규정이지만 실제 판결에서는 어머니의 경우도 이 규정이 적용되었다는 사실을 확인할 수 있다.³⁶

---

34 "其父逢打 而其子反毆打父之人 致死者 減死定配", 『신보수교집록』 하, 형전, 殺獄.
35 "其父被人毆打傷重 而其子毆打其人致死者 減死定配", 『속대전』 권5, 형전, 殺獄; 『대전통편』 권5, 형전, 殺獄; 『대전회통』 권5, 형전, 殺獄.
36 『흠흠신서』 권3, 상형추의 11, 情理之恕 2.

부모, 조부모 등을 살해한 자를 죽인 행위는 형률상 사형에 처해야 할 자를 죽였다는 점에서도 형률 체계상 정당화할 수 있는 여지가 있었으나 구타한 자를 죽인 행위는 이와는 다르다. 그럼에도 불구하고 이러한 사건이 발생했을 때 상례로 사형을 감하도록 법제화했다는 것은 18세기에 이르러 부모에 대한 효성스러운 마음을 장려하고자 하는 의지가 타인을 살해하면 목숨으로 갚도록 해야 한다는 기존의 형률상의 논리를 압도했다는 사실을 보여준다.

이렇게 18세기에 이르러『대명률』규정대로 부모, 조부모를 살해한 자를 죽인 경우 가볍게 처벌하도록 한 데 그치지 않고, 남편과 자식을 살해한 사람을 죽인 경우까지 이 규정을 확대 적용하도록 한 수교가 반포되었다. 또한 이 시기 실제 판결에서 형제를 살해한 자를 복수 살인한 경우에도 감형하도록 하는 판결이 내려졌다. 18세기 조선 정부에서는 형률을 통해 부모에 대한 효와 남편에 대한 의와 같은 규범화된 유교적 가치 뿐 아니라 부모, 자식 간의 정리, 형, 아우 간의 우애있는 마음을 보호하고자 했음을 알 수 있다. 부모, 조부모, 남편에 대한 일방적인 '의' 뿐 아니라 부모, 자식 간의 정리, 형제 간의 우애와 같은 감정적인 요소이면서도 본연의 유교적 가치이기도 한 부분까지 보호하고자 한 것이다. 한편, 부모가 구타당한 경우에 구타한 자를 폭행하다 그 사람이 사망한 경우 사형에 처하지 않고 감형하도록 한 수교를 통해 부모에 대한 효성스러운 마음을 최대한 존중하고자 했던 18세기의 사회상을 파악할 수 있다.

3. 정조대 판결 경향과『흠흠신서』판결 수록 방식

19세기 초반 정약용이 저술한『흠흠신서』에는 유교 경전상의 법의와 중국과 조선 역사상의 판례, 조사보고서, 판결문, 그리고 정조대 판결 사례

등을 수록하고, 사안에 따라 정약용의 해설, 상고, 평가 등을 수록했다. 이를 통해 형사 사건 조사와 판결을 담당한 관원들이 법적 지식과 함께 흠휼하는 자세를 가지도록 돕고자 했다. 이 중 「상형추의詳刑追議」편에는 『흠흠신서』 저술 시기와 가장 가까운 시기인 정조대의 법 적용과 판결 경향 등을 파악할 수 있으며, 2장에서 언급한 법들의 적용 실례를 검토할 수 있다. 또한 수록 사건 선정과 사건 조사 및 판결에 대한 정약용의 평가와 논의를 통해 형정을 담당한 관원들이 가져야 할 자세와 주의해야 할 점에 대한 그의 인식이 드러난다.

3장에서는 「상형추의」의 복수 살인 사례인 '복설지원復雪之原' 항목 5사례와 '정리지서情理之恕' 항목에 수록된 사례 중 부모에게 폭행 등 위해를 가한 자를 구타하여 사망하게 한 사건 5사례를 분석하고자 한다. 이를 통해 효와 의, 부모, 자식 간의 정리, 형제 간의 우의로 인해 분노의 감정을 표출하여 살인에까지 이르게 된 사건에 대해 당시 조선의 지배층들이 살인을 추동한 이 감정들을 고려했던 방식과 정도를 파악하고자 한다. 또한 이러한 감정을 수용하여 판결하는 과정에서 발생한 문제들에 대한 정약용으로 대표되는 당시 지배층들의 고민을 살펴보고자 한다.

1) 복수 살인 사건의 판결

'복설지원' 항목의 복수 살인 5사례는 각각 아버지, 형, 손아래누이, 남편을 죽게 한 사람을 살해한 사건이다. 이 중 아버지와 남편을 죽게 한 사람을 살해한 경우는 이미 법제화되었기 때문에 해당 법을 적용시키면 되는 사안으로 여겨질 수 있다. 그러나 『흠흠신서』에 수록된 사례들은 이 법들을 적용했다는 것을 보여주는 사례들이 아니다. 아버지를 죽게 한 사람을 살해한 사례 2건 중 1건은 사건 조사와 각 단계별 판단 과정을 상세하게 수록했으나 최종 판결은 수록되지 않았다. 다른 1건은 사형을 감하여 정배하도록 했는데, 이는 장 60에 처하도록 한 규정을 따르지 않은 것이다. 이 판결에 대해 정약용은 사근事根에 이 규정에 해당되지 않는 것이 있기 때문일 것이라고 보았다. 그리고 남편을 죽게 한 사람을 살해한 사례 역시 최종 판결이 수록되지 않았다. 이는 정약용이 '복설지원' 항목에 단순히 복수 살인법을 적용한 사례를 수록하고자 했던 것이 아니라는 점을 알려준다.

그렇다면 정약용의 의도를 파악하기 위해 우선 '복설지원' 항목에 어떤 사안을 선정하고, 무엇에 중점을 두어 수록했는지를 〈표 2〉를 통해 살펴보고자 한다.

〈표 2〉「상형추의」의 복수 살인 사례[37]

	정범(正犯)〈피고인〉	피살자	실인	복수 이유	수록된 조사와 판결 내용	정약용의 평
1	윤항	윤언서	피자(被刺)	윤언서 형제가 윤항의 아버지 윤덕규를 구타한 후 윤덕규 사망	· 초검장, 초검 발사, 복검 발사, 순영 제사 : 검시, 공초 내용을 바탕으로 한 사건 경위 파악, 상명(償命) 여부 판단 · 형조 계문 : 윤덕규 딸의 격쟁 원정 · 판부, 형조 3당상 의견 청취 · 판부 : 재조사 지시 · 형조 계문 : 본도 사계 검토 후 의옥(疑獄)으로 보고 · 판부 : 윤의(倫義)를 중히 여겨 관전을 내려야 한다고 판단.	· 초검 발사, 순영 제사의 오류 지적 · 형조 계문상 논의의 문제점 지적 · 복수 살인의 원인이 된 이전 살인사건 조사 결과와 형조 계문 내용의 문제점을 종합적으로 지적하고, 윤항이 윤언서를 살해하고 한 잔인한 행위는 징계해야 한다는 의견 제시
2	박내린	박성대	피타(被打)	박성대가 박내린의 아버지 살해	· 판부 : 관전을 내려야 하는 이유를 제시하고 감사 정배하도록 함.	· 장 60이 아닌 감사 정배하도록 한 것에 다른 근유(根由)가 있을 것이라고 추정함.

---

[37] 『흠흠신서』 권8, 상형추의 10, 復雪之原.

3	김대한	김연석	피타 (被打)	김연석이 김대한의 형 김초동을 익사시킴.	• 초검 발사, 복검 발사, 삼검 발사, 삼검 발사, 사검 발사 : 검시와 시증을 바탕으로 실인과 정범 결정 • 순영 제사 : 초검~사검 검토. 사관(査官)을 정하여 김초동의 피익(被溺), 자익(自溺) 여부 조사와 네 검안 검토 지시 • 사관 보장 : 김초동 사망 원인을 피익으로 보고. 실인, 정범 결정 보고 • 순영 제사 : 정범 김대한, 실인 구타치사로 일단락. 동추관을 결정하고 회추 지시	• 각 검안 발사와 사관 보장에 대해 실인, 정범 결정 과정의 문제점 지적. • 두 번째 순영 제사에 대해 김초동의 사망 원인이 피익이라면 성옥하는 것이 합당하지 않다는 의견 제시
4	복순	〈김 조이〉[38]	피타 (被打)	복순의 손아래누이 복점이 시어머니 김 조이의 꾸짖음에 자살	• 판부 : 관전을 내리는 이유를 제시하고, 특별히 석방	• 처벌 없이 석방한 원인 추정. 시어머니와의 불화로 자살한 사례들이 핍살이 아닐 수도 있다는 견해 제기
5	오억춘 〈鄭女〉[39]	안종면	피자 (被刺)	안종면이 정녀의 남편이자 오억춘의 종숙인 오명담을 밀고해 장을 맞아 사망	• 형조 계문 : 검시 및 조사의 허술함을 지적한 후 정녀의 형을 잠시 정지하고 재조사를 명하기를 청함. • 사관 보장, 본도 사계 : 조사 후 오억춘을 정범, 정녀를 지교자(指教者)로 집단하여 보고 • 형조 계문 : 본도의 계문 내용을 근거로 보고 • 판부 : 미진한 부분 추가 조사를 명함.	• 첫 번째 형조 계문인 재조사 요청 계문 내용의 오류 지적

---

38 『흠흠신서』에는 성이 기록되어 있지 않아 『심리록』에 수록된 같은 사례로 보완했다.(『심리록』 권15, 을사 2, 경상도, 安東權福順獄).

39 『흠흠신서』에는 오억춘이 안종면을 살해한 것으로 기재했지만 『심리록』에는 정녀가 오억춘과 안종면을 찔러 죽인 것으로 기재되어 있다.(『심리록』 권11, 계묘 3 松禾鄭女大隱阿只等獄.)

〈표 2〉를 살펴보면, 1, 3, 5의 사례에서는 최종 판결은 기록하지 않으면서도 검안과 보장 내용을 상세히 수록했다. 또한 검시, 법 적용, 행정 처리 과정에서 문제가 없는지를 평했다. 검시 및 사건 조사, 공초를 통해 정범을 결정하고, 피살자가 복수당해야 마땅한 사람인지를 검토하는 과정을 면밀히 고찰한 것이다. 이는 정범이 누구인지, 피살자가 부모, 남편, 형제 등을 살해한 것이 명확한지에 따라 복수 살인법을 적용해야 할지의 여부가 결정되기 때문이었다. 이러한 편집 방향은 복수 살인의 형량 감경에는 공감하면서도 해당 사안이 복수 살인법을 적용받아야 할 사안인지는 면밀하게 검토하여 함부로 인명을 살해하는 것을 방지해야 한다는 정약용의 인식이 반영된 것으로 판단된다.

예를 들어 1의 사례인 윤항이 윤언서를 살해한 사건의 경우 윤언서가 복수 살인 대상인지에 대한 사관의 조사와 관찰사의 검토를 상세히 수록했다. 그리고 각각의 검토가 타당한지에 대한 정약용의 평이 기록되어 있다. 이 사건은 윤항의 아버지 윤덕규가 집안의 서얼인 윤태서, 윤언서 형제에게 구타당한 후 사망하자 윤항이 윤언서를 자살刺殺한 후 윤언서의 소장을 꺼내 어깨에 메고 허리에 두르고 관문官門 밖에서 북쪽을 향해 꿇어앉아 있었던 사건이었다. 이 사건에서는, 초검, 복검, 순영의 제사에 이르기까지 윤언서 형제의 구타와 윤덕규 사망 사이의 인과 관계 파악과 윤언서 형제에게 살인 의도가 있었는지에 집중했다. 윤언서 형제의 구타가 사망으로 연결되었는지, 병 등 다른 이유로 사망했는지에 따라 복수 살인 형률을 적용시킬지의 여부가 결정되기 때문이었다. 결국 초검·복검의 사관, 순찰사 모두 윤덕규 사망시의 조사 결과 등에 따라 구타와 사망에 인과 관계가 없다고 판단했으며, 순찰사는 살인 의도가 있었다는 증거도 없다고 했다. 그 결과 초검 사관과 순찰사는 각각 살인율, 사형에 처해야 한다고 했으며, 복검 사관은 『대전통편』의 규정에 의해 사형을 감하여 정배해야 한다고 논했다.

그런데 윤덕규의 딸이 이에 관해 격쟁을 했다. 이에 정조는 형조 3당상의 논의 후 관찰사에게 재조사를 명했다. 재조사 결과에 대한 관찰사의 장계에 의거해 올린 형조의 계문을 살펴보면, 재조사에서도 윤언서 형제의 구타와 윤덕규 사망 사이에 인과 관계가 없다고 판단했음을 알 수 있다. 형조에서는 중옥重獄이고, 의옥疑獄이라며 정조의 판결을 청했다.

정조는 "사람을 죽인 자는 죽는 것이 온 천하에서 만세토록 바꿀 수 없는 법이지만 부모를 위하여 수치를 씻고 분을 풀어 남을 구타하고 상하게 하여 사망하는 데 이르게 한 경우에는 대개 법을 굽혀 용서했다"[40]고 했다. 또한 "율례에 가장 중요한 것은 윤의倫義"[41]라고 했으며, "수치와 분이 복수해야 하는 데에는 이르지 않더라도 일이 부모를 위하여 손쓴 것에 관계된다면 살려야 하는데 하물며 이 옥사는 복수에 가까운 것임에랴."[42]라는 입장을 보였다. 이렇게 정조는 설사 복수 살인법을 적용하는 데 해당하지 않는다 하더라도 부모를 위해 수치스러운 욕을 씻고 분을 푸는 행위에 대해서는 목숨으로 갚도록 해야 한다는 말이 나와서는 안 된다고 했다. 그리고 초검관과 복검관을 결옥을 잘못한 죄로 나문하여 처벌하도록 하고, 각도에 풍교를 두텁게 하는 다스림에 유념하도록 알리라고 명했다.

정약용은 초검관과 복검관의 윤덕규 사망 원인에 대한 조사가 잘못되었다고 판단했다. 윤항 형제가 애초에 아버지 죽음의 실인을 분명히 하여 발고했다면 윤덕규 사망 당시 윤태서 형제를 법으로 처벌할 수 있었을 사안이라며, 윤항 형제와 당시 이 사건을 조사했던 관의 잘못을 함께 지적했다. 그리고 윤덕규 사망 후 조부와 어머니의 죽음이 원통함 때문이 아니라

---

40 "殺人者死 通天下萬世不易之法 而爲父母雪羞逞憤 毆人傷人 至於致命者 輒多屈而貸之", 『흠흠신서』 권8, 상형추의 10, 復雪之原 1.
41 "大抵律例最重 倫義", 『흠흠신서』 권8, 상형추의 10, 復雪之原 1.
42 "羞與憤之未至於讐 而事有關於爲親下手 猶當傅生 況此獄之近於復讐乎", 『흠흠신서』 권8, 상형추의 10, 復雪之原 1.

고 할 수 없을 것이라며 윤항 형제의 슬픔에 공감하면서도 윤언서를 죽인 후 배를 가르고 창자를 꺼내 몸에 두른 잔인한 행위는 징계해야 할 필요가 있다고 보았다.[43]

정약용은 초검안, 복검안, 순영의 제사, 윤덕규 딸의 격쟁, 형조 3당상의 논의, 형조의 계문, 왕의 최종 판부에 이르기까지, 이 긴 내용을 모두 수록했다. 윤의를 중시하여 형량을 감경해야 한다는 판부가 내려진 사안임에도 복수 살인으로 인정할 사안인지에 대한 조사·검토 과정을 상세하게 수록하고, 검토의 오류를 평했다. 그리고 이 살인의 원인인 윤덕규 사망 사건에 대해 관에서 철저하고 면밀하게 조사하지 않아 윤언서 등을 처벌하지 않음으로써 이러한 살인 사건이 발생하게 되었다고 지적했다. 이러한 사건 수록 방식은 복수 살인에 관한 사건이라 하더라도 사건을 조사하는 관원은 복수 살인법을 적용해야 할 사안인지, 일반 살인율로 처벌해야 할지를 면밀히 따져보아야 하며, 관에서 관내 백성들의 사망 원인을 철저하게 조사하여 억울한 일이 없도록 해야 한다는 그의 입장을 반영한 것이라 할 수 있다.

복수 살인 사례 중에는 복수 살인법 적용 대상이 아닌 형, 손아래누이의 원수를 갚은 사안이 포함되어 있다. 특히 복순이 손아래누이의 원수를 갚은 4의 사안에서 처벌 없이 방면하도록 했다는 사실이 주목된다. 정약용은 복순을 정범이 아닌 피고인이라고 지칭했다는 것을 통해 처벌 없이 석방한 것은 사망 원인이 복순의 구타가 아닌 병으로 판단되었기 때문이라고 추정했다. 피타치사被打致死로 판정되었다면 형량이 감경되기는 했더라도 처벌 없이 석방하지는 않았을 것이라고 본 것이다. 이를 통해 정조대에 형을 위한 복수 뿐 아니라 손아래누이를 위한 복수에도 형량 감경이 이루어지고

---

43 『흠흠신서』 권8, 상형추의 10, 復雪之原 1.

있었다는 사실을 알 수 있다. 정조의 판부에서는 복순의 구타 행위에 대해 "동기同氣의 지극한 정으로 사람이라면 누가 그러하지 않겠는가."44라며, 동기 간의 정으로 누이를 핍박하여 죽게 한 시어머니를 구타하는 것은 당연하다는 인식을 표출했다. 또, 이 오누이가 어려서 고아가 되었다는 사실을 언급하며, 누이를 잃은 오라버니의 아픔을 '삭일 수 없는 원통함'으로 표현했다. 이를 통해 정조는 손위, 손아래에 관계 없이 형제 간에 서로 위하는 마음 자체를 법으로 보호해야 하는 가치로 여겼음을 알 수 있다.

이렇게 『흠흠신서』에 수록된 정조대 복수 살인 사건에서 정조는 복수 살인법 요건에 해당하지 않는다 하더라도 부모를 위하는 마음, 동기를 향한 지극한 정을 감안하여 감형하도록 했다. 정조 뿐 아니라 정약용도 기본적으로 이러한 가치들을 존중했다. 이는 '복설지원'의 사건 중 살인의 '근유根由'에 '의분'이라고 기재한 사례가 나타난다는 점을 통해서도 알 수 있다. 윤항이 윤언서를 살해한 사건, 복순이 손아래누이 복점의 죽음에 원인을 제공했다고 생각하여 복점의 시어머니를 구타하여 사망하게 했던 사건이 그러한 사례들이다. 전자는 윤항이 아버지에 대한 효성스러운 마음으로 윤언서를 상대로 일어난 분을 푼 사건이라고 본 것이다. 그리고 후자에서는 동기 간의 정리를 '의'라고 표현했다. 동기 간의 우의도 인간이 당연히 가져야 할 마음으로 보아 '의'의 범주에 포함시킴으로써 이 역시 '의'가 '분'으로 전환되어 벌어진 사건으로 인식했던 것이다.

다만 당시 사건 조사를 맡은 관원들은 '의분'의 존중에 매몰되어 있지는 않고, 해당 사안이 복수 살인법에 해당하는지에 대해 검토하는 모습을 보였다. 정약용도 사관들의 조사 결과에 하나하나 평을 하며 살인 사건 조사에 철저함을 기할 것을 강조했다. 그는 「경사요의經史要義」 편에서 「곡례」의

---

44 "同氣至情 人孰不然", 『흠흠신서』 권8, 상형추의 10, 復雪之原 4.

문구와 법전 규정을 근거로 부모를 죽인 원수를 살해한 자에게 감형해 주는 것을 긍정하면서도 근래에 복수 살인 사건에 절렬節烈만을 인정하여 대개 성옥하지 않는 것을 큰 폐단이라고 주장했다. 살해되었는지 분명하지 않는 데도 사사로이 원수라고 지목하여 공공연하게 복수하는 자가 있는데, 이것은 작은 문제가 아니라는 것이다.[45] 부모, 남편, 자식을 살해했다는 사실이 분명한 사안에만 복수 살인 감형을 인정해야 원수라며 함부로 살인을 감행하는 일이 없어진다고 본 것이다. 또한 남편을 과실로 살해한 자를 죽이는 것, 부모를 살해한 자의 아버지를 죽이는 것, 의살이나 정당하게 법에 의해 죽임을 당했는데 복수하는 것을 허용해서는 안 된다고 했다.[46] 이러한 인식에 의해 정약용은 관원들이 사건 조사시 복수 살인법을 적용할 사건인지의 여부를 면밀히 따져보아야 한다고 보았고, 이러한 판단이 '복설지원' 사건 수록 방식에 반영되었던 것이다.

2) 부모 위해자 구타치사 사건 판결

부모, 남편, 자식, 형제를 살해한 자나 그들의 죽음에 원인을 제공한 자를 복수 살인한 사안 외에도 부모를 구타하거나 부모에게 음행이 있었다고 소문을 낸 자를 그 자리에서 혹은 추후에 구타하다가 사망하게 된 경우에도 감형이 이루어졌다. 부모를 구타한 자를 구타하여 죽게 된 경우 조율을 맡은 관사에서는 1711년(숙종 37)에 제정되고, 개정을 거쳐『속대전』에 수록된 "그 아버지가 다른 사람에게 구타당하여 무겁게 상해를 입자 그 자식이 그 사람을 구타하여 사망하게 되면 사형을 감하여 정배한다."는 법을 적용

---

[45] 『흠흠신서』 권1, 경사요의 1, 仇讎擅殺之義.
[46] 『흠흠신서』 권1, 경사요의 2, 妻復夫仇2;『흠흠신서』 권1, 경사요의 1, 仇讎擅殺之義;『흠흠신서』 권1, 경사요의 1, 受誅不復之義;『흠흠신서』 권1, 경사요의 2, 復讎殺官 1, 2;『흠흠신서』 권1, 경사요의 1, 義殺勿讎之義.

했다.[47] 그리고 음행이 있다고 소문낸 자를 구타하여 죽게 한 경우에 이 규정을 참고로 제시하기도 했다.[48] 최종 판결을 한 정조는 이러한 사안에 대해 관사의 계문대로 『속대전』 규정을 적용시키도록 하기도 했고, 이보다 더 감형하기도 했다. 그렇다면 다음 〈표 3〉의 사건 수록 방식을 살펴보도록 하겠다.

〈표 3〉 「상형추의」의 부모 위해자 살해 사례[49]

번호	정범(正犯)	피살자	실인	구타 이유	수록된 조사와 판결 내용	정약용의 평
1	신복금	김창준	피타(被打)	김창준이 신복금의 아버지를 구타하자 아버지 구호를 위해 구타	·판부: 장을 치고 석방 (김창준의 병과 아버지를 보위하기 위한 구타라는 점 참작)	·아버지 보위 뿐 아니라 김창준에게 병이 있었다는 점을 참작해야 한다는 의견 제시
2	이후상	공 조이	피축(被蹴)	공 조이가 이후상 어머니의 머리채를 잡고 뺨을 때리자 분노하여 구타하고 참.	·사관 보장: 이후상이 구타할 수밖에 없었던 정황과 『속대전』 규정을 제시하고, 어머니 상처가 깊지 않더라도 관용적인 법 적용 논의가 필요하다는 의견 제시 ·판부: 정리와 사세를 참작하여 사형을 감하여 도 3년 정배하도록 함.	·부모를 폭행한 자를 구타하여 사망에 이르게 된 세 사례 중 3번 박봉손 구타 치사 사건에서만 도배(徒配)에 처하지 않고 석방한 이유에 대한 판단 제시
3	박봉손	배종남	피축(被蹴)	배종남이 계부이자 박봉손의 아버지인 박소상을 구타하여 가슴에 피가 나게 하자 구타하고 참.	·본도 사계: 박봉손의 자복하지 않은 죄와 아버지를 위해 구타할 수밖에 없었던 상황을 언급하고, 『속대전』 규정에 가까운 사안이라고 계문 ·판부: 풍교가 우선이라며 석방을 명함.	·계부를 구타하는 자를 보게 되면 남도 구타하려 할 것인데, 자식은 말할 것도 없다고 함. ·『대명률』에 비해 『속대전』 형량이 가볍다며, 본인이 생각하는 법 적용 기준 제시.

---

47 『흠흠신서』 권8, 상형추의 11, 情理之恕 1, 2, 3.
48 『흠흠신서』 권8, 상형추의 11, 情理之恕 5.
49 『흠흠신서』 권8, 상형추의 11, 情理之恕.

4	성성일	맹춘의 어머니	피타 (被打)	맹춘과 맹춘의 어머니가 마을 사람들의 사주를 받아 성성일의 <u>아버지</u> 성태욱이 음행을 했다고 무고하자 성태욱 부자 등 4사람이 구타	·판부 : 성태욱의 아들 성성일 등은 한 차례 엄형하고 <u>석방</u> (성태욱은 사형을 감하여 정배, 맹춘은 본역대로 절도에 보내어 비(婢)로 삼음.	·성태욱의 억울함을 풀어준 것 칭송. 사주한 마을 사람들을 반좌해야 한다는 의견, 성태욱의 아들인 성성일 등은 주모한 자든 지시를 받은 자든 한 주먹에 때려죽여도 죄가 되지 않는다는 의견 제시
5	정대원	김광로	피축 (被蹴)	정대원이 어머니 장례 직후 그 <u>어머니</u>가 음행을 저질렀다는 말을 한 김광로를 구타하고 참.	·사관 보장 : 이에 관해 규정한 형률이 없지만 관전을 베풀고 포장하기를 청함, ·판부 : 풍화를 돕는 데 관계된다며 한 차례 엄형하고 <u>도배(徒配)</u>하도록 함.	·부모가 구타당하여 상해를 입지 않도록 보호하는 것은 작은 일이고, 부모의 억울한 무함을 씻는 의는 매우 중하다는 의견 제시

〈표 3〉을 살펴보면, 여러차례의 검시 및 조사 결과를 수록한 복수 살인 사건 수록 방식과는 달리 사건의 경위를 파악할 수 있는 사관의 보장이나 본도 사계 중 한 건과 정조의 판부를 기록하거나 정조의 판부만을 기록하는 방식으로 편집되었다. 사관의 보장이나 본도 사계의 내용도 복수 살인 사례에서는 본 살인 사건과 살인의 원인이 된 이전 살인 사건에 대한 조사 보고가 많은 비중을 차지하는 데 비해 이 사안에서는 사망의 원인인 구타가 부모를 위한 마음으로 한 일이었다는 사건 정황을 설명하는 내용이 큰 비중을 차지한다. 복수 살인 사례는 본 살인 사건이나 이전 살인 사건의 정범과 실인을 면밀히 따져야 할 사례들을 여러 사례 수록한 반면, 부모 위해자 구타치사 사안에서는 관용을 베풀어야 할 사례들을 수록했다는 점에서 사례 선정에 두 사안에 대한 다른 시각이 반영되었음을 알 수 있다.

복수 살인법 적용에 대한 정약용의 인식을 미루어보았을 때 전자는 철저한 살인 사건 조사를 통해 복수 살인법을 적용해야 할 사람에게는 이 법을 적용하되 복수를 빙자한 살인이 일어날 여지는 방지해야 한다는 판단에 의거한 것이었음을 알 수 있다. 실제로 『추관지』에는 정조대에 복수 명분이 분명하지 않은 살인이나 복수를 빙자한 살인 사례들이 나타난다.[50] 반면에 후자는 구타하다 사망하게 된 경우만을 감형하는 데다 적용되는 형량도 사형을 감하는 정도이기 때문에 복수 살인에 비해 사회적 폐단이 발생할 여지가 적다고 판단했던 것으로 보인다.

이렇게 부모를 위해한 자를 구타하여 죽게 한 사례에서는 정조의 판부뿐 아니라 사관 보장이나 본도 사계에서부터 구타할 수밖에 없었던 어쩔 수 없는 상황이 설명되어 있다. 따라서 부모에 대한 효성스러운 마음으로 분기憤氣가 치밀어오를 수밖에 없는 상황, 즉 의분이 일어나는 상황, 그리고 이러한 마음과 감정에 대한 법적 수용의 정도가 분명하게 드러난다.

〈표 3〉의 3번 사례인 박봉손이 아버지 박소상을 폭행한 박소상의 의자 배종남을 구타하여 사망에 이르게 한 사건에 대해 본도 장계에서는 "이 위태롭고 급한 상황을 보고 어찌 아버지를 위해 저지하여 되갚아 때리고 차지 않을 수 있겠습니까? 천성이 격해져 분기가 불꽃같이 일어나 죽을지 살지를 가늠하여 돌아볼 겨를이 없었으니, 그가 비록 사납게 찼다 하더라도 이 치상 괴이할 것이 없습니다."[51]라고 했다. 폭행당하는 아버지를 보위하기 위해서라는 이유 뿐 아니라 천성이 격해지고 분기가 치밀어올라 구타한 것에 대해서도 당연한 일이라고 하며 관전을 베풀어야 할 또다른 이유로 제시했다. 정조의 판부에서도 "한 포의 피로 욕하게 되고 마음대로 때려 가슴에 상처를 입어 피가 흐르는 데 이르렀으니, 비록 길 가던 사람이라 하더라도 만약 천성을 갖추었다면 진실로 팔을 걷어붙이고 분을 풀려했을 것이다."[52]라고 했다. 이렇게 정조도 사소한 일로 계부를 구타한 의자에게 전혀 상관

50　최진경, 앞의 논문, 2016, 55~57쪽.
51　"見此危急 安得不爲父捍禦反加毆踢乎 秉彛所激 憤氣如燄 輕重死生 有不暇顧 則其踢雖猛 理無可怪", 『흠흠신서』 권8, 상형추의 11, 情理之恕 3.
52　"一苞之稧 至發詬辱 恣意下手 轉至傷胷而出血 雖在行路之人 若具秉彛之性 固當扼腕而雪慣", 『흠흠신서』 권8, 상형추의 11, 情理之恕 3.

없는 사람이라도 의기가 발동하여 분을 풀고자 했을 것이라고 하면서 아버지가 구타당하는 상황에서 이를 저지하는 데 그치지 않고 분기로 심하게 구타하는 것도 인간이라면 그럴 수밖에 없는 당연한 것이라고 인식했다.

2번 사례인 이후상이 공 조이를 살해한 사건에서도 이러한 인식이 드러난다. 이 사건은 나이어린 10촌 동서 공 조이가 이후상의 어머니 봉 조이의 머리채를 잡고 뺨을 때리자 이후상이 공 조이를 구타하여 사망하게 된 사건이다. 이후상의 구타에 대해 사관은 "후상이 자식이 되어 눈으로 이 상황을 보고도 수수방관하며 태연히 있었다면 그 불효가 큰 것입니다. 이때 마음이 아프고 머리가 지끈지끈하여 노기가 산처럼 솟아올라 주먹이 저절로 휘둘리고 발이 저절로 나가는 것을 깨닫지 못하는데 공씨녀는 이미 중상을 입었으니, 어느 겨를에 생사를 헤아렸겠습니까?"[53]라고 하며,『속대전』규정을 적용하기를 청했다. 이를 살펴보면, 부모가 다른 사람에게 구타당할 때 노기가 솟아올라 상대방을 때리고 차게 되는 것을 자연스러운 효심의 발로로 보았음을 알 수 있다. 감정을 분출하여 폭력을 가하는 행위 역시 효심으로 인정하여 정상 참작해야 함을 주장한 것이다. 정조도 "그 분기가 치밀어올라 분노한 주먹이 뻗어나가 때리거나 차거나 하는 것을 스스로 그칠 수 없는 것은 진실로 형세상 필연적이다."[54]라며, 어머니가 구타당하는 것을 보고 분노가 치밀어올라 상대방을 구타하게 되는 것을 누구나 그렇게 할 수밖에 없는 필연적인 것이라고 했다.

효심으로 인한 분기로 부모를 위해한 자를 구타하다 죽게 된 경우 이 폭행을 당연한 것으로 보는 인식은 어머니가 음행을 저질렀다고 모함한 김광로를 정대원이 구타하고 차 사망하게 한 사건에 대한 사관의 보장에서도

---

53 "厚相身爲人子 目見此狀 袖手傍觀 然無愁 則其爲不孝大矣 當是時也 痛心疾首 怒氣山湧 不覺拳之自奮 足之自抵 而孔女則已重傷矣 何暇計較其生死乎",『흠흠신서』권8, 상형추의 11, 情理之恕 2.
54 "若其憤氣之所衝發 怒拳之所撞著 或毆或踢 能不自止者 固是勢所然",『흠흠신서』권8, 상형추의 11, 情理之恕 2.

드러난다. 정대원이 담소하며 말로 타일렀다면 매우 불효한 것이라고까지 하며, 이 상황에서 분노하지 않는 것은 잘못된 것이라고 했다.[55] 부모를 모함하는 자에게 분노의 마음을 표출하는 것을 효를 실천하는 것으로 보았던 것이다.

18세기 부모를 위해한 자를 구타하여 사망에 이르게 한 사건에 대한 조사와 조율을 담당한 관원이나 최종 판결자인 왕은 자식이 부모를 위해한 자에게 분노하여 폭행하게 되더라도 이를 자식으로서 당연한 마음의 표출로 인식하고, 관전을 베풀었다. 그리고 19세기『흠흠신서』에서도 이러한 경우 관전을 베풀어야 한다는 인식과 논리를 중심으로 편집하여 수록했다. 부모를 위하는 마음 자체를 최고의 가치로 여겼던 이 시기 지배층 사회의 분위기가 살인 사건 조사와 판결에 이러한 방식으로 반영되었던 것이다.

4. 맺음말

이 연구에서는『흠흠신서』에 수록된 복수 살인 사건과 부모를 구타하거나 음행했다고 모함한 자를 구타하여 죽게 한 사건의 조사 및 판결 양상을 살펴보고, 그『흠흠신서』수록 방식을 검토했다. 이를 통해 18세기 부모와 자식 사이, 부부 사이, 형제 사이의 친밀한 감정에 대한 법적 보호 양상과 이에 대한 19세기 초 정약용의 인식을 살펴보았다.

『대명률』에서는 아들이나 손자가 조부모나 부모를 죽인 자를 살해했을 때 장 60에 처하도록 하고, 즉시 죽인 경우에는 논죄하지 않도록 했다. 이 규정은 조선에서도 지켜지고 있었다. 이는 부모를 죽인 자와 하늘을 함께

---

[55] 『흠흠신서』 권8, 상형추의 11, 情理之恕 5.

일 수 없다는 『곡례』의 문구에서부터 계승되어 온 인식이 법제화된 것으로 부모에 대한 효에서 비롯된 '분노'의 감정을 법적으로도 존중한 것이었다.

그런데 18세기 조선에서는 남편, 자식 살해자를 복수로 살인한 경우에도 장 60에 처하도록 하는 수교가 반포되었다. 남편 살해자 복수 살인에 대한 감형 규정은 자식이 부모에게와 처가 남편에게는 그 의가 같다는 논리로 제정되었다. 자식 살해자 복수 살인에 대한 감형 규정은 부모, 자식 간의 정리를 고려해서 제정되었다. 한편, 『추관지』 복수 조항에서는 '복형수復兄讎' 항목을 구성하여 형을 살해한 자를 복수 살인한 사건에 감형한 정조대의 판결을 수록했다. 아우의 형을 위하는 마음, 그리고 그 마음으로 인해 분노가 일어나 형을 죽게 한 사람을 구타한 것을 필연적인 행위로 인식하고, 감형한 것이다. 그리고 18세기 실제 판결에서 아우를 죽게 한 사람을 구타하여 죽음에 이르게 한 경우도 아우를 위한 마음을 고려하여 감형했다. 이렇게 18세기 조선에서는 살인 사건 판결에서도 부모에 대한 효, 남편에 대한 의와 같은 규범화된 유교적 가치 뿐 아니라 부모, 자식 간의 정리, 형, 아우 간의 우애있는 마음과 같은 감정적인 요소이자 본연의 유교적 가치이기도 한 부분까지 보호하고자 했다.

또한 아버지를 구타한 자를 구타하다 죽게 한 경우 사형을 감하여 정배하도록 한 규정도 제정되었다. 부모가 구타당하는 상황에서 부모를 구하기 위해, 혹은 분을 참지 못해 구타한 것을 효의 발로로 보아 이로 인해 사람이 죽더라도 사형에 처할 사안까지는 아니라고 본 것이다. 이 규정은 아버지가 구타당하여 중상을 입은 경우로 전제 조건이 변경되어 『속대전』에 수록되었다. 『대명률』에서는 이 경우 일반 살인율을 적용하도록 했던 것을 감안하면 18세기 조선에서 부모에 대한 효성스러운 마음을 장려하고자 하는 의지가 타인을 살해하면 목숨으로 갚도록 해야 한다는 기존의 형률상의 논리를 압도했다는 사실을 보여준다.

19세기 초 정약용이 집필한 『흠흠신서』 「상형추의」 편의 복수 살인 사례와 부모를 구타하거나 음행을 저질렀다고 모함한 자를 구타하여 죽게 한 사례에서는 정조대 이 법들의 적용 실례를 검토할 수 있다.

복수 살인 사례에서 정조는 복수 살인법을 적용해야 하는 사례는 물론이고, 이 법의 요건에 해당하지 않는다 하더라도 부모를 위하는 마음, 동기를 향한 지극한 정 등에 기인한 사건이라면 이를 감안하여 감형하도록 했다. 그리고 정약용도 이러한 가치들을 존중했다. 규범적 '의' 뿐만 아니라 형제 간의 정리도 '의'로 인식되고 보호해야 할 가치로 여겼으며, 이 살인 사건들은 '의'가 '분'으로 전환됨으로써 일어난 것이라고 인식했다. 다만 사건 조사를 맡은 관원들은 '의분'의 존중에 매몰되어 있지만은 않았고, 해당 사안이 복수 살인법에 해당하는지에 대해 검토하는 모습을 보였다. 정약용도 사관의 검안과 보장, 본도 사계의 내용을 상세하게 수록하고, 그 하나하나에 평을 하며 살인 사건 조사에 철저함을 기할 것을 강조했다. 이는 정범이 누구인지, 복수해야 마땅한 사안인지 등을 면밀히 검토하여 살인 사건에 대한 철저한 조사 없이 관용을 베풂으로써 복수를 빙자하여 함부로 인명을 살해하는 일이 발생하는 것을 방지해야 한다는 인식이 반영된 것이었다.

부모를 구타한 사람을 구타하여 죽게 한 사례에서는 사형을 감하여 정배하도록 한 『속대전』 규정을 적용했고, 최종 판결을 한 정조는 사안에 따라서 이보다 더 감형하기도 했다. 또, 부모가 음행을 저질렀다고 모함한 사람을 구타하여 사망하게 한 경우도 그 효심을 존중하여 감형했다. 그런데 이 사건들의 수록 방식을 살펴보면, 사건 조사 결과에 관한 문서들을 여러 건 상세하게 수록한 복수 살인 사건 수록 방식과는 달리 사건의 경위를 파악할 수 있는 사관의 보장이나 본도 사계 중 한 건과 정조의 판부를 기록하거나 정조의 판부만을 기록하는 방식으로 수록했다.

사관의 보장이나 본도 사계의 내용도 사망의 원인인 구타가 부모를 위한 마음에서 기인한 것이었다는 사건 정황을 설명하는 내용이 많은 비중을 차지했다. 구타하다 사망하게 된 경우만을 감형하는 데다 적용되는 형량도 사형을 감하는 정도이기 때문에 복수 살인에 비해 사회적 폐단이 발생할 여지가 적다고 판단했던 것으로 보인다. 이렇게 이 사안에서는 정조의 판부 뿐 아니라 사관 보장이나 본도 사계에서부터 구타할 수밖에 없었던 어쩔 수 없는 상황이 기술되어 있기 때문에 의분이 일어나는 상황, 그리고 사건 당시 가해자의 감정에 대한 법적 수용의 정도가 분명하게 드러난다. 이를 살펴보면, 분노가 일어나 상대방이 죽을지도 모른다는 것을 고려하지 않고 심하게 구타했다 하더라도 이를 천성에 의해 일어난 필연적인 것, 인간이라면 그럴 수밖에 없는 당연한 것으로 보아 처벌에 관용을 베풀었다. 그리고 『흠흠신서』에 이 사건들은 관전을 베풀어야 한다는 인식과 논리를 중심으로 수록되었다.

    18세기 조선에서는 살인 사건 판결을 통해서 효나 의와 같은 규범적 가치 뿐 아니라 가족 간의 정리를 보호하여 형량에 관용을 베푸는 방향으로 판결했다. 그리고 이는 19세기에도 법 적용과 판결에서 지켜야 할 하나의 원칙으로 작용했다. 부모, 조부모를 살해한 자를 분노의 감정을 가지고 의도적으로 죽이거나 효와 의, 가족 간의 친밀한 감정으로 인해 분기가 일어나 구타하다 사람이 죽게 되는 극단적인 상황에 이르더라도 '의분'이 일어나 벌어진 일로 인식하고, 이러한 분노를 당연한 것으로 보아 감형하여 법적으로 보호하고자 했던 것이다. 19세기 초 정약용 역시 이러한 가치와 판결 경향을 존중했다. 그러면서도 복수 살인 사건에 대해서는 관원들이 살인 사건을 철저히 조사하여 복수 살인법 적용에 신중을 기함으로써 복수 살인을 빙자한 자의적인 살인이 발생하지 않도록 해야 할 의무가 있다는 경각심을 불러일으키기도 했다. 형정을 담당하는 관원들을 위한 저서인 『흠흠신서』의 이러한 내용을 통해 윤의를 중시하는 가운데 인명이 경시되고 자의적 살인이 증가하는 것도 방지해야 했던 당시 지배층의 고민을 엿볼 수 있다.

참고문헌

1. 사료

『禮記』
『大明律』
『大明律集說附例』
『新補受敎輯錄』
『續大典』
『大典通編』
『大典會通』
『秋官志』
『審理錄』
『欽欽新書』
『顯宗實錄』,『顯宗改修實錄』,『肅宗實錄』

2. 논저

김현진,「復讐 殺人事件을 통해 본 朝鮮後期의 社會相 -『審理錄』을 중심으로 - 」,『역사민속학』26, 역사민속학회, 2008.
김 호,「'의살(義殺)'의 조건과 한계」,『역사와 현실』84, 한국역사연구회, 2012.
_____,「조선 후기 강상(綱常)의 강조와 다산 정약용의 정(情)·리(理)·법(法) :『흠흠신서(欽欽新書)』에 나타난 법과 도덕의 긴장」,『다산학』20, 다산학술문화재단, 2012.
박 경,「살옥(殺獄) 판결을 통해 본 조선후기 지배층의 부처(夫妻)관계상」,『여성과 역사』10, 한국여성사학회, 2009.
박병호,「朝鮮初期 法制定과 社會相 - 大明律의 實用을 중심으로 - 」,『국사관논총』80, 국사편찬위원회, 1998.
심재우,『백성의 무게를 견뎌라 - 법학자 정약용의 삶과 흠흠신서 읽기 - 』, 산처럼, 2018.
_____,「정약용의『흠흠신서』편찬 과정에 대한 재검토」,『한국사연구』186, 한국사학회, 2019.
심희기,「復讐考序說」,『법학연구』26-1, 부산대학교 법학연구소, 1983.
윤재현,「다산(茶山) 정약용(丁若鏞)의 복수론(復讐論)」,『다산학』3, 다산학술문화재단, 2002.
정긍식, 조지만,「朝鮮 前期 大明律의 受容과 變容」,『진단학보』96, 진단학회, 2003.
조지만,『조선시대의 형사법 - 대명률과 국전 - 』, 경인문화사, 2007.
최진경,「正祖時代 '復讐殺人'의 양상과 그 의미 :『추관지』復讐殺人 판례를 중심으로」,『한문학보』35, 2016.

# 조선후기 '치도형治盜刑'의 운영과 폐지 과정*

포도청捕盜廳의 난장亂杖을 중심으로

차인배
연세대학교 법학연구원 연구교수

조선후기 '치도형治盜刑'의 운영과 폐지 과정
: 포도청捕盜廳의 난장亂杖을 중심으로

1. 머리말

조선시대 '치도治盜' 활동은 '왕도王道'와 '안민安民'을 실현하기 위한 핵심 사안으로, 당대 치적 평가의 지표가 되기도 했다. 조선 초 집권자들은 후대를 의식하여 '포도捕盜'라는 명칭의 관직을 둔다면 당대의 수치라며 포도관의 설치를 꺼렸다. 그러나 도적의 발호로 민생이 불안정한 현실에서 획기적인 치도책의 도입이 불가피했다. 포도청의 창설과 치도형의 운영은 도적의 단속과 처벌을 전문적이고 체계화하여 그 실효를 거두기 위한 특별히 도입된 방안이었다.

조선시대 형사절차상 범죄에 대한 처벌은 죄수의 자복自服(혹은 승관承款, 지만遲晚)이 필수 요건이었다. 죄수의 자복을 받는 방식은 순순히 자백을 유도하는 평문平問으로 시작해서 불복할 경우 합법적 형문刑問을 통해 자백을 끌어냈다. 형문에 사용하는 형벌은 신장訊杖으로 국한되었지만, 별도

---

* 이 글은 『법사학연구』 63, 한국법사학회, 2021, 11~53쪽에 게재된 논문을 연구총서의 기획 의도에 맞게 약간의 수정을 가하여 수록한 것이다.

로 난장·압슬·주뢰·낙형 등 비법적 고문이 동원되는 사례도 많았다.

도적 단속에 사용되었던 이른바 '치도형治盜刑'은 죄수의 자백받기 위한 일종의 고신拷訊으로, 주로 난장과 주뢰형이 사용되었다. 특히 난장은 치도에 뛰어난 효과를 발휘했지만, 죄수의 범죄보다 처벌이 혹독하다는 비판이 제기되어 강도·절도 이외의 범죄에는 사용이 엄격히 금지되었다. 조선후기 포도청이 직수아문直囚衙門에 편입되면서 포도대장이 태笞50에 해당하는 범죄에 대한 직단권을 부여받음에 따라 공식적으로 형문에 난장을 사용할 수 있었다.

기왕의 조선시대 법제사 연구는 예치와 법치 문제, 흠휼정책의 평가 문제 등 몇 가지 쟁점을 중심으로 전개되었다. 조선후기 형벌과 흠휼책에 관한 연구는 조윤선의 연구[2]가 대표적이다. 이 연구는 기존 학계가 영조를 탕평군주, 개혁군주라고 평가한 것에 의문을 제기하고, 영조의 사법개혁이 무원칙하게 시행되었고 역옥사건을 지나치게 정치적 보복 수단으로 활용했다고 비판했다. 이는 기존 학계의 영조에 대한 탕평군주 및 개혁군주라는 긍정적 평가에 문제를 제기하고 그의 흠휼정책을 새롭게 재고했다는 점에 의의가 있다. 또한 영조대 형정에 대해 고찰한 심재우의 논문[3]도 주목된다. 이 연구는 영조대 법제 정비 과정을 정치문제에 방점을 두고 핵심 쟁점을 중심으로 명료하게 정리했다. 영조가 을해옥사 과정에 정치적 보복을 단행한 것은 탕평정치의 한계였다고 비판하면서도, 그것이 "왕

---

1 조선시대 형벌은 심리절차에서 심문 과정의 고신과 최종 판결 후 사용한 행형으로 구분할 수 있다. 고신은 죄수의 자백을 받는 형벌로 장류인 신장, 난장과 고문의 종류인 압슬, 낙형, 주뢰 등으로 나눌 수 있다. 또한 행형은 판결에 따른 죄수에 대한 형벌로 주로 오형(태·장·도·유·사)으로 다스렸는데 이 가운데 결장(決杖)으로 태형, 장형이 신체형으로 월족(刖足), 단근(斷筋), 자자(刺字, 경면(黥面)) 등이 있었다. 신장은 『대전』에 명문화된 합법적인 형신(刑訊)이었지만, 나머지는 비법적 고문이었다.
2 조윤선, 「영조대 남형, 혹형 폐지 과정의 실태와 흠휼책에 대한 평가」, 『조선시대사학보』 48, 조선시대사학회, 2009.
3 심재우, 「영조대 정치범 처벌을 통해 본 법과 정치 - 을해옥사를 중심으로 -」, 『정신문화연구』 33, 한국정신문화연구원, 2010.

권과 법의 테두리 속에서 국왕 중심으로 국정을 주도하여 정책을 추진한다는 사실을 반감시키는 것은 아니"라며 다소 다른 견해를 보이기도 했다. 한편 김우철은 『추안급국안』 결안 자료를 분석하여 의금부의 심문 절차를 고찰하였는데, 형사절차 상 심리 과정을 구체적으로 다룬 연구가 많지 않은 상황에서 이 분야의 연구 필요성과 그 가능성을 제기했다는 점에 의미가 있다.[4]

 기왕이 연구를 토대로 본 글에서는 조선시대 사법 체계상 '치도정책治盜政策'의 실상과 위상을 밝히기에 역점을 두었다. 따라서 본 논문은 혹독하기로 정평 난 포도청의 난장을 중심으로 그 운영 실태와 폐지 과정을 고찰했다. 조선후기 난장은 포도청 뿐 아니라 지방 수령, 영장 심지어 일반 사가私家에서도 이용되는 사례가 늘어났고, 치도 목적이 아닌 일반 형사 범죄자를 심문하는 데 남용되기도 했다. 따라서 본 연구는 우선 숙종~영조 연간 수사기구의 심문 절차를 비롯한 고신 제도의 정비 과정을 고찰함으로써 사법개혁의 경향과 성격을 고찰했다. 특히 새로운 형정에 대한 개선책이 마련될 때 영조뿐 아니라 신료들의 의견이 상당히 반영된다는 점에서 기존의 사법개혁과 흠휼정책을 영조의 업적으로만 평가할 수 없다는 점을 소명하고자 한다. 다음으로 포도종사관 김성필 사건과 을해옥사 과정에서 연루된 죄수의 심문 과정을 통해 난장의 운영 실태와 그 특징을 파악했다. 마지막으로 난장 제거의 전후 과정에서 나타난 여러 제도변화와 그 후속 조치를 고찰함으로써 난장의 폐지 이유와 그 대안을 고찰했다.

---

4 김우철, 「조선후기 推鞫 운영 및 結案의 변화」, 『민족문화』 35, 한국고전번역원, 2010.

2. 사법기구의 심문절차 정비

1) 의금부 혹형 폐지와 형조 심리절차 개선

영조는 노론과 소론간 충역시비를 둘러싼 갈등이 표출된 신임옥사를 거치면서 세제로 책봉되었고, 경종이 돌연 훙거함에 따라 왕위에 등극했다. 즉위 초 그는 왕위 정통성 문제, 노·소론의 극한 대립 등 해결해야 할 정치적 현안을 안고 있었다. 특히 거듭된 환국을 거치면서 사법기구가 비대해지고 비정상적 사법권이 남용되는 등 형정에 관한 제도 개선이 시급했다. 특히 중앙과 지방의 사법기구가 죄수를 심문하는 과정에서 형벌을 남용하여 인명을 해치는 폐단이 심해졌다. 영조는 즉위 초부터 중앙의 의금부·형조·포도청, 지방의 관찰사·수령·군영·영장 등이 죄수의 심문 과정에서 나타났던 형정의 불합리한 폐단을 개선하려는 의지를 보였다.

1725년(영조 1) 영조는 친국에서 흉언사건의 주범인 이천해가 수차례 압슬형에도 끝까지 불복하는 것을 목격한 후 혹형의 한계를 절감했다. 이를 계기로 그는 형벌을 신중히 집행해야 한다는 취지로 압슬형을 영구히 제거했다.[5] 영조의 압슬형 폐지 이유는 우선 옛 법식에서 그 근거를 찾을 수 없고, 무엇보다도 집행 방식이 지나치게 혹독하다는 것이었다. 이러한 조치는 지나치게 가혹했던 의금부의 심문방식을 정상화한 것이지만, 집권 초 흠휼의 명분을 내세워 사법개혁의 주도권을 장악함으로써 실추된 정통성을 회복하고 왕권을 강화하려는 정치적 포석도 깔려 있었다.

또한 1733년(영조 9) 영조는 종기를 뜸으로 치료할 때 느꼈던 고통을 체감하고 낙형을 영구히 제거하였다.[6] 그는 자신의 경험을 낙형 폐지의 명분

---

5 『영조실록』 영조 1년 1월 18일.
6 『영조실록』 영조 9년 8월 22일; 『新補受敎輯錄』 「刑典」 用刑.

으로 내세웠지만, 실제 이 형벌을 통해 죄수의 자복을 받기가 어렵다고 판단했다. 즉 영조는 압슬형·낙형 등 관례적으로 사용했던 혹형이 죄수의 자백을 받는 데 효과도 높지 않았지만, 무엇보다 인명을 해치는 폐단이 크다고 판단하고 이들을 폐지하고자 했다. 반면 무신난을 전후로 잦은 역옥 사건에 주요 고문으로 혹형이 활용됐다는 점을 고려하면, 영조의 악형 폐지가 정치적 계산의 결과였을 가능도 크다. 그럼에도 불구하고 압슬과 낙형 등 의금부의 주요한 고문을 연속해 제거한 것은 무엇보다도 범죄 실정을 밝히기에 혹형이 효율적이지 않다는 일종의 '혹형무용론'이 반영된 결과라고 할 수 있다.

또한 1744년(영조 20) 영조는 형조의 추관推官이 살옥 사건을 심문할 때 죄수의 승관에 의지해 구문究問을 소홀히 하는 관행을 예리하게 지적했다. 즉 그는 계복啓覆에 있어서 정법情法만 참고하여 죄인의 승관에만 의지하지 말고 더 의심할 단서가 없는지 진상을 소상히 밝히기에 주력하라고 주문했다.[7] 이는 죄수에 대한 수사가 지나치게 자백에 의존했던 지난 관행에서 벗어나 사건의 여러 증거와 정황을 통해 진실을 밝혀야 한다는 심리방식에 관한 근본적 문제제기였다. 이러한 조치는 살인 사건에 대한 심리를 더욱 신중히 진행하라는 형조에 대한 주문이지만, 수사기관이 고문을 통해 죄수에게 받아낸 자복을 지나치게 신뢰하지 말라는 의미이기도 했다. 결국 영조가 1차 수사기관에서 사용한 심문방식에 근본적인 문제가 있음을 주지하고 있었고, 이러한 인식을 기반으로 여러 혹형을 제거하는 근거로 삼았다.

1748년(영조 24) 영조는 형조에서 심문을 받던 죄수를 포도청에 내려보냈다가 되돌아오는 경우 기존에 시행했던 형신 일차日次를 무시하고 새롭

---

7 『續大典』, 刑典, 殺獄.

게 차수를 매겨 처벌했던 관행을 바로잡았다. 1748년(영조 24) 그는 "죄수에게 형신을 천 번 하더라도 누가 알겠느냐"며 죄수의 신장을 합산하지 않고 각개로 계산하는 잘못된 관행을 문제 삼았다. 이에 그는 형조의 죄수가 포도청으로 왕래했더라도 이전에 형조에서 받은 형신의 차수를 합산해 신장을 가하도록 지시했다.[8] 이는 형조가 시행하는 잘못된 고신 방법을 개선함으로써 남형으로 인한 죄수의 경폐徑斃 확률을 줄이려는 조치였다. 이처럼 영조가 형조와 포도청의 심문 과정의 문제점을 어느 정도 인지하고 있었기에 혹형과 심리절차에 대한 개혁이 가능했다.

한편 같은 해 형조판서 홍상한이 형조에서 사용하는 법장法杖의 척도 문제와 별장別杖의 남용 문제 등을 제기했다. 즉 그는 형조 서리들이 『경국대전』의 영조척 대신 주척周尺을 기준으로 형혈刑穴과 신장을 제작하는 농간을 부린다고 지적했다. 또한 별장은 『경국대전』의 규격과 다르지 않지만, 별칭을 붙이는 것은 부당하다며 제거할 것을 건의했다. 이에 영조는 "하나의 조曹에서 두 가지 신장을 둔 사실을 이웃 나라에 소문나게 할 수 없다"며 경외의 모든 장제杖制를 『대전』의 규정에 따라 통일하도록 명령했다.[9] 이처럼 법사 관료들이 지적한 사법 폐단과 개선책은 현장의 실무경험에 기반했기 때문에 실효성이 높았고, 영조의 사법 개혁 역시 그들의 실무적 경험에서 얻는 개선책을 적극적으로 수용하여 진행되었음을 확인할 수 있다.

2) 절도범죄 규정과 치도형 정비

조선후기 서울의 도시화 진전으로 사회·경제적 역량이 활성화됨에 따라 강·절도 및 살인 등의 강력범죄는 물론 각종 금조禁條와 풍속범죄 등

---

8 『승정원일기』 영조 24년 1월 10일; 『特教定式』 捕廳還來罪人計前刑(영조 24년).
9 『영조실록』 영조 24년 8월 19일.

범죄율이 증가했다. 1686년(숙종 12) 포도청이 직수아문에 편입됨에 따라 권설기구에서 상설기구로 지위가 승격되었고, 범죄자의 수사·체포 및 수금 등 사법적 권한도 확대되었다.[10] 특히 포도대장이 태 50 이하의 범죄에 대한 직단권을 갖게 됨으로써 죄수에 처벌권도 부여받았다. 그러나 포도청이 권한 밖의 과도한 형벌권을 남용하는 사례도 점차 증가했다. 포도청이 절도와 강도 등 도적을 다스리기에 사용했던 치도형을 일반범죄의 심문에 이용되는 사례도 늘어났다. 치도형인 난장과 주뢰형이 도적의 자백을 이끌기 위한 수단이었지만, 포도청 관리들의 사적 복수심을 해소하기 위한 물리적 수단으로 악용되기도 했다. 더욱이 포도청에서 단속한 일반범죄자를 도적이라는 죄목을 씌워 난장으로 다스리는 사례가 늘어남에 따라 무고한 피해자가 속출했고 수사기관에 대한 신뢰도 점차 무너졌다.

1705년(숙종 31) 숙종은 경미한 절도와 흉주酗酒와 같은 잡범에 대해서는 별도의 처벌 규정이 마련되어 있으니 도적으로 간주하여 난장으로 다스리는 것을 전면 금지했다. 또한 포도청 포교와 포졸 등이 난장을 때려 죄인을 숨지게 할 경우, 남형 여부를 가려 위반 시에는 '보상불이실율報上不以實律'을 적용하여 장80, 도2년형에 처하도록 했다.[11] 이는 절도와 일반범죄를 엄격히 구분해 처벌하라는 명령이며, 포도청이 난장을 '치도' 이외의 목적으로 사용하는 것을 금지한 조치였다. 한편 1719년(숙종 5) 숙종은 외방의 감색리監色吏가 상납 전포를 투취하는 경우를 절도로 규정하고, 포도청에서 해당 이속吏屬을 치도형인 난장으로 독촉하여 훔친 물건을 받아낸 후 형조로 이송하는 규정을 마련했다.[12] 이러한 조치는 지방 하리의 세곡에 관한 작간을 근절하려는 방안이었지만 하급관료의 투절을 일반 절도범죄로 동일하

---

10 차인배, 「조선후기 포도청의 사법적 위상과 활동 변화」, 『역사민속학』 58, 한국역사민속학회, 2020, 11~13쪽.
11 『新補受教輯錄』 「刑典」 推斷.
12 『新補受教輯錄』 「戶典」 收稅.

게 처벌하겠다는 의미이기도 했다.

또한 토포사의 치도 활동 과정 역시 무고한 사람을 과도하게 절도범으로 몰아 처벌하는 양상은 더욱 심해졌다. 1726년(영조 2) 영조는 승지들과 토포사의 지방 치도 활동 중 남형과 남상濫賞에 폐단을 논의하는 자리에서, 승지 조명신趙命臣이 지포자指捕者가 포상을 목적으로 무고한 사람을 무고하게 끌어들이고, 토포사는 이들을 난장으로 장문杖問하여 무복誣服하게 하는 폐단을 지적했다. 또한 승지 경성회慶聖會는 장문은 죄가 없어도 자복하기도 하고, 죄가 있어도 굳게 감추고 견디는 등 난장으로 범죄 실상을 밝히기에 한계가 있음을 보고했다.[13] 특히 토포관이 죄수가 결백을 주장하더라도 혹형을 통해 무복을 강요하거나 마치 승복한 것처럼 계문啓文을 꾸며 상부에 보고하기도 했다. 영조는 자신이 열람한 토포사의 계본에서 경성회가 말한 '죄수가 굳게 감추고 참아 낸다'는 구절을 찾지 못했다며 실상과 보고내용이 서로 다른 것에 대해 의문을 표시했다.[14] 이 과정에서 드러난 폐단의 핵심은 토포사가 난장을 통해 무복을 강요했고, 나아가 자복한 것처럼 계본을 꾸며서 올렸다는 점이었다. 승지 홍현보洪鉉輔는 이러한 원인이 치도에 대한 실적과 포상에 있다고 지적했다. 심지어 타지역에 거주한 토포사의 지인이 무고한 사람을 도적으로 고발해 누명을 씌워 포상받는 사례도 나타났다. 따라서 지포자의 거주지를 확인해 본토인이 아닌 경우 시상施賞하지 않도록 규정을 마련했지만, 근본적인 해결책은 아니었다.[15] 본질적 측면에서 『경국대전』 포도조가 단속자를 포상함으로써 착도捉盜를 독려한다는 취지였지만, 오히려 과도한 실적 쌓기를 위해 혹형을 남용하는 결과를 초래했다.

---

13 『승정원일기』 영조 2년, 9월 17일.
14 『新補受敎輯錄』 「刑典」 臟盜.
15 위와 같음.

한편 영조는 신료들의 건의에 따라 포도청에서 사용했던 혹형에 대한 정비도 단행했다. 1732년(영조 8) 판부사 이태좌李台佐가 영조에게 포도청에 전도주뢰剪刀周牢라고 칭하는 형벌이 존재한다고 보고하고, 무신란 때 국청에서 처리하지 못한 역적을 포도청에서 조사할 때부터 사용했다고 그 연원을 설명했다. 또한 그는 이 형벌을 행하면 승복하지 않은 자가 없을 정도로 참독慘毒한 형벌이라며 폐지할 것을 건의했다. 이에 영조는 이런 형벌이 있었는지 몰랐다며 곧바로 좌우포도청에 모든 주뢰형을 혁파하도록 분부했다. 그러나 김재로와 이문명은 전도주뢰형이 전부터 사용해왔던 주뢰형과는 다르며 이들 모두를 폐지한다면 도적을 다스릴 방도가 없다며 전면 폐지를 반대했다. 결국 영조는 본래 운영해 왔던 주뢰형은 유지하되, 포도청에서 사용했던 전도주뢰형만 혁파하는 것으로 결론을 내렸다.[16] 이어서 영조는 이 형벌을 참혹하다는 것을 거듭 확인하고 포도청에 이어서 지방의 영장에게도 전도주뢰의 시행을 전면 금지했다.[17] 이처럼 전도주뢰형은 공식적으로 금지되었지만, 그 원형에 해당하는 주뢰형이 존치한 이상 은밀히 재등장할 여지가 충분했다.

한편 숙종대부터 논란을 거듭했던 형조 죄수의 포도청 하송 문제는 포도청에서 2차 승복 후 형조에서 처단하는 형식의 이른바 '갑신정식'(숙종 30)으로 잠정 확정되었다. 그러나 영조대 이 절차가 재론을 거듭하여 1728년(영조 4) 살인 여부에 따라 살월자殺越者는 2차 승복, 비살월자는 3차 승복의 형식을 병행하는 것으로 변경되었다.[18] 이 문제의 본질은 죄수가 형조와 포도청을 왕래하는 차수에 있었던 것이 아니라, 포도청이 죄수의 자복을 받아내는 방식에 있었다. 일부 신료들은 포도대장이 종사관에게 죄인의 추핵을

---

16 『승정원일기』 영조 8년 6월 20일.
17 『승정원일기』 영조 8년 6월 22일.
18 차인배, 앞의 논문(각주 11), 21~22쪽.

위임하는 관행 때문에 발생한 문제라고 보고, 대장이 직접 개좌하여 죄수를 심문하면 폐단을 해결할 수 있다고 판단했다.[19] 그러나 포도대장이 직접 죄수를 심문하더라도 심문 방식에 대한 근본적인 문제를 개선하지 않는다면 폐단은 해결될 수 없었다. 반면 영조는 "형조에서 신장을 참고 불복한 자라도 포도청에서 난장과 주뢰형을 가하면 어느 누가 승복하지 않겠냐"며 포도청의 관례화된 심문 절차를 문제 삼았다.[20] 즉 형조의 죄수가 포도청으로 내려오면 난장과 주뢰 등의 고문으로 강제로 자백을 받았기 때문에 형조에서는 재차 무복을 호소하는 사례가 반복되었기 때문이다. 따라서 1738년(영조 14) 영조는 교지를 내려 "형조에 이송된 죄인 가운데 불복한 죄수는 포도청에 다시 보내지 말고 형조에서 일차 심문하여 취복取服하라"고 전교하고 『속대전』에 명문화했다.[21] 이로써 형조와 포도청 간 불복죄수에 관한 처리 문제가 일단락됨에 따라 두 기관의 다소 복잡했던 죄수 심문 절차가 어느 정도 간소화되었다. 이러한 조치는 영조가 포도청의 고문 방식과 비효율성에 심각성을 인식하고 개선한 결과였다.

한편 1759년(영조 35) 영조는 영장이 도적을 다스릴 때 난장의 혹독함이 심하다고 지적하고, 죄수의 범죄 사실을 명백한 경우에만 주뢰와 난장을 시행할 수 있도록 지시했다.[22] 또한 1763년(영조 39) 영조는 더운 날씨에 죄수의 고충을 공감하여 감옥을 청소하고 체옥을 처리하도록 명령하고, 동시에 포도청이 작은 절도 사건에도 많은 사람을 연루시켜 구류하는 것이 매우 잔인하다고 힐책했다. 또한 그는 난장을 치고 주뢰를 트는 형벌은 옛 사첩에도 없던 형벌이라고 강조하면서 미미한 사건에 대해서는 이런 형벌

---

19 『승정원일기』 영조 12년 12월 29일.
20 『승정원일기』 영조 12년 12월 29일.
21 차인배, 앞의 논문(각주 11), 22쪽.
22 『영조실록』 영조 35년 12월 10일.

을 사용하지 말도록 포도청에 하교했다.[23] 즉 영조는 이러한 혹형을 즉시 폐지할 수 없지만, 사용을 절제하여 그로 인한 폐단을 줄이는 임시적인 방안을 제시한 것이다.

3) 지방의 치도형에 관한 규제

한편 영조는 집권 초반부터 지방 수령의 난장 사용에도 규제를 강화하기 시작했다. 1732년(영조 8) 포도청의 전도주뢰형을 혁파한 이후 좌의정 조문명이 형장은 각 규칙에 따라 신장과 난장을 시행하는데 근래 수령이 난장을 사용하는 것은 몹시 그른 일이라고 지적하고, 수령의 형장 남용을 금할 것을 건의했다. 이에 영조는 각도의 수령의 용형 중에 태 50 이상은 영문營門에 보고하여 처치해야 한다는 원칙을 환기한 후, 제도의 관찰사가 신장의 규격을 자세히 살펴 남형을 지시한 수령을 논죄하고 이를 집행한 형리도 형추하도록 지시했다.[24] 이러한 조치에도 불구하고 지방의 남형은 여전했다. 이듬해인 1733년(영조 9) 검토관 김약로金若魯가 외방의 관리가 원장圓杖과 난장을 사용하는 것을 금지해 달라고 상소를 올렸다. 이에 영조는 외방에서 원장과 난장의 사용을 금지하고 향후 법장 이외의 장을 사용하지 못하도록 신칙했다.[25]

또한 외방의 동추관同推官이 도적이 아닌 국옥鞫獄사건을 수사할 때 난장과 주뢰를 사용하는 것도 금지했다. 1736년(영조 12) 충원 동추관 신사언申思彦이 전패작변殿牌作變의 수범手犯으로 지목된 이북동李北同을 심문하는 과정에서 그 아버지를 난장과 주뢰로 고문하고 아들을 위협하여 자복을 받

---

23 『영조실록』 영조 39년 7월 28일.
24 『승정원일기』 영조 8년 6월 22일.
25 『승정원일기』 영조 9년 12월 7일.

아냈다는 사실이 뒤늦게 밝혀졌다. 우의정 송인명은 이 사건의 수범이 최하징·최취징 형제인데, 이들을 먼저 추문하지 않고 이동북의 아버지와 아들을 추문하여 자복을 받은 것은 옥체의 실책이라고 비판했다. 이 사건의 쟁점은 동추관이었던 영장이 치도형인 난장과 주뢰형을 강상범에게 시행한 것이 적법한 절차였는가의 문제였다. 영조는 여러 대신과의 논의 끝에 난장과 주뢰는 동추관이 시행할 수 없다고 결론 내리고 해당 관리를 처벌했다.[26]

이처럼 숙종대부터 영조 중반까지 중앙과 지방의 고신의 방식과 절차가 흠휼책의 일환으로 체계적으로 정비되었다. 고신에 사용했던 형벌 중 비장류로 분류되는 압슬·낙형·전도주뢰 등이 순차적으로 제거되었고, 장류로 분류되는 원장 또한 금지되는 등 죄수에 대한 가혹한 심문 방식이 완화되는 양상을 보였다. 특히 이시기 일련의 고신 정비를 영조가 주도한 것은 사실이지만, 다른 한편 현장의 실무경험을 바탕으로 신료들의 문제제기와 개선책 등이 이 시기 형정 개혁을 견인한 점도 고려되어야 한다.

3. 포도청의 난장 운영 실태

1) 포도종사관 김성팔金聲八 난장 사건

포도종사관 김성팔 난장 사건은 포도청의 난장 운영의 실상과 이로 인

---

[26] 이후 형조판서 송진(宋眞)이 이 사건에 관한 동추 문안 전후를 자세히 살펴본 후 원래 동추관이 주장과 난장을 사용한 일이 없었다는 사실을 추후에 밝혀냈다. 즉 최초 수사를 담당했던 영장이 죄수를 잡아 구문할 때 주뢰를 약하게 시행한 후 충원 영장 신사언에게 이관했기 때문에 난장의 시행하지 않았다는 주장이었다. 또한 그는 토포사가 치도형인 주뢰와 난장을 시행한 것은 이상한 일이 아니니 그를 나문하는 것이 불가하며, 또한 문안에는 그 아버지를 위협하고 자식을 작증(作證)했다는 내용이 없고 오히려 북동이 국청에서 죄를 부인하며 거짓으로 무복했다고 보고했다. 영조는 송진이 추후 밝혀낸 사실에 수긍하여 동추관을 나문하지 말고 그대로 두라고 명령했다(『승정원일기』 영조 12년 11월 5일; 『승정원일기』 영조 12년 12월 3일).

한 죄수의 피해 정도를 가늠할 수 있는 전형적 사례이다. 이 사건을 수사했던 형조는 포도청이 조직적으로 피해자 이지영李枝榮의 죽음을 은폐했다고 판단하고 여러 증거와 증인 등을 철저히 조사하여 사건에 대한 내막을 밝혔다.

1733년(영조 9) 3월 2일 서부 반송방에 거주하는 이지영이란 사람이 밤에 술을 마시기 위해 주막을 찾았다. 때마침 그곳에 머물던 여객旅客이 이지영에게 '너'라고 반말을 내뱉자, 초면에 말이 공손하지 못하다며 시비가 붙었다. 다툼이 격렬해지자 여객은 자신을 포도종사관 신분이라고 밝히고 이지영을 사부士夫를 능욕했다는 죄목으로 체포하여 포도청에 가두고 난장으로 두 차례 심문을 시행했다. 몇 일 후 이지영의 처 권조이權召史는 남편이 도적이 아닌데도 난장이라는 과도한 형벌을 사용했다며 포도대장에게 발괄白活을 올려 억울함을 호소했다. 포도대장은 권조이의 소장을 받고 곧장 이지영을 석방했다. 그런데 김성팔은 이지영이 풀려날 때 자신에게 욕설을 퍼부었다는 이유로 그를 재차 포도청에 감금했고, 급기야 11일 밤 장독을 이기지 못해 사망에 이르렀다.

시친屍親은 김성팔이 이지영을 죽였다고 소장을 제출했고, 형조는 한성부에서 실시한 검험 자료를 토대로 조사에 착수했다. 우선 형조는 6품관인 포도종사관을 직접 수사할 수 없었기 때문에 일단 그의 하속 등 주변 인물을 조사하여 김성팔의 남살濫殺 혐의에 대한 단서를 찾기 시작했다. 형조는 포도청 서원 최수기崔壽基를 조사하여 "김성팔이 포도대장에게 순검 중에 당혜唐鞋를 훔친 이지영을 체포했다고 보고했고, 포도대장이 난장으로 결장決杖 28대를 치고 풀어주었는데, 김성팔이 대장에게 고해 다시 잡아 가둔 후 난장을 때려 결국 그가 물고 당했다"는 진술을 받아냈다. 즉 형조는 술집에서 김성팔이 시비 끝에 붙잡아온 이지영을 도적이라고 허위 보고했고, 욕을 했다는 이유로 재차 수감한 후 난장을 때려 살해한 정황을 파악했다. 이지형에게 처음 가한 난장 28대는 포도대장의 직단권에 의한 처벌이었지만, 재차 수감된 후 맞은 난장은 사적 감정을 품고 시행한 남장濫杖이었다. 형조가 사건 해결을 위해 첫째, 김성팔의 순검巡檢 여부, 둘째, 이지영의 투절偸竊 여부, 셋째, 재차 수감 된 후 난장 추가 여부 등 세 가지 범죄 구성의 핵심 쟁점을 본격적으로 파헤치기 시작했다. 형조는 증거자료로 시친 소장, 검시 기록, 포도청 사건기록과 포도종사관의 복무 기록 등을 확보하고, 증인으로 주막 주인과 손님, 포도청 서원과 유직, 그리고 당시 순라군 등을 일일이 탐문했다.

첫째 형조는 김성팔의 순검 여부를 파악하기 위해 주막에서 시비가 붙은 이유와 김성팔이 이지영을 체포할 당시의 착용한 복장 등을 수색했다. 근동芹洞 근처 어영청 순라소에서 이지영을 처음 목격했던 순라군은 "그를 뒤쫓았던 두 사람 중 한 사람은 갓을 쓰고 창의를 입었고, 다른 사람도 갓을 쓰고 중치막 차림이었는데, 후자가 이지영을 뒤쫓아와 발로 찼다"는 진술을 확보했다. 동시에 형조는 김성팔이 정상적인 순검 활동 과정에서 이지영과의 다툼이 있었는지 확인하기 위해 주모에게 술집에서의 다투던 상황을 구체적으로 물었다. 형조는 주모로부터 당시 "주막에 김성팔 부자가 머물렀는데 아버지는 갓을 쓰고 창의를 입었고, 아들은 갓을 쓰고 중치막을 입었다"는 증언을 확보했다. 또한 형조는 주막 손님인 김가와 문가에게 "이지영이 김성팔에게 너라고 반말한 것을 빌미로 소란이 일어났고, 김성팔 부자가 이지영을 뒤쫓았다"는 목격담을 들었다. 목격자들의 일관된 진술 내용에 따라 형조는 김성팔이 공식적인 업무가 아닌 사적인 일로 주막을 찾았다가 일어난 사건이라고 판단했다. 형조는 그 근거로 첫째 포도종사관이 순검할 때 복장은 전립과 전복을 착용해야 하는데, 그날 밤 김성팔이 순검할 때 착용한 복장은 삿갓과 창의 등 평상복 차림이라는 점과 둘째 성팔이 순검할 때 포졸을 대동하지 않았다는 점 등 무단적 체포 과정을 밝혔다.

둘째 형조는 이지영의 투절 여부, 즉 절도범이라는 증거를 찾기 위해 포도청 수사 기록을 검토했다. 이지영이 절도범이라면 난장으로 처벌하는 것이 적법했지만, 그렇지 않을 경우 김성팔의 남형을 입증할 수 있었다. 문서 확인 결과 이지영을 체포한 이유는 추전抽錢이라는 잡기와 종사관에게 무수히 욕설을 퍼부었다는 죄목 등이었다. 결국 포도청은 통상 잡기를 도적과 같은 범죄로 취급한다는 관례를 내세웠지만, 형조는 김성팔이 사감을 품고 이지영을 도적으로 몰아 난장으로 처벌한 것으로 확신했다.

셋째 형조는 이지영이 포도청에 2차 수감 후 난장의 추가 여부를 밝히기 위해 시친이 제출한 소지, 한성부가 작성한 시장屍帳, 포도청이 작성한 입직공좌부入直公座簿 등의 문서를 꼼꼼히 살폈고, 나아가 포도청 서원과 유직 등 하속의 심문 자료를 통해 사실관계를 추적했다. 형조는 시친의 소지에서 이지영이 처음 난장을 받고 풀려났을 당시에는 발가락이 온전했지만, 재수감된 후 발가락이 떨어져 나간 사실을 확인했다. 형조는 즉시 감장서원監杖書員을 조사했지만, 그는 발가락이 떨어져 나간 일이 없었다고 부인했다. 그러나 형조는 시친이 "이시영의 떨어진 발가락을 찾아 함께 묻게 해 달라는" 요청했던 사실과 직숙이 "떨어진 발가락을 쓸어다 버려 결국 발가락을 찾아주지 못했다"는 진술을 확보함에 따라 감장서원의 진술이 결국 거짓임을 입증했다. 급기야 형조는 포도청 유직인 사금四金·세봉世奉 등을 심문하여 "난장을 순회巡回한 후 왼쪽 네 번째 발가락이 떨어져 소거했다"는 진술을 받아냄으로써 서원이 진술이 명백한 허위임을 밝혀냈다. 형조는 추가로 떨어져 나간 발가락이 두 개였다는 사실도 알아내고, 추가로 포도청의 입직공좌부를 확인하여 김성팔이 11일부터 13일까지 입직한 사실도 확인했다.

결국 형조는 이러한 증거를 통해 이시영이 처음 잡혀 온 3일 동안에는 난장을 맞았어도 발가락은 온전했지만, 김성팔이 입직한 11일에 추가 난장을 맞았을 때 발가락이 떨어져 나간 사실을 입증했다. 마침내 형조는 이 사건을 김성팔이 포도대장의 지시 없이 이지영에게 사감을 품고 임의로 난장

을 때려 결국 숨지게 한 살옥사건으로 결론을 내리고 사건을 의금부로 이첩했다.27

<표 1> 형조의 김성팔 난장 사건 단서에 대한 증인 및 증거 현황

단서	증인 및 증거	주요 진술내용	형조 판단
김성팔의 순검 시행 여부	(증인1 - 1) 순라군	김성팔 부자 용모 확인	* 김성이 순검하지 않았다고 판단
	(증인1 - 2) 주가주인	김성팔 부자의 용모와 주막 출입 진술 확보, 시비 배경 파악	
이지영의 절도 여부	(증거자료2 - 1) 포도청 문안	추전(抽錢)과 작희(作戱)범으로 이지영을 체포, 체포 과정에 욕설, 난장을 때림	* 절도가 아니라고 판단
재수감 후 난장 추가 여부	(증거자료3 - 1) 시친의 진술	시신 처음 석방 때 발을 부었지만 발가락 온전, 사망 후 발가락 탈락, 김성팔 소행이라 주장	* 서원과 유직의 진술이 다름 * 김성팔이 입직 후 발가락이 떨어져 나갔다고 판단
	(증인3 - 1) 포청서원	처음 난장에는 발가락이 온전했음, 재수감되어 치폐된 후 발가락 떨어져 나감. 이유는 알 수 없음	
	(증거자료3 - 2) 시장(屍帳)	시친이 발가락 찾도록 부탁했지만, 찾지 못함	
	(증인 3 - 2) 유직2인	난장 서원의 처음 발가락이 떨어졌는데, 나중에 떨어졌다고 조작함, 아울러 떨어진 발가락이 2개였다고 진술, 2차 수감 때 난장은 김성팔의 지휘로 때림	
	(증거자료3 - 3) 입직공좌부 (入直公座簿)	포청 종사관 입직공좌부에 성팔이 11~13일 입직 확인	

* 출처 : 『승정원일기』 영조 9년 3월 19일.

두 차례에 걸친 의금부 추문에서 김성팔은 이지영에게 사적 감정을 품고 난장을 때린 사실이 없다고 부인했다. 이어서 3월 11일에 입직했던 포도부장 변세진, 포도군관 이상화,28 유직 사금 · 세봉 등 포도청의 관련자들

---

27 『승정원일기』 영조 9년 3월 19일.
28 이상화는 이지영의 이름을 李枝榮 대신 이지영(李之永)이라고 잘못 표기한 죄로 나문을 당했는데, 이후 포도대장 조빈이 올린 상소문에서도 잘못 표기된 이름이 명시되어 있다.

이 의금부에서 나문을 받았다.²⁹ "난장을 치도록 지휘했다"는 포도청 유직의 증언에도 불구하고 김성팔은 끝내 자신의 죄를 시인하지 않았다.³⁰ 결국 수사 결과에 따르면 김성팔은 살월죄인으로 처벌되어야 마땅했지만, 의금부는 그를 이듬해 특별한 처벌 없이 석방했다.³¹

한편 포도대장 조빈趙儐은 사건의 책임을 묻는 양사兩司에게 탄핵당했지만, 영조의 비호로 감률 처분되었다. 또한 그는 영조에게 상소를 올려 김성팔의 거짓 주장이 오히려 진실이라며 적극적으로 변호했다. 특히 조빈은 포도청에서 관행상 도전賭錢과 추전 등을 치도율로 처벌했기에 추전의 우두머리였던 이지형을 난장으로 처벌한 것은 정당했다고 주장했다. 또한 그는 포도청 규정에서 장을 치고 한번 심문하더라고 모두 대장의 결정에 따라만 하고 종사관 이하는 마음대로 심문하지 못하기 때문에 김성팔이 사사로이 이지영에게 난장을 가할 수 없었다고 강조했다.³²

결국 포도군관들이 한목소리 이지영을 추전꾼이라고 지목했다는 점을 볼 때 포도청 대장부터 하속까지 조직적으로 사건을 조작하고 은폐하려 했던 것으로 보인다. 또한 포도대장 조빈은 김성팔이 사사로이 형벌을 내릴 수 없다고 주장했는데, 당시 그는 병이 심해 사건조사를 지휘할 수 없는 상황이었기에 이지영에게 사감을 품고 있었던 김성팔이 그에게 직접 보복했을 가능성이 크다. 실제로 포도대장이 죄인을 직접 추핵하지 않고 종사관에게 위임한 사례가 많다³³는 점을 고려한다면 김성팔이 자의적으로 난장

---

29 『승정원일기』 영조 9년 5월 18일; 『승정원일기』 영조 9년 5월 16일.
30 『승정원일기』 영조 9년 5월 16일.
31 『승정원일기』 영조 10년 11월 12일, 영조 19년 김성팔은 경상좌수우후(慶尙左水虞侯)에 임명되는 것으로 보아 석방되어 관직 생활을 이어갔다(『승정원일기』 영조 19년 3월 18일).
32 『승정원일기』 영조 9년 6월 4일.
33 『승정원일기』 영조 12년 12월 29일, 取魯曰, 捕廳以治盜衙門, 所管不輕, 而大將不能一一按治, 專委於從事官, 從事官或不盡擇之, 故推覈之際, 多有疎誤之患矣. 上曰, 捕將則在家, 而亦得訊囚矣. 取魯曰, 近來則捕將之躬自按治, 或頗稀闊云, 今後則大將, 親爲頻頻開坐, 以訊罪囚之意, 各別申飭, 宜矣. 上曰, 依爲之.

을 사용했을 가능성도 충분했다.

2) 을해옥사와 「포도청추안捕盜廳推案」의 분석

역옥사건으로 친국親鞫 · 정국庭鞫이 시행될 때 좌우포도대장이 국청에 참여한 목적은 조사과정에서 죄수와 관련된 친속 및 하속 등을 신속히 잡아들이고, 나아가 그들의 연루 가능성을 사전에 조사함으로써 국청의 원활한 진행을 돕기 위한 것이었다.[34] 영조대 무신란을 계기로 포도청이 역옥죄수를 직접 심문하는 등 그 역할이 점차 확대되었다. 즉 이러한 관행은 무신란 때 의금부가 수사 적체 문제를 해결하는 방안으로 일부 죄수를 포도청으로 내려보내 수사하면서 시작되었다.

1755년(영조 31) 전라감사 조운규趙雲逵가 나주의 객사에 흉서가 걸린 사건을 보고하자 영조는 곧바로 좌우 포도대장 및 전라도 감사에게 기한을 정해 기찰하여 체포하도록 했다.[35] 영조를 비롯한 조정 대신은 이 변고가 무신년의 잔당 세력이 주도했음을 직감하고 기민하게 대처했다. 곧바로 나주에 유배되었던 윤지尹志가 괘서의 용의자로 지목되어 체포되었고, 그의 친속과 노비들은 물론 그와 교류했던 지인들까지 연루 가능성에 관한 수사를 받았다.[36] 원칙적으로 포도청은 역옥 관련 죄수의 체포에는 참여할 수 있었지만, 조사와 심문에는 개입할 수 없었다. 그러나 무신란의 전례에 따라 을해옥사에서도 포도청이 연루된 국수鞫囚에 대한 심문 권한을 위임받았다. 을해옥사에 관련한 『추안급국안』 중에는 포도청에서 심문한 죄수

---

[34] 차인배, 앞의 논문(각주 11), 23쪽. 한편 김영석은 의금부의 추국과 시대별 추이를 통해 추국의 의미변화를 고찰한 논문이 참고할 만하다(김영석, 「추국의 의미 변화와 분류」, 『법사학연구』 48, 한국법사학회, 2013).
[35] 『영조실록』 영조 31년 2월 4일.
[36] 심재우, 앞의 논문(각주 3), 56쪽.

에 대한 공초 내용이 「포도청추안」이라는 별책으로 포함되어 있다.[37]

「포도청추안」에 등장하는 죄인은 역모 수범인 윤지의 가족, 지인, 노비 등과 혐의가 의심되는 사람 등 총 45명에 이르는데, 이들은 국청과 포도청을 오가며 여러 차례 심문을 받았다.[38]

(1) 죄수 유형

포도청에서 심문을 받은 죄수의 관계별 유형을 보면, 역모 주모자의 친속, 지인, 노비 등과 윤백상 독살 관련자 등으로 분류된다. 그 가운데 을해옥사의 수범으로 지목된 윤지와 관련된 자는 친속 4명, 지인 13명, 노속 8명 등 총 25명으로 가장 많았고, 공범 박찬신의 관련자는 친속 5명, 지인 및 하속 2명, 노비 2명 등 총 9명으로 파악되었다. 특히 주모자로 지목된 윤상백 옥중 독살사건과 관련한 죄수는 의금부 나장과 서리 그리고 포도청 서리 등 총 6명이 관련자로 공초를 받았다.

〈표 2〉 을해옥사 「포도청추안」 죄수의 유형

수범	관계 유형	관련자	인원
윤지	친속	윤광철, 윤희철, 홍익원, 윤응진	4
	지인	나귀영, 이만강, 이종무(옥), 이행간, 임국훈, 임세무, 박천우, 정수헌, 최찬경, 홍웅태, 김두행, 이여창, 이재하	13
	노비	김남, 단춘, 이개봉, 이묵세, 점남, 정금돌, 제걸, 제한	8

---

37 「포도청추안」이 별도로 작성하여 유전하게 된 계기는 김상로의 건의에 따른 것이었다. 즉 을해옥사의 조사가 한창 진행 중에 김상로가 이번 옥사가 포도청에서 국수를 반핵하는 사례가 많고, 포도청의 봉초에 의거해 곧바로 잡아들이거나 국청으로 옮겨 추문하는 등 절차상 혼선 가능성을 제기했다. 특히 의금부가 추안을 작성할 때 국청의 초사만 기록하고 포도청의 초사를 누락할 경우 절차와 순서가 단절될 가능성이 있다는 우려를 내 비쳤다. 따라서 그는 의금부에 명하여 국청 및 포도청의 초사를 일일이 병록(竝錄)하여 나중에 참고할 여지로 삼자는 의견을 내놓아 영조의 재가를 받았다(『승정원일기』 영조 31년 3월 10일).

38 심재우, 앞의 논문(각주 3), 57쪽; 이상배, 『조선후기 정치와 괘서』, 국학자료원, 1999, 142~146쪽 재인용.

박찬신	친속	동련이, 연이1, 연이2, 복련, 종혜	5
	지인(하속)	김상구, 김진웅	2
	노비	태이, 한기	2
윤광철	지인	백상규	1
	노비	송점이	1
조동정	지인	박휘량, 신경훈	2
김주천	노비	돌산	1
기타	윤상백 독살 관련	신상윤, 음필성, 홍흥필, 김흥도, 김진웅, 김상구	4
	미상	덕낭, 우돌	2
총계			45

* 출처 : 『추안급국안』, 을해년(1755, 영조 31), 「포도청추안」 참고.

을해옥사의 수범 그룹에 포함되는 윤지, 박찬신, 윤광철 등은 주로 친국을 통해 영조가 직접 조사했고, 그들의 친속, 지인, 노비 등 관련자들은 포도청에서 국문을 받았다. 이들에 대한 포도청의 심문은 역적 모의 및 가담 여부, 역모 사실에 대한 인지 여부, 그리고 수범과 종범 간의 내통 과정 등을 캐물었다. 즉 포도청 수사는 주변인들을 통해 수범의 역모 증거를 수집하고 관련 진술을 확보하는 데 주력했다. 즉 을해옥사에서 포도청은 무신난 때와 유사하게 국청에서 적체된 죄수를 수사하거나, 국청에서 불복한 죄수를 포도청으로 이관하여 자복을 받아내는 등 국청의 보조 역할을 담당했다. 또한 포도청은 국청 수사 과정에서 역옥사건을 의도적으로 조작하거나 방해하려는 외부인에 대한 수사도 진행했다. 즉 을해옥사의 주요 가담자로 지목된 윤상백이 국문을 받던 중 옥에서 갑자기 사망하자 포도청이 의금부 나장, 포도청 하속 등 관련자를 조사했다.

(2) 형추 주기

포도청은 을해옥사 관련 죄수 45명을 2월 24일 시작하여 4월 7일까지 약 43일 동안 총 77차례 형추를 시행했다. 형추 주기를 보면 나주괘서사건에 관한 조사는 2월 24일부터 3월 27일까지 약 1개월 동안 진행했고, 연이

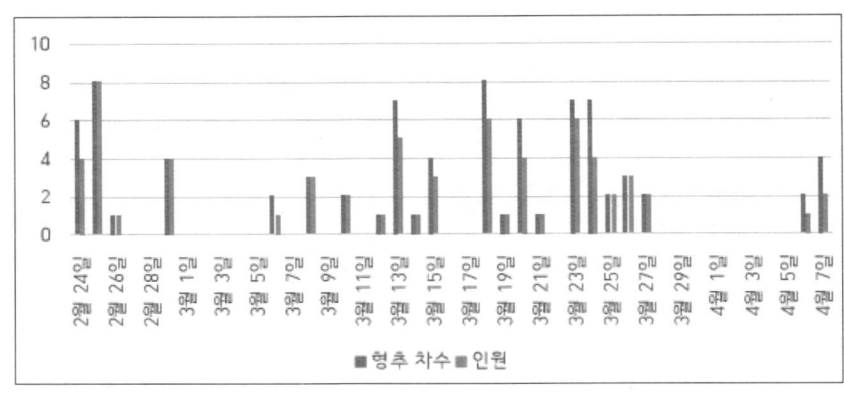

〈그림 1〉 을해옥사 鞫囚에 대한 포도청 형추 주기
* 출처 : 『추안급국안』, 을해년(1755, 영조 31), 「포도청추안」 참고.

어 발생한 심정연시권사건에 관한 조사는 4월 6부터 7일까지 이틀 동안 진행되었다.

　포도청이 나주괘서사건을 조사한 총 32일 가운데 죄인의 심문이 진행된 일수는 20 여일인 약 63%의 비율을 차지하며, 평균 이틀에 한 번 정도 심문이 진행되었다. 특히 포도청은 사건 발생 초기인 2월 24일부터 26일까지 3일 동안 관련자 13명을 수사했고, 25일 하루 동안에는 김남, 이개봉(2차), 이여창, 점남, 정금돌, 제걸, 제한, 홍익원 등 윤지의 친족과 노복 8명에 대한 아홉 차례 심문이 이루어졌다. 포도청의 형추가 3월 6일부터 3월 10일까지는 하루 간격으로 진행되다가 3월 12일부터 3월 27일까지는 16일 동안 거의 매일 실시되었다. 포도청 심문은 39명의 죄수에게 약 50여 차례 고문이 있었는데, 나주괘서사건의 윤곽이 거의 드러나 상황에서 잔당에 대한 보강 조사를 통해 사건을 마무리하는 차원에서 진행한 것이다. 그 나머지는 주로 윤상백독살사건 용의자에 관한 심문이 이루어졌다. 또한 나주괘서사건에 관한 조사가 마무리된 3월 28일부터 4월 5일까지 약 8일 동안은 공백기를 거친 후 연이어 심정연시권사건이 발생하자 포도청의 수사가 재개되는 것을 확인할 수 있다.

이처럼 을해옥사에 대한 수사는 의금부가 주도했지만, 포도청이 관련자의 체포와 수사를 보조함으로써 일시적으로 협업관계를 이루었다. 특히 포도청은 국청에서 불복한 죄수를 신장보다 가혹한 난장과 주뢰로 고신함으로써 쉽게 자백을 받아낼 수 있었다.

(3) 고문 유형 및 차수

영조대 주요 역옥사건에 포도청의 수사력이 동원된 것은 죄인의 자복을 받아내는 능력이 상대적으로 출중했기 때문이다. 영조는 죄수가 의금부의 엄장에는 불복해도, 포도청에서는 승복한다는 사실을 익히 알고 있었다.[39] 난장과 주뢰형이 도적을 다스리기 위한 치도형으로만 허용되었지만, 역옥사건에도 이를 사용하는 것이 용인되었다. 특히 을해옥사 당시에는 압슬과 낙형이 제거되어 의금부에서 사용할 수 있는 형문은 신장밖에 없었다. 반면 포도청은 주뢰와 난장을 고신으로 사용했기 때문에 쉽게 자백을 얻어낼 수 있었다. 포도청은 국청에서 혐의를 부인하거나 번복한 내용을 문목問目으로 작성하여 여죄를 추궁했다. 포도청의 고신은 죄수의 범죄 정도에 따라 평문, 시위施威, 주뢰, 난장 등 점차 그 강도를 높여갔다. 평문은 죄수에게 고문을 가하지 않고 수사관이 문목에 따라 심문하여 공초를 받아내는 형식이었고, 시위는 수사관이 죄인에게 호통을 치고 고함을 지르거나 장을 휘두르는 등 죄수를 위협하며 자백을 유도하는 방식이었다. 주뢰형은 육형의 일종으로 원래 무릎과 발목을 묶은 채 양면 정강이를 끈으로 감아 양방향으로 잡아당기며 고문하는 형태였는데, 무신란 과정에 포도청이 끈 대신 정강이 사이에 주장朱杖을 끼워 가위 모양으로 양쪽으로

---

39 『승정원일기』 영조 10년 12월 28일.

비트는 이른바 전도주뢰의 형태로 변형하여 사용했다. 앞서 보았듯이 1732년(영조 8) 포도청의 전도주뢰가 몹시 가혹하다는 이유로 사용을 금지한 대신 그 원형인 주뢰형은 존속되었다. 또한 난장은 원래 정강이를 때리는 신장의 형태가 변형된 것으로 죄수를 눕힌 채 발가락을 묶어 주장에 매달고 발바닥을 내려쳤는데 그 과정에서 묶인 발가락이 뽑히거나, 발가락이 떨어져 나갈 정도로 가혹했다.

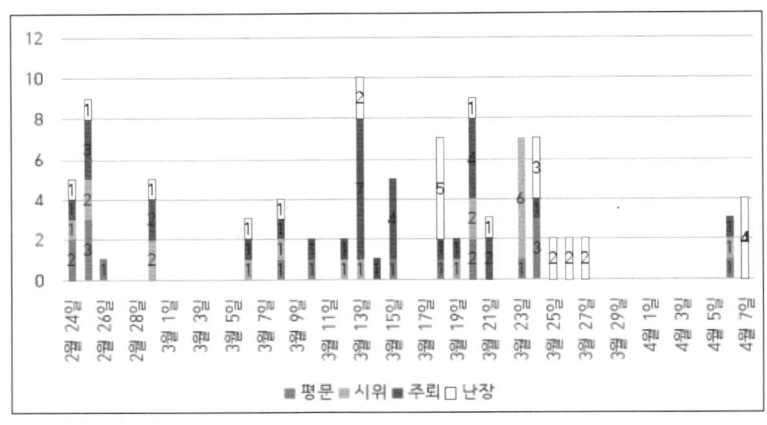

〈그림 2〉 을해옥사 죄수에 대한 포도청의 고신 양상
* 출처 : 『추안급국안』, 을해년(1755, 영조 31), 「포도청추안」 참고.
** 그래프의 숫자는 해당 형벌의 차수(次數)를 표기한 것임.

『포도청추안』에서 확인되는 포도청의 고신 통계를 보면, 평문이 17건, 시위가 19건, 주뢰가 32건, 난장이 27건 등 평문과 시위의 빈도가 낮은 것과 달리 주뢰와 난장의 빈도가 높았다. 특히 평문과 시위 등 비폭력 방식이 36건인 것에 비해 주뢰와 난장 등 폭력 방식이 59건으로 다소 많았던 것으로 확인된다. 포도청의 심문이 범죄 비중에 따라 평문과 시위로 시작해서 점차 주뢰 혹은 난장 등으로 강도를 높여간 추이를 파악할 수 있지만, 때때로 평문과 시위를 건너뛰어 곧바로 주뢰와 난장을 실시하는 사례도 있었다.

〈표 3〉 포도청 조사자 중 1차 심문에 그친 사례

번호	형문	이름	숫자	번호	형문	이름	숫자
1	평문 (추문)	덕낭	6	18	주뢰	돌산	6
2		이여창		19	주뢰	나귀영	
3		박휘량		20	주뢰	백상규	
4		음필성		21	주뢰	정수헌	
5		점남		22	주뢰(2차)	정금돌	
6		제걸		23	주뢰(3차)	이묵세	
7	시위	홍익원	6	24	주뢰후 난장(15)	임세무	1
8		동련이		25	난장(5)	우돌	4
9		연이1		26	난장(5)	한기	
10		임국훈		27	난장(30)	윤응진	
11		복련		28	난장(30)	윤희철	
12		종혜		29	?	태이	2
13	시위, 주뢰	홍웅태	5	30		홍흥필	
14		이만강					
15		이재하					
16		송점이(유헌)					
17		윤광철					

* 출처 : 『추안급국안』, 을해년(1755, 영조 31), 「포도청추안」 참고.

포도청에서 조사받은 국수 가운데 1차 조사에 그친 죄수는 총 30여 명이며, 이들에게 가해진 고문은 평문推問 사례가 6건, 시위 사례가 6건, 시위 · 주뢰 사례가 5건, 주뢰 사례가 6건, 주뢰 · 난장 사례가 1건, 난장 사례가 4건, 기타 알 수 없는 사례가 2건 등으로 파악된다. 1차 조사의 대상은 대체로 수범의 친속 및 노비 등으로 역모와 직접적인 관련성이 적었기 때문에 대체로 평문과 시위를 통해 사실관계를 확인하는 내용이 많았다. 이들에 대한 고문은 시위, 주뢰, 난장 등이 동원되었는데 죄수의 사정에 따라 고문의 강도와 종류를 다양하게 사용되었는데, 난장의 횟수가 5~20회로 2차 조사자에 가한 횟수보다는 적었음을 알 수 있다.

예컨대 임세무林世茂는 윤광철과 서찰을 주고받았다는 혐의로 친국장에서 두 차례 형문을 받고서도 혐의를 부인했다. 이에 영조는 그를 포도청으로 내려보내 주뢰형을 시행한 후 이어서 난장 15도를 추가하였지만 끝내 승복하지 않았다. 결국 포도청 고문에도 추가적인 혐의가 드러나지 않자 영조는 추가로 고신할 필요가 없다고 판단하여 임세무를 곧 석방했다.[40]

한편 포도청에서 2차 이상 심문을 받은 죄수들은 총 14인으로 10차 1건, 5차 1건, 4차 5건, 2차 6건 등으로 2~4차의 횟수가 가장 많았으며 심지어 5차 또는 10차를 받은 사례도 있다. 형문의 차수를 보면 1일 1차의 사례는 18/51건(35.2%)이며, 2차의 사례는 15/51건(29.4%)이며, 3차의 사례도 1건 등으로 하루 1차 심문 사례가 가장 많았지만, 2차 사례도 적지 않았고, 많게는 3차 형문을 받는 사례도 있었다. 이들 사례의 고신은 '1일 1차를 넘길 수 없다'는 원칙을 지키지 않았음을 알 수 있다.

〈표 4〉 2차 이상 심문 사례

번호	죄수명	월일	차수	고신	자복여부
1	김흥도	3월 18일	1차	평문	결백 주장
			2차	난장(10도)	납염(소금 사용) 지만
		3월 20일	3차	선시위주뢰	〃
			4차	주뢰	〃
		3월 21일	5차	주뢰(2차), 난장(15도)	〃
		3월 23일	6차	갱추	
		3월 24일	7차	갱추	처자를 고문하겠다고 위협
			8차	난장(15도)	납염 지만
		3월 25일	9차	난장(30도)	〃
		3월 26일	10차	난장(30도)	〃
2	신상윤	3월 24일	1차	평문(추문)	납염 지만
			2차	난장(15도)	〃
			3차	난장(15도)	〃
		3월 25일	4차	난장(30도)	〃
		3월 26일	5차	난장(30도)	〃

---

40 『영조실록』 영조 31년 3월 30일 계묘.

3	김상(상)구	3월 19일	1차	시위, 주뢰	
		3월 20일	2차	난장(15도)	
		3월 24일	3차	주뢰	
		3월 27일	4차	난장(15도)	
4	김두행	2월 24일	1차	추문	
			2차	난장 1차(30도)	
		2월 26일	3차	추문	
		2월 29일	4차	난장(1차 30도)	
5	이개봉	2월 24일	1차	추문	승복
		2월 25일	2차	추문	
			3차	주회(1차), 난장(5도)	
		3월 10일	4차	추문	
6	제한	2월 25일	1차	시위	
		3월 13일	2차(?)	주뢰	
			3차	주뢰	
		3월 15일	4차	주뢰	
7	이행간	3월 13일	1차	주뢰	
			2차	난장(30도)	
		4월 7일	3차	난장(30도)	
			4차	난장(30도)	
8	박천우	4월 6일	1차	평문	
			2차	시위, 주뢰	
		4월 7일	3차	난장(30도)	
			4차	난장(30도)	
9	김진웅	3월 26일	1차	난장(?)	
		3월 27일	2차	난장(10도)	
10	신경훈	3월 20일	1차	주뢰	
			2차	갱추	
11	이종무(옥)	3월 6일	1차	시위, 주뢰	
			2차	난장(3도)	
12	최찬경	3월 18일	1차	주뢰	
			2차	난장(30도)	
13	단춘	3월 15일	1차	추문	
			2차	추문	
14	연이2	3월 23일	1차	시위	
			2차	시위	

* 출처 : 『추안급국안』, 을해년(1755, 영조 31), 「포도청추안」 참고.

또한 개별 차수별 고문의 종류를 보면, 평문의 사례는 13/51건(25.4%), 시위의 사례는 3/51건(5.8%), 시위와 주뢰의 사례는 4/51건(7.8%), 주뢰의 사례는 8/51건(15.6%), 주뢰와 난장의 사례는 2/51건(3.9%), 난장의 사례는 21/51건(41.1%) 등으로 나타났다. 이처럼 2차 심문 이상의 형추를 받은 죄수의 고문 형태는 평문과 시위와 같은 비폭력적 형문 사례보다 주뢰와 난장 등 폭력을 동반한 형문의 사례가 월등히 많았다. 그러나 여러 차례의 고신에도 불구하고 끝까지 자복하지 않은 사례도 많았던 것으로 보아 고신의 회수 · 강도와 자복 비율이 비례한 것은 아니었다.

(4) 김흥도에 대한 고신과 처벌

을해옥사의 주모자급 죄수로 조사받던 윤상백 독살사건에 연루된 김흥도가 10차, 신상윤이 5차, 김상구가 4차, 김진웅이 2차 등으로 비교적 차수가 많았고, 고문 중 난장의 횟수도 월등히 많았다. 김흥도는 외직 나졸로 역옥사건에 직접 연관되지는 않았지만, 박태화의 사주를 받아 역옥죄인 윤상백을 독살했다는 혐의로 무려 10차의 심문을 받았다. 그에 대한 조사는 평문으로 시작하여 시위, 주뢰, 난장 등 형문의 수위를 점차 높여 진행되었다. 심문 초반 김흥도의 진술에 따르면 윤상백은 밥, 닭국, 녹두죽, 미음 등을 끼니마다 먹어 건강에 특별한 이상 징후가 없었다. 3월 17일 신시申時 가량 윤상백이 갑자기 기진氣盡하여 급히 구료관을 찾았고, 죽지 않을 것이라는 진단을 받은 후 그를 업고 돌아오는 길에 종로 앞에서 돌연 사망했다. 김흥도는 당황한 나머지 치밀어 오른 장독을 빼려고 소금을 구해 입과 항문에 밀어 넣었는데, 이것이 화근이 되었다. 곧바로 이어진 2차 조사에서 김흥도에게 난장 10대를 때린 후 심문관은 "죄수가 장으로 치폐되는 사례가 다반사여서 충분히 경험했을 텐데, 당황하여 납염納鹽했다는 사실을 이해할 수 없다"며 집요하게 캐물었다. 김흥도는 "윤상백의 장독을 염려해 납염한 것이지 독살한 사실이 없다"고 부인했다.[41] 실제로 3월 15일경부터 윤상백은 친국장에서 이미 수차례의 신장을 받아 "장독이 눈까지 치밀어 뇌골이 마치 미친개"와 같은 상태에 이르렀다.[42] 그러나 검험 결과 그가 독극물에 의해 사망했다는 분석이 나옴에 따라 3차 심문부터는 포도대장이 직접 시위하고 주뢰를 가하면서 "독살을 은폐하려고 납염하지 않았느냐"며 추궁했다.[43] 이에 김흥도는 이미 "음식을 공궤할 때 수노首奴가 먼저 맛을 보고, 자신도 은가락지로 변색 여부를 확인한 후 음식을 제공했기 때문에 중간에 약을 타는 것은 불가능하다"고 반박했다. 이후 4차에서도 주뢰가 동원되었고, 5차 때는 주뢰를 2차례 가한 후에 난장 15도를 추가했다. 심문의 차수가 늘어가며 고문의 고통도 심해졌는데, 김흥도는 "차라리 죽여달라고 호소"하면서도 독살 혐의를 끝까지 부인했다.[44]

김흥도가 범행을 완강히 부인하자 3월 24일 7차 심문에서는 "처와 자식을 데려다 그의 목전에서 주뢰와 난장을 가하겠다"고 위협했다. 그러자 김흥도는 "사장나장師丈羅將 신상윤을 위문차 찾아가 윤상백이 물고된 사실을 말하며 걱정하자, 그가 장독으로 치폐된 자는 입과 식도에 소금을 사용하면 검시할 때 은비녀의 색이 변하지 않는다는 사실을 귀띔해 줬다"고 실토했다.[45]

이에 포도청은 새로운 용의자 신상윤을 체포하여 심문을 시작했다. 그에 대한 조사는 평문으로 시작하여 같은 날 연달아 난장 15도씩을 때리고 2차와 3차 심문을 강도 높게 진행됐다. 그러나 신상윤 진술 역시 "장독으로

---

41 『추안급국안』 21책, 「포도청추안」, 443~450쪽.
42 『영조실록』 83권, 영조 31년 3월 15일.
43 『영조실록』에 따르면 윤상백의 죽음이 약물에 의한 것이라는 검시 결과에 따라 포도청에 수사를 명령한 시기는 3월 18일이었다(『영조실록』 영조 31년 3월 18일). 반면 『포도청추안』에 따르면 3월 20일 3차 때부터 검안 결과로 수사가 진행되는 것으로 보아 약 2일간의 차이를 보인다. 윤상백이 사망한 것이 3월 17일이었지만, 다음날 검안 결과가 나왔다는 것은 착오로 보인다.
44 『추안급국안』 21책, 「포도청추안」, 454쪽.
45 『추안급국안』 21책, 「포도청추안」, 469쪽.

인해 물고된 죄인은 입과 항문에 소금을 넣으면 검시할 때 난처한 일 생기지 않는다고 조언했을 뿐이며, 행약行藥에 관한 혐의와 이를 꾸민 사람 또한 모른다"고 부인했다. 3월 25과 26일에는 김홍도와 신상윤에게 각각 난장 30대를 때리며 추문한 결과 납염에 관한 혐의는 시인했지만, 행약에 대해서는 끝내 승복하지 않았다.[46]

한편 김홍도는 8일 동안 15차의 추국에서 난장 100대 이상을 맞았으며, 그 결과 발가락이 모두 떨어지고 죽음이 목전에 닥치는[47] 지경이었다. 또한 신상윤은 3일 동안 4차에 걸쳐 난장 90대를 맞았는데 "독살에 관한 사실을 알았다면 어찌 직고하지 않았겠냐"며 끝까지 혐의를 인정하지 않았다. 고문의 마지막 단계에서 이들은 "죽는 한이 있어도 더 이상 밝힐 것이 없다"며 독살 혐의를 완강히 부인했다.

이처럼 통상적으로 죄가 없는 사람에게 난장과 주뢰형을 가하면, 없는 죄도 자복할 정도로 가혹하다고 알려졌는데, 「포도청추안」에 따르면 실제로 무수한 혹형을 견뎌내고 쉽게 자백하지 않는 사례가 의외로 많았음을 확인할 수 있다.

『영조실록』에는 이들의 이 사건을 "박찬신의 아들 박태엽이 자신의 아버지를 끌어들여 들인 윤상백에게 원한을 품고, 박찬신과 친밀했던 충훈부 아전 김진웅과 포도청 하속 김상구와 짜고 의금부 나장 신상윤과 외직 나졸 김홍도에게 경분(수은분)을 나누어 주어 윤상백을 독살했다"고 결론을 내리고 있다.[48] 이는 영조가 최종적으로 이들의 결안을 받아 본 후[49] 내린 판단이었으며, 곧바로 『속대전』에 따라 조율하여 처벌할 것을 지시했

---

46 『추안급국안』 21책, 「포도청추안」, 469쪽.
47 위와 같음.
48 『영조실록』 영조 31년 3월 26일.
49 『승정원일기』 영조 31년 3월 26일.

다.[50] 결국 김흥도는 정법正法되었고,[51] 신상윤은 물고장폐物故杖斃되었다. 앞서 보았듯이 포도청에서는 이들은 납염을 인정하면서도 끝까지 독살을 부인했다. 그런데 최종적으로 독살범으로 확정된 것은 의금부의 결안 작성 단계에서 의도적으로 조작되었을 확률이 높다.[52]

4. 난장 제거와 후속 조치

1) 국수鞫囚의 포도청 출부出付 금지

나주괘서사건의 주범에 대한 조사와 처벌이 마무리된 3월 말경, 영조와 집권 노론은 소론일파의 정치적 위협이 수그러졌다고 판단하고 조사 기간 중 과도하게 남용되었던 형정의 정상화에 돌입했다. 승지 채제공은 을해옥사 처리 과정에 발생했던 문제점을 다음과 같이 지적했다.

> "국옥의 사체가 얼마나 엄밀하고 신중한 일인데 이번의 국수鞫囚가 장전帳殿 앞에서 변명하며 자복하지 않은 자에 대해서는 성상께서 포도 대장에게 출부出付하여 포도청에서 승복을 받아 올리도록 한 뒤에 (국수를) 국정鞫庭으로 올려보내, 이어서 정법正法한 사례가 많았습니다."[53]

---

50 『승정원일기』 영조 31년 3월 29일.
51 『璿源譜略修正時宗簿寺儀軌』 영조31년 4월 日, 奎14053, 金象九·金興道竝以毒殺尙白羅正法.
52 정당한 형벌을 집행하기 위해서는 자백과 결안, 조율이 절차적으로 필수적이었지만, 이를 완성하기 위해 신장, 압슬, 낙형 등의 형신이 동원되었고 그래도 자백을 하지 않는 경우 심문관의 의도가 포함된 결안이 작성되기도 했다(김우철, 앞의 논문(각주 4), 230쪽).
53 『영조실록』 영조 31년 3월 29일.

그는 친국에서 자복하지 않은 국수를 포도청에서 자복을 받도록 한 것을 잘못된 절차라고 지적했다. 이어서 그는 구체적인 폐단으로 첫째 포도청은 치도治盜하는 곳이어서 의금부와 다르다는 점, 둘째, 포도청이 치도장으로 혹독하게 난문亂問하여 질문한 대로 죄수가 무복할 우려가 있다는 점, 셋째 포도대장이 방자한 뜻으로 일을 편의대로 처리하는 것을 삼사가 직접 들여다보고 견제할 수 없다는 점 등을 지적했다. 그 요지는 포도대장이 혹형을 가해 사건을 자의적으로 주도하더라도 이를 견제할 장치가 없으니, 원칙대로 국수를 포도청으로 내려보내 심문하는 것을 금지해야 한다는 것이었다. 영조는 곧바로 "승선(채제공)이 아니면 누가 이런 말을 하겠는가?"라며 두둔하면서도 을해옥사가 무신란 때보다 심하여 단서가 드러나지 않고 국사鞫事가 끝없이 이어졌기 때문에 부득이 상격常格에 벗어난 것이라며 그 불가피성을 피력했다. 이어서 그는 을해옥사 수사에서 자신을 비롯해 권신들이 의금부와 포도청으로 하여금 난장을 때려 자복을 받는 등 무고한 사람을 옥사에 엮은 것은 잘못된 일이라고 시인했다. 나아가 영조는 "국청에서 추문한 자는 포도청에 회부하지 않도록 영원히 정제"한다는 원칙을 세우고 이 사실을 『포도청등록』 수편首編에 크게 써서 경계토록 했다. 또한 이 규정을 미처 알지 못해 국수를 포도청으로 이관하거나, 아래 있는 자가 반대로 이를 주청할 경우 해부의 당상이 이를 간쟁케 하는 견제책도 마련되었다.54 그러나 금지 조치 이후에도 국수를 포도청으로 내려보내 조사를 받은 사례가 종종 발생했다.55 이 규정이 마련된 것은 시기적으로 을해옥사 주모자의 윤곽이 드러나고 주요 역모자 처벌이 마무리된 시점

---

54 『영조실록』 영조 31년 3월 29일.
55 3월 29일 금지조치가 내려졌지만, 「포도청추안」에 4월 4일 이행간의 추안이 등록된 것으로 보아 이때까지 기존의 관행대로 진행했던 것으로 보인다. 또한 이후에는 포도청에서 죄수를 조사하는 사례는 많지 않지만 5월 20일 김대재를 친국으로 조사한 후 포도청으로 내려보내 조사하는 등 간혹 기존의 관행대로 하는 경향도 있었다(「추안급국안」, 「역적심정연추안」, 675쪽).

에서 포도청의 역할이 축소된 결과이기도 했다.⁵⁶

이처럼 영조의 사법정책은 집권 내내 '흠휼'을 특별히 강조했지만, 역옥사건에서는 원칙과 거리가 먼 가혹한 처벌을 시행하는 등 '흠휼'과 '엄형'의 길항을 반복했다. 비정상적 형정 운영이 채제공 등과 같은 신료들의 문제제기와 개선안이 대부분 수용되면서 정상화되었다는 점에서 사법개혁의 공적을 모두 영조의 업적으로 보는 기존 연구는 재고되어야 한다.

2) 난장 제거

1770년(영조 46) 영조는 한문제가 육형을 제거했고, 당 태종도 태배법을 줄였다며 이들 황제의 업적을 미사美事로 칭송하며 돌연 혹형 제거 의사를 밝혔다. 그는 낙형이 김자점을 시작으로 무신년 박필몽까지 이 형벌을 사용했다며 혹독함이 압슬형과 다름없어 차마 두고 볼 수 없다고 비판했다. 나아가 영조는 이른바 '이완아취계란李浣鴉取鷄卵'⁵⁷의 교훈을 거론하며 형벌의 가혹함을 재차 상기했다. 더욱이 그는 포도청의 난장이 죄수의 발가락을 손상하는데, 이는 부모님이 남겨주신 신체를 훼손하여 종국에는 효를 거스른다는 점을 강조했다. 특히 신분의 귀천에 상관없이 형벌로 신체를 온전하지 못하게 하는 것은 윤리적이지 못하다고 비판했다. 이에 영조는 약간의 물건을 훔친 자라도 난장을 시행해 발가락을 손상하는 폐단이 많다며, 이미 주뢰형으로 도적을 다스리기에 충분하니 난장을 영구히 제거하는 방안을 대신과 신료들에게 순문巡問했다.⁵⁸

---

56 을해옥사는 영조 31년(1755) 1월 20일 나주의 객사에 흉서가 걸리면서 시작되었는데, 이때는 사건이 발생한 지 2개월이 넘은 시점으로 역옥사건이 거의 종결되는 단계였다.
57 이 고사의 내용은 다음과 같다. 조선후기 무신인 이완이 포도대장을 역임했는데, 하루는 까마귀가 계란을 훔쳐 먹는 것을 목격했다. 그러나 이완은 그의 종에게 책임을 돌려 난장을 치며 계란을 훔친 사실을 실토하라고 강요했다. 이에 종은 고문을 이기지 못하고 자신의 소행이라고 자백했다. 결국 이완은 난장이 매우 혹독한 형벌이어서 남용을 경계해야 한다는 고사였다.

대신 가운데 판부사 김양택, 좌의정 한익모, 호조판서 조운규, 형조판서 심수, 우참찬 김시묵, 사직 구선복 등은 대체로 난장의 폐지를 지지했는데, 그 명분은 다음과 같다. 첫째 난장이 중국의 삼대는 물론 한·당시대 등 어느 역사와 사첩에서 찾아볼 수 없는 출처 불명의 형벌이며, 조선의 국전에서 실리지 않은 근본을 알 수 없는 형벌이라는 것이었다. 둘째 지체肢體가 한번 끊어지면 다시 이을 수 없는데, 난장이 부모님이 유체遺體를 훼손하여 예절을 손상한다는 것이었다. 셋째 난장이 범죄의 허실과 경중을 가리지 않고 일방적으로 난초亂招하여 무복誣服하고, 무고한 사람을 끌어들이고, 심지어 1차례 난장을 받으면 사람 구실 못할 정도로 신체 훼손이 심하다는 것이었다. 마지막으로 치도형 중 하나인 난장을 제거해도 주뢰형이 존치하여 치도방책에 큰 문제가 없다는 이유를 들었다.

반면 우의정 김상철, 수찬 이택수, 부수찬 임정원, 이조좌랑 송덕기 등 적지 않은 대신들이 난장 폐지에 반대한다는 주장을 펴기도 했다. 이들은 난장의 필요성을 강하게 주청하는 강경론자도 많았지만, 주로 폐지를 시간을 두고 결정하자는 신중론자가 많았는데 이들의 논리는 다음과 같다. 첫째 난장이 오래도록 치도형으로 효과를 거두었기 때문에 이를 제거하면 도적을 단속하기 어렵다는 것이다. 둘째 난장의 존폐 문제보다는 본질적으로 용형用刑 문제에 집중하는 것이 '형기무형刑期無刑'의 뜻에 부합한다는 것이다. 셋째 주뢰형이 난장보다 가혹함이 심하니 난장을 제거하기보다 주뢰를 없애는 것이 현실적이라는 의견 등이었다.

이처럼 난장 대한 신료들의 입장은 난장의 효용성 때문에 존치해야 한다는 의견도 일부 있었지만, 대체로 폐지하는 방향으로 의견이 모였다. 특히 폐지를 위한 주요 논리는 난장이 역사적 유래를 찾아보기 힘들고, 신체를

---

58 『승정원일기』 영조 46년 6월 18일.

훼손하여 효사상의 근간을 해칠 뿐 아니라 무고한 이들이 고문을 견디지 못해 무복하는 등 흠휼의 취지에 이반 된다는 것이었다. 결국 조정의 논의가 난장을 폐지하는 방향으로 가닥을 잡자 영조는 곧바로 전교가 내려졌다.

> 난장을 때리며 추문함에 있어서는 팔형八刑에도 없고 한·당 이후에도 없었는데 우리나라에서 도둑을 다스리는 자가 쾌쾌快함을 취하려고 그러한 것에 지나지 않는다. 어떻게 그런지를 알았겠는가? 근년에 주뢰를 제거하려는 것을 보고 알았다. 아, 역적을 다스리는 데에는 비록 오형(인용자 : 압슬, 낙형, 주장당문, 주뢰, 난장)이 있었지만, 먼저 압슬을 없애고 다음에는 낙형을 없앴으며 금년에 중신의 진달로 주장당문朱杖撞問도 금하였다. 이것도 그러했는데 하물며 난장에 있어서이랴. 기왕에 있는 주뢰도 엄히 금해야 마땅하거늘 하필이면 사람의 발가락을 자른 후에야 법이 서겠느냐? (중략) 비록 하천이라도 형체와 골격은 일반이다. 기왕 온전하게 태어났으니 형체를 온전히 하고 죽고 싶어 하는 것은 사람의 상정이다. 오장이 붙어 있다고 말하지 말라. 오장은 비록 상하더라도 형체는 온전하지만, 지체가 온전하지 못하면 어찌 사람이라 하겠느냐? (중략) 이는 또한 『대전』과 『속전』에도 없는 형벌이다. 비록 주뢰의 형이 없더라도 의당 없애야 하거늘 하물며 주뢰 한 가지가 있는 바이랴. 주뢰도 비법非法이지만 지체는 상하지 않는데 지금 말세에 모두 없앨 수 없지만, 난문亂問만 가지고 (연화)문에 임하여 순문하여, 중론이 동의한 자가 많다. 아, 지금 77세에 해동 사람을 위하여 형체를 온전하게 해주려는 것이니 이는 압슬과 낙형을 없앤 것과 다름이 없다. 오늘부터는 경외에서 난장의 형을 일체 제거하여 우리 백성들이 형체를 온전히 하고 제 부모를 만나보게 하고, 이 하교를 『문헌비고文獻備考』에도 싣도록 하라.[59]

---

59 앞과 같음.

영조는 난장과 주리의 폐단이 도적을 다스리는 자가 자복을 통쾌히 받아내기 위한 이른바 '쾌자지폐快字之弊'에서 비롯된 것임을 강조했다.[60] 이어서 역적을 다스렸던 오형(압슬, 낙형, 주장당문, 주리, 난장) 중에 압슬, 낙형, 주장당문 등을 이미 폐지했고, 종국에는 난장과 주리 역시 폐지하고자 한다는 의지를 천명했다. 난장 제거는 지체를 손상한다는 점, 한·당은 물론 대전과 속전에 없는 형벌이라는 점, 난장 대신 주리가 존치된다는 점 등을 주요한 이유로 들었다. 그 가운데 핵심적 논리는 난장이 지체를 손상하기 때문에 이를 폐지해 죄수의 형체를 온전히 보존하여 부모를 만나게 한다는 것이었다.

　곧이어 영조는 좌우포도종사관을 불러 포도대장과 합좌하여 난장할 때 사용하는 기계器械를 즉각 소각하도록 명령했다.[61] 나아가 영조는 "옛날 악정자樂正子가 마루에서 내려서다 발을 다쳐 불효가 되었다고 자책했다"는 고사를 암송하고 "오늘 나의 백성이 능히 발가락을 보전하여 돌아가겠구나"라며 난장 폐지에 대한 소회를 밝혔다.[62]

3) 주리형 경계와 악형 폐지

　난장을 제거한 영조는 포도대장에서 주리를 시행할 때 나무 기둥을 세워 죄수의 발가락을 묶고 시행해야 하는지를 묻고, 이렇게 하면 죄수의 발가락이 온전하지 못할 것이라고 우려를 표명하기도 했다. 즉 영조는 난장의 제거 이유가 신체 일부분인 발가락의 손상을 막기 위한 것이었는데, 주리형 역시 발가락을 훼손한 여지가 있다고 우려했다. 좌변포도대장 이윤

60　영조가 관료이 형정 업무에 있어 '쾌자지폐(快字之弊)'를 거론한 것은 여러 차례였다. 대표적으로 영조 41년 영조는 치도지장인 난장이 형신보다 참혹한 것이 반드시 쾌문하려고 난장을 시행한다고 판단하고 중외에 난장하는 법을 제거한 바가 있었다(『승정원일기』 영조 41년 11월 23일;『영조실록』 영조 47년 4월 5일).
61　『승정원일기』 영조 46년 6월 18일.
62　위와 같음.

성은 발가락을 훼손하지 않고도 주뢰형이 가능하다고 설명했지만, 영조는 즉각 좌우포도청에 주뢰를 시행할 때 죄수의 발가락을 묶는 것을 금지했다.[63] 이어서 영조는 치도형을 모두 없앨 수 없다는 신료들의 의견에 따라 난장을 제거하는 대신 주뢰형을 남겨두었지만, 종국에는 이것도 제거해야 한다는 의지를 표명했다.

> 오늘 아침에 모래가 버선으로 들어감으로 인하여 당태종이 명당도明堂圖를 보고 태배笞背를 없앤 일이 생각나서 대신과 비국당상 및 시종 제신을 불러 순문하게 된 것이다. (중략) 이 형벌(인용자: 주뢰)은 한당 이후에는 없었고 우리나라에서는 어느 때부터 있게 되었는지 알 수 없으나 명목도 바르지 못하다. 이 형벌은 매우 가혹하여 내가 일찍이 제거하려고 하였으나 아직 말을 하지 않았지만, 오늘 모래가 버선에 들어간 것이 나를 깨우친 것이나 다름이 없다.[64]

이처럼 영조는 버선에 들어간 모래 때문에 발가락이 고통스러웠던 경험을 주뢰형 제거의 명분으로 내세웠다. 이는 엉뚱한 이유였지만 영조가 뜸 처방의 고통을 이유로 낙형을 제거한 것과 매우 유사했다. 또한 주뢰형이 한당 이후에는 없었던 형벌이고, 언제부터 사용하게 되었는지 알 수 없어 그 명목이 바르지 못하다며 제거 의지를 천명했다. 그러나 신료들의 반발이 높아지자 영조는 그 타협안으로 주뢰형을 함부로 남용하지 말고 불가피한 경우만 사용하는 조건으로 존속을 허용했다.

같은 해 편집당상 이최중李最中이 국청 죄수에게 주장당문을 시행하는 것이 법에 없는 일이니 호생지덕을 베풀어 제거할 것을 건의했다. 영조는 주장이 이미 제거한 압슬과 낙형 등과 같은 수준은 아니지만, 주장으로 죄

---

63 앞과 같음.
64 위와 같음.

수의 가슴과 옆구리를 치는 주장당문은 혹형에 버금가는 형벌이라며 그의 제안을 곧바로 수용했다. 특히 그는 압슬과 낙형은 기구를 설치한 후 시행한 것에 비해 주문당장은 비교적 절차가 간단해 한 차례의 명령으로 여러 개의 주장으로 일제히 때리는 등 그 위험성이 난장과 다를 것이 없다고 강조했다.[65] 나아가 이를 시행하라는 명령이 있더라도 집행하는 신하는 이를 보고하도록 하고, 신하가 상관을 두려워해 억지로 받든다 해도 대간이 바로 잡아 탄핵할 수 있도록 엄격히 제한했다. 이어서 주문당장 폐지를 『문헌비고』에 기록하고, 의금부에도 큰 글자로 써서 붙여서 경계하도록 했다.[66]

한편 1771년(영조 47) 영조는 이른바 '추조거상법秋曹踞床法'과 '금부결박법禁府結縛法' 등을 없애기 위해 이들 법의 연원을 신료들에게 물었다. 영의정 김치인은 "유전하는 말에 따르면 김자점이 만들었다고 하지만 상세히 알지 못한다"고 하면서, 이를 폐지하는 것이 흠휼의 뜻이라고 동조했다. 일부 신료들은 백년의 치역법治逆法을 하루아침에 없앨 수 없다고 반론을 제기했지만, 대부분의 신료들은 이들 법령 폐지에 동의했다. 마침내 영조는 장전帳殿에서 형신할 때에는 결박하는 법을 없애고, 형조의 경우는 의례에 따라 거행하는 것을 모두 기록해 둘 것을 정식으로 삼도록 했다.[67] 또한 1775년(영조 51) 영조는 신료들에게 난장을 없앤 후 백성들의 반응과 성과가 궁금했다. 좌의정 이사관李思觀이 백성들이 임금의 은혜에 감사하게 여기지만, 치도는 조금도 엄하지 않다고 보고했다. 이어서 그는 도적을 중곤重棍으로 다스리면 금할 수 있다는 대책을 내놓기도 하였다.[68] 도적을 다스리는 명분으로 군율의 위반에만 사용했던 중곤이 난장을 대체하는 계기를 마

---

65 의금부의 주문당장을 시행하는 모습이 마치 김준근의 형정풍속화 중 〈禁府亂杖〉의 내용과 매우 흡사하다.
66 『영조실록』 영조 46년 4월 18일.
67 『영조실록』 영조 47년 2월 1일.
68 『승정원일기』 영조 51년 4월 4일.

련한 것이다. 특히 지방의 수령이 죄수를 형문할 때 장수杖數를 계산하지 않고 때리거나, 이미 폐지한 원장을 사용하거나 심지어 신장 대신 곤장으로 형추하는 사례도 나타났다.[69]

4) 난장 갱출更出 논의

1777년(정조 1) 정조는 해를 넘기기 전 대신들과「곤제절목棍制節目」과 기타 미결 사안을 매듭짓기 위해 한자리에 모였다. 이 자리에서 정조는 선왕이 난장을 제거한 뜻을 이해한다면서도 치도법을 갱출하는 문제를 제기했다.

> 내가 선조의 법을 준수하는 도리에 있어 어찌 다시 만들고자 하겠는가. 다만 열성조의 금석金石 같은 법이 좋지 않은 것은 아니지만, 법이 오래되어 폐단이 생긴 후에는 때에 따라 바로잡아 고치지 않을 수 없는 것이다. 지금의 말세를 돌이켜보건대 갱출하지 않을 수 없는 것은 바로 도적을 다스리는 법이다. 그리고 팔다리와 몸을 훼손하여 사람 축에 끼지 못하게 하는 것은 부끄러움을 알고 스스로를 새롭게 하여 다시 도적질을 하지 않게 하려는 것이다. 이 역시 사람을 살리는 방도로써 사람을 죽이는 것이다.[70]

정조는 선조의 법을 준수하는 것이 도리지만, 시간이 지나 법의 폐단이 생기면 바로 잡아야 한다고 역설하고 도적을 잡아들이는 법인 난장을 갱출하지 않을 수 없다고 주장했다. 정조는 당시 창궐했던 강도와 절도를 근절하기 위해 '생도살인生道殺人'의 차원에서 난장의 갱출 문제를 신료들에게 순문했다.

---

[69] 『승정원일기』 영조 51년 12월 23일.
[70] 『일성록』 정조 1년 12월 16일.

신료들의 의견은 크게 찬반으로 나뉘었고 일부 신중론의 입장도 제기되었다. 난장 갱출의 찬성 측은 훈련대장 장지항, 우포도대장 이주국, 어영대장 구선복, 판의금부사 홍낙성, 형조판서 채제공, 영의정 김상철 등으로 '치도'의 문제점이 드러났으니 도적이 두려워하는 난장을 즉시 복구해야 한다는 의견을 내놓았다. 특히 우포도대장 이주국은 난장을 폐지한 뒤로 도적이 더욱 늘어났고 오히려 곤장으로 다스리기 때문에 인명을 상하는 폐단이 늘어났다며 난장의 갱출을 늦출 수 없다는 의견이었다. 좌변포도대장 장지항은 난장이 죄수에게 고통을 주지만, 죽음에 이르게 하지는 않는다며 갱출을 강력히 주장했다.

한편 난장 갱출의 반대 측은 영의정 김상철, 우의정 서명선, 금위대장 홍국영, 좌의정 정존겸 등으로 극적劇賊의 경우는 난장이 요긴하지만, 당장 절발竊發할 우환이 없으니 불필요하다는 주장이었다. 특히 금위대장 홍국영은 난장을 복구하는 데 조금이라도 미진한 부분이 있다면 뒷날에 다시 헤아려 생각해야 한다며 신중론을 제기했다. 더욱이 홍국영은 이 사안은 금일이 아니어도 결장할 수 있으니 앞으로 상황을 관찰하며 결정하자고 했다.

정조는 홍국영에게 "복구를 논의하자는 것인가 말자는 것인가"라며 다소 격앙된 반응을 보이자 홍국영은 "복구하지 않은 것이 좋다[大善]"고 확실한 반대 의사를 표명했다. 이에 정조는 "난장 갱출 여부를 당일에 반드시 결정해야 한다"며 신하들을 채근했고, 홍국영은 이를 "당일에 결단하는 것은 불가하다"고 재차 반박했다. 이에 정조는 "내가 경출하려는 것이 아니고 가부의 논의를 비교해 헤아리려는 것에 불과하다"며 다소 물러서는 태도를 보였다. 또한 홍국영이 "금일 상하의 논의가 외간에 퍼져 간악한 무리들이 두려워 겁을 내는 단서가 될 것"이라며 난장 갱출에 대해 선을 그었다. 이에 정조는 홍국영이 제안한 신중론을 돌연 두둔하며 "난장 문제를 잠시 그대로 두는 것이 무방하다"며 논의를 종결했다.

결국 정조가 선왕이 제거한 난장을 재차 복설하려 했던 것은 늘어가는 도적의 창궐에 대비한 현실적 조치였다. 또한 그는 신체에 대한 철저한 응징을 통해 범죄자를 훈육하여 도적을 근절하고자 했다.

5) 형벌 정비의 특징

조선후기 형벌의 정비는 크게 고신의 단계와 결장의 단계로 구분해 그 특징을 살펴볼 수 있다. 아래 표와 같이 태장형을 비롯한 결장은 유지된 반면 고신은 주뢰와 신장을 제외하고 대부분 폐지되었다. 즉 영조대 무분별하고 잡다한 고신이 정비되었는데 집권 전반에 의금부의 압슬·낙형, 포도청의 전도주뢰형, 집권 후반에 수령 원장, 의금부 주장당문, 포도청의 난장 등이 폐지되었다. 특히 포도청의 난장은 치도형이었지만, 역옥사건에서 폐지된 압슬과 낙형을 대신한 경향을 보였다. 난장 역시 폐지된 이후 주뢰형이 치도형으로써 명맥을 유지했고, 아울러 군율인 곤장이 치도형으로 활용되기 시작했다. 정조는 곤제를 정비하는 과정에서 난장의 갱출이 어렵다고 판단하고, 『흠휼전칙』에 포도청이 치도곤을 사용할 수 있도록 공식화했다. 치도곤은 또 다른 형태의 치도형으로 자리잡아 정조대와 19세기 동안 형벌로 정착했다.

〈표 5〉 조선후기 형벌의 정비 현황

拷訊						決杖(棍)				
비법						합법				
폐지(영조대)						존속 및 신설(정조~19세기)				
壓膝	烙刑	朱杖撞問	圓杖	剪刀周牢	亂杖*	주뢰	訊杖	笞	杖	곤장	치도곤
의금부		외방 수령	포도청/영장		포도청	의금부 형조	수령 포도청	형조		군병아문/ 군영	포도청
역옥형			일반형	역옥형	치도형	치도형	일반형	일반형		군율	치도형

* 포도대장의 직단의 경우는 난장도 결장에 해당됨

난장을 운영과 폐지 과정을 통해 조선후기 형벌 정비 양상을 보면, 고신은 주뢰와 신장만 존속하고 대부분 폐지되는 경향성을 보인다. 또한 비법적 형태의 고문이 제거되고 합법적 형태의 형벌로 존속하는 등 형벌체계가 정비·완화되었음을 알 수 있다.

5. 맺음말

기존의 영조대 형정에 대한 평가는 주로 영조를 중심으로 긍·부정으로 나뉘어 논쟁을 진행해 왔다. 본 연구에서는 난장을 중심으로 영조대 다양한 형정 개혁 실태를 고찰한 결과 그 주도세력이 영조는 물론 신료들도 형정의 변통에 어느 정도 일조한 점을 파악할 수 있었다. 또한 영조의 흠휼정책과 사법개혁이 역옥사건에서는 형정에 있어 변칙적이고 이중적인 운영 양상을 보이지만, 전체적인 방향은 이전과 비교해 상당히 완화되거나 체계화되는 양상으로 전개되었다. 특히 수사기구의 고신 방식이 기존의 폭력적인 육형을 제거하고 신장과 곤장 등을 법률적 체계로 편입시켜 정상화되었다. 그러나 조선시대 형정의 특징이 죄수의 유죄입증을 위해 자복이 필수였고, 이를 위한 신장이 공식적으로 허용되었다는 점에서 형사절차의 한계는 분명했다.

포도청의 난장 운영은 김성팔의 사례처럼 일반범죄를 조직적으로 절도범으로 조작하여 남용하는 사례가 많았고, 심지어 사적 복수를 위해 사용하는 사례도 있었다. 또한 난장의 남용으로 죄수가 사망해도 포도청 관리들에 대한 처벌은 미미하거나 처벌이 면제되었다.

역옥죄수에 대한 심문 과정에서는 난장과 주뢰를 번갈아 사용하는 비율이 높았는데, 실제 이러한 고문에도 죄수들은 의외로 무복하지 않고 끝까지 결백을 주장하는 사례도 확인할 수 있었다. 이는 난장 등의 혹형이 범죄의 실상을 밝히는 데 비효율적이었음을 반증한다. 따라서 난장 때문에 무복한 사례도 있지만, 죄수의 자백이 오히려 초사나 결안을 작성하는 단계에서 조작되는 사례도 많았던 것으로 보인다.

을해옥사 마지막 단계에서 채제공이 국수를 포도청에 출부하는 것이 부당하다는 의견을 개진하자 곧바로 이를 금지했다. 비정상적 형정 운영이 채제공 등과 같은 신료들의 문제제기와 개선안이 대부분 수용되면서 정상화되었다는 점에서 사법개혁의 공적을 모두 영조의 업적으로 보는 기존 연구는 재고되어야 한다. 이처럼 영조의 사법정책은 집권 내내 '흠휼'을 특별히 강조했지만, 역옥사건에서는 원칙과 거리가 먼 가혹한 처벌을 시행하는 등 이상적 '흠휼주의'와 현실적 '엄형주의'의 길항을 반복했다.

영조는 형벌의 가혹함과 그로 인한 폐단을 집권 초부터 어느 정도 인지하고 있었지만, 난장의 제거는 집권 말기에 실행되었다. 신료들의 찬반에도 불구하고 난장을 제거한 주요 명분은 난장이 지체를 손상하기 때문에 이를 폐지해 죄수의 형체를 온전히 보존하여 부모를 만날 수 있게 한다는 것이었다. 결국 난장의 폐지는 영조 집권 전반부터 꾸준히 진행된 치도형 개혁의 최종적인 성과였다. 또한 난장의 폐지는 영조의 일방적 결정에 따른 것이 아니라 최소한 신료들의 다양한 의견이 반영된 결과라고 평가할 수 있다.

이후 영조는 버선 속에 들어온 모래로 발가락이 고통스러웠던 경험을 들어 주뢰형 제거하려고 했다. 그러나 신료들의 반발이 높아지자 영조는 그 타협안으로 주뢰형을 함부로 남용하지 말고 불가피한 경우만 사용하는 조건으로 존속을 허용했다. 나아가 영조는 '추조거상법秋曹踞床法'과 '금부결박법禁府結縛法' 등과 같은 악형을 제거했다. 또한 정조대 치도를 위해 난장 갱출이 제기되었지만 결국 신료들의 반대로 실현하지 못했다. 그러나 곤제 정비를 계기로 치도곤이 난장을 대체하는 치도형으로 이용되었다.

조선후기 형벌 정비 양상은 고신은 주뢰와 신장만 존속하고 대부분 폐지되었다. 또한 비법적 형태의 고문이 제거되고 합법적 형태의 형벌로 존속하는 등 형벌체계가 정비·완화되었음을 알 수 있다.

참고문헌

『朝鮮王朝實錄』,『承政院日記』,『日省錄』,『推案及鞫案』,『新補受教輯錄』,『續大典』

김영석,「추국의 의미 변화와 분류」,『법사학연구』 48, 한국법사학회, 2013.
김우철,「조선후기 推鞫 운영 및 結案의 변화」,『민족문화』 35, 한국고전번역원, 2010.
심재우,「영조대 정치범 처벌을 통해 본 법과 정치 - 을해옥사를 중심으로 - 」,『정신문화연구』 33, 한국학중앙연구원, 2010.
_____,『네 죄를 고하여라 - 법률과 형벌로 읽는 조선 - 』, 산처럼, 2011.
조윤선,「영조대남형, 혹형 폐지 과정의 실태와 흠휼책에대한 평가」,『조선시대사학보』 48, 조선시대사학회, 2009.
_____,「조선후기 영조 31년 을해옥사의 추이와 정치적 의미」,『한국사학보』 37, 고려사학회, 2009.
조윤선 역주,『추안급국안』 63, 영조31(1755), 흐름, 2014.
차인배,「조선후기 포도청의 사법적 위상과 활동 변화」,『역사민속학』 58, 한국역사민속학회, 2020.

19세기 '심리의 시대'를 들여다보는 창*

『일성록』·『추조결옥록』·장계등록을 이용한
살옥사건 기록의 재구성

문준영
부산대학교 법학전문대학원 교수

19세기 '심리의 시대'를 들여다보는 창
: 『일성록』·『추조결옥록』·장계등록을 이용한 살옥사건 기록의 재구성

1. 서론

조선시대 사법제도의 역사에서 19세기는 이전 시대와는 대비되는 시대적 특징을 갖고 있다. 민사적 분쟁을 취급하는 사송詞訟이 19세기에는 '단송短訟의 시대'라고 부를만한 양상을 보여준다면, 범죄와 형벌을 다루는 단옥斷獄의 영역에서 19세기는 '심리審理의 시대'라 부를 수 있다. '단송의 시대'와 '심리의 시대'는 그 영역이 다르나 공통점이 있다. 중대한 사건의 처리방식에서 조선 전기에 마련된 조선 특유의 제도와 격식이 퇴장하고 종래 경미 사건이나 임시적 필요에 대처하기 위한 처리방식이 마치 범용적이고 정규적인 제도처럼 이용된다는 것이다. 19세기 '단송의 시대'에는, 시송다짐[始訟侤音], 결송다짐[決訟侤音], 친착결절법親着決折法, 삼도득신법三度得伸法 등과 같이 노비·전택·가사 소송을 중심으로 조선 전기에 마련된 법제와 절차적 격식이 퇴장하고, 채송·잡송·산송 등의 쟁송을 더 간

---

* 이 글은 『민족문화』 60, 한국고전번역원, 2022, 7~68쪽에 게재된 논문을 연구총서의 기획 의도에 맞게 약간의 수정을 가하여 수록한 것이다.

단한 방식으로 처리하던 이른바 '단송처결短訟處決'의 방식이 일반적인 쟁송처리방식이 되었다. 현재 남아 있는 각종 민장치부책과 소송소지류 자료가 그 시대의 단송적 청송 실무의 산물이라 하겠다.[1]

한편, '심리의 시대'라는 표현은 '심리'라는 방식이 그 시대의 일반적인 사건처리 방식이 되었다는 것을 의미한다. 조선시대 형사절차에서 '심리審理'란 단순히 사건을 심사하는 것이 아니라 죄인을 구제하기 위해 억울한 사정이 있는지 심사하는 것을 말한다. 사형죄인을 '심리'하는 목적은, 어떤 죄인에 대해 사형을 확정하기 위해서가 아니라, 범죄사실이 의심스럽거나 참작하여 용서할 만한 사정이 있는지 살펴 부생傅生할 자, 즉 사형을 감하여 살려줄 자를 찾는 데 있다. 주지하다시피 조선시대에는 통상의 사죄안건死罪案件은 서울과 지방에서 추핵이 종결된 후 형조의 조율照律과 의정부의 상복詳覆을 거쳐 일단 사형판결이 내려지고, 가을에 형을 집행해야 하는 '대시待時'의 사형수에 대해서는 추분 이후 입춘 전에 세 번에 걸쳐 계복啓覆하여 살려줄 자는 살려주고 사형을 집행할 자는 형을 확정하는 절차를 밟았다. 이를 사죄삼복법死罪三覆法, 삼복계三覆啓, 삼복三覆 또는 간단히 계복啓覆이라 하였다.[2] 그러나 정조 3년(1779) 11월 12일에 거행된 마지막 사형수 삼복[3]을 끝으로 삼복제도는 갑오개혁에 의한 새로운 재판제도가 시행되는

---

[1] 조선 후기 사료에서 약식의 쟁송처리방식을 지칭하는 말로 '단송(短訟)', '단송처결(短訟處決)', '단송결급(短訟決給)' 등의 표현이 사용되었다. 단송은 구두 진술만 받고 승패를 정하는 방식으로 처결될 수도 있고, 판결이 문자화되는 경우 대개는 당사자가 제출한 소지 여백에 청송 관헌이 제음(題音)의 형식으로 간략히 처분 내용을 적어주는 것에 그치고, 간혹 당사자의 신청에 따라 입지 또는 입안을 작성해주기도 하였다. 단송에 대해서는 문준영, 「조선 후기 민사재판에서 단송(短訟)의 의미와 재판격식의 변화상」, 『법사학연구』 제60호, 한국법사학회, 2019; 문준영, 「19세기 후반 지방사회에서 민소(民訴)와 청송(聽訟) 실무 - 전라도 영광군 민장치부책의 분석」, 『법학연구』 제60권 제1호, 부산대 법학연구소, 2019.

[2] 특히 조선 후기의 삼복제도에 관해서는 조윤선, 「조선 후기 三覆制度 연구」, 『법사학연구』 제64호, 한국법사학회, 2021; 문준영, 「계복에서 심리로: 조선시대 사형사건 재판제도의 전개와 변화」, 『법과사회』 제69호, 한국법사학회, 2022.

[3] 『일성록』 정조 3년(1779) 11월 12일.

1895년까지 120년 동안 법전 위에서만 존재하였을 뿐이고 실제 시행되지는 않았다. 이제 대시待時의 사형죄인들은 정규적인 계복을 통해 최종 처결되는 것이 아니라, 부정기적으로 시행되는 '심리'의 기회에 관할 관찰사와 형조의 심사 및 국왕에의 계문을 거쳐 잉추仍推 또는 부생傅生의 처분을 받았다.⁴

물론 '심리의 시대'에 형집행을 받는 사형수가 없었던 것은 아니다. 대역부도大逆不道 죄인, 강상綱常죄인, 사학邪學죄인, 명화적明火賊이나 강도, 그밖에 죄범이 중하여 부대시不待時로 처단할 죄인들은 가을이 되기를 기다리지 않고 그때그때 사형판결이 내려지고 형장에 보내졌다. 『추안급국안推案及鞫案』에 실려 있는 처결 기록과 천주교도 박해의 기록이 이를 똑똑히 보여주고 있다. 그러나 이는 조선의 19세기 형사사법의 역사에서 우리 눈에 잘 보이는 부분일 뿐이다. 그 이미지가 너무나 강렬하고 생생한 나머지 우리는 그 시대에 다른 사형죄인들도 비록 다른 처결 절차를 거치더라도 결국 형장으로 끌려갔을 것이라 짐작하기 쉽지만, 실은 그렇지 않았다.

필자는 19세기 순조~고종대의 실록, 『승정원일기』, 『일성록』, 『추조결옥록秋曹決獄錄』, 장계등록狀啓謄錄류 자료 등에서 살옥죄인에 대한 처결 기록을 샅샅이 조사했지만, 대시의 사형에 해당하는 통상의 살옥죄인에 대해 사형이 확정·집행된 사례를 찾을 수 없었다. 통상의 살옥죄인들은 몇 년 간격으로 심리를 받으며 범죄 정상에 무겁고 명백한 경우 거듭 '잉추' 즉 그대로 계속 신추訊推하라는 처분을 받는데, 다수의 죄인이 어느 시점에는 감사정배되거나 석방되었다. 이 모습은 정조의 사형죄인 심리기록인 『심리록』의 분석을 통해 이미 탐사된 바 있지만,⁵ 정조 사후에도 19세기 1백여

---

4 조선 후기 사형죄인에 대한 계복 및 심리·소결의 실태 및 역사적 변천에 대해서는, 문준영, 앞의 글 (각주 2).
5 심재우, 『조선후기 국가권력과 범죄 통제 - 『심리록』 연구』, 태학사, 2009.

년 동안 계속되었다는 것은 잘 알려져 있지 않다. 정조의 '심리'는 그의 시대만의 것이 아니었고, 정조의 유산 위에 19세기 심리의 시대가 존립하였다. 조선의 법전에 수많은 사형 죄목이 있음에도 불구하고 심리의 시대에는 좀처럼 사형을 쓰지 않았다. 가히 '형을 쓰지 않는 풍조[刑措之風]'[6]을 이루었다고 할만한 이 심리의 시대에는 사형판결 없이 사형죄인을 처리하고 징벌하고 있었다.

이 시대의 현상과 패턴은 조선시대 재판과 형벌에 대해 종래 우리가 가진 지식과 이미지와는 매우 다르다. 그러나 우리 눈에 잘 보이지 않는다. 18세기 마지막 24년간 정조에 의한 죄인 '심리'의 실태를 잘 보여주는『심리록』과 같은 기록이 19세기에는 없다. 사형수의 처결과 관련된 방대한 자료 더미 속에서 사건의 조각들을 모으고 일일이 이어 붙여야 그 모습이 드러난다. 필자는『일성록』과『추조결옥록』[7]에서 1801년부터 1893년까지의 기간에 약 2,700명의 살옥죄인을 심리하고 처결한 약 5,200건의 사건기록을 찾아내었다. 그 기록들을 죄인별로 엮고 그 처리결과를 분석하면, 숨어 있던 심리의 시대가 모습을 드러낸다.[8] 그러나 이를 통해 심리의 시대를 멀리서 조망할 수는 있지만, 세밀히 관찰하는 데는 한계가 있다.『일성록』기사에는 사실관계에 관한 구체적 정보가 생략되고 관찰사와 형조의 의견 및

---

6   '형조지풍'은 주나라 成王과 康王의 치세에 40년 동안 사형을 쓰지 않았고, 한나라 文帝 시대에도 형벌의 사용을 삼갔다는 고사에 근거하여 교화와 정치가 잘 이루어져서 형벌 규정이 있으나 형벌을 쓰지 않아도 되는 경지[刑措不用]에 이르렀음을 뜻하는 말이다. 영조는 자신의 치세에 이 말을 쓴 적이 있다. 그는 매년 삼복계에 오르는 사형수의 증감에 민감하였는데, 말년인 1769년(영조 35) 겨울에 그해 계복할 사형수가 없다는 말을 듣고 "형벌을 폐하여 쓰지 않는 풍습이 있다"[有刑措之風矣]라고 하였다.『영조실록』및『승정원일기』영조 45년(1769) 10월 9일. 사형죄인의 처결방식이 종래의 '계복 중심'에서 정조대에 '심리 중심'으로 전환되었는데 영조는 그러한 정조대의 전환으로 향하는 길을 닦았다. 문준영, 앞의 글(각주 2), 306~309쪽.
7   두 자료에서의 형옥 관련 기록의 개요와 특징에 대해서는 유승희,「『日省錄』刑獄類에 나타난 死罪기록의 고찰」,『서지학연구』제38집, 한국서지학회, 2007;「조선 후기 獄案修啓의 실태와『秋曹決獄錄』의 편찬」,『서지학연구』제46집, 한국서지학회, 2010.
8   상세한 것은, 문준영,「사형 판결 없는 살옥죄인의 처리와 징벌 - 19세기 살옥사건 심리·처결의 경향과 특징」,『한국문화』제98집, 서울대학교 규장각한국학연구원, 2022.

처분 결과만 기재되어 있기 때문이다. 그로 인한 한계를 극복하는 데 장계등록 자료가 큰 도움을 준다.

국사편찬위원회 홈페이지에서 제공되는 한국사데이터베이스에서 각사등록 장계등록 자료[9]를 검색하면 관찰사가 살옥죄인을 조사, 심리, 처결하는 과정에서 작성한 다양한 유형의 장계들을 찾을 수 있다. 장계에서 다뤄진 살옥죄인들은 대부분 『일성록』과 『추조결옥록』에서 확보된 사건기록에도 나온다. 따라서 이들 기록의 정보를 통합하면, 한 명의 죄인에 대해 초기 조사 단계부터 관찰사의 장계를 거쳐 현존하는 기록상 확인되는 최종 결과에 이르는 일련의 사건기록을 재구성할 수 있다. 그 결과물이 이 글 말미의 [부록]에 있는 64명의 살옥죄인에 관한 통합기록이다.

『일성록』과 『추조결옥록』에서 나타나는 심리의 시대의 양상은 다른 글에서 상세히 다루기로 하고,[10] 이 글에서는 앞서 말한 64개의 사건기록을 통해 심리의 시대의 일각을 살펴보고 이 기록의 자료적 가치를 논하고자 한다. 그 자료적 가치는 무엇보다 이를 통해 심리의 시대의 사건처리 실태를 구체적이며 일목요연하게 파악할 수 있고 개별적인 사례 연구가 가능할 만큼의 정보량을 갖추고 있다는 데 있다. 먼저 이 글의 논의를 위해 살옥사건의 수사·재판절차를 살펴본다(제2장). 이어서 19세기 살옥 등 인명사건 처리 실무에서 생산되어 오늘날까지 전해지고 있는 여러 종류의 기록 중 64개의 사건기록이 어떤 경위로 작성되었고 어떤 특장점이 있는지 설명한다(제3장). 마지막으로 이들 사건기록 중 심리의 시대의 양상을 잘 보여주는 몇 가지 사례를 소개할 것이다(제4장).

---

[9] 이하에서 인용하는 장계등록 자료는 국사편찬위원회 한국사데이터베이스에서 검색한 것임을 밝혀둔다(http://db.history.go.kr/item/level.do?itemId=ks).
[10] 문준영, 앞의 글(각주 8).

2. 조선 후기 살옥사건 처리와 '심리의 시대'

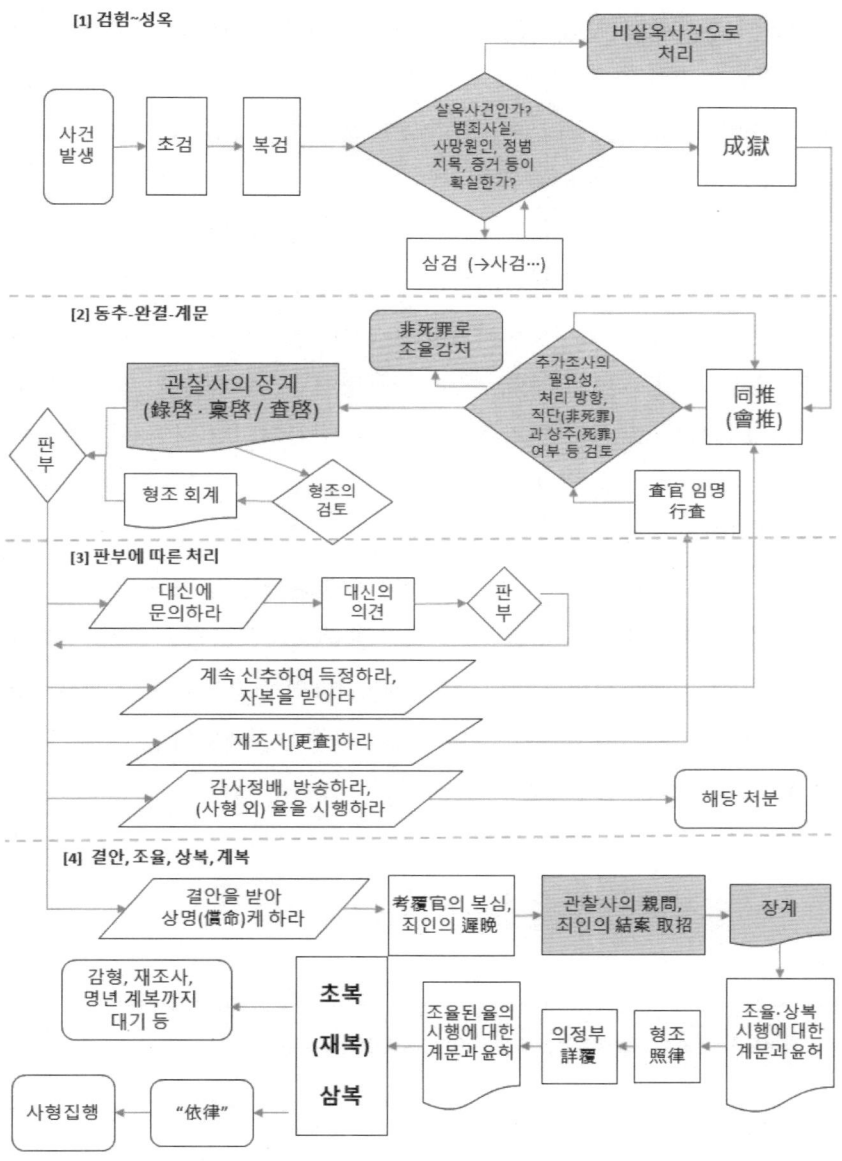

〈그림 1〉 조선 후기 살옥사건 처리절차

〈그림 1〉은 조선 후기 지방에서 살인, 치사, 기타 사망사건이 발생한 경우 검시와 초동수사 단계부터 최종적으로 사형판결의 확정 및 형집행에 이르기까지 수사·재판절차의 흐름을 순서도 형태로 나타난 것이다. 도형 중 회색으로 칠한 것은, 사건의 처리 과정에서 관찰사가 직접 사안을 검토, 의사결정하고 장계를 올리는 등 관찰사가 중요한 의사결정을 내리거나 국왕에 보고하는 국면을 나타낸 것이다.

'동추同推-고복考覆-친문親問-결안취초結案取招-상복詳覆-삼복계三覆啓'로 이어지는 절차는 사형에 해당하는 사안을 더욱 신중하게 수사·재판하기 위해 마련된 특별절차이다.[11] 조선 전기에 그 기본 골격이 마련되어 『경국대전』 형전·추단조推斷條에 관련 규정이 수록되었다.[12] 그러나 법조문이나 연대기 자료의 사건기록만으로는 사죄안건의 처리절차를 상세히 파악하는 데는 한계가 있다. 〈그림 1〉은 『일성록』, 『추조결옥록』, 장계등록 등의 사건처리 기록에서 확인되는 정보를 참고하여 조선 후기의 사건처리 절차를 좀 더 자세히 나타낸 것이다. 전체적인 절차는 ① 검험~성옥, ② 동추~완결, ③ 판부에 따른 처리, ④ 추핵의 종결과 사형판결과 확정의 네 단계로 나눌 수 있다. '심리의 시대'에는 때를 기다려 처단되어야 할 살옥죄인들에 대한 추핵절차가 대부분 ④ 단계까지 절차가 진행되지 않고, 즉 ③ 단계 이내의 절차 속에서 사건이 처결된다는 특징이 있다.

---

11 田中俊光, 「朝鮮 初期 斷獄에 관한 研究: 刑事節次의 整備過程을 中心으로」, 서울대학교 법학박사학위논문, 2011, 43~45쪽.
12 『經國大典』 刑典·推斷條: 서울과 지방의 사형에 해당하는 죄인에 대해서는 형조에서 의정부에 보고한 후 상복(詳覆)한다. 사형에 해당하는 죄인은 세 번 복계(覆啓)한다. 지방에서는 관찰사가 차사원(差使員)을 정하여 그 고을의 수령과 함께 추문(推問)하게 하고, 그 후 다시 차사(差使) 2인을 정하여 고복(考覆)하게 하고, 관찰사가 죄인을 친히 신문한 후 임금에게 보고한다.[京·外死罪, 本曹報議政府詳覆. 死罪, 三覆啓, 外則觀察使定差使員, 同其邑守令推問, 又定差使二員考覆, 又親問, 乃啓.]

1) 제1단계: 검험檢驗~성옥成獄

(1) 검험과 관찰사의 처분

살변이나 변사자가 발생하였다는 신고가 관아에 접수되면 관할 수령이 시신이 있는 곳으로 가서 초검初檢을 행한다. 검험은 시신을 검시하고 사망자의 유족[屍親], 고소를 당했거나 범인으로 지목된 자, 목격자[看證], 기타 증인이나 참고인[干連] 등을 2회에 걸쳐 신문하는 방식으로 진행된다. 초검관이 그 결과를 관찰사에 보고하면, 관찰사는 다시 인근 고을의 수령을 복검관覆檢官으로 지명하여 복검을 행할 것을 지시한다. 시신이 이미 매장되는 등의 사유로 검험을 하지 못하는 때에는 범인, 증인, 관련자들에 대한 신문을 위주로 조사한다. 검험을 두 차례 실시하는 것에 상응하여 초사初查와 복사覆查를 행한다.[13]

복검 또는 복사가 끝나면, 관찰사는 검장檢狀 또는 사보查報를 검토하여 사안이 살옥에 해당하는지, 살옥에 해당한다면 사망의 실인實因, 정범正犯, 공범共犯 등이 잘 규명되었는지, 추가 조사가 필요한지 등을 판단한다. 추가 검험이 필요하다고 판단하면 새로 검험관을 지명하여 삼검, 사검 등을 실시하기도 하고, 다시 검험하는 방식이 아니라 초검관과 복검관이 모여 합동조사[會查]할 것을 지시하기도 한다. 회사會查의 경우 두 검험관이 검험은 생략하고 시친, 용의자, 증인 등을 다시 신문하고 합의된 결론을 관찰사에 보고한다.[14]

이상의 검험 또는 조사를 거쳐 해당 사건이 살옥사건에 해당하지 않는

---

13 검험 대신 초사와 복사를 거쳐 성옥한 실례는 [부록] 25번 황해도 봉산 살옥죄인 노갑득 사건, 沈東臣(黃海監司), 大典會通刑典雜令條云, 각사등록 24, 黃海監營狀啓謄錄 18(1a~13a).

14 [부록] 11번 경상도 군위 서도학 사건에서 초검과 복검을 각각 담당한 군위(軍威)현감과 인동(仁同)부사를 그대로 회사관으로 지정하였다. 장계에는 회사의 결론은 "會查官軍威前縣監洪圭錫, 仁同前前前府使李敎敏跋辭"라는 제하에 기술되어 있다. 慶尙監營, 光緒十六年九月二十八日, 각사등록 11, 慶尙監營啓錄 5(390c~403c).

다고 인정되는 때는 사건은 비살옥사건으로 처리된다. 사고사나 병사로 판명된 경우, 사망자를 구타한 행위 등이 있었지만 이를 사망의 원인으로 인정하기 어려운 경우, 그밖에 살옥 관련 사안에 해당하지는 않는다고 판단된 경우가 그러하다. 관계자를 징벌할 필요가 있으면 관찰사는 직단권이 있는 유형 이하의 형벌 범위 내에서 관련자들을 처결한다.[15] 반면, 사망의 실인과 범인의 지목이 적실하고 증거에 의해 뒷받침되어 살옥사건으로서 추핵을 해야 한다고 판단하는 경우 관찰사는 두 검험관이 날을 정해 죄인 등을 수금하고 '동추同推' 즉 합동신문을 개시할 것을 지시한다.[16]

살옥사건 심리 · 복계 기록에는 '○○년 ○월 ○일 수囚'와 같이 해당 살옥죄인의 수금 연월일이 기재되어 있다. 이 수금일은 관찰사의 동추 개시 명령에 따라 관할 수령이 죄인이 수금한 날로 보인다.[17] 『추조결옥록』의 살옥안 심리 · 복계 기록에는 수금일 대신 '성옥成獄' 또는 '옥성獄成'의 연월이 기재되기도 한다. 장계등록에서 같은 죄인의 기록을 찾아 대조하면, 『추조결옥록』 사건기록에 기재되어 있는 성옥 연월은 수금일을 기준으로 하였음을 알 수 있다.[18]

---

15 후술하는 바와 같이 이렇게 처리된 사건의 경우 감영의 사무기록에는 기록되지만, 살옥안으로 성립되어 후속 추핵 절차가 진행되지 않기 때문에 살옥안의 처리 · 심리 기록에는 나타나지 않는다.

16 예를 들어 위의 [부록] 11번 서도학 사건에 대한 회사 보고서에 대한 제사에서 관찰사는 "정범 서도학은 두 검관이 날짜를 정해 합좌하여 별장(別杖)을 써서 낱낱이 고찰하고 엄형(嚴刑) 1차를 가하여 기어이 자백을 받아 보고하라"[同正犯徐道學段, 兩檢官約日會坐, 以別杖箇箇考察, 嚴刑一次, 期於輸款以報是遣]고 지시하였다.

17 장계등록 자료로 전해지고 있는 심리장계들을 살펴보면, 심리장계에는 초검관과 복검관의 검험시행일[行檢日], 제1회 동추[初同推] 시행일이 기재되지만, 초검 · 복검의 검장을 발송하고 접수한 날짜, 검장에 관찰사가 사안의 치리에 관한 제사(題辭)를 적어 보낸 날짜는 기재되지 않는다. 관할 수령이 이러한 제사를 접수하여 지시대로 처리했음을 복명하는 보고도 기재되지 않는다. 검장에 대한 제사에서 죄인의 수금과 동추를 명령한 경우 그 앞에 있는 복검 시행과 그 뒤에 있는 제1회 동추 시행일로 대략적인 시기만 짐작할 수 있을 뿐이다.

18 예를 들어, [부록] 25번 황해도 봉산군 살옥죄인 노갑득에 대한 황해감사의 심리장계에는 "봉산군 죄수 노갑득, 김사관의 왼쪽 사타구나 안쪽을 발로 차 14일째 사망. 신사 2월 초9일 수금[鳳山郡囚魯甲得, 足踏金士寬左胯內邊, 第四十三日致死, 辛巳二月初九日囚]"이라 기재되어 있다. 『추조결옥록』의 같은 사건의 심리기록에는 수금일 대신 "신미 2월 성옥(辛巳二月獄成)"이라 기재되어 있다. 황해감사의 심리장계에 따르면, 이 사건은 초사(初查)는 신사(1881년) 1월 21일, 복사(覆査)는 1월 27일에 있었고,

(2) 성옥成獄의 의미

조선시대의 법령과 연대기기사에서 '성옥'이나 '옥성'이란 말을 종종 접하지만, "옥사를 구성한다"[19], "옥사를 성립시킨다"[20]는 글자를 그대로 풀이한 뜻 외에 성옥이 절차상 어떤 의미가 있는지 명확히 설명되지는 않았다. 형옥실무 자료를 통해 '성옥'의 연월이 죄인을 수금한 날을 기준으로 한 것임이 알게 됨으로써 성옥의 절차상 의미가 좀 더 구체적으로 이해된다. 바로 성옥의 시점에 해당 사건이 살옥사건으로 추핵을 받는 사건으로 전환된다는 것이다. 성옥이 됨으로써 범인은 '살옥죄인'이라 불리고, 동추 단계부터 죄인에 대한 고신拷訊이 합법적으로 허용된다. 검험 절차에서는, 적어도 법적으로는, 살인혐의자가 지목되었다 하더라도 그에게 고신을 시행할 수 없었다.[21]

전통 중국의 단죄절차에서도 '옥성獄成'이란 말이 쓰인다.『예기』에는 조선의 삼복제도의 기원이 된 고대의 재판절차가 기술되어 있는데, 옥사

그 직후 '노갑득을 두 회사관이 날짜를 정하여 합동 추문하고 사건의 진상을 밝혀내라'[甲得段 兩査官 約日會推 期於得情事]는 관찰사의 제사가 내려지고, 2월 14일에 제1회 동추가 이루어졌다. 수금일인 2월 19일은 관찰사의 제사에 따라 수금된 날짜임을 알 수 있다. [부록] 26번 황해도 황주목 죄수 박성근에 대한 관찰사의 심리장계에는 수금일이 "임오 2월 21일 수금(壬午二月二十一日囚)"로 되어있는데, 이 사건의 초검은 2월 9일, 복검은 2월 18일, 제1회 동추는 3월 10일에 있었다.『추조결록』의 같은 사건 심리기록에는 "임오 2월 성옥"이라 되어있다.

19 『국역 정조실록』 17권, 정조 8년(1784) 2월 25일.
20 『국역 정조실록』 38권, 정조 17년(1793) 12월 18일.
21 『승정원일기』 정조 19년(1795) 6월 27일: "검험정에서 형장을 쓰지 않는 것이 법의이거늘 초검관이 감영에 보고하지 않고 형장을 시행한 것은 이미 법의에 어긋납니다."[檢庭之不用刑杖, 法意卽然, 而初檢官之不報營門, 經施刑杖, 旣乖法意].
『승정원일기』 정조 19년(1795) 12월 22일: (형조가 아뢰길) "검험정에서 형장을 쓰지 않는다는 법의가 지엄한데 초검에서 증인들에 곤장과 태를 쓴 것은 비록 사정이 있더라도 검험의 종결을 기다리지 않고 경솔히 법외의 형으로 다스린 것은 옥사 심리의 신중을 결한 것입니다."[檢庭之不得用刑, 法意至嚴, 初檢之數三證人之略施棍笞, 雖有委折, 而不待檢事之究竟, 徑施法外之刑治者, 有欠審愼].
『승정원일기』 순조 27년(1827) 2월 19일: (살옥안이 오래되었는데 형신 횟수가 적은 것이 있고 수금 기간이 길지 않은데도 형신이 오히려 많은 것이 있는 이유에 대해) "옥사가 오래되었더라도 친족이 억울함을 호소하여 성안(成案)에 이르지 못한 경우 법례상 형을 시행하지 못하므로 오히려 형신을 받은 횟수가 적습니다. 옥사의 정상이 의문이 없어진 경우 예에 따라 월 3회 동추를 합니다."[就獄雖久, 或有其支屬之鳴冤而未及成案者, 例不得施刑. 故其數反少. 至於獄情無疑者, 例行月三同推.]

를 다루는 신하들이 사史 → 정正 → 대사구大司寇의 순서로 각각 '옥성'을 고하고, 대사구가 왕에게 '옥성'을 고하여 왕이 안건을 청리할 때 다시 삼공三公이 세 번 '옥성'을 고하고 왕이 세 번 용서하려 한 후 형을 확정한다는 내용이다.[22] 『당률소의唐律疏議』에 따르면 "옥성은 범죄의 증거와 진상이 드러나 증명되었거나 상서성尚書省에서 복심을 마치고 아직 황제에게 보고하기 전인 경우를 일컫는다."[23] 『대명률』에는 "범죄가 발각되어 도망한 경우 3인 이상 목격자의 증언으로 명백히 증명되었다면 '옥성'된 것과 같으므로 체포하여 신문하기를 기다릴 필요 없다"는 규정이 있다.[24] 여기서 나타나듯이 중국의 단죄절차에서 옥성은 "판결의 전제가 되는 증거조사가 모두 끝나고 죄의 경중에 대한 인정이 거의 굳어진 상태를 뜻하는 법제 용어이다."[25] 오늘날 한국의 형사재판실무에서는 "사건이 판결을 할 수 있도록 성숙한 때"라는 표현을 쓰곤 하는데,[26] 중국 전통법제에서의 옥성은 그러한 의미에서의 '옥안의 성숙' 혹은 '옥안의 완성'을 뜻한다 하겠다. 조

---

22 『禮記』王制: 옥사의 문서를 완성하면 사(史)는 옥성(獄成)으로 정(正)에 고한다. 정(正)이 이를 듣는다. 정(正)이 옥성으로 대사구(大司寇)에 고한다. 대사구는 이를 가시나무 아래에서 듣는다. 대사구가 옥성으로 왕에 고한다. 왕은 삼공(三公)에 명하여 청리(聽理)에 참석하게 한다. 삼공이 옥성으로 왕에게 고하면 왕은 세 번 용서하려 하고, 그 후에 형을 제(制)한다.[成獄辭, 史以獄成告於正. 正聽之. 正以獄成告于大司寇. 大司寇聽之棘木之下. 大司寇以獄之成告於王. 王命三公參聽之. 三公以獄之成告於王. 王三又, 然後制刑.] 矢木毅, 『朝鮮朝刑罰制度の硏究』, 朋友書店, 2019, 311~312면에서 재인용.
23 『唐律疏議』卷2, 名例 十惡反逆緣坐(§18): 獄成者, 雖會赦有除名. 獄成, 謂贓狀露驗, 及尚書省斷訖未奏者.
24 大明律 · 名例 · 犯罪事發在逃: 凡二人共犯罪 而有一人在逃 見獲者 稱逃者爲首 更無證佐 則決其從罪 後獲逃者 稱前人爲首 鞠問是實 還依首論 通計前罪 以充後數. 若犯罪事發而在逃者 衆證明白 卽同獄成 不須對[待]問. 대명률강해와 대명률부례에는 '對問'으로 되어있고, 대명률직해에서는 '待問'이다. 이 규정은 공범 중 도주한 자가 있는 경우 수범(首犯)과 종범(從犯)을 어떻게 구분하여 처리할 것인가 하는 문제와 관련이 있다. 대명률의 형벌체계에서 수범은 종범보다 무거운 형벌을 받는다. 앞의 규정은 공범 2명 중 먼저 체포된 자가 도망한 자를 수범이라 칭하는 경우 달리 증좌가 없으면 일단 먼저 체포한 자를 종범으로 처벌하고, 도망한 자가 나중에 붙잡혀 먼저 체포된 자를 수범이라고 칭하면 사실을 국문하여 수범과 종범을 바로 잡으며, 다만, 만약 여러 증인과 증거로 누가 수범이고 종범인지 이미 판명되었다면, 그에 따라 처리하면 족하고, 도망자의 체포와 대질 신문까지 기다릴 필요 없다는 취지이다.
25 矢木毅, 앞의 책(각주 22), 312쪽.
26 대법원 홈페이지의 '소송의 진행'을 설명하는 페이지에서 "일반소송절차가 진행된 결과 집중증거조사 기일의 절차가 완결되는 등 사건이 판결을 할 수 있도록 성숙한 때에는 법원은 변론을 종결하고 판결선고 기일을 지정합니다"라 하고 있다. https://pro-se.scourt.go.kr/wsh/wsh200/WSH270.jsp.

선의 단옥절차에서 중국의 '옥성'과 비슷한 단계를 찾는다면, 후술하는 바와 같이 사건의 추핵이 '완결'에 이른 정도가 된 상태라 하겠다. 관찰사가 완결하여 국왕에게 녹계하는 것, 형조와 의정부가 복심하여 죄인에게 적용한 율과 형을 정하여 왕에게 계문하는 것이 '옥성'으로 고하는 것이라 할 수 있다.[27]

이와 같이 『대명률』에서 '옥성'이 언급된 규정은 일정한 요건하에 공범이 있는 사안을 '옥성' 단계에 이른 사안으로 간주하여 공범들을 처리하기 위해 마련된 규정이다. 같은 규정이 조선의 단옥절차에서도 이용되었을 것이라는 점에서 그러한 옥성 개념이 조선의 형사절차에 부재하였다거나 의미가 없었다고는 말할 수 없다. 그러나 여기서 주의할 점은 조선에서 사죄안건의 수사 · 재판절차에서 쓰이는 '성옥' 또는 '옥성'이란 용어를 대명률이나 당률에 있는 '옥성'과 동일시해서는 안 된다는 것이다. 조선의 단옥절차에서 '성옥'이란 용어는 앞서 본 바와 같이 절차상으로는 사체의 검시를 포함하여 사안에 대한 초동수사가 끝나고 해당 사안에 대한 조사가 살옥에 관한 조사절차인 '동추'로 전환되는 단계에서 쓰인다. 검험으로 밝혀진 상처와 실인, 목격자의 증언, 범인의 진술 등으로 살옥의 성립을 인정하는 데 충분한 증거가 확보되었다는 판단이 전제되지만, 조선의 성옥은 중국의 옥성보다는 절차적으로 훨씬 이른 단계에 쓰이는 용어이다.[28] 성옥으로 해당 사건과 혐의자가 살옥안과 살옥죄인으로 문서에 기록되어 기록이 관리되며, 살옥사건을 위한 특별한 추핵절차로 전환된다는 점에 주목한다

---

27   같은 취지는 田中俊光, 앞의 글(각주 11), 41쪽.
28   위의 글, 같은 곳에서 田中俊光는 조선의 단옥절차에서 "피고인으로부터 범죄사실을 자인하는 初招를 받아 獄辭(詞)를 성립시키는 것을 成獄이라 하였고" "조사를 통하여 범죄사실이 확정된 상태를 獄成이라고 하였다"고 하여 '성옥'과 '옥성'이 구별됨을 인식하였다. 여기에서 '옥성'은 중국이 옥성 개념에 따른 것이다. 다만, 『추조결옥록』에 "○○년 ○○월 옥성"이라 기재되는 경향이 있는 점에서, 적어도 조선 후기에는 살옥사건에 관한 문서작성실무에서 성옥과 옥성이 반드시 명확히 구분되지는 않은 것으로 보인다.

면, 오늘날의 형사실무에서 구체적인 혐의가 인정되어 형사사건을 성립시키고 용의자를 피의자로 전환해 정식수사를 개시하는 단계를 가리키는 '입건'이란 용어가 간명할 것 같다.[29] 조선 후기 사료에서 쓰이는 '수추囚推'라는 표현을 이용하면, 성옥이란 초동수사의 결과 살옥사건이 성립하였다고 인정되어 해당 사건을 살옥사건으로 입건하여 피의자에 대해 살옥안의 추핵을 위한 수추囚推를 개시하는 것을 의미한다 하겠다.

사실 조선의 법령에서도 그러한 점이 표현되고 있다. 예를 들어 "아버지가 피살되고 이미 성옥이 되었는데 관에 의한 진상 규명을 기다리지 않고 함부로 원수를 살해한 자는 감사정배減死定配한다."[30] "거느리고 사는 여종의 남편[婢夫]가 방자하게 악한 말을 하고 정리情理에 크게 어긋나서 그 죄를 다스리다가 사망에 이른 경우 성옥하지 않는다."[31] 여기에서 '성옥'이란 용어는, 해당 사안에 대한 추핵을 '완결'한다는 뜻이 아니라, 살옥사건의 성립시켜 처리한다는 뜻으로 쓰이고 있음을 알 수 있다. 정조가 형조의 사무처리 지체를 지적하며 "지난해 이후로 허다한 죄인을 복검을 거쳐 성옥한 것을 완결하지 않고 있다가 신칙을 한 뒤에 근래 비로소 날마다 모여 회추하고 있다"[32]고 말한 것에서도 검험, 성옥, 완결의 순서와 의미를 짐작할 수 있다. 살옥사건에서 사망이 보고기한保辜期限 내에 있었는가 하는 것은 성옥 여부의 판단에서 매우 중요한 요소이다. 살옥사건 처리 기록에 사망의 실인實因과 함께 반드시 몇 번째 날에 치사하였는지를 기재하는 데, 이는

---

29 오늘날의 형사절차에 비유하면, '성옥'을 살인사건으로 '소추를 개시하는 것' 또는 '기소하는 것'으로 볼 수도 있다. 그러나 조선의 단옥절차에서는 수사, 기소, 소추를 절차적으로 구획하기도 어렵고 각각의 기능이 상호 분리된 여러 기관에 분배된 것도 아니므로, '소추의 개시' 또는 '기소'라는 표현을 쓰면 오히려 오해를 불러일으킬 수 있다.
30 『續大典』刑典 · 殺獄 · 擅殺其讎人: 其父被殺, 成獄不待究覈, 擅殺其讎人者, 減死定配.
31 『大典會通』刑典 · 殺獄 · 不告官擅殺其奴婢: 補 率接之婢夫, 肆發惡言, 情理絶悖而治罪, 邂逅致死者, 勿爲成獄.
32 『정조실록』53권, 정조 23년(1799) 5월 10일: 昨年以後, 許多罪人之覆檢成獄者, 不爲完決, 乃於提飭之後, 近始逐日會推 …….

보고기한保辜期限의 경과 여부를 명확히 하기 위한 것이다.[33] 사안에 따라서는 법전 상의 보고기한을 연장하여 살옥의 죄책을 규명해야 할 필요가 있기도 하는데, 『육전조례』에서는 "보고기한을 더하는 경우 임금의 뜻을 물어 의론을 모으기 전에는 감히 먼저 성옥하지 못한다"고 규정하였다.[34]

2) 제2단계: 동추同推~완결完決

동추는 관할 수령이 주추관主推官, 관찰사가 지명하는 인근 고을 수령이 동추관同推官이 되어 살옥의 죄인, 증인 등을 합동 신문하는 것을 말한다. 『속대전』 형전・추단조에서 외방의 사형수[死囚]는 각읍에서 매월 3차 "동추"를 거행한다고 규정하고 있다.[35] "회추會推"라고 불리기도 하였다. '회추'는 본래 형조・한성부와 같이 경사京司가 행하는 살옥에서의 합동신문을 가리키는 용어로 보이지만,[36] 『심리록』에 실린 각도의 녹계 격식에서도 "회추"라는 용어가 쓰이고,[37] 19세기 관찰사의 심리 및 장계기록 중에 '회추'라는 용어가 쓰인 예가 있다.[38]

동추관들이 동추의 결과를 관찰사에 보고하면, 관찰사가 처분을 지시한다. 대개는 엄히 신추하여 죄인의 자복[輸款]을 받아내라, 진상을 밝히라

---

33 『대명률』刑律・鬪毆・保辜期限朝에 가해행위 유형에 따라 보고기한을 정하고 있다. 예를 들어, 손발로 구타하여 상해한 경우 20일, 칼로 상해한 경우 30일, 사지를 부러뜨린 경우는 50일이다. 보고기한 내에 해당 가해행위로 인한 상처 때문에 사망한 경우 투구살(鬪毆殺)로 논한다.
34 『六典條例』卷之九 刑典・刑曹・掌禁司・刑獄: 加辜限, 非稟旨, 收議前, 毋敢輕先成獄.
35 『續大典』刑典・推斷・外方死囚同推: 外方死囚, 各邑同推, 每月三次擧行. 距巡營六七日程, 則二次. 未准式守令, 推考.
36 『秋官志』卷2・詳覆部・啓覆・(補)附 檢驗・(重補)京司檢驗新定事目: "檢後不多日內, 卽爲會推, 而初覆檢官・秋曹堂郞一齊會坐, 發問目嚴訊, 反覆詳覈, 十分無疑然後, 始爲完決入啓."
37 『審理錄』一, 應行格式・各道錄啓式: 檢畢後, 仍令兩檢官會推……
38 예를 들어, [부록] 17번의 전라도 흥덕 노(奴) 태윤(太允) 사건. 趙寅永(全羅監司), 道光九年十一月二十一日, 각사등록 18, 全羅監司啓錄 1(20a~38c). 후술하는 정원용의 평안도관찰사 시절의 살사사건 처결 기록인 『유경록(惟輕錄)』에서는 '회추'라는 용어가 일반적으로 쓰이고 있다.

[得情]는 내용이다. 이렇게 하여 몇 번의 동추가 행해지고 제반 증거에 의해 범죄의 정상과 죄인의 죄책 유무가 판명되었다고 판단하는 시점에 관찰사는 추핵을 완결하고, 검험과 동추의 결과 및 자신의 결론을 담아 장계를 올린다. 이때 국왕에게 사건에 대한 정식 보고가 최초로 이루어지게 된다. 그러나 추핵을 완결하여 장계를 올리기 전에 죄인이나 피해자의 친족이나 노복이 격쟁을 올려 억울한 사연을 국왕에 호소하기도 한다. 이 경우 격쟁안에 대한 형조의 회계回啓에 따라, 해당 사안이 아직 관찰사의 장계로 보고되지 않은 사안이므로 해당 관찰사에 명하여 상세히 조사하여 장계를 올리라는 취지의 판부가 내려지기도 한다.

이렇게 해서 관찰사가 올리는 장계들은 『일성록』에서는 'ㅇㅇ감사 아무개 장계에서 이르길狀啓以謂'라는 표현과 같이 '장계'로 통칭된다. 그러나 『추조결옥록』에서는 "황해도 전 감사 신석희가 올린 심리계본에서 녹계죄인이 3명, 품계죄인이 3명黃海前監司 申錫禧 審理啓本 錄啓罪人 三名 稟處罪人三名"[39]이라고 한 것과 같이, '심리계본審理啓本', '녹계錄啓', '품계稟啓'라는 말이 쓰인다. 또한, 심리계본, 심리장계라는 말 외에 '사계査啓'라는 용어도 쓰인다.

심리장계, 심리계본은 말 그대로 죄인의 안건을 '심리'를 하여 올리는 장계를 말한다. 사계는 상언 · 격쟁 등에 따라 관찰사에게 사안의 조사 또는 재조사를 명한 경우 그에 따른 조사 결과를 보고하는 장계를 뜻한다.

'녹계'와 '품계'의 의미는 심리록에 수록된 관찰사의 녹계 격식[40]과 실제 관찰사의 장계에서 두 용어의 용례를 보면 알 수 있다. '녹계'는 범죄의 정상이 의문이 없는 경우, 즉 죄인이 유죄이며 사형에 처할만하다고 결론을 내리고 아뢰는 것이다. 따라서 통상 녹계에서는 죄인을 유죄로 단정한

---

39 『秋曹決獄錄』16권, 신유(1861)년 7월.
40 『審理錄』一, 應行格式 · 各道錄啓式: 檢畢後, 仍令兩檢官會推, 情節無疑者錄啓, 其有疑端者, 具意見稟處, 啓下刑曹, 刑曹論理回啓.

가운데 죄인을 엄히 신문하여 승복을 받아내겠다는 취지로 처분 방향을 아뢴다.[41] '품계'에서는 해당 사안이 의심스럽거나 용서할만하다고 판단되면, 그러한 사정과 의견을 문안으로 갖추어 형조로 하여금 품처하게 할 것을 청한다[令該曹稟處]. 다만, '녹계'와 '품계'는 별개의 장계 종류로 보기보다는 장계의 '취지'를 구분한 것으로 이해하는 것이 좋을 것 같다.

한편, '녹계'라는 말을 넓은 의미에서는, 방금 살펴본 '녹계'(협의의 녹계)와 '품계'를 포함하여 사안을 완결하여 올리는 장계를 뜻하기도 한다. 예를 들어 아직 녹계하지 않은 안건도 심리하라는 명을 내리거나 "서울과 지방의 사형수를 녹계하여 부생한 자가 47명이었다."와 같은 실록기사에 나오는 녹계가 그러하다.[42] '녹계'의 '녹錄'이란 글자는 본래 '녹수錄囚'하는 것, 죄수를 심록審錄하는 것을 뜻한다.[43]

한편, 기록을 살펴보면 형조에서 서울의 살옥죄인을 회추하여 완결한 계목啓目을 올릴 때는 '녹계', '품계' 등의 표현을 쓰지 않았던 것 같다. 『일성록』에서는 형조가 추핵을 완결하여 계문하는 문서를 "완결계목完決啓目"이라 하고 있고,[44] 『추조결옥록』에서 형조 완결계목의 내용을 기재하는 때는 "조완결 내曹完決內"라는 표현이 쓰인다.

이상은 살옥으로 추핵한 결과 사죄死罪의 율에 해당한다고 판단한 사건에 관한 것이다. 죄인이 사죄에 해당하고 사형에 처할만하다고 판단한 경우 그 죄인을 녹계하고, 사죄에 해당하기는 하나 참작의 여지가 있다고 보

---

41 '죄상이 명백하고 의심이 없다'라고 하면서 '계속 신추하여 진상을 규명하겠다', '목숨으로 죗값을 갚게 해야 한다' '죄인이 자복하지 않으므로 계속 신추하여 자복을 받겠다' 등.
42 『순조실록』 24권, 순조 21년(1821) 21년 7월 15일: 凡京外死囚錄啓之傅生者, 四十七人.
43 '녹수'는 감옥에 있는 죄수에 대해 억울한 사정이나 체옥(滯獄)이 있는지 조사하는 것으로 당나라 시대에는 '여수(慮囚)'라는 말이 쓰였다. 矢木毅, 앞의 책(각주 22), 337~338쪽; 石川重熊, 「高麗時代の恤刑 · 慮囚 · 疏決 · 獄空を中心に - 」, 『민족문화논총』 제37집, 영남대학교 민족문화연구소, 2007, 257~258쪽; 정병준, 「당대의 소결」, 『동국사학』 제31집, 동국사학회 1997, 125~127쪽.
44 예를 들어, 『승정원일기』 정조 4년(1780) 9월 15일, 정조 10년(1786) 7월 21일, 『일성록』 정조 24년(1800) 4월 30일.

는 경우 품계를 하는 것이다. 그러나 성옥하여 동추를 진행하였으나 추핵의 결과 사죄에 해당하지 않는다고 판단되는 때도 있다. 예를 들어, 어떤 혐의자를 투구살鬪毆殺의 정범正犯으로 추핵하였으나 추핵의 결과 구타한 사실이 없다고 밝혀지거나 구타한 사실은 있으나 구타와 사망 사이의 인과관계가 없다는 결론에 이른 경우, 또는 당초 살옥의 정범으로 조사한 범인이 정범이 아니라 간범干犯이나 종범從犯에 해당하고 그 법정형이 사형이 아닌 사안이라는 결론에 이른 경우이다. 이런 경우 관찰사는 유형 이하의 형을 직단하는 권한 내에서 사형이 아닌 율로 죄인을 조율照律하여 감처勘處 또는 작처酌處할 수 있다.[45]

3) 제3단계: 형조의 검토 및 판부에 따른 처리

관찰사의 계본이 도착하면 형조는 이를 검토하여 회계回啓의 형식으로 형조의 의견을 아뢴다. 관찰사의 장계와 형조의 계언에 대해 왕의 판부가 내려지면, 판부의 취지에 따라 후속 절차가 진행된다. 한편, 심리의 명에 따라 형조가 경외의 살옥안을 심리하는 경우나 각 도의 관찰사가 도내의 살옥안을 심리하여 올린 심리계본에 대해 회계하는 경우도 있고, 때로는 형조에 보관된 지방의 살옥안을 형조가 심사하여 복계覆啓하는 경우도 있다.[46]

심리의 시대의 특징은 사죄안건의 처리 절차가 제4단계로 진행되지 않고 3단계 안에서 처리된다는 것이다. 여기에서는 심리의 시대의 기록에 의

---

45 문준영, 「『유경록』으로 보는 조선 후기 관찰사에 의한 살사(殺死)사건 처리 실태」, 『법학연구』 제32권 제2호, 연세대학교 법학연구원, 2022, 546쪽 이하. 전라도관찰사 서유구의 『완영일록(完營日錄)』에서도 죄인을 동추한 후 사죄가 아닌 죄로서 결장(決杖)하거나 정배(定配)한 사례가 다수 나타난다. 김선경, 「1833~34년 전라도 지역의 살옥 사건과 심리: 완영일록의 분석」, 『역사교육』 제122집, 역사교육연구회, 2012, 84~86쪽.

46 [부록]의 '경과 2'에서 '도계'(각도 관찰사의 장계)가 없이 '조계'(형조계)만으로 후속 기록이 이어지는 사례가 많다. 그중에는 원래는 도계가 있었으나 『일성록』에 기록되지 않은 것도 있고, 도계 없이 형조가 곧바로 외방의 살옥안을 심리하여 계문한 것으로 보이는 것도 있다.

거하여 제3단계에서 벌어지는 일을 설명하였지만, 어쩌면 '심리의 시대' 이전의 시기, 바꿔 말하면 제4단계 이후 계복에 이르는 절차가 준행되고 있던 시기에는 동추 완결 후의 녹계 및 그에 이은 3단계의 조치 자체가 생략되었을 수 있고, 3단계로 진행하더라도 특별한 사정이 없다면 1회의 녹계에 대한 회계와 판부를 거쳐 제4단계로 진행되었을 가능성이 있다.[47]

아무튼, 심리의 시대에 3단계에 올라온 사안에 대해 내려지는 처결은 기본적으로 '잉추'나 '부생' 두 가지 중 하나이고, 조사가 미진하다고 판단되는 경우 재조사[更査]를 명하기도 한다. 그 과정에서 대신들에 문의하여 의견을 수렴하는 때도 있다.

4) 제4단계: 추핵의 종결과 복심 후 사형 확정

이상의 조사절차를 거쳐 진상이 남김없이 규명되었고 죄인이 죄상을 승복하여 이제 그 죄값을 목숨으로 갚게 해야 한다고 판단하면, 왕의 재가를 받아 '고복-친문-결안취초' 절차로 나간다. '고복考覆'은 관찰사가 지명한 고복관 2명이 기존의 기록을 재검토하고 죄인을 신문하는 방식으로 진

---

[47] 그러한 정황을 보여주는 증거를 들면, 1707년에 편술된 『결송유취보(決訟類聚補)』에 기재된 추단 절차에 관한 조문에는 제3단계에 관한 언급이 없고 '동추'에서 곧바로 '고복-친문-결안'으로 진행되고 있다. 즉, "살옥을 검시하는 때 ⋯ 외방에서는 본관 수령이 초검하고 인근의 수령이 복검하며 그대로 동추관이 함께 형추한다. 만약 자복하는 자가 있으면, 관찰사는 별도로 고복관 2명을 정하여 다시 사실을 신문하게 하고 다시 친히 신문한 후 단죄할 것을 아뢴다"고 하여,[『決訟類聚補』八,《補》推斷 : 按, 殺獄檢屍時, 京, 則部官初檢, 漢城府覆檢, 刑曹推斷, 外方, 則本官初檢, 隣官覆檢, 仍爲同推官, 按[眼]同刑推. 如有承欵者, 觀察使, 別定考覆官兩員, 更問情實, 又親問後, 啓聞斷罪] 영조대 경상감사를 역임한 조재호(趙載浩, 1702~1762)가 남긴 『영영일기(嶺營日記)』(1751~1752년)에는, 신미(영조 27, 1751년) 6월에 발생한 구타치사 사건에 관해 관찰사 조재호가 초검과 복검의 결론을 검토하고 정범으로 지목된 김태건(金太巾)이 피살자를 먼저 "가격한 사실을 이미 자백하였으므로 옥체로 논하면 이미 단안(斷案)이 되었다"고 하며 곧바로 고복관을 정하였고, 고복에서 김태건이 전의 동추에서 낱낱이 자백한 것과 마찬가지로 자복하였다는 보고를 받은 후 김태건을 경상감영으로 압송시켜 친문하고 결안을 받아 1751년 10월 12일에 장계를 올렸다. 같은 기록에 의하면, 조재호가 동추 완결 후 따로 녹계를 올리지 않고 곧바로 고복-친문-결안의 절차를 밟은 것으로 보인다. 『嶺營日記』三, 辛未十月十二日, 京都大学貴重資料デジタルアーカイブ, https://rmda.kulib.kyoto-u.ac.jp/item/rb00023737. 경북대학교 영남문화연구원 편, 『譯註 嶺營日記 嶺營狀啓謄錄』, 2004, 신미(1751) 10월 12일자.

행된다. 고복을 통해 죄상과 증거가 명백하고 죄인이 죄상을 자인하는 진술서인 '지만遲晚'을 바치면, 이를 관찰사에게 보고한다. 마지막으로 관찰사가 친히 죄인을 신문하고 죄인으로부터 결안結案을 받는다.[48] 이 단계에 이르러 추핵절차는 종결되고, 중앙정부에서의 조율과 복심 절차로 이행한다. 이 글에서는 심리의 시대의 살옥안 처리에 초점을 맞추고 있으므로, 제4단계 절차에 대한 자세한 설명은 생략한다.[49]

앞서 말했듯이 심리의 시대에는 사형수에 대한 계복이 중단되었다. 제4단계 절차는 최종적인 복심을 통해 사형을 확정하는 것을 목표로 하는데, 계복이 중단되었기 때문에 의미를 상실하였다. 『일성록』과 장계등록의 살옥죄인 동추 기록에 나오는 경상도 현풍군 살옥죄인 윤운득尹云得 사례를 소개한다. 윤운득은 사촌동생의 아내인 심조이沈召史를 목매달아 살해한 죄로 순조 31년(1831) 7월에 수금되었는데, 1842년(헌종 8) 1월 형조는 경상감사가 윤운득에 대해 동추·고복·친문을 거쳐 결안을 받아 장계를 올렸으므로 의정부의 상복詳覆을 시행할 것을 아뢰었고, 같은 해 8월 형조가 올린 계목으로 윤운득은 의정부 상복의 시행을 기다리게 하라는 처분이 내려졌다. 성옥된 지 11년만에 결안을 받아 형조의 조율을 거쳐 의정부 상복의 단계에 이른 것이다. 그 후 윤운득에 대한 기록이 보이지 않다가 1864년(고종 1) 7월에 다시 형조의 살옥안 복계 기록 중에 윤운득이 나온다. 형조는 윤운득이 심조이를 늑살한 죄로 결안에 이르렀고 그 죄상이 잔인하고 윤리상의 변괴에 해당하므로 "전과 같이 엄히 수금하고 상복이 기다리게 하면 어떻

---

48 『심리록』에 수록된 동추격식에 따르면, 동추에서 죄인이 자복하면 서울에서는 형조가 결안을 받을 것을 주청하고 그후 조율상복을 청하고, 외방에서는 고복관 2명을 정하여 고복한 후 관찰사가 친문하고 결나을 받아 장계를 올리고, 형조에 계하하면 형조가 상복을 주청한다. 『審理錄』一, 應行格式, 同推式: 各道同推, 毋論錄啓前後, 月三同推, 若罪人承款, 京則刑曹啓請結案, 仍請照律詳覆, 外則定差員二員, 考覆後, 觀察使親問, 捧結案修啓, 啓下刑曹, 刑曹啓請詳覆. 사형범죄 사안에서 결안의 절차적 의미에 대해서는 김우철, 「조선후기 추국(推鞫) 운영 및 결안(結案)의 변화」, 『민족문화』 제35집, 한국고전번역원, 2001.
49 제4단계에서의 상복과 삼복에 대해 상세한 것은 조윤선, 앞의 글(각주 2), 96~118쪽; 문준영, 앞의 글 (각주 2), 277~280쪽.

습니까?[其事 則彛倫變怪 以跡則殘忍薄行 依前嚴囚 以待詳覆何如]"라고 아뢰었다.⁵⁰ 1842년에 같은 취지의 처분이 내려진 후 22년이 지났으나 '의정부 상복을 기다리게 하라'는 것에서 한 발짝도 나가지 않은 것이다.

이와 같이 사형죄인에게서 결안을 받았다 하더라도 형의 선고와 확정을 위한 후속 절차로 넘어가지 않는다면, 결국 그 죄인은 '잉추'라는 처분을 받으며 계속 구금되어 신문을 받는 죄인과 다를 게 없다. 물론, '결안죄인結案罪人'은 이미 추핵이 종결된 죄인인 점에서, 여전히 추핵 중에 있는 것으로 인정되는 '잉추죄인仍推罪人'이나 '수추죄인囚推罪人'과는 절차상의 지위나 처우의 면에 차이가 있었다. 잉추죄인은 계속 신추할 필요가 있는 미결의 죄인이므로 원칙적으로 매달 3차의 동추를 받아야 한다. 반면, 결안죄인은 이미 추핵이 종결된 자이므로 계속 형추를 가하는 것은 법리에 맞지 않는다. 1842년 4월 19일과 1863년 4월 16일, 당시의 경상감사가 경상도내 각 읍에서 행해진 살옥죄인에 대한 동추 상황을 보고한 장계들에 모두 윤운득에 관한 기록이 나온다. 그 사이에 20여 년의 간격이 있음에도 내용은 똑같다. "현풍군 윤운득, 전에 받은 형문刑問이 125차, 결안結案하여 이미 계문啓問하였음. 위 사람은 심조이를 목 졸라 살해한 사연을 추고할 차 신묘(1831) 7월 초1일 수금."⁵¹ 시간적 격차가 있는 두 장계에서 형문의 차수가 변함없다는 점에서, 결안절차가 종료되고 '상복을 기다리게 한다'는 처분이 있었던 1842부터 20년 동안 윤운득은 추가적인 고신을 받지 않았음을 알 수 있다. 1872년 11월 4일 윤운득은 옥중에서 사망하였다.⁵² 성옥 후 40년, 결안절차를 마친 후 30년이 지난 때였다.

---

50 『일성록』 헌종 8년(1842) 1월 22일, 8월 9일, 고종 10년(1864) 7월 9일.
51 慶尙監營, 壬寅四月十九日, 각사등록 11, 慶尙監營啓錄 7(498d~501b); 癸亥四月十六日, 각사등록 11, 慶尙監營啓錄 1(3d~5a): "玄風 尹云得, 前受刑問一百二十五次, 結案已啓聞. 右人段, 沈召史縊殺辭緣推覈次, 辛卯七月初一日囚."
52 慶尙監營, 壬申十一月十三日, 각사등록 11, 慶尙監營啓錄 3(122b~122b): "…本縣囚推, 殺獄罪人尹云得, 今月初四日, 物故."

5) 사형죄인에 대한 '심리'

1867년(고종 3) 간행된 『육전조례』에는 사형죄의 상복詳覆에 관한 규정이 이어 '심리審理'라는 제하에 다음과 같은 규정이 있다.[53]

○ 소결疏決은 왕의 특교가 있으면 시행한다. 의금부와 형조에서 각각 소관 죄인에 관하여 문서를 작성한다. 육방승지, 현직 대신, 의금부와 형조의 당상관과 삼사의 관원은 흑단령을 입고 참석한다. 전직 대신도 특교가 있으면 참석한다.

○ 나라에 경사가 있거나 심한 가뭄을 당하면 전교 또는 경연에서의 품지에 의하여 서울과 지방의 죄수를 심리한다. 죄상에 의문이 있어 살릴만한 경우는 참작하여 처결하고[酌處], 각 도의 정배죄인 중에서 죄가 가벼운 자는 참작하여 석방한다[酌放]. 형조판서와 당상관들이 각 도의 녹계문안을 깊고 신중하게 살펴서 살릴만한 자[可以傅生者]와 그대로 신추할 자[依前訊推者]를 가려 의견을 갖추어 복계覆啓한다. 또한 각 도에 알려 아직 녹계되지 않은 자도 역시 문안을 작성하여 계문하도록 한다.

조선시대에는 천재지변이 발생하거나 나라로 경사가 있으면 임금이 '서울과 지방의 원옥寃獄을 심리하라' 또는 '죄수를 소결하라'는 명을 내려 심리와 소결을 시행하였다.[54] 『육전조례』에 규정된 것은 심리와 소결 중에서 임금이 직접 심사와 처결에 관여하는 경우 격식과 절차를 규정한 것이

---

53 『六典條例』 刑典 · 刑曹 · 詳覆司 · 審理: ○ 疏決有特敎乃行. 文書, 自該府 · 本曹修正. [六房承旨 · 時任大臣 · 禁府刑曹堂上 · 三司, 以黑團領入參, 原任大臣或特敎入參.]
○ 邦慶或値悶旱, 因傳敎或筵稟, 審理京外獄囚, 罪疑傅生酌處, 各道配囚輕罪者酌放. [判堂就諸道錄啓文案, 潛心究理, 可以傅生者, 或依前訊推者, 具意見覆啓. 知委諸道, 未錄啓者, 亦爲修啓.]
54 이하 이 절의 내용 및 조선 후기 사형죄인의 심리 · 소결 관행과 격례의 형성, 정조대의 변화에 대해서는 문준영, 앞의 글(각주 2), 281~283쪽; 309~337쪽.

다. 당연히 사형수와 정배죄인과 같이 중죄수를 대상으로 한다. 상단의 '소결'은 임금이 법전에 친림하고 신하들이 입시하여 계복에 준하는 의례를 갖추어 거행하는 소결이다. 연대기 자료에서 '친림소결親臨疏決', '탑전소결榻前疏決', '전좌소결殿座疏決'이라는 말이 쓰인다. 하단의 '심리'가 정조대 이후 사형죄인을 대상으로 일반적으로 시행되었던 심리이다. 관찰사와 형조는 소관 사형죄인을 심리하여 문안을 준비하고, 형조로 취합된 문안을 형조 관원이 검토하여 그중 계속 신문할 자와 살려줄 자로 나눠 의견을 붙이고 계본을 올리면 임금이 이를 살펴보고 판부를 내린다.

참고로 위의 '소결'과 같이 사형죄인을 대상으로 격식을 갖추어 거행된 친림소결은 정조 1년(1777) 5월 11일이 마지막이다.[55] 따라서 『육전조례』가 간행된 시점에서는 위에서 인용된 법문 중 하단의 '심리'만이 실제로 시행되고 있었던 것이다.

3. 19세기 살옥안 관련 기록 현황과 장계등록 자료의 가치

1) 19세기 살옥안 관련 기록의 현황

조선 후기 살옥사건의 처리과정에서 여러 종류의 기록이 생산되고 일부는 오늘날까지 전해지고 있다. 그중 19세기의 기록이 가장 다양하고 분량도 많지만, 이들 기록은 대개 앞서 본 살옥안 처리 절차 중 어느 한두 단계에서 생산된 것이므로 한 종류의 기록만으로는 '심리의 시대'의 사건처리 양상을 전체적으로 파악하기 어렵다. 이하에서는 살옥사건의 조사·심

---

55 『일성록』 정조 1년(1777) 5월 11일.

리와 관련된 몇 가지 기록을 소개하며 해당 자료들이 살옥 사건처리 과정에서 어디에 위치하고 어떤 의미가 있는지 설명한다.

정조대의 심리는 『심리록』을 통해 살펴볼 수 있다. 『심리록』은 그 제목부터 심리의 시대를 상징하고 있으며, 흠휼과 부생을 지향하는 심리의 실제 사례와 모범이 제시하고 있다. 정약용의 『흠흠신서』에도 정조의 판부가 다수 실려 있다. 『심리록』은 기본적으로는 앞서 본 살옥사건 처리절차 제3단계에서 이루어지는 국왕의 판부를 묶은 것이다. 그 분량이 매우 많아 전체적인 사건처리 양상과 특징을 살펴보고, 흠휼과 부생을 위한 논변을 세밀히 분석하는 데 손색이 없는 자료이다. 다만, 각 죄인에 대한 기록 서두에 있는 간단한 개요와 죄목 및 판부의 내용으로 짐작할 수 있는 것을 제외하면 구체적인 사실관계를 알기 어렵다. 또한, 중간단계에서의 보고와 처분에 관한 상세한 기재는 생략되고, 죄인을 부생하는 처분을 내린 최종적 판부가 수록되기 때문에 검험-성옥-동추-녹계-형조회계 등을 거쳐 최종 판부에 이른 경위를 자세히 알기 어렵다.

19세기에는 『심리록』과 같은 기록이 없지만, 그 대신 『일성록』을 이용하면 적어도 순조~철종대에 중앙에 보고되고 처리된 살옥사건 대부분에 대한 기록을 얻을 수 있다. 그러나 정조의 판부와 같은 치밀하고 상세한 판부를 보기를 기대하면 안 된다. 그나마 순조 말년에 대리청정한 효명세자가 내린 몇몇 판부를 제외하면, 19세기의 왕들은 기본적으로 형조의 계언을 그대로 따르는 경향이 있었다. 『일성록』에서는 확보되는 약 2,700명의 살옥죄인의 기록으로 심리의 시대를 조망할 수 있지만, 『일성록』의 사건기록은 앞의 사건처리절차 제2단계의 끝과 제3단계에 있는 관찰사와 형조의 사건 처결 방향에 관한 의견, 즉 장계의 발사跋辭와 형조 회계나 복계의 계사啓辭 중 중요 부분을 발췌한 것이다. 따라서 이 기록만 가지고는 사실관계를 자세히 알기 어렵다. 『추조결옥록』의 경우 기록이 없는 해가 많으므로 이것만 가지고는 전시대를 조망하기 어렵다. 다만, 1880~90년대의 살옥안 처리 기록은 『추조결옥록』에서만 얻을 수 있다.⁵⁶ 또한, 큰 의미는 없지만, 같은 사안에 대해 『일성록』의 기록보다 약간 더 상세하기는 하다. 이 점에서 『추조결옥록』은 『일성록』을 보조하는 기록으로 이용할 수 있다.

검험 기록인 검안檢案류 자료와 몇몇 지방관이나 관찰사들이 남긴 사건 처리 기록을 통해 일선 현장의 상황과 실무를 가까이에서 볼 수 있다. 아쉽게도 현존하는 검안은 대부분 19세기 후반과 20세기 초반에 작성된 것이고 18세기와 19세기 전반의 검안은 그 수가 많지 않다.⁵⁷ 더구나 성옥 이후에 어떻게 사건이 처리되었는지를 알 수 없다는 결정적 한계가 있다. 다만, 살옥과 비살옥사건의 경계, 성옥의 판단 기준을 실제 사례를 통해 살펴볼 수 있다는 점에서 분석의 가치가 있다.

서유구徐有榘의 『완영일록完營日錄』(1834.4.10.~1835.12.30.)과 같은 자료는 관찰사가 행하는 다양한 사법사무를 보여준다.⁵⁸ 살변이나 치사사건에 대해 관할 수령이 올린 검안이나 보고서를 검토하고 제사를 발한 기록이 매우 많은데, 이를 분석하면 인명사건이 어떻게 처리되고 살옥사건과 비살옥사건 또는 사죄사건과 비非사죄사건의 처리가 어떻게 달라지는지를 구체적으로 살펴볼 수 있다. 『완영일록』에 기록된 인명 사건 다수는 사망원인이 자살, 사고, 병사 등으로 인정되어 비살옥사건으로 처리되었고, 실제로 살옥안으로 인정되어 동추를 거쳐 장계를 올리는 단계에 오른 사례는 매우 적다. 김선경의 분석에 따르면, 서유구의 전라감사 재임 기간에 발생한 96건 중 "살옥다운 살옥"은 26건 정도이고, 이 사건들이 동추를 거쳐 장차 중앙에 보고될 것들이었다.⁵⁹

---

56 『추조결옥록』은 현재 43책이 남아 있다. 순조대의 것은 3개년(1822, 1830, 1834), 헌종대의 것도 3개년(1843, 1845, 1848)의 기록만 있다. 철종대의 기록이 충실하지만, 2개년(1850, 1860)의 기록이 없으며, 고종대는 5개년(1867, 1876, 1876, 1886, 1897)이 기록이 없다.
57 김호, 『100년 전 살인사건: 검안을 통해 본 조선의 일상사』, 휴머니스트, 2018, 15쪽.
58 김선경, 앞의 글(각주 45); 심희기, 「19세기 조선 관찰사의 사법적 행위의 실증적 고찰」, 『고문서연구』 58권, 한국고문서학회, 2021.

『완영일록』에서 서유구가 다룬 사건들이 모두 그의 전라감사 재임기에 발생하였거나 그의 손으로 조사가 종결된 것도 아니다. 예를 들어 중 1833년의 일록에는 서유구가 9명의 죄인을 심리하여 작성한 심리장계審理狀啓 및 사계査啓의 발사가 실려 있는데, 같은 시기『일성록』에도 같은 죄인 9명에 대한 처분 기록이 있다. 그중 서유구가 전라감사로 있을 때 발생하여 성옥과 동추를 거쳐 장계까지 마친 죄인은 함열현 죄수 김지팽이 유일하다.[60] 1833년 8월 서유구가 검안에 대한 제사에서 성옥을 지시한 장성부長城府의 살옥정범 장해원張海元의 경우 1835년에 후임 전라감사 김흥근이 녹계하였고, 마지막 기록인 1842년 7월 형조의 호남살옥안 복계 기사에서도 잉추 처분을 받은 것으로 나온다.[61] 1815년 2월에 피해자를 위핍치사(익사)하였다는 혐의로 수추를 받은 익산 죄수 최평군은 1821년 7월(전임자 이서구 재임기), 1831년 3월, 1833년 10월(서유구 재임기)에 계속 잉추 처분을 받다가 1835년 12월 11일(후임자 김흥근 재임기)에 감형되었다. 여기서 드러나듯이,『완영일록』과 같이 재임 1~2년 동안의 기록으로는 하나의 사건을 추적하는 데도 한계가 있다. 전임 전라감사 재임기에 성옥되어 추문 중인 죄인이

59　김선경, 위의 글, 89쪽. 김선경의 연구는 이 분야의 선구적인 업적에 해당하지만, 지금에 와서 보면, 그 시대가 다름 아닌 '심리의 시대'라는 시대적 배경과 맥락이 고려되지 못하였기 때문에 일부 서술에 미흡한 점이 있다. 김선경은 삼복제도가 유효하게 운용되고 있음을 전제하고『완영일록』의 살옥사건 처리절차를 이해·분석하고 있다. 김선경은『완영일록』에는 사죄안건을 조사하여 결안(結案)에 이른 사건이 하나도 없지만, 조재호가 경상도관찰사로 재임하던 시기의『영영장계등록』에 의하면 동추와 고복이 끝나면 관찰사가 친문하여 죄인의 결안을 받아 장계를 올린 것과 대비된다고 하였다(같은 글, 89~91쪽). 주의할 점은,『영영장계등록』은 삼복제도가 작동하고 있던 영조대의 기록이고『완영일록』은 삼복제도가 사실상 사문화되고 통상의 살옥사건이 '심리'의 방법으로 처리되고 있던 19세기의 기록이라는 점이다.

60　9명의 죄인의 이름과 수금일은 다음과 같다. 영암 김성용(金成用) 경인(1830) 9월 21일 수금[囚, 이하 같음], 남평 김조이(金召史) 신묘(1831) 3월 21일 수금, 부안 김수홍(金壽泓) 신묘(1831) 4월 19일 수금, 진안 김어인노미(金於仁老味) 갑신(1824) 정월 13일 수금, 영암 박재풍(朴再豊) 신묘(1831) 6월 12일 수금, 전주 정조이(鄭召史) 신묘(1831) 6월 19일 수금, 익산 최평군(崔平軍) 을해(1815) 6월 28일 수금, 함열 김지팽(金之彭) 계사(1833) 6월 성옥, 장성 김복우(金福右) 신묘(1831) 6월 범행.『완영일록』권 1, 계사(1833) 6월 26일, 7월 26일, 8월 3일;『완영일록』권 2, 계사(1833) 11월 29일.『일성록』순조 33년(1833) 10월 5일, 12월 28일, 34년(1834) 1월 8일.

61　『완영일록』권 1, 계사(1833) 8월 초4일.『일성록』헌종 1년(1835) 12월 11일, 헌종 8년(1842) 7월 5일.

어떤 경위로 성옥에 이르렀고 그동안 몇 차례 녹계와 심리가 있었는지도 알기 어렵다. 또한,『완영일록』의 살사殺死사건 처리기록에는 검안에 대한 제사와 장계의 발사와 같이 관찰사의 처분만 기재되어 있을 뿐, 검험, 기타 조사를 담당한 지방관의 보고 내용을 소상히 알 수 없다.

이와 비슷한 기록으로 서유구와 동시대의 관료인 정원용鄭元容(1783~1873)이 남긴『유경록惟輕錄』이 있다.『유경록』에는 그가 형조판서(1832.8.~1832.9)와 평안도 관찰사(1833.11.~1835.7)로 재임하였을 때 취급한 살사의 옥사에 관하여 작성한 제사, 장계의 발사, 형조회계의 계사 등을 책으로 묶은 것이다.62『완영일록』에서 살사사건 처리기록을 따로 뽑아서 묶으면『유경록』과 같은 책이 될 것이다. 정원용의 평안감사 재임기의 기록이 담긴『유경록』5책본에는 재임 기간 중 새로 발생한 92건을 비롯하여 총 183건의 사건에 관한 제사와 장계발사가 실려 있다. 서유구와 정원용은 각자 감사로 재임 지역이 달랐지만, 감사로 재임한 시기가 비슷하고 재임기간에 처리한 사건수도 비슷하다.『완영일록』의 사건처리기록과 마찬가지로 정원용이 평안감사로 재임한 기간에 발생한 살옥사건에 대해 동추를 완결하여 장계를 올린 사례는 없다. 그가 올린 22건의 장계는 모두 재임 전에 발생한 살옥사건을 심리하거나 재조사한 것들이었다.63

한편,『유경록』과 비슷한 성격의 자료로서, '검발檢跋', '검제檢題'류 자료가 있다. 이는 지방관이 살사사건을 취급하며 작성한 검장이나 사보의 발사, 그에 대해 관찰사가 내린 제사, 관찰사가 작성한 장계의 발사 등을 묶은

62　연세대학교 국학자료실에 5책본 2종과 1책본 1종이 소장되어 있다. 1책본(청구기호: 고서(용재) 347.9. 유경록 나)은 형조판서 시절의 기록이다. 5책본 2종(고서(용재) 347.9. 유경록 가 1~5, 고서(I) 347.9. 유경록 다 1~5)은 평안감사 시절의 기록이다. 두 종류가 있으나 내용은 같고 권차가 다를 뿐이다.『유경록』에 대한 해제는 김호,「惟輕錄」, 연세대학교 국학연구원 편,『연세대학교 중앙도서관 소장 고서해제 Ⅹ』, 평민사, 2008, 289~300쪽. 다만, 해제에서 형조판서 시절의 사건 취급기록인『유경록』(1책본)이 1831년(순조 31) 4월부터 1832년(순조 32)까지 형조에서 처리한 사건의 기록이라 하였는데, 정확하게는 전원용이 두 번째로 형조판서로 임명된 1832년 8월 2일부터 9월 23일까지의 기록이다.
63　상세한 것은, 문준영, 앞의 글(각주 45).

것이다. 현재 서울대 규장각에는 20종이 넘는 19세기 필사본의 검발, 검제 자료집이 소장되어 있다.[64] 편저자 미상으로 알려진 몇 가지 자료의 경우 사건 취급 시기, 죄인과 초검관·복검관의 성명 등을 단서로 삼아 추적하면, 누가 관찰사로 재직했을 때의 기록인지 대략 추정이 가능하다.[65]

『완영일록』, 『유경록』 그리고 검발·검제류 자료는 실제 사건처리 현장을 생생히 살펴볼 수 있다는 장점이 있지만, 앞서 언급한 바와 같이 사건처리과정에서 감사나 수령이 직접 관여하여 문서를 남긴 국면에 한정되고, 그것도 1~2년 정도의 짧은 기간만 비춰준다는 한계가 있다. 심리의 시대에 사죄안건이 어떻게 처리되고 죄인들이 어떤 상황에 있었는지 알기 위해서는 장기간에 걸친 다량의 사건기록을 확보해야 한다. 『일성록』을 통해 그 대략적인 모습을 살펴볼 수 있지만, 나머지 기록들은 사건처리의 각 단계에서 해당 작성 주체의 시야 안에 들어온 것을 보여준다. 『일성록』의 기록으로 뼈대와 줄기를 만들고 다른 기록들로 구체성을 보완하는 작업이 필요하다. 그 위에 장계등록 자료를 이용하면 하나의 사건에 대해 제1단계부터 제3단계에 이르는 진행 경과를 일목요연하게 파악할 수 있다.

2) 장계등록 자료의 가치와 사건기록의 재구성

국사편찬위원회 한국사DB의 각사등록에 있는 각도 장계등록 자료에

---

64 심재우, 『백성의 무게를 견뎌라 - 법학자 정약용의 삶과 흠흠신서 읽기』, 산처럼, 2018, 233쪽.
65 예를 들어, 충청도의 살사사건에 대한 관찰사의 검제 기록인 『검제(檢題)』(奎4491, 1책 57장)라는 자료는 성이호(成彛鎬, 1817~1895)가 1873년 1월부터 1874년 12월까지 충청감사로 재임하였을 때 작성한 검제를 모은 것이다. 『함영검제록(咸營檢題錄)』(古5125-112, 1책 34장)에는 1877년 12월 28일에서 1878년 11월 19일까지 기록이 실려 있는데, 이 기간은 김세균(金世均, 1812~1879)이 함경감사로 재임하였던 1877년 11월 3일부터 1878년 12월 15일까지의 기간과 겹친다. 간행연도 미상인 『소아검발(小雅檢跋)』(古5125-42, 1책 63장)에는 전라도와 충청도 여러 지역에서 발생한 사건에 대한 검안발사와 제사가 실려 있는데, 역시 몇 가지 단서로 추적하면 1887년 3월 4일에 전라감사에, 1889년 4월 20일에 충청도 관찰사에 제수된 이헌직(李憲稙)이란 인물에 도달하게 된다.

서 모두 64명의 살옥죄인에 대한 심리장계 및 사계를 찾을 수 있다. 한국사 DB에 수록되지 않은 각사등록 자료에 살옥안 관계 자료가 더 있을 가능성도 있지만, 일단, 여기에서는 필자가 국편 한국사DB에서 확보한 64개의 기록에 근거하여 논의를 전개하기로 한다.

64개의 장계의 체제를 보면, 정조 3년(1779)에 마련되어 정조 6년(1782)에 보완된 심리장계규식審理狀啓規式에 따라 작성되었음을 알 수 있다.[66] 심리장계규식에 따르면, 심리장계에는 다음과 같은 사항을 기재한다.

서두에는 죄인을 관할하고 수추囚推하고 있는 군현[某邑囚], 죄인의 성명, 구타毆打, '발로 차다[足踢]', '칼로 찌르다[刃刺]' 등 사망자를 죽음에 이르게 한 범행의 개요, 치사자의 성명, 치사에 이른 일수[第幾日致死], 수금 연월일[於某年月日囚], 현재까지 받은 형추의 차수[刑幾次]를 적는다. 그 아래 살변의 발생을 신고한 피해자의 유족[屍親]의 고장告狀이나 면임面任이나 이임里任의 수본手本 내용을 간략히 적는다. 이어 초검의 검안 개요를 적는데, 상처와 실인, 검험을 행한 날짜, 시친屍親·정범正犯·간범干犯·간련干連 등을 심문하여 받은 초사招辭, 초검관의 결사結辭의 순서로 적는다. 초사에는 개별 신문항목[問目]은 기재하지 않고 각인의 초사만 기재하되 지엽적이고 잡다한 내용을 생략하고 중요한 것을 기재한다. 복검의 결과도 초검과 마찬가지로 기록한다. 복검관의 결사에 이어 검장에 대한 관찰사[道臣]의 제사를 기재한다. 삼검, 사검, 회사 등이 시행된 경우 초·복검과 같은 요령으로 기록한다. 동추同推에서의 초사는 일일이 기록할 필요 없고 진술이 달라졌거나 중요한 것만 기재하고, 달라지거나 중요한 진술이 없으면 제1회 동추[初同推]의 초사만 기재한다. 완결장계에는 관찰사 발사를 기재한다. 또한 그에 이르는 과정에서 감영에서 의문을 제기하여 재조사

---

66 『일성록』 정조 3년(1779) 1월 30일 「命單抄册子待獄案規式知委八道」, 『秋官志』 詳覆部, 審理 上, (補)審理狀啓規式.

하거나[起疑行査] 동추관이 의견을 내어 논보論報한 것은 빠짐없이 모두 기록한다. 또한, 시친이나 정범의 가속이 억울함을 호소함에 따라 조사를 행한 때는 그 원정原情, 형조의 회계, 본도의 발사, 본조의 복계를 모두 자세히 기록한다.

이상과 같이 심리장계에는 검안의 내용이 군더더기 없이 기록되고, 사안의 조사와 판단과정에서의 검험관의 결론, 관찰사의 처분과 결론, 형조의 의견이 거의 그대로 기록되기 때문에 그 정보량이 많고 구체적이다. 『일성록』과 『추조결옥록』 기록에 있는 관찰사의 장계와 형조의 회계 내용은 시대를 내려올수록 축약되어 기재되는 경향이 있다. 그 극단적인 예를 들면, 장계등록 자료에서 1861년 3월 30일에 황해감사가 토산 살옥죄인 김창준을 심리하여 올린 장계 발사의 글자 수는 이두를 제외하면 모두 690자이다. 『추조결옥록』 같은 사건기록에서 황해감사의 장계 내용은 불과 45자로 축약되고, 『일성록』 기사에는 형조회계가 축약되어 실려 있을 뿐 황해감사의 장계 내용은 아예 생략되었다.[67]

〈표 1〉 장계등록 중 살옥안 심리장계 · 사계의 작성자와 작성 시기

작성자	순조대	헌종대	철종대	고종대	합계
황해감사			20*	17**	37
경상감사				16	16
전라감사	7			1	8
충청감사		3			3
합계	7	3	20	34	64

* 철종대 장계 중 7건은 헌종대에 성옥되었음.
** 고종대 장계 1건은 철종대에 성옥되었음.

---

67 『추조결옥록』 16책, 신유(1861) 7월 「黃海前監司 申錫禧 審理啓本 錄啓罪人 三名 稟處罪人三名」, 『일성록』 철종 12년(1861) 7월 27일 「秋曹以各道殺獄案覆啓」.

〈표 1〉은 64개 장계의 작성 주체와 시기를 정리한 것이다. 고종대의 장계가 34개로 가장 많고 그다음은 철종대의 것이다. 지역적으로는 황해감사가 작성한 것이 37개로 가장 많다.

〈표 2〉 심리장계·사계의 작성 경위

구분	작성 경위	개수	합계
심리장계	심리의 명	26	40
	도임후 심리	14	
사계	갱사지령	1	6
	격쟁안 사계	5	
미상		18	18
합계			64*

* 녹계 취지 33개, 품계 취지 31개임.

〈표 2〉는 64개의 장계의 작성경위를 정리한 것이다. 심리장계가 40개, 사계가 6개이다. 경위를 알 수 없는 64개도 대부분 심리장계일 것으로 추정된다.

표의 '작성 경위' 항목에서 '심리의 명命'이라 한 것은 해당 장계의 내용으로 심리를 거행하라는 왕명에 따라 도내의 살옥안을 심리하였음이 확인되는 경우이다. 일례로 1852년 7월 황해감사의 심리장계를 소개한다.[68] 해당 장계에 인용된 형조의 관문關文에 따르면, 그해 4월 3일 대신과 비국당상이 입시한 때 우의정은 서울과 지방의 중죄수의 옥사가 지체되고 있는 실태를 지적하고[69] "형조와 8도道, 4도都에 신칙하여 이달부터 석 달을 기

---

68 金鏵(黃海監司), 壬子七月初五日封, 각사등록 23, 黃海監營狀啓謄錄 10(28d~78c).
69 그 취지는 '서울과 지방의 중죄수를 심리하는 일을 전후에 신칙한 일이 한두 번이 아님에도 책임을 면하고자 심리하는 척 한 후 내버려 두고 있어서 옥에 갇힌 자의 막히고 답답한 기운[幽鬱]이 하늘의 화기(和氣)에 영향을 주고 있고, 정조께서 임어하신 24년간 만기(萬機)를 친히 결단하고 일념으로 애긍(哀矜)하여 제반 옥사의 죄수 중 오직 불쌍히 여길 만한 자를 가려 전후로 소결(疏決)하고 친히 옮고 그

한으로 정해 도저하게 심리하고 핵실하여 경중을 나누고 이치를 논하여 계문하여 처분을 기다리게 하고, 만약 전처럼 대충한다면 해당 당상과 관찰사에게 제서유위율制書有違律을 시행"할 것을 청하였고 윤허를 받았다. 형조는 각도에 관문을 보내 전교의 취지를 받들어 실시할 것이며 특히 "도내의 옥수獄囚로서 이미 녹계한 자는 제외하고 아직 녹계하지 않는 자도 일일이 기한을 지켜 장계를 올리고 그 거행의 상황을 예에 따라 계문하라" 하였다. 이에 황해감사는 도내 살옥죄인 중 미녹계 옥안을 곡산부사, 재령현감을 참사관參查官으로 정해 해주감영에서 모여 기록을 거듭 살핀 후 신계현 죄인 최재설([부록] 40번) 등 6명의 죄수에 대해 법례에 따라 원문안 중 불필요한 것을 생략하고 열록列錄하고 자신의 견해를 붙여 장계를 올렸다.

'도임후 심리'라 한 것은, 헌종 1년(1835) 6월의 수교에 따라 신임 관찰사들이 의무적으로 시행하는 심리를 가리킨다. 신임 관찰사는 부임 후 3개월 내 기녹계·미녹계를 불문하고 일일이 자세히 심사하여 참작할 점이 있으면 논리 계문하여야 한다.[70] 이는 관찰사가 교체되면 신임 관찰사가 일정한 기한 내에 도내의 녹계문안을 심리할 것을 의무화한 정조 9년(1785) 4월의 수교를 보완한 것이었다.[71] 재해 발생 등을 이유로 한 심리의 명이 없더라도 관찰사의 교체와 도내 사죄안건의 심리를 연계시킨 획기적인 방식이었다.

'도임 후 심리' 사례로 1883년 황해감사의 장계를 보자.[72] 황해감사는 서

름을 결정하였으므로 살아난 자와 죽은 자가 조금도 원왕(冤枉)이 없었고 그 깊고 어진 은택에 지금도 의존하고 있으니 전하께서도 계승하여야 하며, 살인은 큰 옥사임에도 법례에 따라 검험하고 회사한 다음에는 일체 다시 따지고 살피지 않고 그대로 오랫동안 죄수를 가두어 산 것도 죽은 것도 아닌 구역에 두고 세월이 지나니, 억울한 자는 햇빛을 보지 못하고 감옥 안에서 수척하여 죽고, 진실로 죄를 범한 자는 유유히 먹고 입으며 생애를 보내고 있으니 고금에 이러한 이치는 없다'라는 것이다.

70 『일성록』 헌종 1년(1835) 6월 20일 「飭京外獄囚審理疏放」.
71 『정조실록』 정조 9년(1785) 4월 10일.
72 沈東臣(黃海監司), 大典會通刑典雜令條云, 각사등록 24, 黃海監營狀啓謄錄 18(1a~13a).

두에 신임 관찰사의 도임후 심리 의무를 규정한『대전회통』형전·잡령조의 조문[73]을 인용하고, 자신이 도임한 후 도내의 녹계·미녹계 옥안을 반복 고열하고 그중 확실히 결정하기 어려운 것은 신천군수, 금천군수를 참사관參查官으로 정해 감영에 모여 의견을 나누어 다시 헤아려 확정하였다고 하고, 전임 관찰사 재임 시에 녹계되었으나 아직 형조 회계가 내려오지 않은 죄인은 거론하지 않는다고 밝힌 후, 봉산 노갑득([부록] 25번)과 황주 박성근([부록] 26번)의 옥사는 그 정상이 용서할만한 단서가 없지 않으나 옥체獄體가 막엄莫嚴하여 감히 임의로 판단할 수 없으므로 원문안을 법례에 따라 불필요한 것을 생략하여 계본을 갖추어 후록하고 의견을 붙인바, 형조의 품처를 기다린다고 하였다.

[부록]의 표에 '경과 2'에 '도임심리-철안'이라 표기된 것이 있는데(43번, 46번 등), 이는 신임 감사가 도임한 후 도내의 옥안을 심리하여 장계를 올리며, 기녹계 옥안 중 다시 심리하였으나 '증거와 죄상이 명백하여 철안鐵案이 되었고 재의의 여지가 없는[無容更議]' 죄인의 경우 그 명단만 기재한 경우이다. 따라서 해당 장계에는 사건 심리에 관한 구체적인 정보가 기재되지는 않는다.[74]

장계등록 자료에는 심리장계 외에 3개월에 한 번씩 장계로 보고하는 도내 각 읍의 사형수 동추기록이 포함되어 있다. 심리장계의 대상이 된 죄인에 대한 동추 기록도 상당수 있다. [부록] 43번 황해도 연안의 방노질금方老叱金의 '경과 2'의 마지막이 '66.10(동추중-78차)'라 기재되어 있다. 이는 방노질금에 관한 동추기록 중 최종기록이 1866년 10월의 도내 각 읍의 살

---

73 『大典會通』刑典·雜令: 各道錄啓罪人, 新伯到任後, 看詳文案, 如有傳生之端, 改錄狀聞, 無亦以無狀聞, 過限不狀聞者, 該房·該曹, 執奏 正宗乙巳, 下敎.
74 [부록] 43번의 방노질금의 예를 소개하면, "已錄啓是白在, 新溪縣朴長孫, … 延安府方老叱金,… 谷山府 張得福等二十囚段, 情犯無疑, 鐵案已成, 無容更議是白遣." 曹錫輿(黃海監司), 丙寅八月二十三日封, 각 사등록 23, 黃海監營狀啓謄錄 16(484c~498d).

옥죄인들에 대한 동추 차수를 보고하는 장계로 끝나고, 방노질금은 그때까지 79차의 형추를 받았음을 뜻한다. 방노질금은 1848년 10월 성옥이 되었으므로 18년 동안 계속 동추 중인 것이다. 그런데 형추 79차는 월 3회 동추를 기준으로 산술적으로 계산하면 26개월간(2년 2개월)의 차수에 해당한다. 1866년 7월과 10월의 읍내 살옥죄인 동추 상황에 대해 황해감영이 보고에는, 1866년 7월과 8월에는 방노질금이 병에 걸려 동추를 거행하지 못하여 형추 차수는 전과 같이 78차로 유지되었는데, 9월에는 초순과 중순까지는 방노질금의 신병으로 동추하지 못했으나 하순에는 주추관 연안부사와 동추관 백천군수가 법례에 따라 동추를 거행하여 형추 차수가 79차가 되었다고 기록되어 있다.[75]

[부록] 60번의 황해도 해주 윤영대는 1867년 1월에 물고物故한 것으로 기록이 끝난다. 윤영대는 1865년 8월에 성옥이 되어 10월부터 동추를 받았는데 계속 범행을 부인하여 엄한 신문을 받고 있었다. 그러던 중 1866년 8월에 아내 이조이가 격쟁하여 형조의 회계에 따라 자세히 조사하라는 판부가 내려왔고, 같은 해 11월 조사를 거쳐 12월 4일에 관찰사는 검험 당시에 인정된 실인에 의문을 표하며 품계의 취지로 사계를 올렸다. 윤영대는 12월 24일부터 고통을 호소하다가 이듬해 1월 7일 자시경 옥중에서 사망하였다. 관찰사는, 검험을 하고 병으로 사망하였음이 확실하다는 판관의 첩보를 접수하고, 윤영대의 시신을 시친에 내주어 매장하게 하고 "법례에 따라 동추계본에서 탈하[同推啓本中, 依例頉下]"하는 것으로 계문하였다.[76] 이로써 윤영대는 정기적으로 보고하는 도내 각 읍의 동추죄인의 명단에서 빠지게 되는 것이다. 윤영대는 관찰사가 품계를 올려 어쩌면 살길이 열릴 수도 있는 시점에 사망한 것이다. 『일성록』에는 윤영대에 대한 기록이 나오지

75　曹錫輿(黃海監司), 丙寅十月初十日封, 각사등록 23, 黃海監營狀啓謄錄 17(587a~590c).
76　曹錫輿(黃海監司), 丁卯正月初八日封, 각사등록 23, 黃海監營狀啓謄錄 17(613a~613b).

않는다. 관찰사의 사계가 기록상 최초이자 마지막 장계였는데, 형조가 이를 검토하여 복계하기 전에 사망하였기 때문에 더 이상의 기록이 남지 않게 되었을 것이다. 장계등록에는 심리장계가 있는 2명을 포함하여 살옥죄인 28명의 물고 기록이 있다. 앞서 언급한 결안죄인 윤운득의 사례와 마찬가지로 심리의 시대 사형죄인에 대한 행형과 처우의 어두운 면을 보여준다고 하겠다.

한편, [부록] 17번 전라도 흥덕 노奴 태윤, 25번 황해도 봉산 노갑득, 26번 황주 박성근, 47번 해주 김낙서, 51번 이대룡, 54번 김창준의 경우 '경과 2'의 기록이 '방송 추정'으로 끝난다. 17번 노奴 태윤의 경우 도의 품계에 대한 형조의 회계 기록이 없지만, 나머지 죄인들은 형조의 복계 등을 통해 감사정배되었음이 확인된다. 『일성록』과 『추조결옥록』 기록 중 정배죄인의 소방疏放이나 각도방미방수계各道放未放修啓를 통해 석방된 정배죄인 명단에서 지역은 다르나 이들 죄인과 같은 이름이 발견된다. 강원도 정배죄인 중 감사정배죄인 중 소방된 자의 명단에서 '노奴 태윤'이란 이름이 보이고[77] 김낙서, 이대룡, 김창준이라는 이름도 나오는데, 이들이 정배에 이른 죄목은 모두 "살옥작처殺獄酌處"라 기재되어 있다.[78] 살옥에서 정상을 참작하여 처분된 죄인들이라는 점을 볼 때, 이들은 앞서 언급한 살옥죄인들과 같은 사람으로 추정된다. 그렇다면, 노奴 태윤은 성옥 후 어느 시점에 심리를 받아 감사정배되어 강원도로 정배되었다가 다시 정배죄인에 대한 소방 처분을 통해 마침내 성옥 7년 후에 석방된 것이다. 김낙서는 성옥 9년 후 정배되

---

77 『일성록』 순조34(1834) 5월 23일 「秋曹以諸道定配罪人疏放啓」: "江原道 定配罪人 … 減死秩 平海奴太允等 罪犯不至深重 合施疏放之典 故付籤以入 依此放送之意 請分付道臣 允之."
78 『추조결옥록』에서 1884년 10월의 임오년 이후 절도에 위리안치된 자를 제외한 유배죄인을 방송한 기사에 전라도 '나주 노갑득', 1889년 1월의 각도 방미방수계 기사에서 전라도 '진안 박성근'이 나온다. 1863년 9월의 각도 방미방수계 기사에서 강원도의 방질(放秩)에 "김낙서(金洛西) 석조이(石召史), 이장백(李長伯), 김창준(金昌俊), 이대룡(李大龍) 살옥작처(殺獄酌處)"라는 기재가 있다. 『추조결옥록』 18권 19면, 36권 39면, 39권 1쪽.

어 4년 후에는 방송되었고, 이대룡은 성옥 2년 후 정배되어 2년 후 방송, 김창준은 성옥 6년 후 정배되어 2년 후 방송된 것이다.

[부록]에 있는 64명의 살옥죄인에 관한 최종결과를 집계하면, 잉추 중인 자가 17명(26.6%), 감형(감사정배)된 자가 22명(34.4%). 특위방송된 자가 20명(31.3%), 물고된 자가 2명(3.1%). 미상이 3명(4.7%)이다. 감형된 자 중에 6명은 추후 석방된 것으로 추정된다. 여기서 나타나는 잉추, 감형·방송의 비율은 순조~고종대의 일성록에 수록된 살옥안 심리 기록상의 최종결과를 분석한 결과와 크게 다르지 않다.[79] 참고로 정조대의 『심리록』에서 살옥 등 인명사건 죄인에 내려진 형량을 분석한 바에 따르면, 사형은 2%, 감형 44.6%, 석방은 32.3%, 물고 8.6%, 충군·위노 1.7%이다.[80]

이상과 같이 장계등록과 일성록, 추조결옥록의 기록을 통합한 64개의 사건기록은 심리의 시대에 사건이 어떻게 처리되었고 어떤 일이 일어나고 있었는지를 구체적으로 보여준다. 64개의 기록은 고종대에 편중되어 있기는 하지만, 심리의 시대를 전체적으로 또 세부적으로 들여다보는 창문이 되기에 충분하다.

4. 심리의 시대의 한 단면: 사형판결 없는 사형죄인 처리와 징벌

64명의 최종결과에서 감형과 특위방송이 각각 34.4%, 31.3%로 전체의 65.6%를 차지하고 있다. 『심리록』의 인명사건 최종 형량에서 감형과 석방은 각각 44.6%, 32.3%로 전체의 76.9%를 차지한다.[81] "관형과 용서"라는

---

79   문준영, 앞의 글(각주 8), 337~338쪽.
80   심재우, 앞의 책(각주 5), 234~235쪽.
81   위의 책, 235쪽.

정조의 인명 사건 판결의 특징[82]은 19세기에도 그대로 나타나고 있다. 이렇게 관대한 처분을 내리는 경우 의심스러운 사정인 '가의可疑', 불쌍히 여길 만한 사정인 '가긍可矜', 기타 사안에 헤아릴만하거나 용서할만한 사정이 있다는 '가원可原' 등의 단서를 지적한 후 죄의유경罪疑惟輕, 흠휼欽恤 또는 호생지덕好生之德 등을 거론하며 죄인을 살려주었다. 그러한 기록에서 감형의 사유를 유형별로 분류하거나 감경을 논하는 논변의 특징 등을 살펴볼 수도 있을 것이다.

그러나 죄인을 살려주는 모습에만 눈길을 주면, 이 시대의 또 다른 중요한 모습을 놓치게 된다. 심리의 시대에 살옥죄인에 대해 내려졌던 판결은 일견 사형죄인을 좀처럼 죽이지 않는다는 점에서 이 시대의 형정이 갖는 '관형寬刑'의 측면을 보여주지만, 동시에 그것은 '사형판결 없이 사형죄인을 처리하고 징벌한다'라는 맥락 속에서 이해될 필요가 있다. 죄인을 살려주는 처분의 배경에는 그러한 처분을 제안하고 결정한 기록의 문면에 드러나는 형벌감경사유만 존재하는 것이 아니다. 시간의 경과와 대체수단에 의한 징벌이라는 요소도 작용하고 있었다.

[부록] 47번 해주 김낙서의 사례를 보자.[83] 김낙서는 1852년 최초의 녹계부터 1858년의 심리까지 거듭 잉추로 결정되었으나 1859년 5월의 심리에서 감사정배 되었다. 김낙서의 죄는 김준행의 아랫배를 발로 차 다음날 치사케 하였다는 것이었다. 김준행의 시친의 주장에 따르면, 김준행이 외조카 김유연(김낙서의 조카이기도 하다)을 언행이 불손하다는 이유로 꾸짖고 때린 일이 있는데, 김낙서가 주막에서 우연히 김준행을 만나 조카가 구타 당한 일로 다투다가 김준행을 마구 발로 차 김준행이 쓰러졌고, 집까지 업혀 온 김준행은 말과 호흡도 제대로 하지 못하고 '아랫배 급소 부위가 찌릿

---

82 위의 책, 244쪽.
83 金鑄(黃海監司), 壬子七月十三日封, 각사등록 23, 黃海監營狀啓謄錄 10(78c~107d).

하고 당긴다'고 하며 고통을 호소하고 설사를 하였고, 이에 여러 민간요법을 써보았으나 다음날 사망하였다. 김낙서는 김준행이 술에 취해 갑자기 자신의 상투를 붙잡고 끌어당겨 단지 피하려 했고 발로 가격한 일이 없으며 김준행이 평소 술병을 앓고 있었다고 주장했다. 그러나 증인 중에는 김낙서가 김준행의 상투를 잡고 마구 발로 찼다고 증언한 자가 있었고 그와 김낙서의 대질신문이 이루어지기도 하였다. 1852년 7월에 올린 최초의 녹계에서 황해도관찰사의 결론은 단호하였다. 김낙서가 사돈의 정을 무시하고 김준행의 상투를 잡고 주먹과 발로 가격하였고 그로 인한 상처와 복부의 통증이 치명의 원인이 되었음이 검장에 기록되어 철안鐵案이 되었고, 여러 사증의 진술도 일치하고 명백하다는 것이다. 이후 이어지는 형조의 복계도 같은 취지로 김낙서는 마땅히 상명해야 한다고 하였다.

1859년 김낙서의 처 정조이가 세 번째로 격쟁을 하였고 마침내 사건을 다시 고열[更考]하라는 국왕의 판부가 내렸다. 형조는 명에 따라 사건기록을 다시 심사하여 유경惟輕의 취지로 아뢰었다. 외숙(김준행)이 외조카(김유연)를 꾸짖은 일에 숙부(김낙서)가 조카(김유연)를 보호하려 한 것은 참작할 만하고, 말다툼하다 험한 말을 한 것은 그 사실을 논하면 일시의 조그만 잘못에는 해당하나 김낙서에게 반드시 김준행을 상해하려는 마음[必傷之心]이 있었다고 볼 수 없고, "그 정情을 헤아리면, 10년 동안에 옥에 가둠으로써 생각 없이 저지른 죄를 족히 징치하였으며, (사망한 김준행이) 평소 이질로 고생하였다고 계속 억울함을 호소하였고, (김낙서가 김준행을) 발로 차는 것을 보지 못했다는 술집 주모의 증언이 수미일관하여 옥사를 자세하고 충분히 살피는 도리에 있어 유경惟輕의 전典을 베풀어 마땅하다"[84]는 것이었다.

---

84 "原其情, 則十年滯囚, 足懲無妄之罪, 常患痢疾苦苦, 是當者之前後鳴寃, 不見足踢的的, 有主婆之首尾參證, 其在審克之道, 合施惟輕之典."『일성록』철종 10년(1859) 4월 9일.

그런데, 여기에서 형조가 유경의 근거로 언급한 것들은 이때 처음 발견된 것이 아니다. 이미 검험 당시부터 김낙서가 주장한 것이고 싸움이 벌어진 주막의 주모 이조이李召史가 진술한 것이었다.[85] 성옥 후 9년 동안의 동추와 심리를 거치는 과정에서 김낙서의 주장은 단순히 죄를 모면하려는 말로 치부되고 이 사건은 이미 철안이 되었다고 하다가 이 시점에 이르러 처음부터 검안에 있던 김낙서와 한 증인의 말이 유경의 사유로 거론되었다. 그렇다면 이 시점에 이르기까지 관찰사와 형조는 그동안 사안에 대한 고찰이 미진하였거나 오판을 하였다는 것인가? 이 시대의 현상은 국가관료기구의 기강이 해이해지고 법과 제도가 제대로 작동하지 못한 결과로 볼 수 있는가? 그러나 형조의 유경 의견 중 '10년 동안 옥에 가두어 족히 죄를 징치하였다'라고 한 대목에 주목할 필요가 있다.

앞서 본 54번 김창준의 사례를 보자.[86] 김창준은 이기후를 발로 차 죽인 죄로 1855년 4월에 성옥되어 수추를 받다가 6년 후인 61년 7월에 감사정배되었다(그후 2년이 지나 석방된 것으로 추정). 이 사건은 검험 당시부터 김창준과 이동성 중 누가 이기후를 구타했는지가 초점이었다. 이기후가 죽기 직전 '이동성에 복수해달라'고 말하였다는 증언도 있었으나, 증인들의 진술이 서로 엇갈리고, 조사 도중에 진술이 변하기도 하였다. 초검과 복검의 결과로는 김창준을 정범으로 지목한 근거가 부족하여, 당시 황해도관찰사 김재청金在淸은 초검관과 복검관이 회사會查를 하여 논의를 귀일할 것을 지시하였고, 회사를 거쳐 김창준이 정범이란 결론이 내려졌다. 여기에는 김

---

85 참고로 사건이 발생한 주막의 주모 이조는 초검에서 다음과 같이 진술하고 복검에서도 비슷한 취지로 진술하였다. "저는 술을 팔아 살고 있습니다. 이달 11일 저녁, 부엌에서 밥을 짓는데 김정옥과 이름을 모르는 李가가 와서 먼저 방에 앉았고 다시 김준행이 들어가 한담하고 있었는데, 갑자기 방안에서 싸우는 소리가 들려 급히 나가서 보니 김낙서와 김준행이 서로 상투를 잡고 한바탕 싸우고 있었고, 방 안에 있던 사람들이 힘을 합쳐 뜯어말렸습니다. 준행의 처가 이웃 박가를 시켜 그의 집으로 업고 갔습니다. 그때 상투를 잡은 모습만 보고 발로 차는 것은 보지 못했습니다." 金鍏(黃海監司), 壬子七月十三日封, 각사등록 23, 黃海監營狀啓謄錄 10(78c~107d).
86 申錫禧(黃海監司), 庚申三月三十日封, 각사등록 23, 黃海監營狀啓謄錄 13(265b~286d).

창준이 이 고장의 강호한 족속이고 이동성은 홀로 의지할 곳 없고 아둔한 자인데, 일부 증인들이 사사로운 마음으로 김창준에 유리한 증언하고 있는 것으로 짐작되며, '이동성에 복수해달라'는 이기후의 말은 임종 직전 정신이 혼미한 가운데 한 것이므로 신빙할 수 없다는 등의 판단이 작용하고 있었다. 1858년말 김창준 안건에 대해 황해도관찰사 남병길南秉吉이 올린 최초의 녹계에 대해 형조도 김창준을 계속 신추해야 한다는 의견으로 아뢰었다. 그러나 1859년 2월 김창준의 아내의 격쟁에 대해 '상세히 조사하여 보고하라'는 판부가 내려졌고, 후임 관찰사 박제헌朴齊憲은 사건을 재조사하여 품계의 취지로 장계를 올렸으나, 형조가 관찰사가 의문을 제기한 것이 나름 의견을 갖추었지만 기결된 안을 경솔히 의론하기 어렵다고 회계하여 계속 신추하라는 판부가 내려졌다. 1860년 3월 신석희申錫禧가 신임 관찰사로 부임한 후 도내 살옥안을 심리하여 올린 장계에서 김창준이 정범으로 지목된 근거들이 의심스럽다고 하였다. 1961년 7월 형조는 유경의 의견으로 돌아섰다. 검험 2번, 회사 1번, 격쟁안 판하에 따른 재조사 1번 등 이 사건에서 그동안 여러 차례의 조사가 있었는데, 실인實因은 명백하지만 정범을 특정하는 데 여전히 의문이 남아있으며 "성옥된 지 10년 가까이 지났으나 정범은 아직도 두 사람 중에서 의심하고 있다면 '죄인을 불쌍히 여기고 벌하는 것을 기뻐해서는 안 된다'는 뜻에 따라 죄의유경에 합당하다"고 하였다.[87]

위 두 개의 사례 외에도 비슷한 방식으로 처결된 사례들이 있다. 위 두 사례에서 두 명의 죄인은 9~10년간 미결 상태에서 수추를 받다가 감사정배가 되었다. 두 사례는 익히 알려진 당시의 체옥의 폐단을 예증하는가? 그렇다고 볼 수 있으나, 한 마디로 답하기가 어려운 문제이다. 심리의 시대는

---

[87] "成獄 雖近十年 正犯尙疑兩人 則其在哀矜而勿喜之義 合傳罪疑惟輕之典." 『일성록』 철종 12년(1851) 7월 27일.

사형이 있음에도 사형을 쓰지 않는 시대였다는 점을 고려할 필요가 있다. 1879년 겨울 이후 120년 이상 삼복제도를 시행하지 않았다는 사실은 혹시 국가권력이 사형판결을 확정하고 집행할 방도를 스스로 단념하였음을 시사하는 것은 아닐까?

이 시대 살옥죄인에 대한 형정에서 '잉추'는 두 가지 의미가 있는 것 같다. 하나는 '죽이지 않고 살려둔다'라는 것이고, 또 하나는 '산 것도 죽은 것도 아닌 상태에서 감옥에서 살아가는 고통을 준다'라는 것이다. 이 체수滯囚의 고통 속에서 죄인이 죗값을 치르고 죽은 원혼도 위무하는 것이다. [부록]에는 없는 사례를 하나 소개한다. 경상도 상주군의 살옥죄인 배중식은 유중이를 발로 차 13일째 치사하게 하여 1827년 3월 성옥되었다. 경상감사는 의문스러운 점을 지적하며 죄의유경의 의견으로 품계하였다. 효명세자(익종)는 1828년 12월의 심리에서 경상감사가 부생하려 마음이 있어 유경의 의견을 내었으나, "형조의 의론이 명확하고 상세하여 옥사를 판결하는 원칙에 부합하고, 죽은 자의 원통함도 또한 불쌍히 여겨야 한다는 것 역시 경위經緯를 지키는 의론이다. 신추하여 득정하라"[88]라고 판부하였다. 1831년 2월에는 형조가 배중식 옥안을 다시 심리하여 계문한 바에 따라 '실인과 상처가 명백하니 계속 신추하여 자복을 받으라'는 판부가 내려졌다.[89] 이듬해인 1832년 12월 형조는 이번에는 유경의 취지로 다음과 같이 계문하여 윤허를 받았다. "이 옥사에 대해 전 관찰사는 발사에서 상처가 미미하고 증인의 진술이 서로 다른 점을 들어 부생으로 논했습니다. 이에 대해 본조는 고의범으로 논단한 바 있습니다. 비록 본래 살인의 의도는 없었다 하더라도 뚜렷이 지은 죄가 있으므로 망자의 원통함을 마땅히 불쌍

---

88 『일성록』 순조(익종) 28년(1828) 12월 19일: 슈以 裵仲直獄事 道跋則 置諸疑輕之科 雖不害爲傅生之念 而觀此秋曹議讞 明的詳確 儘合折獄之體矣 死者幽冤 亦不可不恤者 亦爲守經之論 訊推得情.
89 『일성록』 순조 31년(1821) 3월 23일: 裵仲直獄事 則踢有的證 傷在要害 一臥旬餘 竟至致命 爲死求償 捨渠而誰 請連訊取服.

히 여겨야 하므로 신추를 청하였습니다. 현임 관찰사 역시 가볍게 처분하기를 청합니다. 하물며 여러 차례 심리한 후에야 마땅히 죄의유경의 전을 써야 합니다. 죄인 배중식을 차율次律로 시행하는 뜻으로 관찰사에 분부하시기를 청합니다."[90]

한편, 장계등록 자료에 남아 있는 이 사건에 관한 경상도관찰사의 장계를 살펴보면, 『일성록』에 기록된 형조의 계언에서 생략된 부분이 있음을 알 수 있는데, 이 장계에 인용된 형조의 계언을 따르면, 형조는 "본조本曹의 의론은 본래 법을 지키는 논[守法之論]에서 비롯된 것이고 관찰사의 품계는 옥사를 자세히 살핀다[審克]는 뜻에서 나온 것입니다. 사망의 실인이 명백하지 않고 목격자는 서로 진술이 일치하지 않았기 때문에 복검의 결론에서 '반드시 목숨으로 갚게 해야 할지 헤아려 볼 여지가 있기는 하나, 우선은 성옥하여 결코 용서해서는 안 됩니다'라고 하였습니다. 이를 보면 이미 성옥 당초부터 의심스러운 단서가 있음을 알 수 있고, 하물며 여러 번 심리한 후에야 마땅히 죄의유경의 전을 써야 합니다"라고 하였다.[91] 즉, 형조와 효명세자는 관찰사가 최초로 올린 장계에서 유경의 의견으로 논한 것이 근거가 있음을 알고 있으면서도, '망자의 원통함도 불쌍히 여겨야 한다'고 하며 계속 신추한다는 처분을 택한 것이다.

[부록]에 실려 있는 죄인들 중 최종결과가 '잉추'인 자들은 현존하는 기록상으로는 그 시점까지 신추를 받았으나 승복하지 않아 추핵이 종결되지 않았음을 의미한다. 수추기간이 10년을 넘긴 자들도 있다. 장계등록 자료

---

90 『일성록』 순조 32년(1832) 12월 10일: 道臣跋辭 以痕損之甚微 證招之相左 有傅生之論. 本曹申目 以斷以故犯 或非本情顯有作孼 幽冤宜恤 有訊推之請矣. 今道臣跋辭 又請從輕 況於屢經審理之後 宜用罪疑惟經之典. 罪人 裵仲直 施以次律之意 請分付道臣.

91 金蘭淳 (黃海監司), 癸巳二月十九日封, 각사등록 22, 黃海監營狀啓謄錄 2(112b~112d): … 蓋本曹議讞, 固是守經之論, 道臣稟啓, 亦出審克之義是白乎所, 實因而不十分端的, 看證而非衆招符合, 故覆檢跋辭中有曰, 畢竟償命, 雖合商量, 爲先成獄, 斷不饒貸, 此可見已自成獄之初, 有此可疑之端, 況於屢經審理之後, 宜用罪疑惟輕之典, 同罪人裵仲直, 施以次律之意, 分付道臣, 何如? 道光十二年十二月初十日右副承旨臣 金胤根次知啓, 依允事, 判下敎是置.

중 살옥죄인의 동추 차수를 보고한 기록을 보면 수백 차례 형문을 받은 죄수들도 있다. 과연 그들은 몇 년 동안 모진 고문을 견뎌내고 있었던 것인가? 모반대역죄인, 강상죄인, 사학죄인, 그밖에 부대시로 결단된 죄인들은 이들 살옥죄인처럼 고문을 견디지 못하여 그렇게 빨리 지만과 결안을 바친 것인가?[92] 꼭 그렇다고만 볼 수는 없을 것이다. 다른 각도에서 볼 필요가 있다. 즉, 형추를 당하는 죄인 쪽에서 죄의 추궁에 승복하여 지만과 결안을 바치는 것이 아니라, 형추를 시행하는 권력 쪽에서 이제 죄인을 처형하기에 적당한 때 되었다고 인정하는 경우 죄인에게서 지만과 결안을 받아내는 것이라고 말이다. 『추안급국안』이나 역사드라마의 추국과 고신 장면에 익숙한 우리에게 심리의 시대가 남긴 기록은 이와 같은 시각의 전환을 요구하고 있다.

5. 맺음말

이상에서 『일성록』, 『추조결옥록』, 장계등록 자료에서 확보한 살옥안 처리 기록을 통해 19세기 심리의 시대를 살펴보았다. 64개의 사건기록은 그 시대의 다양한 모습을 하이라이트처럼 보여주며 흥미롭고 풍부한 이야깃거리를 담고 있다. 이 글에서는 '사형판결 없는 사형죄인의 처리와 징벌'이라는 그 시대적 특징을 보여주기 위해 몇 가지 사례를 소개하였다. 지금

---

[92] 예를 들어 1829년(순조 29) 3월 28일 시어머니를 살해한 경기도 양주목 金阿只는 검험을 거쳐 성옥되어 회추에서 지만을 한 후 경기감영에서 고복-친문-결안취초 절차를 마치고, 강상죄인은 三省推鞫하는 법에 따라 의금부로 압송되어 의정부·사헌부·의금부의 삼성 관원이 합좌한 가운데 추국을 받아 결안을 하고 조율되어 4월 17일 서소문 밖에서 능지처사될 때까지 불과 19일이 걸렸다. 『일성록』 순조 29년(1829) 4월 5일, 「命弑姑罪人金女阿只發遣府都事拿來」, 4월 13일 「義禁府啓言弑姑罪人金女阿只今已拿囚而係」, 4월 17일 「設三省推鞫于本府」. 19세기 강상죄인 및 부대시 살옥안의 처리 양상에 관해서는, 문준영, 앞의 글(각주 8), 317~322쪽.

까지 살펴본 바에서 알 수 있듯이 19세기의 살옥에 관한 수사, 재판, 행형에 관한 기록은 심리의 시대를 배경으로 한다. 그 시대의 자료에 접근할 때 이러한 시대적 배경과 맥락을 인식할 필요가 있다. 또한, 19세기의 형정 자료에 의존하여 조선시대 전체나 조선 후기 전체의 형정을 경솔히 논해서도 안 될 것이다. 그 반대의 경우도 마찬가지다.

조선 후기 범죄와 형벌, 법과 사회의 역사를 다루기 위해서는 '심리의 시대'의 경향과 특징에 대한 이해가 필요하다. 사료의 문면에서 말해지는 것이 전부가 아니다. 살옥에 연루된 것에 억울함을 호소하는 격쟁인과, 기어이 자복을 받아 목숨으로 죄값을 치르게 하겠다고 말하는 형관 모두 어쩌면 '죄인을 살려두면서 잉추하고 부생하는 그 시대의 패턴'을 인식하면서 그렇게 말하고 있었을 것이라는 점을 인식해야 한다. 심리의 시대는 "흠휼과 부생은 또한 우리 왕조의 가법[我朝家法]"[93]이란 인식과 지향을 반영하고 있지만, 그것의 자연스러운 발현 양태라고만 보기는 어려운 무엇인가를 갖고 있다. 죄인을 일단 살려두고 있다가 마침내 살려주었다고 해서 이를 단순히 '흠휼과 관대한 형벌'의 지향 또는 임금이 '호생好生의 덕'을 발휘한 사례로만 이해하거나 설명해서도 안 될 것이다. 그 이면에 장기간 감옥에 갇혀 산 것도 죽은 것도 아닌 상태에서 살아가야 했던 고통이 한없이 이어지고 있었고, 다른 한쪽에서는 권력과 기성의 가치 질서에 도전하는 자들을 속결 처단하고 있었다. 이처럼 심리의 시대가 가지는 복합적인 모습과 그것을 연출하는 권력과 사회의 존재 양태를 어떻게 이해하고 설명할 것인가 하는 것이 '심리의 시대'라는 시대상이 제기하는 가장 중요한 질문이라 할 것이다.

현재까지 찾아낸 64개의 사건기록은 이 시대의 형사사법이 보여주는

---

93 『승정원일기』 영조 49년(1773) 11월 24일: 命書傳敎曰, 噫, 三覆慮囚, 其本卽漢高三章, 慮戎慮囚, 亦貞觀事。非特此也, 豈法漢·唐? 欽哉欽哉, 惟刑之恤哉, 尙書攸載, 欽恤傅生, 亦我朝家法.

흥미로운 양상을 살펴보는 데 훌륭한 안내서 노릇을 할 수 있다. 이 기록들은 자료집으로 묶으면, 그 자체가 법제사와 사회사 연구를 위한 훌륭한 기초자료가 될 것이다. 만약 19세기의 형정에 관한 자료 중에서 그 시대의 경향과 특징을 잘 보여주는 자료로서 번역할 가치가 있는 자료를 찾는다면, 필자는 64개의 기록을 첫 번째로 제안하고 싶다.

이 기록은 실제 사례만이 줄 수 있는 구체적이고 풍부한 정보와 맥락을 담고 있으며, 19세기 심리의 시대를 하이라이트처럼 보여주면서도 어떤 부분에는 세밀화를 제공한다. 또한, 기록의 질 자체가 전문적 번역의 가치가 있고 파급효과가 크다. 심리장계규식에서 확인할 수 있듯이 심리장계는 지엽말단적인 것을 생략하고 중요한 사항을 중심으로 기재하고, 지중한 인명과 지엄한 옥체에 관계되기 때문에 단어 하나하나에 신경을 쓰고 정돈된 표현을 쓴다. 64개 기록 전부 또는 적절한 몇 개를 추려서 번역한다면, 조선 후기 사법제도사, 범죄와 형벌, 법과 사회의 역사에 관심이 있는 연구자나 일반인에게 훌륭한 조감도와 지름길을 제공할 것이다.

참고문헌

각사등록 6, 충청도편 1, 忠淸道監營狀啓謄錄 2, 奎15902 · v.2
각사등록 11, 경상도편 1, 慶尙監營啓錄 2, 5, 6, 奎15100 · v.2, v. 5, v.6.
각사등록 18, 전라도편 1, 全羅監司啓錄 1, 2, 奎15095 · v.1 v.2.
각사등록 19, 전라도편 2, 湖南啓錄 6, k2 · 3675.
각사등록 23, 황해도편 2, 黃海監營狀啓謄錄 10, 13, 15, 16, 奎15107 · v.10, v.13 v.14 v.15.
각사등록 24, 황해도편 3, 黃海監營狀啓謄錄 18. 19, 奎15107 · v.18, v.19.
각사등록 26, 황해도편 5, 錄啓 1 K2 · 3427.
(이상 국사편찬위원회 한국사DB, http://db.history.go.kr/)
『承政院日記』(국사편찬위원회 한국사DB, 승정원일기, http://sjw.history.go.kr/ main.do/)
『六典條例』,『秋官志』(국사편찬위원회 한국사DB, 조선시대법령자료, http://db.history.go.kr/law/)
『日省錄』,『秋曹決獄錄』(규장각한국학연구원 원문검색서비스. https://kyudb.snu.ac.kr/index.jsp)
『審理錄』(한국고전종합DB, https://db.itkc.or.kr/)
徐有榘,『完營日錄』제1책, 成均館大學校 大東文化硏究院, 2002.
鄭元容,『惟輕錄』, 연세대학교 국학자료실 소장.

경북대학교 영남문화연구원 편,『譯註 嶺營日記 嶺營狀啓謄錄』, 경북대학교 영남문화연구원, 2004.
김 호,『100년 전 살인사건: 검안을 통해 본 조선의 일상사』, 휴머니스트, 2018.
_____,『정조의 법치』, 휴머니스트, 2020.
심재우,『조선후기 국가권력과 범죄 통제-『심리록』연구』, 태학사, 2009.
_____,『백성의 무게를 견뎌라 - 법학자 정약용의 삶과 흠흠신서 읽기』, 산처럼, 2018.
정약용 著, 박석무 · 이강욱 譯,『역주 흠흠신서 4』, 한국인문고전연구소, 2019.

김선경,「1833~34년 전라도 지역의 살옥 사건과 심리: 완영일록의 분석」,『역사교육』제122집, 역사교육연구회, 2012.
김우철,「조선후기 추국(推鞫) 운영 및 결안(結案)의 변화」, 한국고전번역원 편,『민족문화』제35집, 한국고전번역원, 2001.
김 호,「惟輕錄」, 연세대학교 국학연구원 편,「연세대학교 중앙도서곤 소장 고서해제 X」, 평민사, 2008.
문준영,「19세기 후반 지방사호에서 민소(民訴)와 청송(聽訟) 실무 - 전라도 영광군 민장치부책의 분석」,『법학연구』제60권 제1호, 부산대 법학연구소, 2019.
_____,「조선 후기 민사재판에서 短訟의 의미와 재판격식의 변화상」,『법사학연구』제60호, 한국법사학회, 2019.
_____,「계복(啓覆)에서 심리(審理)로: 조선시대 사형사건 재판제도의 전개와 변화」,『법과사회』제69호, 한국법사학회, 2022.
_____,「사형 판결 없는 살옥죄인의 처리와 징벌 - 19세기 살옥사건 심리 · 처결의 경향과 특징」,『한국문화』제98집, 서울대학교 규장각한국학연구원, 2022.
_____,「『유경록』으로 보는 조선 후기 관찰사에 의한 살사(殺死)사건 처리 실태」,『법학연구』제32권 제2호, 연세대학교 법학연구원, 2022.

심희기, 「19세기 조선 관찰사의 사법적 행위의 실증적 고찰」, 『고문서연구』 제58권, 한국고문서학회, 2021.
유승희, 「『日省錄』 刑獄類에 나타난 死罪기록의 고찰」, 『서지학연구』 제38집, 한국서지학회, 2007.
_____, 「조선후기 獄案修啓의 실태와 『秋曹決獄錄』의 편찬」, 『서지학연구』 제46집, 한국서지학회, 2010.
田中俊光, 「朝鮮初期 斷獄에 관한 硏究: 刑事節次의 整備過程을 中心으로」, 서울대학교 대학원 법학과 박사학위논문, 2011.
鄭炳俊, 「唐代의 疏決」, 『東國史學』 제31집, 동국사학회, 1997.
조윤선, 「조선시대 赦免·疏決의 운영과 법제적·정치적 의의」, 『조선시대사학보』 제38호, 조선시대사학회, 2006.
_____, 「조선 후기 三覆制度 연구」, 『법사학연구』 제64호, 한국법사학회, 2021.
矢木毅, 『朝鮮朝刑罰制度の硏究』, 朋友書店, 2019.
石川重熊, 「高麗時代の恤刑 – 慮囚·疏決·獄空을 中心に – 」, 『民族文化論叢』 제37집, 영남대학교 민족문화연구소, 2007.

[부록]
장계등록·『일성록』·『추조결옥록』을 이용한 64개 살옥안 처리 기록의 재구성

※ 일러두기

1. '경과 1'은 동추 이후 해당 장계등록 자료상의 살옥안 장계에 이르는 처리 경과를 뜻함. 기본적으로 해당 장계에 수록되어 있음.
2. '경과 2'는 해당 장계 이후 최종결과에 이르는 처리 경과를 뜻함. 일성록, 추조결옥록, 장계등록의 다른 자료 등에서 취합한 정보임.
3. '도계'는 일반적인 審理狀啓, '사계'는 查啓를 뜻함. '녹'과 '품'은 각각 錄啓와 稟啓를 뜻함.
4. '조계'는 형조의 회계 또는 복계임. '감형'과 '신추' 등으로 형조의 의견을 표시하였음.
5. 장계등록 출처의 소장처 정보 '奎'는 규장각한국학연구원, 'k2'는 왕실도서관 장서각 디지털 아카이브를 뜻함.

번호	사건 발생 연도	작성자	범인 범행 개요					검험 ~ 성옥				동추 초동추 재동추	경과 1	장계등록 장계자료		경과 2	최종 결과	출처
			지역	범인	범행 (實因)	피해자	치사일	초검	복검	삼검 등	수금일			경위	발신일 (취지)			
1	1864 고종01		안동	朴順哲	砧打	綿蘭(要)	당일	64.05.13.	64.06.07.		64.05.13.	기록 결락			74.10? (품계)	74.10.(조계-신추)	특위 방송	
2	1868 고종05		흥해	崔始文	刃刺	崔召史	當下	68.04.01.	68.04.05.		68.04.01.	68.04.19.			74.10? (녹계)	74.10.(조계-신추)	특위 방송	
3	1868 고종05		청하	元召史	膝摀	私牌玉切	제9일	68.04.04.	68.04.08.		68.04.04. (?)	68.04.22. 68.05.02.			74.10? (품계)	75.01.(조계-신추)	특위 방송	각사등록 11, 경상도편 1, 慶尙監營啓錄 2 奎15100.v.2
4	1868 고종05	경상감사	밀양	柳石用	足踢	李守長	제5일	68.08.09.	68.07.15.		68.08.09.	68.08.16.			74.10? (품계)	74.10.(조계-감형)	특위 방송	
5	1868 고종05		선산	徐在雄	足踢	李忠輔	제2일	68.윤4.14.	68.윤4.18		68.윤4.13. (?)	68.05.02.			74.10? (품계)	74.10.(조계-신추)	특위 방송	
6	1870 고종07		밀양	金聖寬	摔撲	李慶普	제12일	70.01.08.	70.01.15.		70.01.08?	70.02.13. 70.02.23.			74.10? (품계)	75.01.(조계-감형)	특위 방송	
7	1872 고종09		영천	白丁正大	手打	白丁末宗	제3일	72.02.08.	72.02.13.		72.02.08.	72.02.26. 72.03.06.			74.10? (품계)	75.01.(조계-감형)	특위 방송	
8	1872 고종09		의령	林以敦	膝觸	金千萬	제3일	72.05.03.	72.05.08.		72.05.03.	72.05.18. 72.05.28.			74.10? (품계)	75.01.(조계-신추)	특위 방송	
9	1873 고종10		하동	鄭慕玉	膝踏	李彩玉	제9일	73.04.23.	73.05.01.		73.04.23.	73.05.29. 73.06.10.			74.10? (품계)	75.01.(조계-신추)	특위 방송	
10	1886 고종23		회령	田守大	刃刺	李碩喜	당일	86.09.17.	86.09.27.		86.09.17.	86.10.10. 87.05.09.			91.? (품계)	92.01.(조계-감형)	특위 방송	
11	1887 고종24	경상감사	군위	徐逼學	牢刑	文六祿	제9일	87.03.04.	87.03.22.	87.04.14. (會査)	87.03.04.	87.04.29.			91.? (품계)	92.01.(조계-감형)	특위 방송	각사등록 11, 경상도편 1, 慶尙監營啓錄 5 奎15100,v.5
12	1887 고종24		밀양	宋永守	足踏	李元伊	제6일	87.08.17.	87.09.07.		87.08.17.	87.09.24. 87.10.04. 84.08.25.			91.? (품계)	92.01.(조계-감형)	특위 방송	
13	1887 고종24		개령	金善成	刃刺	林大根	제6일	87.12.05.	85.12.20.		87.12.05.	88.01.06.			91.? (녹계)	기록 없음	미상	
14	1889 고종26	경상감사	함양	安俊伊	撲打	李山淸	제10일	89.02.19.	89.03.05.		89.03.05.	90.03.15. 90.03.26. 90.07.15.	도임 후 심리	91.09.28. (품계)	92.01.(조계-감형)	특위 방송	각사등록
15	1890 고종27		고령	朴有增	推損	朴星祚	익일	90.04.08.	90.04.21.		90.04.14.	90.05.14. 90.05.24. 90.07.14.	도임 후 심리	91.09.28. (녹계)	92.01.(조계-감형)	특위 방송	11, 경상도편 1, 慶尙監營啓錄 6 奎15100.v.6
16	1890 고종27		의령	南致敬	撲打	金季周	당일	90.04.18.	90.04.26.		90.04.27.	90.05.14. 90.05.24. 90.07.14.	도임 후 심리	91.09.28. (녹계)	92.01.(조계-감형)	특위 방송	
17	1827 순조27		흥덕	奴太丸	手打	鄭召史	當夜	27.04.26.	27.04.29.	27.05.08. 27.05.17.	27.04.27.	27.윤5.09. 27.06.02. (會推)	경사 사계	28. ? (품계) 28.12.(조계 -재조사 지시)	조계 기록 없음 ※34.06.(방송추정)	감형 방송 추정	
18	1821 순조21	전라감사	전주	宋足干	膝築	吳奉伊	제5일	21.12.28.	21.12.07.	21.12.10.	21.12.13.	22.02.10.	23.02.(재조사) 25.02.(격쟁 -조사 지시) 27.05.(사계-품) 27.06.(조계-신추) 28.09.(격쟁 -조사 지시)	격쟁 사계	29.11.21. (사계-품)	31.03.(조계-신추) 36.02.(도계-품)/ 형조-신추) 37.06.(조계-신추)	잉추	각사등록 18, 전라도편 1, 全羅監司啓錄 1 奎15095.v.1
19	1800 순조즉위		임실	鄭明采	毆打	梁召史	當夜	00.08.21.	00.08.24.		00.08.24.	00.09.10. ... 03.10.09. 03.10.19.	06.08.(격쟁 -會査 지시) 06.10.(사계-녹) 06.11.(조계-신추) 21.08.(조계-신추) 24.07.(격쟁) 25.01.(조계-신추)	심리 의영	29.11.29. (품계)	기록 없음	미상	
20	1825 순조25		나주	鄭玉東	以松椎打	林實三	卽地	25.04.18.	25.04.20.		25.04.23.	25.05.05.			29.11.21. (녹계)	31.03.(조계-신추) 37.07.(조계-신추)	잉추	
21	1826 순조25		장흥	金召史	足踏	徐貴宗	제3일	26.07.09.	26.07.10.		26.07.13.	28.02.02.			29.11.21. (녹계)	31.03.(조계-신추) 37.07.(조계-신추)	잉추	각사등록 18, 전라도편 1, 全羅監司啓錄 2 奎15095.v.2
22	1827 순조27	전라감사	고부	李興臣	以Y枕毆打	吳彦坤	제4일	27.윤5.20	27.윤5.23		27.윤5.26.	27.06.05.			29.11.21. (녹계)	31.03.(조계-신추) 37.06.(조계-신추) 42.07.(조계-신추) 52.10.(조계-신추)	잉추	
23	1827 순조27		임실	陳匡臣	足踏	申召史	익일	27.06.20.	27.07.04.		27.07.04.	27.09.13.			29.11.21. 녹계	31.03.(조계-신추)	잉추	
24	1877 고종14	전라감사	정읍	朴春根	笞打	申甲	當夜	77.02.27.	77.03.07.	77.03.20. 77.03.29.	77.04.01.	77.04.05.	80.06.(격쟁 -會査 지시)	격쟁 사계	80.08. (사계-품)	기록 없음	미상	각사등록 19, 전라도편 2, 湖南啓錄 6 k2.3675
25	1881 고종18	황해감사	봉산	魯甲得	足踏	金士寬	제43일	81.01.21.	81.01.27.		81.02.09.	81.02.14.		도임 후 심리	82~83? (품계)	83.05.(조계-감형) ※84.10.(방송 추정)	감형 방송 추정	각사등록 24, 황해도편 3, 黃海監營狀

19세기 '심리의 시대'를 들여다보는 창 | 문준영

번호	사건 발생 연도	작성자	범인·범행 개요				검험 ~ 성옥				동추 초동추 재동추	경과 1	장계등록 장계자료		경과 2	최종 결과	출처
			지역	범인	범행 (實因)	피해자	치사일	초검	복검	삼검 등	수금일			경위	발신일 (취지)			
26	1882 고종19		황주	朴聖根	以刀戳	李相建	當下	82.02.09.	82.02.18.		82.02.21.	82.03.10.		도임 후 심리	82~83? (품계) ※89.01.(방송 추정)	83.05.(조계-감형)	감형 방송 추정	啓謄錄 18 奎15107.v 8
27	1881 고종18		장연	孫世乙	炙灼 兩脚跟	李汝培	제57일	80.11.15.	81.01.18.		81.01.21.	81.02.18.		심리 의 명	83.04.15. (품계-70세 이상)	83.06.(조계-감형)	감형	
28	1880 고종17		황주	李宜成	手拧腎囊	梁浩允	當夜	80.04.10.	80.04.16.		80.04.19.	80.06.02.		심리 의 명	83.04.25. (품계)	83.08.(조계-신추)	잉추	
29	1880 고종17		서흥	金在叔	足踢腎囊	文武吉	제8일	80.03.20.	80.03.25.		80.04.28.	80.05.16.		심리 의 명	83.04.25. (품계)	83.06.(조계-신추)	잉추	
30	1880 고종17		황주	崔宗云	酒瓶打	李士亨	제2일	80.08.29.	80.09.10.	81.03.15. (정범체포)	81.03.15.	81.04.23.		심리 의 명	83.04.25. (품계)	83.04.25.(조계-신추)	잉추	각사등록 24, 黃海監營狀 啓謄錄 19 奎15107.v 9
31	1880 고종17	황해 감사	해주	姜宗相	足踏小腹	宇敎信	제4일	80.06.14.	80.06.18.		80.06.29.	80.07.14.		심리 의 명	83.04.25. (품계)	83.05.(조계-신추)	잉추	
32	1881 고종18		해주	玄明甫	松木杖 打左脅	李道吉	제7일	81.03.14.	81.04.03.	81.04.27. (會査)	81.06.13.	81.06.29.		심리 의 명	83.04.25. (품계)	83.04.(조계-감형)	감형	
33	1881 고종18		황주	李仁白	足踏項頸	金成坤	제3일	81.01.14.	81.01.26.		81.01.29.	81.03.17.		심리 의 명	83.04.25. (품계)	83.06.(조계-신추)	잉추	
34	1882 고종19		해주	李枝淳	口咬 左胫肘 及拇指	黃伯元	제23일	82.06.17.	82.06.28.		82.07.01.	82.10.13.		심리 의 명	83.04.25. (품계)	83.08.(조계-감형)	감형	
35	1881 고종18		해주	李長石	足踢腰眼	李昌俊	當下	81.윤7.28.	81.08.14.		81.08.16.	81.09.16.		심리 의 명	83.04.25. (품계)	83.08.(조계-신추)	잉추	
36	1881 고종18		봉산	金守洪 (원:李守洪)	足踏	金浦弘	제3일	81.09.27.	기록 결락		81.10.11.	기록 결락		심리 의 명	83.04.25. (결락)	83.06.(조계-신추)	잉추	
37	1848 헌종14		토산	朴尙國	石打	金萬北	제10일	48.12.14.	48.12.19.		48.12.22.	49.04.01.		도임 후 심리	51.04.30. (품계)	52.12.(조계-신추) 53.12.(조계-신추) 58.12.(조계-감형)	특위 방송	
38	1844 헌종10		평산	李正圭	藥踏	尹突夢	제3일	44.01.03.	44.01.12.		44.01.16.	44.04.13.	45.02.(격쟁-조사 지시) 46. ?(사계-품) 47.08.(조계-신추)	심리 의 명	51.04.30. (품계)	52.12.(조계-감형)	감형	각사등록 23, 黃海監營狀 啓謄錄 10 奎15107.v 0
39	1845 헌종11	황해 감사	연안	段京曄	藥踏	池卜律	제18일	45.10.21.	45.10.25.		44.10.27.	45.11.25.	48. ?(조계) 48.12.(조계-신추)	심리 의 명	51.04.30. (품계)	52.10.(조계-감형)	감형	
40	1843 헌종09		신계	崔在洲	打	朴權壽	제36일	43.02.14.	43.02.21.	43.03.04.	43.03.08.	43.03.21.		심리 의 명	52.07.05. (품계)	52.12.(조계-신추) 54.03.(도계-품 /조계-신추) 56.07.(도계-감형)	감형	
41	1848 헌종14		은율	張有卜	棒打	朴良綠	익일	48.08.04.	48.08.09.		48.08.12.	48.08.27.		심리 의 명	52.07.05. (녹계)	52.11.(조계-신추) 53.10.(조계-신추) 58.12.(조계-감형)	특위 방송	
42	1848 헌종14		황주	池召史	足踢	金召史	제9일	48.08.14.	48.08.20.		48.08.?.	48.09.10.		심리 의 명	52.07.05. (녹계)	52.12.(조계-신추) 54.03.(조계-신추) 58.12.(조계-감형)	특위 방송	
43	1848 헌종14		연안	方老叱金	以橫擔介木 打	李京文	제10일	48.10.08.	48.10.16.		48.10.10.	48.12.10.		심리 의 명	52.07.05. (녹계)	53.01.(조계-신추) 54.03.(조계-신추) 57.06.(조계-신추) 58.12.(조계-신추) 60.03.(도임심리-철안) 64.07.(조계-신추) 66.08.(도임심리-철안) 66.10.(동추중-79차)	잉추	
44	1850 철종01		서흥	尹致五	築踏	金吉孫	제9일	50.01.11.	50.01.16.		50.01.19.	50.02.02.		심리 의 명	52.07.05. (녹계)	52.12.(조계-신추) 54.02.(조계-신추) 58.12.(조계 신추) 60.윤3.(물고)	물고	
45	1849 철종00		장연	張達天	鐮刺	孫才祿	당일	49.07.25.	49.08.01.		49.08.03.	49.09.16.		심리 의 명	52.07.13. (녹계)	52.11.(조계-신추) 54.02.(조계-신추) 57.06.(조계-신추) 58.12.(조계-감형)	특위 방송	

번호	사건발생연도	작성자	범인·범행 개요				검험 - 성옥					동추 초동추 재동추	경과 1	장계등록 장계자료		경과 2	최종결과	출처
			지역	범인	범행(實因)	피해자	치사일	초검	복검	삼검 등	수금일			경위	발신일(취지)			
46	1850 철종01		해주	李再得	以木枕打	李義坤	當下	50.01.08.	50.01.14.		50.01.16.	50.01.18.		도임후심리	52.07.13.(녹계)	52.12.(조계-신주)53.10.(조계-신주)60.03.(도임심리-철안)64.07.(도임심리)66.08.(도임심리-철안)70.10.(조계-신주)75.01.(조계-신주)	특위방송	
47	1850 철종01		해주	金洛西	足蹴	金俊行	익일	50.10.13.	50.10.16.		50.10.19.	50.11.09.		심리의 명	52.07.13.(녹계)	52.09.(조회계 전격쟁)52.12.(조계-신주)53.09.(조계-신주)57.06.(조계-신주)57.12.(격쟁-물시)58.12.(조계-신주)59.04.(격쟁-更爲)59.04.(조계-감형)※63.08.(방송추정)	감형(방송추정)	
48	1850 철종01		곡산	金仁弘	足蹴	全命綠	제7일	50.10.01.	50.10.08.		50.10.13.	51.02.13.		심리의 명	52.07.13.(녹계)	53.01.(조계-신주)53.12.(조계-신주)57.윤5.(조계-신주)58.12.(조계-신주)64.01.(동주중-58차)	잉주	
49	1850 철종01		황주	徐大七星	足蹴	李亨希	익일	50.10.30.	50.11.06.		50.11.07.	50.12.12.	기록 결락	심리의 명	52.07.13.(녹계)결락	54.03.(조계-신주)57.윤5.(조계-신주)	잉주	
50	1858 철종09		재령	金興西	足蹴	僧信正	제19일	58.12.10.	58.12.15.	58.12.25.(정범체포)	58.12.27.	59.01.12.		심리의 명	60.03.30.(녹계)	61.07.(조계-감형)	감형	
51	1859 철종10		신계	李大隆	足築	呂萬石	익일	59.04.18.	59.04.23.		59.04.25.	59.05.05.		심리의 명	60.03.30.(녹계)	61.07.(조계-감형)※63.08.(방송추정)	감형(방송추정)	
52	1859 철종10		안악	朴京度	手搏	朴春化	익일	59.08.01.	59.08.04.		59.08.04.	59.08.14.		심리의 명	60.03.30.(녹계)	61.07.(조계-감형)	감형	각사등록 23, 황해도편 2, 黃海監營狀啓謄錄 13 奎15107.v.13
53	1859 철종10	황해감사	서흥	申永圭	以草鞋粟木骨, 打	權用仁	當下	59.09.25.	59.09.29.		59.10.03.	59.12.28.		심리의 명	60.03.30.(녹계)	61.07.(조계-신주)64.07.(조계-신주)66.08.(도임심리-철안)67.10.(동주중-46차)		
54	1855 철종06		토산	金昌俊	足蹴	李基星	제4일	55.04.08.	55.04.15.	55.04.28.(會査)	55.04.29.	55.06.04.	58. ?(녹계)59.01.(조계-신주)59.02.(격쟁-상사장문)59. ?(사계-品)59.06.(조계-신주)	도임후심리	60.03.30.(품계)	61.07.(조계-감형)※63.08.(방송추정)	감형(방송추정)	
55	1859 철종10	황해감사	서흥	全宗五	刀刺其妻	朴召史	當下	?	59.12.05.		59.12.?	60.윤3.18.		미상	64.05.(품계)	64.07.(조계-감형)	감형	각사등록 23, 황해도편 2, 黃海監營狀啓謄錄 15 奎15107.v.14
56	1854 철종05	황해감사	해주	李在元	足踢脊骨	孔述正	제10일	54.02.18.	54.02.24.	54.02.28.(面質査覈)	54.05.04.54.12.22.			도임후심리	56.01.30.(녹계)	56.07.(조계-신주)58.12.(조계-신주)59.02.(격쟁-조사 지시)59.06.(사계-녹)/(조계-신주)60.03.(도임심리-철안)64.07.(조계-감경)	감형	각사등록 26, 황해도편 5, 錄行 1 K2.3427

번호	사건 발생 연도	작성자	범인·범행 개요				검험 - 성옥				동추 초동추 재동추	경과 1	장계등록 장계자료		경과 2	최종 결과	출처
			지역	범인	범행 (眞因)	피해자	치사일	초검	복검	삼검 등	수금일			경위	발신일 (취지)		
57	1855 철종06		백천	安益汝	烟臺頭 鞋,剌左 眼胞上	安容默	제12일	55.02.27.	55.03.03.		55.03.07.	55.03.22.		도임 후 심리	56.01.30. (품계)	57.01.(조계-감형)	감형	
58	1864 고종01		황주	鄭一朋	以杖打	康銓	제14일	64.01.21.	64.02.06.	64.02.19. (會査)	64.02.19.	64.03.15.	65.09.(경쟁-상사장 문) 65.06.(사계-녹) 66.04.(조계-신주)	도임 후 심리	67.08.23. (품계)	67.02.(조계-감형)	감형	
59	1864 고종01	황해 감사	평산	韓柱東	以棒木 打	柳容哲	제12일	64.10.10.	64.10.24.	64.11.08. (初査) 64.11.20. (覆査) 64.12.08. (三査)	64.12.12.	65.01.28.	66.09.(격쟁-상사장 문)	격쟁 사계	66.12.04. (사계-녹)	67.02.(조계-감형)	감형	각사등록 23, 황해도편 2 黃海監營狀 啓謄錄 16 奎15107.v. 5
60	1864 고종01		해주	尹永不	足踢	蔡德臣	제3일	64.08.01.	64.08.05.		64.08.07.	64.10.18.	66.08.(격쟁-상사장 문)	격쟁 사계	66.12.04. (사계-품)	67.01.(물고)	물고	
61	1865 고종02		해주	李汝玉	杖打	李陽和	제4일	65.03.01.	65.03.04.		65.03.04.	65.04.21.	65.08.(격쟁-상사장 문) 66. ? (사계-품) 67.03.(격쟁-상사장 문)	격쟁 사계	67.03.29. (사계-품)	67.05.(조계-감형)	감형	
62	1843 헌종09		공주	鄭水景	殿打	朴宗鉄	當下	기록 없음			43.01.20.		기록 없음	도임 후 심리	44.02.10. (녹계)	45.05.(조계-신주)	영추	
63	1836 헌종02	충청 감사	당진	尹召史	絞縊	金召史	당일	기록 없음			36.06.		기록 없음	도임 후 심리	44.02.10. (품계)	45.06.(조계-감형)	감형	각사등록 6 충청도편 1 忠淸道監營 狀啓謄錄 奎15902.v.
64	1842 헌종08		덕산	申卜興	殿築	柳允儀	제14일	기록 없음			42.01.18.		기록 없음	도임 후 심리	44.02.10. (품계)	45.05.(조계-신주) 47.07.(조계-신주) 52.12.(조계-신주) 53.05.(조계-신주) 54.02.(조계-감형)	감형	

19세기 후반 '수도안囚徒案'의 분석과 죄인의 실태*

함경남도 지역을 중심으로

유승희
연세대 법학연구원 연구교수

19세기 후반 '수도안囚徒案'의 분석과 죄인의 실태
: 함경남도 지역을 중심으로

1. 머리말

　조선시대 형정刑政을 알 수 있는 관련 자료는 매우 다양하다. 국가의 법전을 비롯하여 각종 연대기 및 등록류, 지역마다 발생한 살인 사건의 검안檢案, 도·유형 죄인을 기록한 도류안徒流案, 수도안囚徒案, 이를 보고하는 관찰사의 장계, 자신의 억울함을 호소하는 소지所志까지 각양각색이라고 할 수 있다. 하지만 다양한 형정 관련 자료 가운데에서 죄인의 수감 실태를 기록한 '수도안'에는 연구자들이 그다지 관심을 보이지 않았다. 조선은 유교의 이념 아래 법제적 장치를 통해 형벌을 신중하게 시행하였다. 이에 따라 죄를 범한 사람들은 옥에 수감되었고, 국가는 죄인의 수감상황을 '수도안' 외에도 '수도囚徒', '수도성책囚徒成冊', '수도기囚徒記', '수도책囚徒冊', '수도장囚徒狀', '시수책時囚冊' 등 다양한 이름으로 작성, 관리하였다.
　이러한 수도안에 대한 분석은 전무하다고 할 수 있다. 기존 연구에서는

---

* 이 글은 『법사학연구』 63, 한국법사학회, 2021, 55~91쪽에 게재된 논문을 연구총서의 기획 의도에 맞게 약간의 수정을 가하여 수록한 것이다.

수감기구인 전옥서의 실태와 지방 감옥에 수감된 죄인의 실상을 파악하는 데 그쳤다. 경옥京獄이라 할 수 있는 전옥서에 대해서는 관사의 구조, 분장업무, 위치 등을 검토하여 조선후기 사법기구의 모습과 운영에 대해 살펴보았다. 이를 통해 전옥서가 형조의 속사屬司이지만 관서의 인적구성이 별도로 이루어진 점, 전옥서 관리에 의한 형옥 운영의 재량권, 형조와 떨어져 있는 관서의 지리적 위치 등을 들어 형조의 하부구조가 아닌 형옥 운영의 독립성을 가지는 사법기구의 하나로 파악하였다.[1]

지방의 감옥 운영에 대해서는 19세기 말 충청감영에 있는 공주 감옥과 호남지역 감옥 운영을 살펴본 연구가 있다.[2] 특히 후자의 경우 1899년 전남 장성군 수감죄인 이철규의 사망 조사보고서를 토대로 당시 추진된 근대적 형사재판제도의 변화 속의 감옥규정과 실제 장성군의 감옥 운영의 실상을 비교, 검토하였다. 아울러 조선시대 감옥의 폐단 중 하나인 체옥滯獄을 해결하기 위한 방책 중 하나인 보방保放에 대한 법적 근거와 운영실태에 대한 고찰을 통해 조선왕조 지배층의 법의식 내지는 법사상의 일면을 파악하기도 하였다.[3] 또한 1717년(숙종 43) 과거시험 거부사건의 주모자로 체포된 양반 여용빈의 9개월간 수감실태와 체옥의 원인을 그의 일기인 『유술록』을 통해 살펴보았다.[4]

이글에서는 선행연구를 기반으로 죄인의 수감기록인 '수도안' 자료에 주목하였다. 그동안 죄인의 실태는 살옥을 비롯한 사죄死罪 관련이나 중앙

---

1 趙允旋,「朝鮮後期 刑曹와 典獄署의 構造와 業務」,『법제연구』24호, 한국법제연구원, 2003; 조윤선,「19세기 典獄署 분석 -『六典條例』·『承政院日記』를 중심으로 -」,『民族文化』56, 한국고전번역원, 2020.
2 윤용혁,「韓末의 公州獄에 대하여 -『충청감영시대의 공주감옥』追補」,『웅진문화』5, 공주향토문화연구회, 1992; 원재연,「1890년대 호남지역 감옥의 운영실태 일단 - 장성군 수인(囚人) 사망사례를 중심으로」,『朝鮮時代史學報』78, 조선시대사학회, 2016.
3 元載淵,「조선시대 保放의 典據와 그 實態」,『法史學研究』33, 법사학회, 2006.
4 전경목,「여용빈의『유술록』을 통해 본 조선 후기 수옥의 실태와 체옥의 원인」,『정신문화연구』134, 한국학중앙연구원, 2014.

관리의 유배, 특정 죄인의 수감 실태 등에 초점이 맞춰져 있었다. 하지만 수도안에는 도·유형의 형량을 받은 중죄수와 함께 다양한 시수時囚 죄인이 수록되었다. 더욱이 수도안의 죄수는 관찰사가 직접 처단한 자이다. 따라서 수도안에 대한 기초적 분석은 국가의 죄수 기록 실태뿐 아니라 관찰사가 직접 처단한 지방 시수죄인의 양상 및 관리 등을 파악하는 데 용이하다고 할 수 있다. 특히 현재 남아 있는 '수도안'의 경우 모두 19세기 이후에 작성된 것이어서 이에 대한 분석은 근대 형사제도로 바뀌기 이전인 19세기 지방의 형정 운영을 폭넓게 재구성하는 데 도움을 줄 것이다.

이글에서는 19세기 '수도안'의 자료적 특징과 그 안에 수록된 시수죄인의 실태를 파악하고자 한다. 구체적으로는 먼저, 국가의 죄수 관리 및 기록 체계가 어떠한 과정을 통해 마련되었는지 살펴볼 것이다. 다음으로 각 군현에서 작성된 19세기 '수도안'의 자료적 구성과 내용을 파악할 것이며, 이를 토대로 군현 내 수감된 시수죄인의 실태를 살펴볼 것이다. 검토 대상인 시수죄인은 19세기 수도안 가운데 1890년(고종 27) 7월에서 1891년(고종 28) 10월까지 함경남도 지역의 죄수를 기록한 『도내시수죄인수도성책道內時囚罪人囚徒成冊』(이하 『수도성책』)을 중심으로 집중, 분석할 것이다. 본 『수도성책』의 경우 다른 지역 수도안에 비해 함경도 내 13개 부府·군郡에 수감된 죄수를 군현별로 기록하고 있어 비교 대상이 풍부할 뿐만 아니라 수록 기간도 16개월로 상대적으로 길어 죄수의 수감 기간, 이수 상황, 관찰사의 처결 양상을 확인할 수 있는 특징이 있기 때문이다.[5] 이러한 수도안 자료의 기초적 검토는 19세기 형정 운영 과정뿐 아니라 지방 목민관의 사법행정 일단을 살펴보는 데에도 도움이 될 것으로 생각된다.

---

5 『道內時囚罪人囚徒成冊』의 구성과 내용적 특징에 대해서는 이 글 III장 2절 19세기 '수도안' 자료와 특징에서 구체적으로 검토하였으므로 이를 참고하기 바란다.

2. 조선시대 국가의 죄수 기록과 '수도안'

조선 초기부터 국가는 죄인을 수감하는 전옥서의 정비와 더불어 죄수에 대한 기록도 철저히 하였다. 전옥서는 1392년(태조 원년) 문무백관의 관제 제정 과정에서 일찍부터 마련되었으며, 죄수의 기록은 1406년(태종 6) 유사有司가 태종에게 수도록囚徒錄을 올린 것에서 그 존재를 확인할 수 있다. 이때 태종은 수도록에 기록된 죄수 가운데 옥중에서 사망한 사례가 있자, 옥사가 지체되는 일이 없도록 지시하였다.[6]

태종의 사례에서 보듯이 옥을 관리하는 관원은 죄수의 수감 연월을 확인하고 죄명을 기록하여 왕에게 보고하는 것이 의무였다. 그렇게 하는 목적은 체옥을 방지하기 위해서였다.[7] 그러나 조선 초기 체옥의 문제는 계속 지적되었다. 옥사를 담당하는 해당 관리가 판결이 쉬운 사건만 처리하고, 어려운 송사에 대해서는 이를 미루기 때문에 무고한 사람들이 옥에 장기간 수감되는 일이 빈번하였다. 따라서 태종은 체옥에 대한 방책으로 사헌부에 명하여 월말마다 죄수들을 적간해 옥사가 지체되는 일이 생기지 않도록 하였다.[8] 미결 죄수에 대해서는 각 도 관찰사가 사정을 기록해 의정부에 보고하도록 하고, 형조는 죄수의 이름 아래에 죄명, 조율 여부, 의심 사항의 갱추更推 후 미결 이유 등을 기록해서 각 도의 죄인을 보고하도록 하였다.[9]

세종대 이후부터는 각도의 도·유형 죄수에 대한 월말 보고와 함께,[10] 형조에서 전국의 수도인을 죄의 경중에 따라 소책자에 기록하여 왕이 열람할 수 있도록 하였다.[11] 또한 매달 10일에 수도囚徒의 유무를 왕에게 보고하

---

6 『태종실록』 권11, 태종 6년 4월 6일(병인).
7 『세조실록』 권40, 세조 12년 12월 2일(기해).
8 『태종실록』 권8, 태종 4년 12월 8일(을해).
9 『태종실록』 권30, 태종 15년 7월 29일(갑자).
10 『세종실록』 권35, 세종 9년 3월 25일(계축).

도록 하였다.[12]

이처럼 조선초기부터 체옥이 발생하지 않도록 죄수의 수감 일자를 확인하고 죄명을 기록, 보고하는 것이 원칙이었으며, 이는 『경국대전』에 그대로 규정되었다. 법전에 규정된 죄인의 수감, 관리, 기록 관련 조항 등을 살펴보면, 먼저 죄인은 장형 이상의 죄를 지었을 경우 수금되었다. 죄인 가운데 문무 관원, 내시, 사족 부녀, 승려 등은 왕의 보고를 거쳐 구금하였고, 사죄인死罪人은 수금한 후 왕에게 보고하였다. 또한 직수아문直囚衙門을 지정하여 서울은 병조, 형조, 한성부, 사헌부, 승정원, 장례원, 종부시에서 죄인을 구금할 수 있었으며, 지방은 관찰사와 수령이 할 수 있었다. 이 외에는 모두 형조로 이송해 구금하였다.[13] 각 해당 관청에서는 죄인의 죄명과 처음 구금한 날짜, 고문拷問 및 결죄決罪 횟수 등을 10일마다 기록해 왕에게 보고했으며, 지방에서는 계절의 끝 달에 보고했다.[14]

옥에 있는 죄수는 서울에서는 사헌부가, 지방에서는 관찰사가 검찰을 했다. 죄수가 사망하면 서울은 전옥서에서 형조에 보고하고, 형조는 한성부에 이문을 하였고, 의금부 죄수는 의금부에서 직접 한성부로 공문을 보냈다. 지방에서는 수령이 인근 고을 수령에게 이문하여 죄수의 시신을 검험해 사실을 조사한 후에야 매장할 수 있었다. 그런 다음 죄수의 사망원인 및 구료救療 정황을 서울에서는 한성부가, 지방에서는 관찰사가 왕에게 보고하였다. 감옥에 대한 관리를 소홀히 하거나 수감된 죄수를 침학할 경우 장 1백을 때려 처벌하였다[15].

조선후기에 이르면 죄인의 기록과 관련된 조항이 추가로 법전에 규정

---

11 『秋官志』 卷5, 詳覆部 附 欽恤 世祖 九年.
12 『성종실록』 권44, 성종 5년 윤6월 25일(무신).
13 『經國大典』, 刑典 囚禁.
14 『經國大典』, 刑典 恤囚.
15 『經國大典』, 刑典 恤囚.

되었다. 죄수의 기록과 관련해서는 죄인을 수감할 때 반드시 죄명을 들어 수도안에 기록해야 했으며, 죄가 확정되지 않은 사람은 수감하지 않았다. 만약 다른 죄로 무고를 당하여 억울하게 잘못 갇혔다가 진상이 드러나면 해당 관원은 파직되었다.[16] 더욱이 18세기 이후 각 관사의 구류문제가 심각해지자, 영조는 법사 및 각 관사에서 구류하는 규례를 금지하고 사옥私獄의 성격을 갖는 구류간을 일체 혁파하도록 지시했다.[17] 이러한 죄수는 기존에는 형조가 10일에 한 번씩 왕에게 보고하는 것이 항식이었다. 그러나 정조대에 이르러 사건의 신속한 파악을 위해 옥에 수감 중인 시수죄인을 5일에 1번씩 기록해 보고하는 것으로 바뀌었다.[18]

1867년(고종 4) 6조의 사무 처리에 필요한 행정법규와 사례를 편집해 간행한 『육전조례』에는 전옥서의 관리, 휼수 등의 사항이 구체적으로 제시되어 19세기 옥의 관리 및 죄수 기록에 관한 세부 내용을 알 수 있었다.[19] 죄인이 수감될 때에는 전옥서 관리가 호패를 거두고 성명을 물어서 본인임을 확인한 후, 옥에 가두었다. 그런 다음 수도안에 기록하고 이를 형조와 해당 관사에 올렸다. 수감되는 죄수는 중수重囚와 경수輕囚로 구분되었다. 결안結案 죄인, 현재 신문 중인 일차日次 죄인, 아직 추핵하지 않은[未推覈] 죄인은 중죄수에 해당되며, 이들에게는 가뉴枷杻, 쇄항鎖項, 철색鐵索, 족쇄足鎖나 고문에 사용하는 신장訊杖 등의 형구가 사용되었다.[20] 금난禁亂과 소송으로 잡혀 온 죄인 및 타 관사에서 형조에 관문을 보내 전옥서에 수감한 각사 내관來關 죄인은 경죄수로 구분되었다. 이들 경죄수에게는 태장의 형을 썼으며, 흉악범에게는 철이나 나무로 된 착고着錮의 형구를 사용하였다.

---

16 『續大典』, 刑典 囚禁.
17 『受敎輯錄』, 刑典 雜令; 『續大典』, 刑典 囚禁, "各衙門拘留人之弊 一切防禁".
18 『大典通編』, 刑典 恤囚; 『정조실록』 권6, 정조 2년 9월 28일(갑인).
19 19세기 전옥서의 실태에 대해서는 조윤선, 앞의 글, 2020을 참조할 것.
20 『六典條例』 卷9, 刑典 典獄署 重囚; 『六典條例』 卷9, 刑典 典獄署 刑具.

죄수의 점검은 옥관이 실시했는데, 오후 3시 반 이후인 포시晡時에 죄수를 정렬한 후 호명하여 얼굴을 확인하고 형구 착용을 검사하였다.[21]

전옥서 수도안에는 수감된 죄수의 이름 밑에 '상上'자, 또는 '방放'자를 써서 이들의 처리 여부를 기록하였다. '방'자가 표시된 죄수는 전옥서에서 직접 석방한 자이며, '상'자는 각 관사에 보내지는 죄수이다. '상'자 죄인을 형조, 사헌부, 한성부로 올려 보낼 때에는 전옥서의 대령군待令軍이 인솔해 갔으며, 다른 관사로 보낼 경우 해당 관사의 하례가 인솔해 갔다. 죄가 미결일 경우는 다시 예전대로 전옥서에 수감하였다.[22]

이러한 수도안은 중앙에서는 전옥서에서 날마다 수정하여 형조의 형방에 바치는 것이 원칙이었다. 그러나 18세기 후반에 이르면 수도안의 수정이 제대로 이루어지지 않아 죄수가 보고되지 않는 사례가 발생하였다. 1785년(정조 9) 정조는 수도안의 죄수가 시수죄인 1인뿐이자, 각사 죄수의 미보고 사례를 지적하며, 승지에게 매일 수도안을 가져와 보고하도록 했다. 만약 수도안이 제대로 작성되지 않았으면 전옥서의 관원을 처벌하였으며, 승지가 이를 감추었다가 사실이 드러나면 중벌에 처했다. 아울러 형방의 원리院吏는 곤장을 친 후 정배하였고, 이 같은 사항을 형조, 전옥서의 등록에 기재하도록 하였다.[23]

전옥서의 참봉은 수도안에 수감 중인 죄수 가운데 계속 수감해야 하는 가수질加囚秩과 석방하는 방질放秩을 매일 적어 형조의 당상 및 입직 낭관과 형방의 낭청에게 보고했는데, 묘당의 분부가 있을 때에는 묘당에도 올렸다. 이러한 수도안은 중죄수, 경죄수를 막론하고 각 2편씩 작성했으며, 각사 죄인은 1편만 만들어 해당 관사에 올렸다.[24] 또한 전옥서 제조를 겸하는

---

21 『六典條例』 卷9, 刑典 典獄署 監獄.
22 『六典條例』 卷9, 刑典 典獄署 總例, "囚徒中 姓名下 書付上字 或書放字 以爲憑信之標 放者 自本署直放 上於刑曹·憲府·京兆 則以本署待令軍領去 他司 則以該司下隷領去 未決罪而還囚 則依前入獄."
23 『秋官志』 권5, 詳覆部 附 欽恤 (重補) 今上九年;『정조실록』 권20, 정조 9년 10월 27일(계묘).

형방의 승지는 죄인의 도수都囚徒를 매일 신시申時에 승정원에 올렸다.[25]

시수죄인의 수도안 외에 결옥록決獄錄은 1월, 4월, 7월, 10월의 각 10일에 수계修啓하였다. 상형고祥刑攷의 경우 별도로 상, 하권을 만들고 경외의 옥수獄囚·각 도의 유배 죄수를 일일이 재록하여 2월, 5월, 8월, 11월 25일에 수계하였고, 도류안徒流案은 10일에 수계하였다.[26]

아울러 수도안의 관리도 철저히 하여 죄수의 수도기록을 잃어버린 관리는 처벌되었다. 1890년(고종 27) 석방 여부를 계문하기 위해 형조로 이문된 죄수의 수도안 가운데 평안도 가산군에 수감된 죄인 임일경의 원안이 분실되자, 고종은 잘 간수하지 못한 해당 서리를 형조에서 각별히 엄하게 치죄하도록 하였다. 그런 후 분실된 수도안을 해당 도의 관찰사에게 다시 수계하도록 분부하였다.[27]

이상과 같이 죄수를 기록한 수도안은 조선초기부터 작성되어 죄수 관리 및 체옥 방지의 한 방편으로 이용되었다. 조선후기에 이르면 죄수의 수금문제와 함께 정기적으로 수금인을 기록, 보고하는 사항이 보완, 추가되었다. 중앙의 경우 전옥서 제조를 겸하는 형방의 승지가 도수도都囚徒를 매일 승정원에 보고했으며, 전옥서는 5일마다 죄목을 갖춘 수도안을 입계하였다. 이를 통해 왕은 죄의 경중을 참고하여 경수에 한해 석방하여 관형寬刑의 뜻을 보여주는 한편, 만옥滿獄이 되는 상황을 해소하고자 하였다.

---

24 『六典條例』卷9, 刑典 典獄署 總例.
25 『六典條例』卷2, 吏典 承政院 總例.
26 『六典條例』卷9, 刑典 刑曹 總例, "決獄錄 四孟朔初一日 請出 初十日 添補修啓 祥刑攷原編曹中 入啓文案 刪略立綱目 別編上下卷 京外獄囚·各道配囚 一一載錄 四仲朔初一日 以標紙請出 二十五日 修啓 徒流案 四仲朔初十日 修啓 舊件換出."
27 『승정원일기』 3001책, 고종 27년 9월 17일; 『秋曹決獄錄』 40冊, 庚寅 9월.

3. 19세기 '수도안' 자료와 특징

1) 의금부 『시수책』과 「전옥서 수도기」

　1894년 근대형사제도로 사법체계가 변화되기 이전의 19세기 수도안 관련 자료로는 형조, 의금부, 각 도 군현에서 작성한 수도안 11건을 파악할 수 있었다. [표 1]은 19세기 후반 죄수 수감 관련 자료를 지역별로 제시한 것이다. 자료의 시기는 1810년부터 1890년까지이며, 지역별로는 서울 2건, 경상도 4건, 전라도 2건, 함경도 3건이다. 이를 중심으로 19세기 수도안의 자료적 특징을 살펴보았다.

[표 1] 19세기 후반 죄수 수감 관련 자료

지역	서명	연도	내용	소장처
서울	시수책	1810~1895년	1810년~1895년까지 의금부에 수감된 전·현직 관원의 범죄사실을 기록.	규장각 (奎17288-v.1-13)
	典獄署囚徒記	1889년 (고종26)	1889년 7월 23일~29일까지의 전옥서 수감죄인의 기록.	국립중앙도서관
경상도	囚徒	1854년 (철종5)	경상도 청도군에 수감된 죄수들의 기록.	규장각 (奎 27506)
	慶尙右兵營査事罪人囚徒成冊	1870년 (고종7)	1870년 晋州 趙鏞周 등이 投書告變한 사건에 대한 관련 죄인의 기록.	규장각 (奎 17163)
	慶尙道內各邑殺獄罪人等始囚逃躲年月日開錄成冊	1878년 (고종15)	1878년 1월 경상감영에서 작성한 탈옥하여 도망간 죄수들의 명단.	규장각 (奎 17161)
	慶尙道內各邑去冬三朔殺獄罪人等始囚逃躲年月日及同推拷訊次數開錄成冊	1890년 (고종27)	1890년 1월 경상감영에서 도내 각 읍의 겨울 석달간 수감 중인 살옥죄인의 기록.	규장각 (奎 17162)
전라도	囚徒案	乙巳	전라도 임실현에 수감된 죄수들의 기록.	규장각 (奎 12383)
	囚徒案	1884년 (고종21)	1884년 전라도 장흥현에 수감된 죄수들의 기록.	규장각 (奎 27155)

함경도	囚徒冊	1858년 (철종9)	1858년 5월~12월까지 함경도 영흥부에 수감된 살옥죄인과 시수죄인의 기록.	한국학중앙연구원
	咸鏡北道徒流定配罪人等仍秩成冊	1887년 (고종24)	1887년 함경북도안무사 겸 병마수군절도사 남정순(南廷順)이 편찬한 도류죄인의 기록.	규장각 (奎 17164)
	道內時囚罪人囚徒成冊	1890년 (고종27)	1890년~1891년 함경도내 도류죄인 및 시수죄인의 기록.	미국 버클리대 동아시아도서관

서울의 경우 의금부 『시수책』과 전옥서의 수도기가 있다. 의금부에서 편찬한 『시수책』은 1810년(순조 10)부터 1895년(고종 32)까지 의금부에 수감된 전·현직 관원의 범죄사실을 기록하였다. 의금부 『시수책』의 연도별 각 책의 수록대상 시기는 다음의 [표 2]와 같다. [표 2]에 따르면 의금부 『시수책』은 현재 13책이 남아있다. 책의 번호는 숫자 1부터 10까지를 천자문의 순서대로 엮어 〈일천一天〉을 시작으로 〈십천十天〉까지 차례를 매긴 후, 다시 〈일지一地〉로 시작하여 〈칠지七地〉에서 마무리하였다. 따라서 현재 〈오천五天〉, 〈칠천七天〉, 〈팔천八天〉, 〈육지六地〉 4책이 없는 것으로 보아 『시수책』은 모두 17책이었으나 13책만 전해지고 있음을 알 수 있다.

[표 2] 의금부 『시수책』의 구성

책수	수록 연월	책수	수록 연월
제1책〈一天〉	1810년 9월~1813년 2월 1821년 2월~1822년 1월	제8책〈一地〉	1865년 10월~1873년 12월
제2책〈二天〉	1837년 9월~1839년 4월.	제9책〈二地〉	1873년 12월~1877년 6월
제3책〈三天〉	1839년 4월~1842년 5월	제10책〈三地〉	1877년 6월~1881년 5월
제4책〈四天〉	1842년 5월~1844년 8월	제11책〈四地〉	1881년 5월~1883년 12월
제5책〈六天〉	1846년 6월~1850년 7월	제12책〈五地〉	1884년 1월~1887년 3월
제6책〈九天〉	1857년 윤5월~1861년 7월	제13책〈七地〉	1893년 1월~1895년 3월 8일
제7책〈十天〉	1861년 7월~1865년 10월		

『시수책』의 체제를 보면 제1책은 일정하게 정해진 틀이 없이 범죄를 저지른 관원의 성명과 관직명, 죄목, 수감 시기가 작성되었다. 그러나 제2책부터는 표제에는 '시수책'이라고 쓰여 있지만, 속지에 '정유신간시수책丁酉新刊時囚冊'이라고 인쇄되어 있어 1837년(헌종 3) 의금부에서 시수의 기록을 정형화했음을 알 수 있다.

죄수 기록의 형식을 보면 한 면에 표를 인쇄하여 5인씩 기록하였다. 표의 첫째 칸에 죄수의 성명을 쓰고, 두 번째 칸에는 관직명과 죄명 란으로 구분하여 기록하였다. 죄명 란 끝에는 '죄罪'자가 인쇄되어 있다. 마지막 세 번째 칸에는 '월 일 수囚, 월 일 방放'의 글자를 인쇄하고 그 안에 수금한 연월일, 형조로의 이송 여부, 사면, 석방 및 정배 등을 기록하였다. ([자료1] 참조)

이러한 의금부 『시수책』은 1813년 3월~1821년 1월, 1844년 9월~1846년 5월, 1850년 8월~1857년 5월, 1887년 4월~1892년 12월 등 결락된 시기가 다소 있지만, 19세기 의금부에서 처리한 전·현직 관원의 범죄 현황과 수감 실태를 파악하는 데 많은 도움을 주고 있다.

『전옥서수도기典獄署囚徒記』는 1889년(고종 26) 7월 23일에서 29일까지

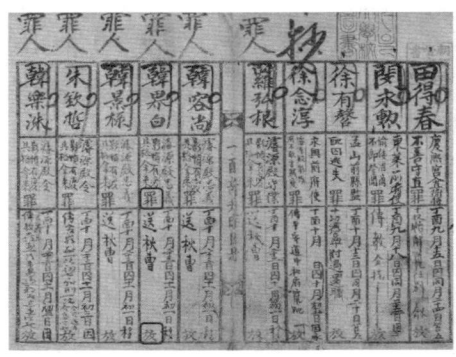

[자료 1] 1837년 의금부 시수책
(출처: 규장각한국학연구원)

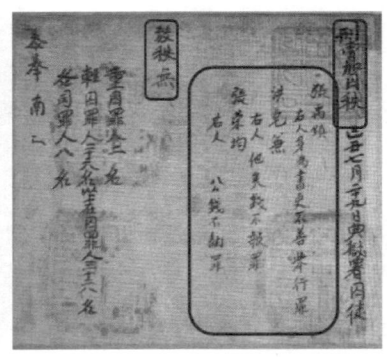

[자료 2] 1889년 전옥서 수도기
(출처: 국립중앙도서관)

전옥서에 수감된 죄인의 기록이다.[28] 『육전조례』에 따르면 전옥서의 경우 수감 중인 죄인 가운데 계속 수감[加囚秩]하거나 석방할 자[放秩]를 매일 기록하여 형조의 당상 및 입직 낭관과 형방의 낭청에게 보고하였다. 현존하는 『전옥서수도기』의 경우 죄인을 '형조가수질刑曹加囚秩'과 '방질放秩'로 분류했으며, 수감죄인은 중수, 경수, 각사 죄인으로 구분하고 각각 명수를 기재하였다. 위의 [자료 2]는 1889년 7월 29일 전옥서 수도로, 여기에는 형조가수질로 장우진, 홍택겸, 장영균 3명의 죄인이 기록되었다. 이들은 각각 서리직을 잘 수행하지 못한 죄[書吏不善擧行罪], 남의 돈을 갚지 않은 죄[他矣錢不報罪], 공전을 납부하지 않은 죄[公錢不納罪]로 전옥서에 수감되었다. 이러한 『전옥서수도기』는 날짜별로 각각 낱장으로 작성되어 있어 전옥서 참봉이 매일 수감인의 수를 분류, 정리하여 형조의 당상 및 입직 낭관, 형방 낭청에게 올렸음을 확인할 수 있다.

2) 지방 군현의 수도안

(1) 경상도

지방에서 작성된 것으로는 경상도, 전라도, 함경도 각 군현의 수도안이 있다. [표 1]에서 보듯이 경상도의 경우 청도, 진주, 경상감영에서 작성한 수도안이 있다. 먼저 1854년(철종 5) 청도군에서 작성한 『수도囚徒』라는 제목의 수도안은 수감된 죄수의 사항을 '살옥죄인', '정배죄인질', '시수', '구류', '이방질已放秩'로 분류해 기재하였다. 사죄에 해당하는 살옥죄인에는 1845년(헌종 11)에서 1853년(철종 4)까지 청도군에서 벌어진 살인 사건에 대

---

28 『전옥서수도기』의 경우 전옥서 참봉 '남'이 수결을 하고 있어 이를 토대로 수도기의 작성 시기를 파악할 수 있었다. 전옥서의 경우 참봉 2원을 두는데 고종 22년 3월 참봉 남상익이 수도안을 보고하고 있어(『승정원일기』 2934책, 고종 22년 3월 11일), 수도기의 작성 시기가 1889년(고종 26)임을 알 수 있었다.

한 정범 5인의 죄명, 이름, 수감 일자, 녹계 여부, 피해자와 사망원인이 적혀있다. 정배죄인질에는 1851년(철종 2)~1854년(철종 5)에 경기도 진위현과 광주부, 충청도 청주목에서 청도군으로 유배된 3명의 죄인이 기록되었다. 각각 수추囚推 지역, 성명, 도배到配 일자, 보수주인保授主人의 직역과 성명, 죄목의 순으로 유배죄인의 정보가 적혀있다. 시수죄인과 구류인에는 각각 7명이 기록되었다. 모두 1854년 윤7월과 8월에 수감된 사람들이다. 구류된 사람들로는 취중에 타인을 때리거나 상호 구타한 자, 관원이 불렀으나 대령하지 않은 자가 있으며, 도망간 죄인을 대령하게 할 목적으로 보수주인의 어머니나 정배 죄인의 아들을 구류하기도 하였다.[29]

이미 석방한 사람들도 이방질로 분류해 기재하였다. 이방질에는 21명이 있는데, 1854년 5월에서 7월 사이 수감되거나 구류되었던 사람들이다. 다른 죄인들과 마찬가지로 거주 읍명, 성명, 수감 일자, 수감이유 및 죄목이 적혀있다.

『경상우병영사사죄인수도성책慶尙右兵營査事罪人囚徒成冊』은 1870년(고종 7) 7월 경상우병사 임상준의 명으로 진주 유학 조용주 등 6인이 고변한 사건에 대한 관련 죄수들을 분류, 기재한 것이다. 이 수도성책에는 본 사건과 관련된 죄인 40명, 고변인 6명, 죄인차지뇌수질罪人次知牢囚秩 6명, 재도미포질在逃未捕秩 5명 등이 기록되었다. 사건 관련 죄인과 고변인은 거주 군현, 성명, 나이, 이름을 적었고, 이름이 호적과 다른 죄인은 호적명[籍名]이 이름 밑에 기재되었다. 고변인은 투서와 밀고자로 구분했으며, 죄인 대신 옥에 수감된 경우는 가족관계, 분수分囚 상황, 수감 군현을 기재하였다. 도망가서 잡지 못한 경우는 성명과 거주 군현만 기록하였다.

---

29 정배죄인 가운데 충청도 청주목에서 온 윤자경은 1854년(철종 5) 윤7월 2일 배소에 도착하였으나 곧 도망하여 동월 22일 그의 아들을 구류하였고, 8월 16일 보수주인 윤용운의 어머니를 사령방에 구류하였다. 이 경우 윤자경은 정배죄인질에, 그의 아들과 윤용운의 어머니는 구류질에 기록되어 있다.

또한『경상도내 각읍 살옥죄인등 시수도타 연월일개록성책慶尙道內各邑殺獄罪人等始囚逃躱年月日開錄成冊』은 1878년(고종 15) 1월 경상감영에서 만든 수도안으로, 각 읍의 살옥죄수 가운데 도망가서 체포하지 못한 자들을 기록하였다. 본 수도안의 경우 경상도 관찰사 박제인이 8개 지역(청도, 상주, 양산, 고성, 함안, 경산, 흥해, 경주) 10명의 죄수들을 작성해 의정부에 보고한 것으로, 죄수들이 살해한 피해자의 성명, 형문刑問 차수, 탈옥 일자, 수감 일자 등이 적혀있다. 아울러『경상도내 각읍 거동삼삭 살옥죄인등 시수도타 연월일및동추고문차수 개록성책慶尙道內各邑去冬三朔殺獄罪人等始囚逃躱年月日及同推拷訊次數開錄成冊』은 1890년(고종 27) 1월 경상감영에서 도내 각 군현의 전년 겨울에 수감 중인 살옥관련 죄수를 기록한 것으로 앞의『경상도내 각읍 살옥죄인등 시수도타 연월일개록성책』의 내용이 그대로 포함되어 있다. 군현별로 죄인의 성명, 고신 차수, 형문의 정지 여부, 수감 일자 등을 살펴볼 수 있다.

(2) 전라도

전라도의 경우 임실현과 장흥현에서 작성한『수도안』이 있다. 임실현에서 작성한『수도안』의 시기는 을사년乙巳年으로 일자별로 죄수의 수감 실태를 기록하고 있으나 문서의 훼손이 심해 내용을 거의 알 수 없는 한계가 있다. 수도안의 작성방식은 처리한 죄수의 인적사항과 죄명, 처벌 결과, 수감 일자, 수감장소, 석방 일자, 형량 등을 날짜순으로 기재하였다.

장흥현에서 작성한『수도안』은 1884년(고종 21) 7월로 일자가 쓰여 있지만 수록된 죄수들을 보면 1883년(고종 20)부터 날짜순으로 기록되고 있다. 이 수도안은 수감된 곳에 따라 죄수들을 감영에 수감된 '영수죄인질營囚罪人秩', 각 읍에 수감된 '읍수질邑囚秩', 잠시 구류중인 '구수질拘囚秩'로 분류하였다. 앞에서 살펴본 1854년(철종 5) 청도군에서 작성한『수도』와는 분류방식에서 차이가 있음을 알 수 있다. 먼저 영수죄인질에는 1명이 기록되었다. 하리 임태옥의 차지次知로 그의 부인이 수감되었는데, 남편이 상납해야 할 세금을 제대로 조사하지 않았기 때문이다. 읍수질에는 3월부터 8월 7일까지 수감된 죄인 31명이 시기 순으로 기록되었다. 이들의 경우 고읍古邑·장동長東·부산면夫山面 등 죄수의 거주지와 성명 및 직역, 수감 일자, 칼을 씌워 옥에 가둔 '가수枷囚'여부, 죄목 및 수감이유를 적고 있다.

조선시대 수감된 죄수에게는 형량이나 신분에 따라 각기 다른 형구를 차게 했다. 사형에 처해질 죄수에게는 칼[枷]을 씌우고, 수갑[杻]과 족쇄[鎖足]를 채웠으며, 유형 이하의 경우 칼과 수갑을, 장형의 죄수에게는 칼만 씌우는 등 형량에 따라 형구를 구별하였다. 부녀자일 경우는 의친議親, 공신 및 당상관, 사족의 여자가 사죄를 범하면 항쇄를 채우고, 당하관, 서인의 경우 항쇄와 족쇄를 채웠다. 장형에 해당하는 죄를 범했을 때에는 항쇄만 채웠다. 옥에 수감할 수 있는 나이도 제한하였다. 70세 이상이거나 15세 이하의 죄인은 구금대상이 아니었지만, 강도와 살인에 해당하는 죄를 지으면 구금하였다.[30] 각 군현의 수도안에 형구 착용을 기록하고 있는 양상은 이러한 모습을 보여주는 것이다.

구수질에는 30명의 구류사항이 기재되었다. 구수질의 경우 장청將廳, 장방長房 등 구류장소가 적혀있다는 점과 대부분 구류죄인이 세전稅錢, 공전公錢을 상납하지 않은 사람들이어서 납부해야할 돈이 기재되어 있는 것이 다른 지역 수도안과 다른 특징이다.

(3) 함경도

함경도에는 3건의 수도안이 있다. 먼저 1858년(철종 9)에 작성된 『수도책』이다. 이 수도책은 함경도 영흥부에서 작성한 것으로, 1858년 5월부터

---

[30] 『經國大典』 刑典 囚禁, "杖以上 囚禁... 死罪 枷·杻·鎖足 流以下枷·杻 杖枷 議親·功臣及堂上官·士族婦女犯死罪 鎖項 堂下官·庶人婦女 鎖項足 杖則鎖項 ...年七十以上·十五以下 非强盜·殺人 則勿囚."

12월까지 살옥 죄인 3명과 시수죄인 112명이 적혀있다. 시수죄인은 일자, 수감죄인의 성명, 형구 착용, 죄목의 순으로 작성되었다.

『함경북도 도류정배죄인등 잉질성책咸鏡北道徒流定配罪人等仍秩成冊』은 1887년(고종 24) 함경북도 안무사 겸 병마수군절도사 남정순이 도류죄인 가운데 잉질仍秩인 길주목과 경성부 유배죄인 5인을 기록한 것이다. 제일 먼저 각 죄인에 대하여 정배지, 수추囚推 기관 및 지역, 성명 및 연령, 도착 일자, 보수주인의 신분 및 성명을 기록하였다. 다음으로 유배죄인의 수추 지역 관찰사의 이문에 기재된 죄인의 범죄 내용,『대전회통』또는『대명률』에 의거한 검률의 조율 내용, 최종 형량이 기재되었다. 형조에 수감되었다가 함경도 길주목으로 유배된 신경록의 경우 동료 17명 등과 종로 거리를 지나다가 별감 신상순 등과 싸움을 하고 이들을 구타한 죄목으로 길주목에 유배되었다.[31] 왕의 관리하에 있는 액례를 구타했기 때문에 다른 유배죄인과 달리 왕의 전교가 실려 있다.

다음으로『도내시수죄인수도성책道內時囚罪人囚徒成冊』(이하『수도성책』) 은 1890년(고종 27) 7월에서 1891년(고종 28) 10월까지 함경남도 지역의 죄수들을 기록한 것이다. 함경도의 경우 도내에 위치한 마천령을 중심으로 이남을 남도라 하고, 이북을 북도라 하였다. 남도 지역은 안변에서 시작하여 함흥을 거쳐 단천에서 그치고, 북도는 길주에서 시작하였다. 위의『수도성책』은 남도에 해당하는 안변, 덕원, 문천, 고원, 영흥, 정평, 함흥, 홍원, 이성, 북청, 단천, 그리고 갑산, 삼수, 장진 등 14개 지역에 수감된 죄수들을 각 군현의 지리적 위치의 순으로 기록하였다. 특히『수도성책』의 작성 시기가 새로 부임한 함경감사 한장석의 재임 기간[32]이어서 자신의 재임기간

---

31 『승정원일기』 2949책, 고종 23년 6월 4일.
32 한장석은 1890년 6월 함경도관찰사로 제수되어 동월 8일 함경도내에 도착하고, 13일 함흥 감영에 도착하였다. 이후 1891년 11월 경기도 관찰사에 제수되었다.

동안 처리한 죄인을 함경남도와 북도로 나누어 성책한 것으로 파악된다.

『수도성책』은 크게 '배인질配人秩'과 '시수죄인질時囚罪人秩'로 구성되었다. 배인질에는 안변부, 갑산부, 삼수부, 장진부로 정배 온 죄인 17명이 각 지역별로 수록되었다. 다른 지역 수도안의 죄인과 마찬가지로 수추 지역, 성명, 도배 일자, 죄목, 도·유형 등의 형량을 기록하였다.

시수죄인질은 서울에서 거리가 가까운 안변을 시작으로 남도 14개 부군에 수감된 죄인 270명을 지역별로 구분해서 기록하였다. [자료 3]에서 보듯이 각 시수죄인은 죄인의 신분 및 직역, 성명, 수감 및 석방 일자, 이수 상황, 죄목을 기록했다. ①의 경우 시수 일자와 석방 일자가 기재되었다. 남의 재물을 속여서 뺏은 죄[欺人騙財罪]로 수감된 김영봉은 1890년 12월 9일 수감되어 이듬해 1월 7일 중영에서 장을 맞고 석방되었다.

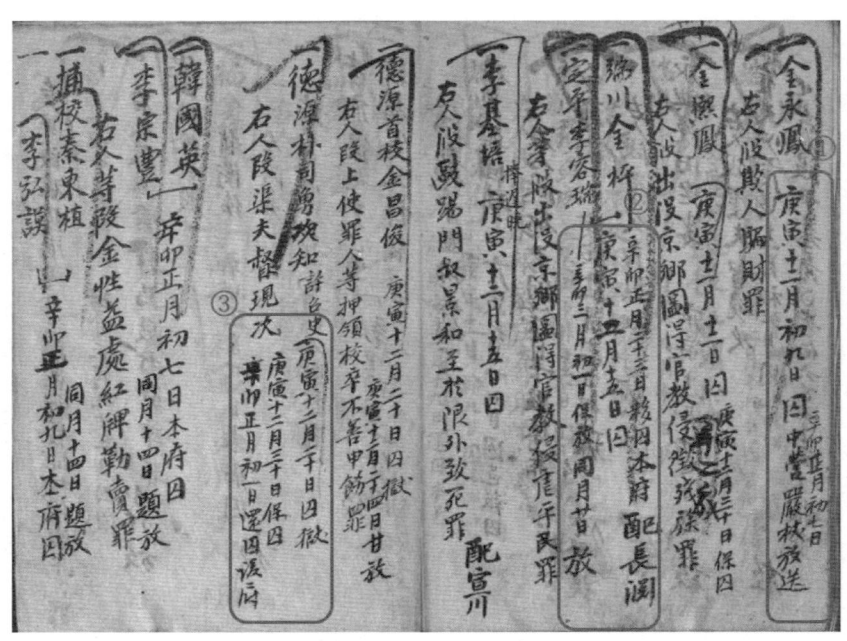

[자료 3] 함경도 『道內時囚罪人囚徒成冊』 내 함흥부 시수죄인

특히 『수도성책』의 경우 다른 지역의 수도안과 달리 시수죄인의 이수 상황과 석방 형태를 자세히 기록했다는 점이 특징이다. ②의 사례는 이를 단편적으로 보여주고 있다. 단천의 김평과 정평의 이용서는 1890년 12월 15일 수감되었다가 김평은 이듬해 정월 23일 함흥부로 이수된 후 황해도 장연으로 정배되었다. 이용서는 1891년 3월 1일 보방保放되었다가 동월 20일 석방되었다. 이 외에도 영흥의 주성원은 산을 신명하에게 팔아놓고도 소송을 제기하여 환퇴하고 굴이掘移한 죄로 1891년 8월 15일 수감되었다가 정평으로 이수되어 9월 14일 석방되었다. 함께 수감된 주윤진은 신명하의 무덤을 파서 시체를 은닉하였기 때문에 문경으로 정배되었다. 단천에 사는 김기준, 최학길은 민렴民斂을 남배濫排한 죄로 1890년 11월 9일 수감되었다가 한 달이 지난 12월 19일과 28일에 각각 본 읍인 단천으로 환수되었다. 홍원의 예리 김규환, 최리환의 경우 무엽전을 남봉濫捧한 죄로 1891년 4월 23일 수감되었다가 5월 20일 제방題放된 후 6월 25일 다시 수감되었다. 이후 두 사람은 9월 23일 중영中營으로 이수되었다가 27일 제방되었다.

③의 경우는 차지次知의 양상이다. 남편 박사용의 자수를 독촉하기 위해 차지로 수감 중인 허조이는 1890년 12월 20일 옥에 수감되었다가 10일 뒤인 30일 보수保囚되었으며 이듬해 정월 1일 다시 수감되었다.

또한 『수도성책』의 경우 시수죄인의 석방 형태를 방放, 제방題放, 감방勘放, 감방甘放, 곤방棍放, 징방懲放, 품방稟放, 보방保放, 속방贖放 등 구체적으로 기재하고 있는 점도 다른 지역의 수도안과 구별되는 특징이라고 할 수 있다.[33] 제방은 죄를 입은 사람이나 그 가족들이 감영에 가서 석방을 요청하는 소지를 올린 후 관찰사의 제사를 받고 석방한 경우이다. 일반적인 석방과 함께 가장 많은 사례를 차지하고 있는 것으로 보아 본인과 가족의

---

33 『수도성책』에 기재된 죄수의 석방 형태는 放 66명, 題放 65명, 勘放 8명, 甘放 22명, 棍放 14명, 懲放 3명, 稟放 3명, 保放 7명, 贖放 2명 등 다양했다.

석방 청원 소지를 토대로 관찰사가 죄수를 석방했음을 알 수 있다.

감방은 처벌을 받고 방면되는 '감죄몽방勘罪蒙放'의 경우라고 볼 수 있다. 『수도성책』에서는 타인을 구타한 죄인이나 도망간 관기에 대해서 감방의 형식으로 석방하였다. 감방甘放으로 석방된 죄인의 경우 수감 기간이 긴 것이 특징이다. 대부분 2개월 이상 수감되었으며, 11개월 체옥된 경우도 있다. 감방된 자가 가운데에는 죄인이 도망가 대신 수감된 차지가 30%로 가장 많았다. 1761년(영조 37) 국가는 부모, 형제, 처자 등을 죄인의 대리인으로 삼아 구속 수감하는 차지를 엄히 금하며, 위반자에 대해서는 제서유위율制書有違律로 논죄하였다.[34] 그러나 19세기에 이르러서도 여전히 차지하는 경우가 많아 규정이 제대로 시행되지 않았음을 알 수 있다. 이 밖에 죄인을 잃어버렸거나 어전을 횡탈한 죄인을 함경 감사는 감방하였다.

곤방은 곤을 친 후 석방한 것으로 수감 기간이 1일~3일로 짧았다. 감시 합격자를 토색하거나 사슴을 잡을 때 포를 잘못 쏘아 사람을 죽인 죄인에게 곤을 치고 석방하였다. 보방은 옥에 갇혀 재판을 대기 중인 피의자, 도류형이 집행되고 있는 죄인 등에게 질병이나 친상親喪 등이 발생했을 경우 환수還囚 또는 환배還配를 전제로 하여 보증인을 세우고 일정 기간 석방하는 것이다. 대체로 미결수 또는 피의자로 구속된 자를 포함해서 형을 집행 중인 도류죄인에게 적용하였다.[35] 『대명률』에서는 질병에 대해서만 보방하지만, 조선에서는 18세기 이후 그 대상을 질병과 친상 두 가지로 구분하였다. 질병으로 인한 보방의 경우 중수를 제외하고 다소 죄질이 가볍고 중대한 병을 앓고 있는 죄수로 규정하였고, 친상의 경우 사죄수를 제외하였다.[36] 『수도성책』의 보방인은 무슨 이유로 보방되었는지 알 수 없으며, 3개월 이

---

34 『大典通編』刑典 囚禁, "以父母代子 以兄代弟 以妻代夫 次知囚禁者 竝嚴禁 犯者 以制書有違律論."
35 元載淵, 「조선시대 保放의 典據와 그 實態」, 『法史學研究』 33, 법사학회, 2006, 6쪽.
36 元載淵, 앞의 글, 11쪽.

상 장기 수감자가 많았다.

　이 밖에 남의 아내를 빼앗거나 세전의 건물, 무소誣訴 등으로 중영에 수감된 자들은 품방되었는데, 중군이 관찰사에게 아뢴 후 석방되었기 때문이다. 기생집에서 폭행하거나 유부녀를 간통한 자들은 징방으로 석방되었으며, 속전을 받고 석방된 자도 있다.

　이상과 같이 19세기 수도안의 경우 내용적으로는 군현 내 모든 수감죄인을 기록한 것과 살옥죄인이나 특정 사건의 죄인 및 관련인을 수감한 것으로 분류할 수 있다. 다만 후자의 경우 한 사건에 해당하는 관련 죄인들을 1책으로 작성했기 때문에 군현 전체 죄수의 실태를 파악하는 데에는 한계가 있다. 군현 내 수감죄인을 모두 기록한 수도안은 대부분 기결수, 미결수, 구류인으로 구분하거나 미결수를 감영이나 군현 등 수감된 곳에 따라 기재하였다. 이러한 죄수의 기록은 일정한 틀을 유지하고 있었다. 수도안에는 죄수의 직역 및 신분, 성명, 도배到配 및 수감 일자, 죄명, 석방 여부 등의 사항이 공통적으로 기록되었다. 그 가운데 함경도『수도성책』은 1890년 6월 한장석이 함경감사로 부임하여 이듬해 10월 그만두기까지 16개월간의 함경남도 14개 부府·군郡의 죄수를 군현별로 기록하고 있어 다른 수도안에 비해 수록기간이 가장 긴 장점이 있다. 뿐만 아니라 죄수의 수감 일자와 석방 일자를 기록하고 있어 수감 기간을 알 수 있으며, 이수상 황 및 처결 양상도 확인할 수 있어 시수죄인의 실태 및 관찰사의 직단 양상을 파악하는 데 용이하다고 할 수 있다. 다음 장에서는 이러한『수도성책』에 기재된 죄수들의 현황을 도류죄인과 시수죄인으로 구분해 함경남도 죄인의 실태를 살펴보고자 한다.

4. 19세기 후반 함경남도 죄인의 실태

1) 도류죄인의 실태

『수도성책』에 기재된 도·유형죄인은 17명으로, 도형수徒刑囚 8명, 유형수流刑囚 9명이다([표 3] 참조). 지역별로는 안변부가 도형수 2명, 유형수 3명이며, 갑산부가 도형수 1명, 유형수 4명, 삼수부가 도형수 4명, 유형수 1명, 장진부가 도형수 1명, 유형수 1명이다. 도형수의 경우 모두 도3년 형을 받았으며, 유형수는 유3천리의 형을 받았다. 유형별로는 도형수의 2/3이상이 노름장을 설치해 타인의 재물을 취득한 죄로 처벌받은 반면, 유형수는 부녀를 범간犯姦하거나[2건], 평민을 침학하거나[3건], 민요民擾 조사 시 도망가거나[3건], 위토位土를 미리 팔아 역사驛事를 혼란케 한 죄[1건] 등 다양했다.

이들 도류죄인의 경우 [표 3]에서 보듯이 모두 함경도민이라는 특징이 있다. 안변부 도류죄인 5명 가운데 함흥 3명, 갑산 1명, 단천 1명이며, 갑산부, 삼수부, 장진부 12명의 도류죄인은 모두 함흥에서 발배된 사람들이다. 함경도민의 유배지가 본도本道로 지정된 양상을 살필 수 있다.

[표 3] 『道內時囚罪人囚徒成冊』에 기재된 도·유형죄인

유배지	성명	발배지역	도배일자	죄명	형량	석방일자
안변부	김승보	함흥	1890. 10. 26	設局雜技奪取人財罪	도3년	放
	서학수	갑산	1890. 12. 13	莫重杜穀送店所罪	유3천리	방
	흥용	함흥	1890. 12. 18	故縱徒囚罪	도3년	12.22. 題放
	쌍운	함흥	1891. 8. 21	犯姦婦女罪	유3천리	甘放
	문춘엽	단천	1891. 9. 12	侵虐平民罪	유3천리	10.2. 감방

갑산부	문재림	함흥	1890. 10. 30.	設局雜技奪取人財罪	도3년	방
	인언	함흥	1890. 11. 24.	侵虐平民罪	유3천리	방
	유학렬	함흥	1890. 7. 27.	民擾致亂掖藂時逃躱罪	유3천리	1891. 5. 26. 감방
	보임	함흥	1891. 8. 23.	犯姦婦女罪	유3천리	1891. 10. 27. 감방
	박태봉	함흥	1891. 9. 9.	侵虐平民罪	유3천리	감방
삼수부	조춘화	함흥	1890. 8. 4.	預賣位土濁亂驛事罪	도3년	1891. 5. 26. 감방
	김인하	함흥	1890. 8. 4.	奸吏民擾按藂時逃躱罪	유3천리	1891. 5. 26. 감방
	한기만	함흥	1890. 11. 3.	設局雜技奪取人財罪	도3년	방
	성기풍	함흥	1890. 11. 17.	設局雜技奪取人財罪	도3년	방
	한인우	함흥	1890. 11.	作弊閭里罪	도3년	방
장진부	조칠흥	함흥	1890. 7. 18.	民擾致亂按藂時逃躱罪	유3천리	1891. 5. 26. 감방
	김흥길	함흥	1890. 10. 27	設局雜技奪取人財罪	도3년	방

조선 초에는 국가의 일에 관계되는 국사범의 경우 평안도 인산麟山, 이산理山 이북의 연변 고을이나 함길도의 길주 이북으로는 유배가 금지되었다. 이는 죄인이 범월犯越하여 도망갈 위험이 있었기 때문이었다.[37] 조선후기에는 제주와 서북도에 대한 유배지 조항을 별도로 두어 이들이 본도를 벗어나지 못하도록 하는 규정을 마련하였다. 1689년(숙종 9) 제주 3읍 사람 가운데 유배형에 처한 자는 3읍 안에서 지역을 바꾸어 정배하도록 했으며, 1695년(숙종 21)에는 서북도 죄인 가운데 인삼에 관한 금령을 위반한 경우를 제외하고 먼 지역으로 유배를 보내야 할 자는 평안도와 함경도의 강변읍江邊邑으로 지역을 바꾸어 정배하였다. 이러한 조치는 모두 제주인과 서북도인을 그 지역에 긴박시키기 위한 것이라고 할 수 있다.[38] 이때 관찰사는 죄

---

37 金景淑,「朝鮮時代 流配刑의 執行과 그 事例」,『史學研究』55·56, 한국사학회, 1998, 167쪽.
38 심재우,「조선전기 유배형과 유배생활」,『國史館論叢』92, 국사편찬위원회, 2000, 206쪽.

인의 거주지가 있는 도내를 피해 배소지를 정하였다. 또한 흉년이 극심한 고을로는 유배를 보내지 않았으며, 유배 온 사람이 10인이 넘으면 도내에서 유배인이 적은 고을로 이정移定하였다.[39]

이처럼 배소의 선정조건에 죄인의 집이 있는 도내가 제외되었기 때문에 함경남도 죄인의 경우 남도지역은 제외되어야 했다. 평안도나 기타지역으로 유배지를 선정하거나 적어도 함경북도로 선정해야 했다. 그러나 『수도성책』의 배인配人들은 모두 본도로 정배되고 있었다. 조선시대 각도 관찰사가 도내 최고 재판관으로 장형 이상 유형 이하의 죄를 직단할 수 있는 사법권을 가지고 있었기 때문에[40] 함경도 관찰사가 왕에게 보고하지 않고 직권으로 유배지를 선정, 유배형을 집행한 것이라고 할 수 있다.

이 같은 관찰사의 도류죄인 처리양상은 다음의 사료에서 구체적으로 살펴볼 수 있다.

> 남해. 함경도 함흥에서 온 유3천리 죄인 김기홍金起鴻은 함경 감사의 이문에, "함흥부에서 수추한 죄인 김기홍. '저는 미욱하고 어리석어서 법의에 어두워 조금도 거리낌 없이 관기를 솔훅하는 데 조금도 거리낌이 없었습니다. 뿐만 아니라 지금은 상중에 있는 몸이거늘 영흥부에서 쇄환했을 때에 감히 병상病狀 및 비婢를 대신한다느니, 역을 면제한다는 등의 말로 방자하게 번거로이 정소하다가 스스로 용서받을 수 없는 죄과를 지었으니, 해당 율로 헤아려 보건대 죽어도 아까울 것이 없습니다. 이상과 같이 지만遲晚합니다.'라고 하여 죄를 검률로 하여금 조율하게 하였습니다. 검률 이둔李鈍의 수본에, 『대명률』거상가취조居喪嫁娶條에 이르기를, 「무릇 부모나 남편의 상중에 있으면서 몸소 시집가거나 장가가는 경우에는 장1백에 처한다.」고 하고, 『대전통

---

39 『大典會通』刑典 推斷, "年分尤甚邑勿配[配滿十人 移定於道內數少邑 配所勿定於家在道內."
40 『經國大典』刑典 推斷, "本曹・開城府・觀察使 流以下直斷 各衙門 笞以下直斷."

편』공천조에 이르기를,「관비의 역을 면제하여 솔휵한 경우에는 토호율土豪律로 장1백, 유3천리에 처한다.」고 하고,『대명률』명례율에 이르기를,「두 죄가 모두 드러나면 중한 것으로 논죄한다.」고 하였습니다. 그러므로 김기홍은 두 가지 죄에서 중한 쪽으로 논죄하여 장1백, 유3천리 사죄私罪입니다.'라고 하였으므로, 앞의 죄인 김기홍을 위 율문에 따라 장1백을 친 뒤에 귀도貴道인 남해현에 정배하는 일."이라고 한 것에 의거하여, 임인년 10월 초8일 도배함. 보수인 양인 최사록崔巳祿.[41]

위의 자료는 1842년(헌종 8)『경상감영계록慶尙監營啓錄』에 나타난 유배죄인 김기홍의 처리 내용이다. 함경도 관찰사는 수추한 죄인의 유배지를 경상도 남해현으로 정한 후 경상도 관찰사에게 이문하였다. 이문에는 죄인의 성명 및 수추한 지역, 죄인의 자백 내용을 기록했다. 또한 자백을 토대로『대명률』과『대전통편』의 조문 내용을 분석하여 조율한 검률의 수본도 포함되었다. 이를 통해 함경도 관찰사는 검율의 조율 결과 중 형벌이 무거운 쪽으로 논죄하여 형량 및 유배지를 확정, 배소지의 관찰사에게 이문하였다. 이러한 이문에 따라 배소지인 경상도 관찰사는 발배죄인이 유배지에 도착한 이후 도배일자 및 보수인을 기록해 왕에게 보고하였다.

그렇다면 관찰사가 죄인을 자신의 관할 지역으로 유배 보낼 경우의 절차 및 보고는 어떠할까.『수도성책』에는 배인질의 도류죄인 뿐 아니라 시수죄인 가운데에 관찰사 직단으로 정배형을 처한 29명의 배인도 기록되었

---

[41] 『慶尙監營啓錄』6冊, 壬寅(1842, 헌종 8) 11月 16日, "南海 咸鏡道咸興來 流三千里罪人金起鴻段 咸鏡監司移文內 咸興府囚推罪人金起鴻段 矣身以蠢蠢愚迷 昧於法意 率畜官妓 少無顧忌岯除良 況今衰麻在身 是去乙 及其永興府刷還之時 敢以病狀及代婢除役等說 肆然煩訴是如可 自歸罔赦之科 揆以當律 死無足惜 遲晩罪令檢律照律 則檢律李鈍手本內 大明律居喪嫁娶條云 凡居父母及夫喪而身自嫁娶者 杖一百 大典通編公賤條云 官婢除役率畜者 以土豪律 杖一百流三千里 名例云 二罪俱發 以重者論亦爲有卧乎等用良 金起鴻段 二罪良中 從重論 杖一百流三千里私罪是乎味 手本是置有亦 向前罪人金起鴻 依右律決杖一百後 定配於貴道南海縣事據 壬寅十月初八日到配 保良人崔巳祿."

다([표 4] 참조). 이들의 유배지역은 황해도 2명, 전라도 3명, 강원도 3명, 충청도 2명, 경상도 3명, 평안도 7명, 함경도 9명이다. 함경도와 평안도가 16명으로 50%를 넘고 있다. 특히 함경도의 경우 배인질에 나타난 도류죄인과 마찬가지로 함경남도 지역이 유배지로 선정되었다.

[표 4] 함경도 시수죄인 가운데 정배형에 처해진 죄인

수감지역	신분·직역	성명	수감일자	유배지	죄목
안변		김기영	1890년 11월 24일	황해도 풍천	犯逋夥然罪
	장교	최홍	1890년 12월 21일	함경도 장진	罪人押領將校和應逃躲罪
고원		김백용	1891년 7월 10일	전라도 순천	突入人家白晝以刃傷人罪
영흥	단천하리	이석기	1891년 2월 28일	함경도 안변	僞造營甘避罪逃躲罪
정평		김문항	1891년 6월 25일	평안도 위원	僞造紅牌勒授金海元罪
		이경식	1891년 7월 19일	강원도 회양	私掘全秉奎高祖塚罪
		서학수	1891년 7월 21일	충청도 남포	做弊一邑縱子呈營橃誣官長罪
		주윤진	1891년 9월 1일	경상도 문경	申命河之塚私掘匿骸罪
		김윤석	1891년 10월 18일	경상도 거제	張斗益之先塚潛堀偸葬罪
함흥	향인	최명해	1890년 12월 25일 이수	함경도 단천	圖帖鄕儒搆罪平民罪
		주재학	1891년 정월 10일	함경도 갑산	荷杖評捏陷人不測罪
	금광별장	한석복	1890년 7월 19일	전라도 강진	礦與邊擾啓聞梟警次
		김평	1890년 12월 15일	황해도 장연	出沒京鄕圖得官敎侵虐平民罪
		이기배	1890년 12월 15일	평안도 선천	毆踢門叔景和至於限外致死罪
	전적도감	임백우	1891년 2월 21일	평안도 강서	各社災結摘奸時挾雜濫錄罪
	하리	박동식	1891년 2월 21일	평안도 강서	各社災結摘奸時挾雜濫錄罪
	승려	보임	1891년 8월 5일	함경도 갑산	逗留邑底奸淫罪
	승려	쌍운	1891년 8월 5일	함경도 안변	逗留邑底奸淫罪
	나졸	박태봉	1891년 8월 23일	함경도 갑산	出沒閭里侵虐平民罪
		이관엽	1891년 9월 13일	평안도 구성	負商都接長做弊多端罪
	무녀	채섬	1891년 10월 15일	평안도 개천	虛藉聲勢做弊犯分罪
북청	퇴교	오명협	1891년 4월 그믐날	경상도 하동	僞造紅牌官敎欺賣村民罪
		김재천	1891년 7월 12일	충청도 면천	假稱捕校討索甲山民金守明罪
	하리	김병제	1891년 10월 2일	전라도 해남	營甘印後加書罪

단천		김만근	1891년 3월 16일	강원도 통천	金鼎洽父塚私掘罪
		문춘엽	1891년 6월 30일	함경도 안변	侵虐殘民勒貸錢穀罪
갑산		김기언	1891년 정월 17일	함경도 홍원	金仁秀獄事正犯罪
		이조이	1891년 3월 4일	평안도 벽동	金仁秀致死媤父金必宗自戕由渠之淫奔罪
삼수		서학수	1891년 2월 21일	강원도 강릉	座首擧行時加斂犯逋罪

이를 19세기 전반 평안도 유배인의 실태와 비교해 보면, 평안도는 중앙에서 온 것보다 각 지방에서 온 수효가 훨씬 많았으며, 중앙의 경우 비 관원이 유배 온 경우가 많았다. 이러한 사실은 감영 단위에서 유배형이 확정된 유배인의 수가 형조나 의금부에서 처리한 것보다 많았음을 말해주고 있다.[42] 함경도 또한 [표 3]과 [표 4]에서 보듯이 1890년~1891년 중앙에서 온 도류죄인이 없으며, 모두 본도에서 처리하여 각 지방으로 유배를 보냈다. 배인의 신분 및 직역을 보면 이를 알 수 있는 경우가 29명 가운데 12명으로, 장교, 하리, 별장, 도감 등을 제외하면 대부분 비 관원이다. 다만 평안도의 유배사례와 다른 점이 있다면 1890년 7월부터 이듬해 10월까지 46명의 도류죄인이 발생해 매월 약 3명을 관찰사가 유배 처리하고 있다는 것과 배인의 절반 이상인 26명이 함경남도 지역으로 정배된다는 것이다.

형조는 도형, 유형 및 부처付處, 안치安置, 정속定屬될 죄인의 경우 장부를 만들어 기록해 두며, 다른 관청의 죄인 및 지방의 정배 죄인도 형조로 이문하여 기록하도록 법전에 규정되어 있다. 아울러 앞의 김기홍의 예처럼 죄인이 배소에 도착한 뒤에는 해당 도의 관찰사가 그 죄명과 배소에 도착한 날짜를 들어 장계로 보고하였다.[43] 도형수의 경우도 형을 받은 죄인이 기한

---

[42] 심재우, 「19세기 전반 평안도 지역 유배인의 성격과 유배행정 -『平安監營啓錄』순조대 기사 분석 -」, 『한국문화』 59, 서울대학교규장각한국학연구원, 2012, 184~185쪽.
[43] 『續大典』 刑典 推斷, "凡徒 · 流 · 付處 · 安置 · 定屬人 本曹置簿 他司及外方定配罪人 亦移文本曹置簿 憑考檢擧 京 · 外罪人到配後 該道觀察使擧其罪名及到配日字 狀聞."

이 만료되어 석방해야 할 경우 관찰사는 이의 석방 여부를 왕에게 계품하였다. 계품 시기는 도년의 만료 전월이나 당월인데, 대부분 당월에 왕에게 계품하였다. 1848년 5월 전라감사 서기순은 남의 재물을 속여서 탈취한 죄로 1847년 5월 고창현에 도 1년 정배형을 받은 오대선의 석방 계문을 석방 전달인 4월에 올렸다.[44] 한편 함경감사 조병식은 죄수를 도실逃失한 죄로 1888년(고종 25) 11월에 이원현에 도1년 반의 형을 받은 김달형의 석방 계문을 기한이 만료된 후인 1890년 7월에 왕에게 아뢰어 석방을 요청하였다.[45]

하지만 이러한 보고대상이 전체 도류죄인에 해당되지는 않는 것 같다. 감영의 계록에 수록된 도류죄인은 형조나 의금부에서 보냈거나 타 도에서 온 죄인들이다.[46] 따라서 배소지의 관찰사는 이들 죄인의 도배에 대한 보고나 기한만료로 인한 석방여부를 왕에게 보고하였다. 그러나 함경도의 사례처럼 관찰사가 직단한 도민을 본도로 유배할 경우 앞의 처리한 양상과는 달랐던 것 같다. 『함경감영계록』을 비롯해 각 도 감영의 계록에 관찰사가 자기 관할 지역으로 유배를 보낸 죄인의 보고 사례를 찾을 수 없을 뿐 아니라 형조의 각도 도류안에서도 파악되지 않기 때문이다.

[표 4]에 제시된 정배죄인 가운데 1891년 수감되어 평안도 강서로 정배된 임백우는 1892년(고종 29) 1월 석방되었으며,[47] 평안도 위원으로 정배된 김문항, 회양으로 정배된 이경식, 평안도 벽동으로 정배된 이조이, 경상도 하동으로 정배된 오명협 등은 1893년(고종 30) 12월 석방되었다.[48] 전라도 강진으로 유배된 한석복은 1890년(고종 27) 단천 대동점大同占 별장別將으로 광

---

44 『秋曹決獄錄』 4冊, 癸卯(1843, 헌종 9) 5月.
45 『秋曹決獄錄』 40冊, 庚寅(1890, 고종 27) 7月.
46 『咸鏡監營啓錄』에는 1891년(고종 28) 8월 안변부로 정배된 의금부 죄인 金秉祿, 문천군에 邊遠充軍된 朴羲浩에 대한 관찰사의 석방계문만 수록되어 있다(『咸鏡監營啓錄』 6冊, 光緖 18年(고종 29) 2月 3日, 9日).
47 『승정원일기』 3017책, 고종 29년 1월 5일.
48 『승정원일기』 3041책, 고종 30년 12월 29일.

산 업무를 핑계로 불법을 자행하고 함부로 형장刑杖을 사용하자, 함경도 관찰사 한장석이 그를 효수하여 사람들의 경계로 삼도록 하기 위해 장계를 올려 왕에게 보고하였다.⁴⁹ 이 사건은 『함경감영계록』에도 실려 있다.⁵⁰ 이처럼 『함경감영계록』이나 형조의 각도 도류안에서 파악할 수 있는 함경도 도류죄인은 다른 도道로 정배를 간 함경도민이다. 본도로 유배된 함경도 정배죄인에 대한 보고 사례는 연대기나 『추조결옥록』, 『함경감영계록』 등에서도 찾아볼 수가 없다. 이를 통해 볼 때 함경도 관찰사가 직단한 본도 유배죄인은 중앙이나 타도의 유배죄인과는 처리양상이 달랐다고 할 수 있다.

이들 도류죄인에 대한 관찰사의 판결 기한을 살펴보면, 단천에 사는 문춘엽의 경우 잔민을 침학하고 억지로 전곡錢穀을 빌린 죄로 1891년 6월 30일 수감되었다가 9월 12일 유 3천리의 형을 받고 안변부로 유배되었다. 승려 쌍운과 보임은 승려로서 마을에 머무르며 부녀를 간음한 죄로 1891년 8월 5일 포도청에 수감되었다가 쌍운은 15일 뒤인 21일 유3천리의 형을 받고 유배지인 안변부에 도착하였고, 보임은 23일 갑산부에 도착하였다. 중영의 나졸인 박태봉은 평민을 침학한 죄로 1891년 8월 23일 수감된 이후 9월 9일 유배지인 갑산부에 도착하였다. 앞의 쌍운, 보임, 박태봉의 경우 2개월이 조금 넘게 걸린 문춘엽과 달리 수감부터 유배지 도착까지는 15일~17일 정도 걸렸다.

『의금부노정기義禁府路程記』에 따르면 서울에서 함경도 이남 지역까지 오는데 6일 반에서 15일 정도 소요되었다.⁵¹ 이북지역은 그보다 더 먼 16일~24일 반 정도 걸렸다. 승려 쌍운과 보임은 함흥에 수감되었다가 안변부와 갑산부로 유배되는데, 함흥에서 안변까지 3일 정도가 걸리고, 갑산까지는 6일 정도가 걸리는 것으로 봐서 수감에서 판결까지 11일~12일 정도 소요되

---

49 『승정원일기』 3004책, 고종 27년 12월 29일.
50 『咸鏡監營啓錄』 6冊, 光緖 16年(고종 27) 6월 13日.
51 『義禁府路程記』속 함경도 24관 유배지의 도착일정을 표로 나타내면 다음과 같다.

었음을 알 수 있다. 박태봉 또한 함흥부에 수감된 후 갑산부에 정배되는데 두 지역 간의 거리가 6일 정도 걸렸으므로 판결까지 9일 정도 소요되었음을 알 수 있다.

2) 시수죄인의 실태

함경도 『수도성책』에 기재된 시수죄인은 모두 270명이다. [표 5]는 1890년 7월부터 1891년 10월까지 함경남도 시수죄인의 지역 및 월별 분포이다. 지역별로 보면 안변부 10명, 덕원 5명, 고원 18명, 영흥 19명, 정평 28명, 함흥 135명, 홍원 9명, 북청 8명, 이원 6명, 단천 8명, 갑산 11명, 삼수 10명, 장진 3명으로, 함흥이 전체 시수죄인 가운데 50%를 차지하였다.

[표 5] 『道內時囚罪人囚徒成冊』 내 시수죄인의 지역 및 월별 분포

연월 \ 지역	안변	덕원	고원	영흥	정평	함흥	홍원	북청	이원	단천	갑산	삼수	장진	합계
1890. 7월					1						1			2
8월												1		1
9월				1	2									3
10월		1			1									2
11월	1	1			3	4		1		4				14

일정(日程)	부 및 군현	일정(日程)	부 및 군현
6일 반일정	안변부	16일정	길주목
7일정	덕원부	17일정	명천부
7일 반일정	문천군	17일 반일정	삼수부
8일정	고원군, 영흥부	19일정	경성부
9일정	정평부	20일정	부녕부
9일 반일정	함흥부	21일정	회녕부
11일정	홍원현	21일 반일정	무산부
12일정	장진부, 북청부	22일정	종성부
13일정	이원현	23일정	온성부
14일정	단천부	24일정	경원부
15일 반일정	갑산부	24일 반일정	경흥부

12월	2		2	2	5	9		1	1	2	2			26
1891. 1월		2		1		15			1		1			20
2월			3	2	1	9	1				1	1	3	21
3월	4			1		9	1	1		1	1	6		24
4월				2		23	1	1						27
5월				3	4	16				1	1			25
6월		1	9		7	11	2			1		1		32
7월			1	1	2	1		1			1	2		9
8월				6		9		2			2			19
9월			2	1	3	20	3			3				32
10월					1	4	1	1						7
미상	3		1		1	1	1							6
합계	10	5	18	19	28	135	9	8	6	8	11	10	3	270

함흥의 경우 함경도 관찰사가 병마수군절도사, 순찰사, 함흥부윤을 겸하고 있어, 관찰사의 감영이 위치한 지역이다. 지리적으로는 함경 이남과 이북을 잇는 요충지에 있어 북쪽으로는 6진으로 이어지고, 남쪽으로는 연변 읍인 정평, 영흥, 문천 등을 거쳐 철령으로 통하는 요충에 위치하였다.[52] 『호구총수』내 함경도의 호수는 123,882호, 구수는 696,275호이다. 그 가운데 함흥은 12,076호 71,182구로, 도내에서 가장 많은 인구가 거주했으며, 32개의 社로 부를 이루었다.[53] 또한 읍성을 중심으로 많은 장시가 개설되었다. 19세기 『함흥부지도』를 보면, 서쪽으로는 사람들의 통행이 빈번한 읍성의 서문 도로 앞에 장시가 개설되었으며, 읍성에서 15리 거리인 상주서사上州西社 주변에도 장시가 개설되었다. 이곳은 정평으로 가는 길목인 정평대로와 상주서사와 하주서사下州西社 간 도로의 교차점이다. 또한 태백제단太白祭壇과 연포사連浦社 중간에도 장시가 있다. 남쪽으로는 읍성의 남문 밖에 장

---

52 『浦渚集』卷27, 記 七首 九天閣記.
53 『戶口總數』9冊, 咸鏡道 咸興.

시가 개설되었다. 동쪽으로는 읍성에서 60리 떨어진 퇴호사退湖社와 80리에 위치한 보청사甫靑社에 각각 장시가 위치해 있으며, 북동쪽 상선덕사上宣德社, 덕산사德山社 등지에도 장시가 있다. 북쪽으로는 북문을 나와 동원평사東元平社, 상기천사上岐川社, 상원천사上元川社 등지에 장시가 개설되었다.

아울러 함흥은 남문 밖에는 태조 이성계가 왕위에 오르기 전에 살았던 곳인 본궁本宮이 위치해 있다. 동문 밖에는 도조度祖의 능인 의릉義陵과 그의 비 경순왕후敬順王后의 순릉純陵이 있으며, 그 위로 환조桓祖와 의혜왕후懿惠王后의 능인 정화릉定和陵이 있다. 이처럼 함흥은 함경도의 행정 및 군사, 경제의 중심지이자 조선왕조의 발상지로서 의례적으로도 중요한 곳이다. 따라서 함흥은 하나의 큰 도회지를 이루며 많은 사람이 거주, 왕래하였고, 이러한 상황은 다양한 범죄를 유발하는 요인이 되었다.

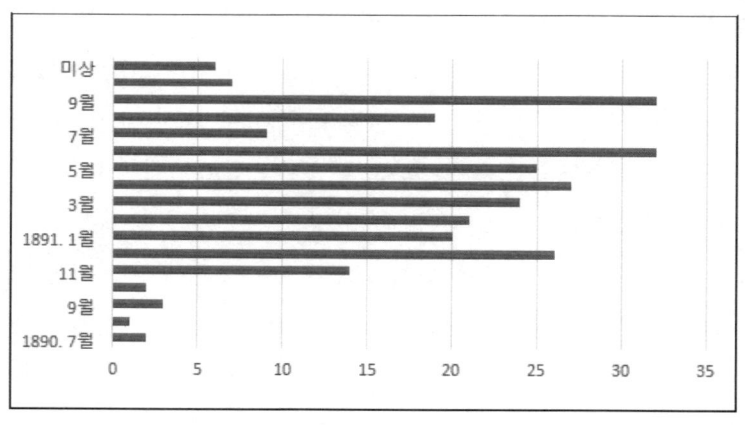

[그림 1] 19세기 함경남도 시수죄인의 월별 분포도

함경남도 시수죄인을 월별로 보면 [그림 1]에서 보듯이 1891년 6월과 9월에 각각 32명으로 가장 많았다. 1890년 11월 수감죄인의 수가 전월 2명에 비해 14명으로 증가하고, 12월에는 26명으로 2배 정도 증가하였다. 이후 시수죄인의 수는 이듬해인 1891년 5월까지 20명대를 유지하다가 6월에 32명으로 증가하였다. 7월에 9명으로 감소한 경향이 있지만, 점차 증가하여 9월에 다시 증가하는 모습을 보였다. 함경남도의 경우 1890년 11월부터 이듬해 10월까지 1년간 시수죄인의 평균은 월 21명으로, 이 수치는 함경도내 범죄의 현황을 보여주는 한편, 관찰사가 옥사를 판결, 처리한 결과라고도 할 수 있다.

특히 시수죄인의 수가 가장 많은 함흥부의 경우 1년 4개월 동안 감영의 옥에 수감된 자가 65명으로 약 50%를 차지하고, 나머지는 본부本府에 30명, 중영에 25명이 수감되었다. 다른 지역과 달리 판관의 집무처인 본부, 중군中軍이 머물던 중영이 감영의 감옥과 함께 주요 수감시설로 등장하였다. 판관은 관찰사의 보좌관으로서 감영기구를 구성, 관찰사가 겸직하고 있던 읍의 행정을 맡아 임무를 수행하던 속관이었다. 조선후기 판관이 설치된 지역은 공주, 대구, 전주, 제주, 해주, 원주, 함흥, 경성 등 8개 군현으로, 그 가운에 제주·경성을 제외한 6개 읍이 관찰사의 겸목처이다.[54] 함경도는 함흥과 경성에 판관이 설치되어 이 지역의 행정을 담당하였는데, 함흥의 경우 감영의 옥사 다음으로 판관의 집무처인 본부에 많은 시수죄인을 수감하였다.

[표 6] 함흥부 시수죄인의 수감시설과 월별 수감 실태

수감 시설 \ 월	1890년 7월	8월	9월	10월	11월	12월	1891년 1월	2월	3월	4월	5월	6월	7월	8월	9월	10월	미상	합계
옥	1		2	1	3	8	6	3	7	15	1	3		4	10	1		65
본부						9	5		4	4	3				4	1		30
중영							1	2	4	10	2		1	4				25
포청												2		3	1	1		7
집사청										1								1
문간													1		1			2
미상				1	1						1		1				1	5
합계	1	0	2	1	4	9	15	9	9	23	16	11	1	9	20	4	1	135

---

54 金鎬逸,「朝鮮後期의 外官制」,『國史館論叢』8, 국사편찬위원회, 1989, 119~120쪽.

[표 6]을 통해 시수죄인의 수감상황을 보면, 1890년 7월에서 12월까지는 죄인의 수가 많지 않았기 때문에 감영의 옥에 가두었다. 12월 8명의 죄인을 옥에 가둔 후, 이듬해 1월에는 옥에 6명, 본부에 9명을 수감하였다. 이후 2월에는 중영에까지 죄인 1명을 수감하였고, 죄인의 수가 1명이었던 7월을 제외하고 9월까지 옥, 본부, 중영은 함흥부의 주요 수감시설로 이용되었다. 이 밖에 포청에 7명이 수감되었는데, 부녀 간음, 협잡, 축출한 사람의 은닉 등으로 잡혀온 자이다. 집사청과 문간은 구류 장소로 사용되었다.

다음으로 함경도 내 시수죄인의 수감기간을 살펴보면, 총 270건 가운데 149건만이 수감기간을 확인할 수 있었다. [표 7]은 함경도 내 시수죄인의 수감 기간을 5일 간격으로 살펴본 것이다. 5일 이내로 석방한 것이 51건으로 가장 많으며, 전체의 1/3인 34%를 차지하였다. 6~10일 동안 수감된 죄인은 19명으로 다음을 차지했지만 11~15일 수감자가 17명으로 그 수는 비슷하다. 함경남도 시수죄인의 경우 15일 이내에 석방된 자가 절반 이상인 58%를 차지했으며, 한 달 내로 약 80%가 석방되었다.

[표 7] 함경도내 시수죄인의 수감 기간

수감 기간	1~5일	6~10일	11~15일	16~20일	21~25일	26~30일	1~2개월	2~3개월	3~4개월	4개월 이상	합계
명수	51	19	17	11	9	10	7	8	8	9	149

죄목을 살펴보면, 어공御貢을 제대로 납부하지 않거나 찰방 알현 시 체모를 잃어 수감된 경우는 하루 만에 석방되었다. 또한 남과 결탁해서 소송을 일으키거나 감시監試 합격자를 토색하거나 태백제太白祭에서 소란을 피우는 경우는 3일 만에 석방되었다. 민간의 가렴주구, 평민을 침징한 경우는 5일 만에 석방되었으며, 문서 작간, 위조 공문 소지, 홍패 늑매, 타인 가옥의 훼철, 나졸의 집강 구타 등은 7일 만에 석방되었다.

이처럼 10일 이내 석방된 자들은 죄목에서 파악할 수 있듯이 역참에 소속되어 공문을 변방에 전하는 발장이나 포교, 군교, 하리下吏, 수리首吏, 나졸, 관노, 교노 등이다. 이들은 모두 관과 관련된 자들로 토색, 구타, 침학, 업무상 과실, 관물 남용 등으로 수감된 자들이나 10일 이내에 석방되었다.

수감 기간이 길수록 죄의 양상은 복잡하고 무거웠다. 26~30일간 수감된 경우는 자살, 역마 남색濫索과 역졸 구타, 기인편재欺人騙財, 보수인 석방 등으로 인한 것이다. 1개월 이상은 잡류와 체결하여 관첩을 거간하여 늑매하거나 허위로 환표를 만들어 친족에게 징수하거나 공전을 끌어다 개인 빚을 갚는 등의 죄목이다. 반면, 3개월 이상 구금된 자들은 대부분 대신 수감된 차지들이다.

조선시대 위정자들은 옥을 비우는 공옥空獄을 선정善政의 기준이며 결과라고 생각하여, 이것이 이루어지면 왕에 대한 군신들의 칭하가 있을 뿐 아니라 왕은 근면하게 옥사를 처리한 형관刑官에게 상을 주었다.[55] 따라서 조선초기부터 옥 안에 죄수들이 많으면 형조, 한성부 등을 비롯해 각 도의 관찰사에게 기한을 정해 공옥을 지시하고 이를 보고하도록 하였다.[56]

이러한 공옥을 위해서 옥사의 판결도 기한을 정해 신속히 하도록 하였다. 옥사의 판결은 조선 초기『육전六典』에는 대사(사죄)는 90일을 기한으로 했으며, 중사(도형·유형)는 60일, 소사(장형·태형)는 30일을 기한으로 하였다. 옥사의 대소에 상관없이 사중이 범죄인의 경내境內에 있고, 증거가 뚜렷하면 그 기한은 10일을 넘기지 못했다. 또한 판결이 쉬운 옥사는 3일을 넘기지 못했으며, 증거를 밝히기가 어렵고, 사증이 복잡하게 얽혀 부득이 기한을 넘겨야 하는 경우는 사유를 갖추어 보고하도록 했다.[57] 이것이『경

---

55 『성종실록』권6, 성종 1년 6월 19일;『성종실록』권34, 성종 4년 9월 21일.
56 『세조실록』권39, 세조 12년 8월 25일;『세조실록』권40, 세조 12년 11월 4일.
57 『세조실록』권12, 세조 4년 3월 22일.

국대전』에 이르면 대사는 90일에서 30일로, 중사는 60일에서 20일, 소사는 30일에서 10일로 판결 기한이 대폭 축소되었다. 사증이 다른 지방에 있어서 참고해서 추궁해야 할 경우 거리에 따라 왕복의 일수를 제하고 기한 내에 판결을 마쳐야 했다.[58]

또한 수금인을 제한하여 죄가 가벼운 자는 태로 벌하고, 무거운 자만 옥에 가두도록 하였다.[59] 영조는 더 나아가 수도단자囚徒單子의 시수죄인이 많아지자, 중죄인일지라도 빨리 처리할 수 있는 죄인은 미결로 두지 말도록 했다. 특히 각 관사에서 사소한 일로 수금된 자에 대해서는 체옥되는 일이 없게 유의하도록 했으며, 이러한 사항을 형조뿐 아니라 팔도의 관찰사에게 알리도록 하였다.[60] 정약용 또한 "크고 작은 옥사의 판결은 모두 시한이 있는데 세월을 끌어 죄인을 늙어 죽도록 내버려 두는 것은 법이 아니다."[61] 라고 하며 체옥의 폐해를 지적하였다. 아울러 경수의 수감에 부정적인 입장이었다. 경수를 수감했을 경우 수금인의 성명을 옥안 벽에 써 붙이고 매일 살펴볼 것이며, 또 형리를 시켜 날마다 수도안을 써서 매일 수령에게 보여 석방할 것을 강조하였다.[62]

이처럼 관찰사가 도내의 옥사운영에 있어서 가장 신경 써야할 사항은 신속한 판결을 통한 체옥의 방지였다. 함경도 시수죄인의 절반 이상이 15일 이내에 석방되는 양상은 체옥을 막기 위한 관찰사의 노력이라고 할 수 있다. 하지만 시수죄인 270명 가운데 중사에 해당하는 도·유형 죄인이 10%가 조금 넘는 것을 보면 대부분 소사에 해당하는 옥사였다. 소사의 결옥일 한이 10일인 점에 비해 시수죄인이 15일 이내 석방하는 비율이 58%, 한 달

---

58 『經國大典』 刑典 決獄日限, "凡決獄大事[死罪] 限三十日 中事[徒·流] 二十日 小事[笞·杖]十日."
59 『增補典錄通考』 刑典 推斷 新補受敎, "申飭直囚衙門 輕者笞罰 重者則囚禁 [康熙丁亥承傳]."
60 『승정원일기』 593책, 영조 1년 5월 17일.
61 『牧民心書』 刑典 六條 斷獄, "大小決獄 咸有日限 經年閱歲 任其老瘦 非法也."
62 『牧民心書』 刑典 六條 恤囚.

이내의 경우 80%를 보이는 것은 그만큼 관찰사의 결옥이 지체되고 있음을 보여준다고 할 수 있다.

5. 맺음말

수도안은 옥에 수감 중인 피의자들의 기록이다. 국가에서는 공옥을 이상적인 목표로 삼고 최대한 체옥의 발생을 막으려 했으며, 그 방책 중 하나가 바로 수금인의 기록인 수도안의 작성이라고 할 수 있다. 이러한 수도안의 중요성은 조선후기 수금인의 기록과 보고 조항이 추가로 법전에 규정되는 등 죄수의 관리 및 보호차원에서 더욱 강조되었다.

조선시대 수도안은 사건별, 군현별로 다양하게 작성되었으며, 군현별로 작성된 수도안은 기결수, 미결수, 구류인으로 구분하거나 미결수를 감영이나 군현 등 수감된 곳에 따라 기재하였다. 수금인에 대해서는 직역 및 신분, 성명, 수감 일자, 죄명, 석방여부 등의 사항을 공통적으로 기록하였다. 그 가운데 함경도『수도성책』은 1890년(고종 27) 7월에서 1891년(고종 28) 10월까지 함경남도 지역의 죄수들을 기록한 것으로, 다른 지역의 수도안과 달리 '배인질'과 '시수죄인질'로 구분하여 시수죄인의 이수 및 구금상황, 석방 형태를 자세히 기록했다는 점이 특징이다. 특히『수도성책』의 작성시기가 함경도 관찰사 한장석의 재임 기간과 동일하여 19세기 함경도 관찰사의 죄인 처리의 일단을 보여주었다는 점에서 자료적 의의를 찾을 수 있다.

이를 통해 알 수 있는 사실은 첫째, 함경도민의 유배실태이다.『수도성책』배인질에 기재된 도류죄인의 경우 모두 함경남도민이며, 도내 시수죄인 가운데 정배된 자의 절반 이상이 함경남도 지역으로 정배되었다. 이를 통해 함경도민의 배소지가 본도로 지정된 양상을 살필 수 있었다. 또한 정배인의 신분 및 직역이 대부분 비 관원 출신인 점도 특징이다.

둘째, 함경도내에서도 감영이 위치한 함흥 지역에 시수죄인의 50%가 수감되었다. 따라서 함흥의 경우 도내 다른 군현과 달리 감영의 감옥과 함께 판관의 집무처인 본부, 중군이 머물던 중영, 포청이 주요 수감시설로 이용되었다.

셋째, 19세기 함경도 관찰사의 죄인 처리 실태이다. 1890년 7월부터 이듬해 10월까지 함경남도의 경우 46명의 죄인이 정배되고 있는 것으로 보아 함경도 관찰사가 직단으로 월평균 3명의 죄인을 도류형의 중죄로 처리했음을 알 수 있다. 또한 매월 21건의 옥사를 판결, 처리하였다. 이때 시수죄인의 절반 이상은 15일 이내로 석방되었으며, 한 달 내로 80%가 석방되었다. 대부분 장형에 해당하는 소사의 죄목이며, 소사의 결옥일한이 10일인 점을 생각하면 관찰사의 결옥이 지체되고 있다고 할 수 있다.

이상과 같이 이 글은 19세기 수도안의 분석을 통해 자료가 가지는 특징과 함경도 시수죄인의 실태, 관찰사의 처리양상을 살펴본 것이다. 수도안은 도류 및 시수죄인에 대한 제한적인 정보만을 기록해 제공하는 특징이 있다. 그렇기때문에 작성 시기가 짧거나 죄수의 구체적인 범죄 양상 등을 파악하기에는 분명 한계가 있다. 하지만 수도안 내 죄인의 직역 및 신분, 수감 일자, 죄명, 이수상황, 석방여부 등을 통해 실체를 잘 확인할 수 없는 19세기 죄인의 양상 및 관찰사의 사법행정 실태를 조금이나마 간접적으로 알 수 있었다는 점에서 수도안은 형정 자료로서의 의미가 크다고 할 수 있다.

참고문헌

『조선왕조실록』,『승정원일기』
『經國大典』,『續大典』,『受敎輯錄』,『大典通編』,『六典條例』,『秋官志』(한국사데이터 베이스 조선시대 법령자료, http://db.history.go.kr/law/)
『秋曹決獄錄』(奎15148-v.1-43)
『慶尙監營啓錄』(各司謄錄 11, 慶尙道篇 1)
『牧民心書』(다산연구회 역주, 창작과 비평사, 1981)
『義禁府路程記』(규19531, 서울대규장각한국학연구원)
『咸鏡監營啓錄』(奎15114-v.1-6, 서울대규장각한국학연구원)
『戶口總數』(서울대 규장각)
『慶尙道內各邑去冬三朔殺獄罪人等始囚逃躱年月日及同推拷訊次數開錄成冊』(奎 17162, 서울대규장각한국학연구원)
『慶尙右兵營査事罪人囚徒成冊』(奎 17163, 서울대규장각한국학연구원)
『慶尙道內各邑殺獄罪人等始囚逃躱年月日開錄成冊』(奎 17161, 서울대규장각한국학연구원)
『道內時囚罪人囚徒成冊』(미국 버클리대 동아시아도서관, 고려대학교 해외한국학 자료센터)
『時囚冊』(奎17288-v.1-13)
『囚徒冊』(古001963, 한국학중앙연구원)
『囚徒』(奎 27506, 서울대규장각한국학연구원)
『囚徒案』(奎 27155, 서울대규장각한국학연구원)
『囚徒案』(奎 12383, 서울대규장각한국학연구원)
『典獄署囚徒記』(우촌고文2102.9-804, 국립중앙도서관)
『咸鏡北道徒流定配罪人等仍秩成冊』(奎 17164, 서울대규장각한국학연구원)

金景淑,「朝鮮時代 流配刑의 執行과 그 事例」,『史學硏究』55·56, 한국사학회, 1998.
심재우,「조선전기 유배형과 유배생활」,『國史館論叢』92, 국사편찬위원회, 2000.
_____,「19세기 전반 평안도 지역 유배인의 성격과 유배행정 -『平安監營啓錄』순조대 기사 분석 - 」, 『한국문화』59, 서울대학교규장각한국학연구원, 2012.
윤용혁,「韓末의 公州獄에 대하여 - 「충청감영시대의 공주감옥」追補」,『웅진문화』5, 공주향토문화연구회, 1992.
元載淵,「조선시대 保放의 典據와 그 實態」,『法史學硏究』33, 법사학회, 2006.
_____,「1890년대 호남지역 감옥의 운영실태 일단(一端) - 장성군 수인(囚人) 사망사례를 중심으로」,『朝鮮時代史學報』78, 조선시대사학회, 2016.
전경목,「여용빈의『유술록』을 통해 본 조선 후기 수옥의 실태와 체옥의 원인」,『정신문화연구』134, 한국학중앙연구원, 2014.
趙允旋,「朝鮮後期 刑曹와 典獄署의 構造와 業務」,『법제연구』24호, 한국법제연구원, 2003.
조윤선,「19세기 典獄署 분석 -『六典條例』·『承政院日記』를 중심으로 - 」,『民族文化』56, 한국고전번역원, 2020.

제2부
갈등과 분쟁

관습상 명의신탁 사례*

1722년 안동부입안(「康熙六十一年 二月 日 安東府立案」)의 평석

손경찬
충북대학교 사회교육학과 교수

관습상 명의신탁 사례
: 1722년 안동부입안(「康熙六十一年 二月 日 安東府立案」)의 평석

1. 시작하며

일반적으로 명의신탁이라 하면 공부상의 소유명의는 수탁자 앞으로 하여 두되 신탁자와 수탁자 사이의 내부 관계에서는 신탁자가 여전히 소유권을 보유하기로 하는 것을 지칭하며, 판례에 의해 인정된 이래 우리나라의 고유한 제도로 인정되고 있다.[1] 명의신탁은 일제가 강점 초기에 종중의 등기 능력을 인정하지 아니하여, 부득이 우리나라 사람들이 종중 소유의 토지를 그 종원宗員의 명의로 등기함으로써 이를 보존하고자 하는 사례가 적지 않았는데, 조선고등법원朝鮮高等法院이 이러한 법률관계를 독일의 '신탁행위' 이론을 원용하여 처리한 것에서 기원한다는 설이 통설이다.[2] 이에 반하여 명의신탁에 관한 이론은 실정법에 근거하지 않고 판례를 통해 형성·발전된 이론이라는 견해도 있다.[3] 반면 명의신탁에 관한 관습은 ① 양반

---

* 이 글은 『법학연구』 31-3, 연세대법학연구원, 2021, 265~302쪽에 게재된 논문을 연구총서의 기획 의도에 맞게 약간의 수정을 가하여 수록한 것이다.
1 권오곤, 「명의신탁」, 편집대표 곽윤직, 『民法注解(Ⅴ)』, 박영사, 1992, 511쪽.
2 양창수, 「명의신탁(名義信託)에 대한 규율 재고」, 『民法硏究』 제6권, 박영사, 2001, 174~175쪽; 권오곤, 앞의 글(각주 1), 511~512쪽.
3 배병일, 「명의신탁」, 한국민사법학회 편, 『民法學의 回顧와 展望 - 민법전 시행 30주년 기념논문집』, 韓國司法行政學會, 1993, 335~336쪽.

이 그 집안의 호노戶奴에게 본인 부동산의 매매 및 관리를 신탁하는 관습, ② 종중 및 계의 재산을 종중원 1인에게 맡겨 관리하는 관습에서 찾을 수 있고, 조선고등법원에서 인정된 명의신탁에 관한 법리는 '관습법화 한 판례'의 일종으로 볼 수 있으며, 또한 '법률 초월적인 법형성의 사례'로 보는 견해도 있다.[4]

전통 법제 시대에 명의신탁 관습이 인정되었는지를 '실증'하기 위해서는, 조선시대 명의신탁에 관한 사례를 최대한 많이 분석하여야 하며, 개화기 및 일제강점기의 명의신탁 사례들도 모두 분석하여야 한다. 이 작업은 매우 방대한 작업이 될 것이며, 단행 연구논문으로 해결될 부분이 아니라, 여러 편의 논문을 작성할 필요가 있다. 이 연구는 명의신탁에 대한 관습을 '실증'하기 위한 전제 작업이다. 전통 법제에서 명의신탁에 대한 관습의 '실마리'를 찾기 위해, 조선시대 명의신탁에 관한 사례를 하나 찾아 분석하였다. 이 연구는 조선시대 결송입안決訟立案[5] 중 1722년 안동부입안(「康熙六十一年 二月 日 安東府立案」)[6]을 주요 분석 대상으로 삼았다. 이 분쟁은 18세기 초 안동에서 있었던 전답에 대한 소유권 확인 소송이었다.[7] 이 입안의 분석을 통해 18세기 조선 사회의 토지분쟁을 둘러싼 여러 법제와 법리 논쟁을 알 수 있다. 이 연구를 통해 특히 당사자가 불출석한 때 적용된 친착결절법親着決折法의 의미,[8] 60년 · 30년 과한법過限法의 의미,[9] 기상記上의 법리적 의

---

4   손경찬, 「명의신탁에 관한 관습」, 『재산법연구』 제37권 제1호, 한국재산법학회, 2020. 5.
5   결송입안(決訟立案)은 조선시대 민사분쟁에 대해 송관(訟官)의 결정이 담긴 공문서(立案)이다. 종래 결송입안을 민사 판결과 거의 같은 것으로 여겼다. 하지만 결송입안이 판결인지, 민사중재인지, 혹은 민사조정의 결과물인지는 논란의 여지가 있다. 이는 조선시대 민사재판의 본질과도 연결이 된다. 이 글에서는 결송입안을 민사 판결로 전제하며 서술하였다. 결송입안의 본질이 무엇인지는 추후 연구를 통해 밝히려 한다.
6   『古文書集成』 제6권, 한국정신문화연구원, 1990, 32~48쪽.
7   위 입안에 대한 자세한 분석은 다음을 참조. 심희기, 「18세기초 安東府 田畓決訟立案의 法制的 分析」, 『고문서연구』 제9 · 10호, 한국고문서학회, 1996.
8   친착결절법(親着決折法)은 조선시대 민사소송에서 불출석한 당사자가 있는 경우 출석한 당사자에게 승소 판결을 내려준 근거법이다. 현행 민사소송법 제148조 및 제150조의 당사자 불출석의 효과와 비

미[10] 등 많은 법적 쟁점의 실례와 의미를 밝힐 수 있다. 하지만 위 입안은 무엇보다 명의신탁 사례로 볼 수 있다.

종래 명의신탁이라는 것은 일제강점기의 조선고등법원에서 인정된 판례이론으로 알려져 있었다. 그리고 조선고등법원에서 종중이 종중원 1인에게 종중재산을 관리하던 관습을 보고 명의신탁에 관한 이론을 창출하였다고 알려져 있으나, 이에 대해 새로운 시각을 제시할 수 있다. 즉 종중원에게 토지가 신탁된 관습도 분명 존재하였지만, 양반이 본인 소유의 재산을 노비(특히 호노戶奴)에게 신탁하던 관습이 전통사회에 있었다는 것이다. 그리고 이러한 관습이 발전하여 명의신탁에 관한 관습으로 볼 수 있다는 것이다. 1722년 안동부입안은 명의신탁에 대한 관습의 '단초'를 제공할 수 있다.

요컨대, 이 연구는 1722년 안동부입안의 내용을 현행법상 판례 평석의 방식으로 분석하고, 전통사회에서 양반이 노비戶奴에게 본인 소유재산을 신탁하던 '관행'이 있었음을 주목하며, 이러한 관행이 명의신탁에 대한 관습이 되었을 수도 있다는 '실마리'를 제시하였다. 이에 더하여 해당 자료에서 추론 가능한 전통 법제의 쟁점인 과한법過限法의 법리와 기상記上의 법리를 분석하였다.

교할 수 있다. 본연구 3. 4)에서 설명하였다.

9 과한법(過限法)은 조선시대 시효 제도 혹은 제척기간과 유사한 제도를 지칭한다. 《經國大典》에서는 5년 과한법이 원칙이었으며, 5년이 경과 하면 당사자의 청구를 '물청(勿聽)'한다는 것이다. 여기서는 다수견해와 달리 《經國大典》의 5년 과한법이 조선시대 전반적으로 적용된 것이 아니고, 《大典後續錄》의 60년 및 30년 과한법이 조선시대에 전반적으로 적용되었다고 본다. 본연구 3. 3)에서 설명하였다.

10 기상(記上)은 전통 법제의 법률용어 중 하나이다. 사전적인 의미로는 '기록하여 바친다'는 뜻으로 풀이할 수 있는데, 기존의 선행연구에서 기상의 의미를 두고 다양한 견해들이 등장하였다. 본연구에서는 명의신탁과 기상이 관련 있음에 주목하여 설명하였다. 본연구 3. 2)에서 설명하였다.

2. 1722년 안동부입안(「康熙六十一年 二月 日 安東府立案」)의 내용

1) 분쟁의 객체와 쟁점

1722년 안동부입안은 18세기 안동에서 있었던 토지소유권의 귀속에 관한 분쟁이었다. 소를 제기한 원고인 김복렴金復濂은 안동지역의 양반이었다. 원고는 선조의 노비들의 후손인 피고 장일경張日京, 장취현張就玄 등이 선조의 토지들을 무단으로 점유하고 있다고 주장하며 이에 대한 반환을 청구하였다.

원고 주장의 핵심은 다음과 같다. 원고는 안동부 내에서 본인이 조상 대대로 승계한 전답을 가지고 있었다. 그런데 원고들의 선조 대인 1634년(인조 12)에 갑술양안甲戌量案이 작성될 당시, 원고의 선조는 호노戶奴인 삼복參卜의 명의로 양안을 작성했으며, 이후 6~7대에 걸쳐 원고 집안에서 해당 전답에 대해 실질적으로 소유하고 있으므로, 이제 공정하게 사핵査覈[11]하여 피고가 부당하게 점유한 전답을 원고에게 반환할 것을 청구하였다.[12]

이에 반해 피고는 해당 전답은 피고 선조들의 토지라고 주장하였다. 그 근거는 피고 선조들이 원고 선조의 종이었으나, 그들은 주인에게 몸값을 지급하고 면천되었으며,[13] 1634년 갑술양안에서 피고 조상의 노비인 대문大文의 명의로 양안이 작성된 것이라고 주장했다.[14] 즉 피고의 선조들이 비

---

11 사핵(査覈): 조사하여 캐내다.(【査覈】亦作"査覈". 査對核實.)
12 「康熙六十一年 二月 日 安東府立案」: 節西後居幼學金復濂名呈所志內 矣亦 世傳田畓所在府內近地是乎矣 上年量田時 適以身病 未得親見是遣 使作者等逐庫爲看檢是乎則 所謂作者 俱是矣家故奴之子孫是乎等以 同矣家田畓 稱以已上之物是遣 等時弄奸 欺瞞監色……皆以作者 一京就玄・是玄・承必等名懸主是乎所 矣身七八代傳係之土 以作者名懸錄 極爲駭異是如乎 今此査正之日 不可不移錄是乎等以 再到官門 期爲呈訴是乎等 卽今査正一欵 期限已迫 同矣畓公正査覈 以矣身懸主事 行下爲只爲 所志是乎等用良.
13 「康熙六十一年 二月 日 安東府立案」: 矣等祖父 年至八十 去丙子年分 免賤稱云爲遣 書成牌旨 以從年數 八十兩錢乙備納亦 威打侵責 至於私 門 囚禁於其家 斗地中侵勢多端 長及死境乙仍于 矣父等亦 天倫所在 哀慘罔極 外邊傳來 只存一畓庫乙放賣 而八十兩錢文 依令准納 故還如是 徵價之後 又不成文許贖 未免 地下私奴之名是乎所 天壤之間 豈有痛迫無據之甚者是乎旀.

록 원고의 노비들이었으나, 큰 부를 축적하여 그들도 노비를 소유하고 있었다는 주장을 한 것이다. 또한 소가 제기되기 90년 전에 이미 피고 선조의 명의로 양안에 기재되었으니, 그 토지를 상속받아 현재 점유하고 있는 피고의 소유를 인정하는 것이 타당하다는 것이다.[15]

이처럼 같은 전답을 두고 주장이 엇갈렸다. 사실 본 소송이 제기되기 2년 전 선행판결이 있었다. 즉 1720년(숙종46) 경자양안庚子量案이 시행될 때 본 소송의 피고가 원고를 상대로 소를 제기하여 이미 승소 판결을 받았던 것이다. 그리고 이 판결을 근거로 하여 경자양안의 양명量名을 피고의 명의로 개서改書하였다. 하지만 2년 뒤인 1722년 원고는 다시 피고를 상대로 하여 소유권반환의 소를 제기한 것이다. 원고·피고의 주장과 송관의 판단에 대해 살펴보자.

2) 원고의 주장

원고는 안동부 소재의 전답은 본인 집안의 전답임을 확인하고, 현재 피고의 명의로 되어 있는 전답의 명의를 이전할 것을 청구하였다. 원고의 주장 및 제출 증거를 설명하면 다음과 같다.

첫째, 원고는 1720년(숙종46) 경자양안 작성 시 병들어 직접 양안의 작성

---

14 「康熙六十一年 二月 日 安東府立案」: 甲量中 以大文名 懸錄田畓 以其奴大文名是如爲臥乎所 大文卽矣等祖先買得奴子也 官家帳籍 流伊憑考教是遣 亦考葉作案 則其所大文之名 矣等祖先奴子與否 可以想燭教是在果 鄕外愚氓 怵於上典之威勢 其所持田畓 奴子大文名懸主是在如中 右項金生員亦 矣等祖先及大文名 懸主田畓乙 藉口於其奴大文名是如 有此起鬧 公庭紛紜 節節無據是白乎旀 此外矣等祖先 許多買得田畓文記 沒數奪去 同此田畓 盡作其己物是乎所 以口舌紙毛 難以歷陳是白乎旀.

15 「康熙六十一年 二月 日 安東府立案」: 隻張日京等 白等 今此所爭根因段 昭載於前等內決案中是白齊 大槩矣徒等曾高祖以上 皆以金生員奴子 而連代娶良妻 其後子孫 皆爲金生員奴子 …… 此田畓決給於矣徒等處 一依甲量懸主推出爲有如乎 不意今者 上項金生員亦 百出奸謀 此田畓量案中 懸主改書爲計 呈于官家 當此農務之日 致有官庭紛紜者 極涉無據是白乎旀 朝家行會中 非主名懸錄者 改書之謂 爲正指謂 誤算誤打量處 改算改書之語是去乙 同金生員 百端謀計 稀望呈狀 有此 起鬧者 亦涉無據是乎旀 …… 則今此誣飾呈狀 事目外 量案懸名 改書陰計 亦極無據是去乎 今如神明按法之下 參考法典 前等內決立案 取納考准教後 從公處決 以解冤痛之情教味白齊.

에 참여하지 못하였다. 당시 피고들이 원고에게 소를 제기하였지만, 원고는 병이 들어 재판정에 출정하지 못했고, 이에 피고가 친착결절법親着決折法에 따라 승소 판결을 받았다. 이 승소 판결을 원인으로 경자양안에 기재된 원고의 전답을 전부 피고의 명의로 개서하였다.[16]

둘째, 안동부 내 전답은 원고 6~7대 선조들부터 조상 대대로 거주하는 장소이다. 특히 분쟁의 객체 중 동후東後 광자廣字답 등은 갑술양안에서 노 삼복參卜의 명의로 기재된 것이다. 이를 원고 7대 외조모 권 씨가 1569(선조2)년 원고 6대 외조모 안 씨에게 구처區處[17]했고, 현재까지 승계되었다. 이러한 사실로부터 이미 150여 년이 지났다.[18]

셋째, 남읍南邑 및 경자經字답 등은 노 삼복參卜의 명의로 기재된 것이다. 1637년(인조15) 원고 5대 조모인 유 씨가 그의 8 남매에게 구처區處하였다는 사실이 문서에 기재되어 있으며, 특히 이 전답은 6대 학봉鶴峯[19]의 제사 조로 종손에게 지급된 것이다. 이후 90년간 계속하여 전승되었음이 문서에 명백하게 기재되어 있다.[20]

넷째, 서읍西邑 해자海字 잠자潛字답은 죽은 사내종인 명원命元이 매수

---

16 「康熙六十一年 二月 日 安東府立案」: 元告金復濂 白等 矣六七代 相傳田畓 一結三十餘卜 故奴太任之孫 府內居一京等亦 稱以己上 前等內時 誣呈所志 推捉矣身是乎矣 矣亦 其時良中 適病重病 方在死生中是乎等以 未克就訟 則自官或疑其虛托病 故無端拒逆 被捕矣奴 卒至杖斃 而矣身段 病勢危劇 專然不出是如乎 改量時 一京等亦 矣田畓一結卅餘卜 皆以渠等名改懸主 而矣以單身 久病不出門外 不復看檢是如可 量案正書之後 始聞一京等以 其名付量 往問曲折 始乃曰 前者呈狀推捉時 雖以病患 不爲來卜是乎乃 自官決給於矣等是乎等以 矣名懸主是如爲有去乙.

17 구처(區處): 사전상 풀이로는 '처리하다'로 번역한다. 하지만 구처는 '처분하다'를 지칭하는 용어로 판단된다. 구처(區處)라는 용어 자체가 하나의 논문 주제가 된다.

18 「康熙六十一年 二月 日 安東府立案」: 査告乙 下量廳乙仍于 抱寃根因 逐條于左是齊 東後廣字畓二百九十田十五卜二束 二百九十一田 十二卜八束等庫段 甲量以爲奴參卜名打量 而矣七代外祖母權氏亦 隆慶三年己巳 矣六代外祖母安氏處 區處傳給 次次相傳 至于矣身者 已至百五十餘年之久 而傳係文記 昭然尙在是遣.

19 학봉(鶴峯) 김성일을 지칭한다.

20 「康熙六十一年 二月 日 安東府立案」: 南邑成字二百六田十二卜九束 經字五十一畓二十四卜一束等庫段 亦以參卜名打量 而崇禎十年丁丑 矣 五代祖母柳氏亦 子女八娚妹亦中 區處文記載錄是乎矣 矣六代祖文忠公鶴峯先祖 祭位條付之於宗孫 則次次相傳於近 九十年之久 而累代文記 昭然自在.

하여 경작하다, 그가 무자녀인 상태로 사망하였기에 법에 따라 상전에게 기상記上한 것이다.[21]

다섯, 남읍南邑 좌자左字전 등은 죽은 사내종인 삼산三山의 소유물로, 그의 자식인 일봉一奉에게 승계된 이후 일봉이 도망을 가버렸으므로, 도망 노비의 소유물은 법에 근거해 상전에게 기상記上되었고, 서읍西邑 개자芥字답도 죽은 사내종인 삼산三山의 물건으로, 삼산의 처인 춘화春和가 그의 딸인 금옥今玉에게 승계해 준 전답이다. 그러나 금옥이 자식 없이 사망하였기에, 역시 법에 따라 상전에게 기상記上한 것이다.[22]

여섯, 서읍西邑 주자珠字답은 태임太壬의 동생인 태수太守의 답이며, 태수가 사망한 뒤 그의 아내인 계선戒仙이 원고의 집안 사내종인 경룡京龍에게 방매했다. 그 문건이 현재 원고 집안에 보관하고 있다. 따라서 타인의 여종인 계선에게 기상記上하게 할 이치는 없다.[23]

일곱, 태임太壬은 원고 조상의 호노戶奴 이름이고, 원고 집안이 오랫동안 경작한 전답은 대부분 태임의 명의로 상지裳紙[24]에 해마다 기재되어 있다. 현재 태임을 경작자로 선정하여 경작하게 하고 있다. 그리고 반환 청구하는 전답은 읍내에 있는 전답이며, 태임은 바로 읍내에 거주하던 노비였다. 즉 태임이 생존 시에 경작하다가 지금 그의 자손들에게 물려주어 그의 자손들이 경작하고 있던 것이다.[25]

---

21 「康熙六十一年 二月 日 安東府立案」: 一西邑 海字一百四十九畓九卜六束 潛字一百三一畓六卜 一百三二畓七卜九束等庫段 矣故奴命元買 得耕食是如可 同命元無后身死後 依法典納于上典家是如乎.

22 「康熙六十一年 二月 日 安東府立案」: 一 南邑 左字三百卅田十九卜七束 西邑 芥字卄八畓十三卜四束等 庫段 乃是故奴三山之物 而三山之妻班婢春化亦 已去己亥年分 其矣子女八男女亦中 分衿成文是乎矣 上 左字田段 其矣第一子一奉衿付 而同一奉逃亡之後 以逃亡奴婢器物 依法典 納于上典家是乎旅 上芥字畓 庫 春和亦 衿付其矣一女今玉 而同今玉無后身死後 令無后奴婢器物 依法典納于上典家是乎矣.

23 「康熙六十一年 二月 日 安東府立案」: 一西邑 珠字卅三畓九卜四束庫段 果是太壬之弟太守之畓 而太守身死後 其妻他婢戒仙亦 丁卯年分 捧準價放賣於矣奴京龍處是乎等以 明文尚存矣家 則他婢戒仙處 寧有記上之理是乎旅.

24 상지(裳紙): 양안 상에 별지로 별지. 특히 붙인 치마를 둘러싼 듯한 모양의 닥나무로 된 종이(裳紙).

25 「康熙六十一年 二月 日 安東府立案」: 大槩 矣故奴太壬 卽矣家戶奴名也 勿論邑村 矣家田畓 皆以太壬名

여덟, 세대수는 6~7세대가 넘고, 햇수로는 90년이 넘도록 원고 집안이 가지고 있는 전답을 피고가 무단으로 점유하는 것은 법에 어긋난다. 피고 등은 그의 조부 태임이 몇 년간 경작한 것만 알고 그 전답을 기상記上 전답이라 하며 문서를 위조하여 관가에 무소誣訴하였다. 당시 원고로서는 오랫동안 원고 집안의 소유라는 문서를 가지고 변론하였다면 패소할 리는 없다. 하지만 당시 원고는 병이 들어 재판정에 출석하지 못하여 패소하였는데, 이는 매우 부당하다.[26]

아홉, 원고가 제출한 문기에 '자호字號'가 제대로 수록되지 않았다는 송관의 지적이 있었지만,[27] 이에 대해 사대부 가문의 문기 중에 '모원某員'이라고만 쓰는 경우도 적지 않은 관행이라고 주장했다. 그리고 집안 문서에서는 '원員'을 명기하였고, 갑술양안에 기재된 삼향·삼복 등은 집안 양명量名의 호노戶奴이다. 그리고 소송 객체인 '원員'이 변경되지 않고 양명에 명백히 기재되어 있으므로, 비록 원고가 제출한 문서에서 '자호字號'가 없다고 하여도, 소송의 객체는 원고의 전답임이 분명하다.[28]

열, 피고 일경 등은 갑술양안에 명의인으로 기재된 (우리 선조의) 호노인 삼복의 자손이 아니다. 그들의 조부인 태임은 원고 집안의 죽은 사내종

付錄於年年裳紙是遣 時耕亦以太壬名抄出應役 而卽今見失者 皆是邑內田畓也 太壬亦 邑居奴子也 太壬生時 俱以幷作耕食 而至于今傳 其子孫 依前分納是如乎.

[26] 「康熙六十一年 二月 日 安東府立案」: 今此一京等 以無識頑漢 不知上典家有六七代相傳文記 徒知其祖太任之多年耕作 而稱以記上之物 乘矣身重病之日 僞造文字 誣訴官前 而只緣矣身之出入死境 未卽就卞 以致官家之激怒 不見矣身 不考文券 而奪給一京等是乎所 以世代言之 則六七代之遠也 以年歲言之 則百五十餘年 或八九十餘年之久也 矣若持文券卞白 則萬無一失之理 而矣身實病 反歸虛托 以此得罪於官家是乎等以 獨爲決給於彼漢等是去乎 取考矣身所持文記敎是後 還以矣名 仍於付量事乙 行下敎味白齊.

[27] 「康熙六十一年 二月 日 安東府立案」: 汝矣原情中 廣字田二作 幷汝矣七代外祖母 傳於六代外祖母是在隆慶己巳成文相考 則字號卜數 不爲懸錄 且是甲戌 量前文記 何以知甲戌爲廣字田之根因乎 其後次次 傳系文記 現納爲旅.

[28] 「康熙六十一年 二月 日 安東府立案」: 廣字田卜數段 已載於於隆慶己巳傳系文記是在果 字號段 不爲載錄是乎所 中古文記中 只書某員 而不書字號者 非但矣家文券爲然 至於京外士大夫家文記中 或稱某道某邑田畓段 某衿是如是良置 厥後子孫 至今收探者 以其世世傳來 年年執持 故字號 雖不載量案 雖變更 而其土則不爲移動故也 矣身雖未知甲量前某字 今爲廣字 而夫玉巖云者 卽矣家文券所付之員也 甲戌量名參香·參卜者 卽矣家量名之戶奴也 付員不移 量名昭載 則豈可以字號之不書 於中古文券 而謂非矣家之田畓乎.

이다. 삼복의 자손이 아닌데도 피고들이 기상記上이라 주장하는 것은 근거가 없는 것이다.²⁹

열하나, 피고가 주장하기를 피고의 선조인 태임의 명의가 시경초기時耕抄記에 있다고 주장하지만, 태임이 원고 집안의 호노戶奴였기 때문에 기재되어 있는 것이다.³⁰

3) 피고의 주장

피고는 본인 집안이 원래 원고 김복렴 집안의 노비였음은 인정하였다. 하지만 피고의 조상들인 태임泰任·태수泰守는 본인 소유의 많은 전답을 가지고 있었는데, 이러한 많은 전답을 원고의 조상들에게 기상記上을 빙자한 '횡탈橫奪'을 당하였다고 주장한다. 따라서 피고는 송관에게 전임 안동부사가 내린 판결과 1720년(숙종46)의 경자 양안의 기록을 근거로 하여 판단하여 줄 것을 청구하며, 원고의 주장은 이유가 없다고 주장하였다.³¹ 피고의 주장과 제출 증거는 다음과 같다.

첫째, 조정의 기상記上에 관한 법은 이미 혁파되었다. 그러므로 원고가 자식 없이 사망한 노비의 재산에 대해 정당하게 기상을 하였다고 주장하였는데, 이는 법을 어기면서 기상을 한 것이 된다. 그러면서 무자녀 노비의 소유물은 관이나 주인에게 귀속하게 하지만, 당사자가 사망한 후 오랜 시

---

29 「康熙六十一年 二月 日 安東府立案」: 況旅 訟隻一京等 旣非量奴參卜等之子孫是遣 但以其矣祖太任 爲矣家之故奴是如 以此爲之記上 而爭訟於百年之後者 不亦萬萬無據乎.
30 「康熙六十一年 二月 日 安東府立案」: 一京等所謂太任名時耕抄記載錄云云者 此不過太任亦 矣家兩代之戶奴也 除身役對答戶首 四十餘年是乎等以 渾入於其矣年年抄記是去乙 一京等奸細之輩 巧計百層 渾稱曰己上云云 而如是爭奪是乎所 噫噫亦甚矣.
31 「康熙六十一年 二月 日 安東府立案」: 隻張日京等 白等 今此所爭根因段 昭載於前等內決案中是白齊 大槃矣徒等曾高祖以上 皆以金生員奴子 而連代娶良妻 其後子孫 皆爲金生員奴子 祖父泰任·泰守 自少至老 使喚於上典宅 而及其臨終 許多 田畓奴婢及家舍 稱以記上文記 幷以沒數橫奪是臥乎所 此是有子息奴子 則法不當 橫奪是乎矣 分義所在 莫能下手 抱寃身死.

간이 지나면, 이 법을 적용하지 말라는 수교受敎[32] [33]를 논거로 들었다.[34]

둘째, 피고가 부당하게 명의개서名義改書를 하였다는 원고의 주장은 타당하지 못하다. 조정에서 인정하는 양안의 명의개서는 계산 착오·단순 오기를 한 경우에 가능하다. 즉 개서를 인정한다는 것은 잘못 계산하고 잘못 측량한 것을 고쳐 계산하고 바로잡는 것을 지칭한다.[35]

셋째, 갑술양안(1634, 인조12)에 대문大文의 명의로 전답이 기재되어 있는데, 원고가 대문을 그의 사내종이라 주장한다. 하지만 대문은 피고의 선조가 매수한 노비이며, 이는 관가의 공문서와 엽질안[葉作案][36]에 의해 뒷받침된다. 따라서 대문이 원고의 노비라는 주장은 타당하지 못하다.[37]

넷째, 피고 선조들은 원래 원고의 노비였기는 하지만, 원고가 면천시켜 준다고 하고는 약속을 어겼다.[38] 피고 선조들이 거부巨富여서 많은 재산을 소유하고 있었다. 전답들은 피고 선조들이 정당하게 매수하여 보유한 재

---

32 《受敎輯錄》〈刑典〉公賤; "無子女奴婢己物 給己之官主之文施行 而身死久遠者 則勿爲擧論 以絶紛紜 當身生時具證筆放賣 及收養爲子 仍屬續案傳孫者 毋得混同沒入".

33 수교(受敎)는 왕의 명령 혹은 교지를 지칭한다. 《經國大典》과 같은 국전(國典)이 존재하였지만, 새로운 사건이 발생하였다면, 이에 대한 논의와 처리 과정이 필요하였다. 또한 기존 국전의 법 규정을 개정할 필요도 있었다. 이런 경우 왕은 그 사건에 대한 해결로써 왕의 명령인 수교(受敎)를 내렸다. 수교에 대한 자세한 내용은 다음을 참조. 정긍식,「《受敎謄錄》의 內容과 價値」,『규장각』 39호, 서울대학교 규장각한국학연구원, 2011.

34 「康熙六十一年 二月 日 安東府立案」: 而朝家記上之法 旣是革罷 則所當擧法 呈官推出是白乎矣 矣徒子孫 並皆未長 趁未推尋是如可 前矣量案之日 俱由呈狀 今金生員奴子喜周 一處推閱 則朝家記上之典 旣爲革罷之後 如是法外 假稱記上爲遣 有此橫奪者 事甚無據是如.

35 「康熙六十一年 二月 日 安東府立案」: 朝家行會中 非主名懸錄者 改書之謂 爲正指謂 誤算誤打量處 改算改書之語是去乙 同金生員 百端謀計 稀望呈狀 有此起鬧者 亦涉無據是乎旀.

36 엽질안[葉作案]은 사전적인 의미로는 '낱장으로 된 문서'라는 뜻이다. 엽질안을 공문서로 번역하는 예도 있다. 김동석,「葉作에 관한 一考察」,『藏書閣』 제14호, 한국학중앙연구원, 2005.

37 「康熙六十一年 二月 日 安東府立案」: 甲量中 以大文名 懸錄田畓 以其奴大文名是如爲臥乎所 大文卽矣等祖先買得奴子也 官家帳籍 流伊憑考敎是遣 亦考葉作案 則其所大文之名 矣等祖先奴子與否 可以想燭敎是在果.

38 「康熙六十一年 二月 日 安東府立案」: 右項金生員亦 矣等祖先及大文名 懸主田畓乙 藉口於其奴大文名是如 有此起鬧 公庭紛紜 節節無據是白乎旀 此外矣等祖先 許多買得田畓文記 沒數奪去 同此田畓 盡作其己物是乎所 以口舌紙毛 難以歷陳是白乎旀 矣等祖父 年至八十 去丙子年分 免賤稱云爲遣 書成牌旨 以從年數 八十兩錢文備納亦 威打侵責 至於私門 囚禁於其家 斗地中侵勞多端 及死境乙仍于 矣父等亦 天倫所在 哀慘罔極 外邊傳來 只存一畓庫乙放賣 而八十兩錢文 依令准納 故還如是徵價之後 又不成文許贖 未免地下私奴之名是乎所 天壤之間 豈有痛迫無據之甚者是乎旀.

산이며, 갑술양안에서 상전을 믿지 못해 피고 선조들의 노비인 대문의 명의로 기재한 것이다.³⁹

다섯, 피고의 선산이 안동부 남쪽에 있는데, 원고와 그의 자손들이 4~5년 전부터 선조의 선산을 횡점橫占하고 무단으로 입장入葬을 하였다. 위 선산 터는 우리 집안 땅인데도, 이를 원고가 강점한 것은 매우 원통하다. 특히 원고가 선산을 강탈하였는데도, 지금에 이르러 토지 및 전답까지 강탈하려는 것은 더욱더 원통하다.⁴⁰

여섯, 갑술양안을 작성한 이후에도 피고의 선조들은 더욱 많은 토지를 매수하였고, 많은 재산을 가진 피고의 선조는 이를 본인의 자손들에게 분배하였다. 가령 피고의 선조인 태임이 작성한 1685년(숙종11) 화회和會⁴¹ 문서에서도 소송의 객체인 전답이 등장한다.⁴²

일곱, 재작년 피고가 원고에게 제기한 소에서 이미 피고가 승소 판결[決案]을 받았다.⁴³ 송관께서 지난 재판의 판결을 살펴보고 이번에도 현명한 판결[決案]을 해주실 것을 간청드린다.⁴⁴ 그리고 판결을 받고도 2년 이내에

---

39 「康熙六十一年 二月 日 安東府立案」: 金生員 更出凶計 如是憨起僥倖之計<u>是乎所</u> 金生員之尤無據 非理事<u>段 矣祖以上良中</u> 名雖私奴 世事饒富 而奴大門<u>段</u> 高祖石只名 萬曆時 權海處 買得奴也 田畓許多之中 甲量臨迫 疑其上典 同田畓乙 以奴大門名懸主 而金生員<u>段</u> 其宅田畓乙 戶奴是在矣祖太壬名 亦爲懸主是如<u>爲乎矣</u> 太壬等<u>段</u> 一從大門名田畓<u>叱</u> 耕執<u>是乎所</u> 大門買得時 文籍相考 則可以洞燭<u>是旅.</u>
40 「康熙六十一年 二月 日 安東府立案」: 抑有痛迫事<u>段 矣徒等祖先</u> 繼葬墓山 在於府南 雖不大處<u>是乎乃</u> 人皆云云之地 而地理尙靜 正是殘風之處所<u>是白如乎</u> 同金生員兩班亦 及其矣等子孫 四五年前 橫占於矣祖先葬山處 奪取入葬<u>爲白臥乎所</u> 天地之間 又從遽及於黃泉白骨之侵漁乎 其所前後痛迫 莫此尤甚是 <u>白齊</u> 大槩奪人先山 至於此極 則今此誣飾呈狀 事目外 量案懸名 改書陰計亦極無據<u>是去乎.</u>
41 화회(和會)라는 용어는 상속으로 통칭하여 번역하고 있다. 하지만 화회를 상속으로만 볼 수는 없으며, 현대 민법 용어로 생전증여의 측면도 있고, 사인증여 혹은 유증과도 유사한 측면이 있다. 화회는 앞으로 그 용례를 정확히 찾아 정리하여야 하는 주제 중 하나이다.
42 「康熙六十一年 二月 日 安東府立案」: 量後<u>良中置</u> 田畓乙 亦多買得 前後田畓數多 同生亦多<u>是乎所</u> 同生間 不無分衿之道 康熙卄四年乙丑正月十五日<u>良中</u> 和會成文時 上項奴婢田畓乙 三兄弟兩妹等處 各各分衿之後 未久<u>良中</u> 今此金生員以上兩班 多率狀奴 不時來到 田畓所付文記 沒數橫奪 永作己物<u>是乎矣.</u>
43 「康熙六十一年 二月 日 安東府立案」: <u>矣徒</u>等年未長成不得推出<u>是如乎</u> 上年<u>良中</u> 適値朝家之令 前等內時 呈狀得決.
44 「康熙六十一年 二月 日 安東府立案」: 今如神明按法之下 參考法典 前等內決立案 取納考准<u>敎後</u> 從公處決 以解冤痛之情<u>敎味白齊</u>

그것도 농번기에 소를 제기함은 지극히 부당하다.

여덟, 증거자료로 다음을 제출한다. ① 전임관 재임 시 받은 판결[決案]과 ② 김 씨의 사내종 희주希周의 진술 및 ③ 조부 등의 1685(숙종11) 화회성문和會成文 및 ④ 1696(숙종22) 한글 유언 및 ⑤ 오래전부터 전해져 내려오는 수많은 시경첩책時耕貼冊, ⑥ 1657(효종8) 사내종 대문을 피고의 조부인 석지石只가 매수했다는 관계官契 등을 증거로 제출한다. 이 증거자료를 보면 소송의 시시비비가 가려질 것이다.[45]

아홉, 전답의 구체적인 소유 및 귀속은 다음과 같다. 우선 경자經字답은 피고 조부의 깃득衿得[46] 문서에 기재되지 않았고, 결득입안決得立案[47] 후록後錄에 실려 있는데, 그 이유는 조부가 깃득한 답이 아니기 때문이며, 이 답은 종증조부 처가 제사 비용을 마련하기 위해 맡겨주신 것이다.[48] 또한 광자廣字·성자成字전은 피고 증조부께서 매수한 전답임이 확실하다. 이 전답은 피고 증조부 전안田案에 들어 있을 뿐만 아니라, 피고 조부들께서 재산을 분배받은 기록에도 분명히 기재되어 있다.[49]

열, 다음으로 해자답海字畓은 실제 저희 조부께서 깃득한 답인데, 원고

---

45 「康熙六十一年 二月 日 安東府立案」: 槩此訟根因及決末 都在前等內時所受決案果 金奴希周處招辭 及祖父等乙丑和會成文 丙子年遺言諺書 久遠流來之數時耕貼冊 及萬曆丁酉月日 奴大門身乙 矣祖石只買得官斜幷以 取納考閱 則元隻間曲折 自然現著 今如神明之下 明査處決 一以解父祖之魂寃爲旀 一以免殘氓寃抑之情敎味白齊.

46 깃득(衿得)이라는 것은 한자어의 풀이 상 '자기 몫을 받는다.'는 뜻이 된다. 하지만 이 용례가 상속분을 지칭하는지, 상속재산에 대한 상속분·유류분·유증 등을 모두 통칭하는 용례인지는 애매한 부분이 있다. 추후 연구 주제라 할 것이다.

47 결득입안(決得立案)과 결송입안(決訟立案) 결급입안(決給立案)의 정확한 용례 상의 차이와 의미는 밝혀져 있지 않다.

48 「康熙六十一年 二月 日 安東府立案」: 經字五十一畓 不入於矣祖父衿得文記 而決得立案後錄中 載錄事段 經字之畓 果非矣祖衿得之畓 而從曾祖命元 無後身死乙仍于 許多田畓器物 上典沒數 籍沒撤去 而天鑑孔昭一畓尙漏 以此一畓 從曾祖身後之計 從曾祖夫妻俱沒之後 棺槨葬需及四名節忌祭伐草等事 專委於矣祖父處 傳給之畓也 不入於 太任衿下 載錄於決得立案後錄中是白齊.

49 「康熙六十一年 二月 日 安東府立案」: 廣字成字田段 甲量以參卜名懸主是如 祖先戶名與否 現告亦發問敎是臥乎所 祖先田畓文記 沒數見奪於金生員 故雖未知參卜之爲何如人 而於矣等旣非族屬 又非戶名是白在果 大抵 廣字成字畓田 明是矣曾祖買得田事段 此畓田俱在於矣曾祖田案中叱不喩 分錄於矣祖父衿中是白去乎 所納田案 詳細相考則可以洞燭 其矣曾祖買得之狀是白齊.

에게 빼앗긴 것이다.[50] 그런데 원고가 자식 없이 사망한 노비의 소유물이라며 기상記上을 하였다고 주장한다. 하지만 해자답은 화회和會 문서에 피고의 조부인 태수의 몫으로 명백하게 실려 있다. 그러므로 이 답은 기상의 대상이 아니다.[51]

4) 송관訟官의 결절決折

송관訟官[52]은 기상記上에 관한 법조문과 과한법過限法에 관한 법조문을 원용하여 판결하였다. 다음은 송관의 법적 논증이다.

첫째, 송관은 피고가 제출한 문기의 증거력에 의문을 표시했다. 1685년(숙종11)의 화회 문기에는 5남매에게 분깃한 문서가 각자 존재하여야 하는데, 이러한 점이 전혀 기재되지 않은 것은 매우 수상하며, 지금 와서 말하기를 다만 1장의 도문기都文記만 있다고 주장하는데, 이 역시도 너무 의심스럽다.[53]

둘째, 동후東後의 광자廣字 양작兩作과 남읍南邑의 성자成字 경자經字 합하여 4작四作은 갑술양안에서 원고 김복렴의 호노戶奴인 삼복參卜 명의로 기재되었고, 이를 뒷받침하는 증거도 있다. 그러므로 1685년(숙종11) 태임 등에게 분깃되고 난 후 원고가 '횡탈'하여 기상한 물건이라는 주장은 결단

---

50 「康熙六十一年 二月 日 安東府立案」: 海字畓段 實是矣祖父衿得畓庫 而見奪於金生員者 故矣身花名及決得後錄中 擧論懸錄是白在果 金生員之原情花名中 俱爲落漏曲折段 實未知其計之何在是白齊.

51 「康熙六十一年 二月 日 安東府立案」: 海字畓乙 元告更推內 無後奴命元己物 己上是如 同會元兄弟 行各衿現納亦推問敎是乎矣 高祖六娚妹等處 傳給文記段 金生員前後己上之際 亦知有子息奴婢己物 己上之非法 其所防慮 靡不用極 則其所文券 豈爲遺存於矣等之手乎 此是金生員攫取者是在果 海字畓 和會中分明載錄於矣等祖父太守衿下 則無後命元衿付之說 千萬無據是去乎.

52 송관(訟官)은 당시 입안을 발급한 행정주체인 부사 혹은 관찰사를 지칭한다. 송관을 재판관이라 번역하기는 신중할 필요가 있다. 기본적으로 결송입안(決訟立案)이 판결문인지 조정의 결과인지 중재의 결과에 따라 송관의 의미가 달라지기 때문이다. 이 글에서는 송관으로 지칭한다.

53 「康熙六十一年 二月 日 安東府立案」: 兩隻所納文券一一相考 則一京所納康熙乙丑太壬·太守等 衿付文記內 卽今所爭田畓 皆入於太壬·太守兩衿下 而其長女太生·次女莫德·末子太還三衿中 此所爭田畓 元無一作懸錄處 此甚殊常是遣 且是和會衿分 則五妹娚處 皆必有各立丈 而今乃日 只有此一丈都文記云云者 亦涉可疑是遣.

코 사실이 아니다.⁵⁴

셋째, 1685년(숙종11)에 기록된 태임 등이 깃분[衿分]도 더욱더 의심스럽다. 만약 1685년(숙종11)에 깃분[衿分]한 후 원고가 만약 다수의 전답을 모두 횡탈 했다면, 피고는 지금까지 30여 년간 왜 한 번도 이를 반환하여 달라는 소를 제출한 적이 없는지도 너무나 의심스럽다.⁵⁵

넷째, 해자海字・잠자潛字・좌자左字・개자芥字・주자珠字 등은 갑술 양안에서 피고의 5대 조부인 종복의 사내종 대문의 명의로 기재되어 있다. 여기서 명원은 종복의 손자이고, 일봉 및 금옥도 종복의 손자이다. 따라서 원고가 그 몫으로 받은 것을 상전에게 기상하였다고 주장하는 것은 이치에 맞는 것이다.⁵⁶

다섯, 송관은 원고가 제출한 문서는 신빙성이 있다고 보았다. 서읍西邑 주자답珠字畓 9복 4속 이외에는 모두 1685년(숙종11) 이전의 문서이며, 그래서 오래전부터 원고가 집지執持한 정상을 유추하여 알 수 있다. 이를 통해 볼 때, 태임 등에게 깃부[衿分]하였다는 1685년(숙종11) 문기는 실로 털끝만치라도 믿을 만한 단서가 없다.⁵⁷

여섯, 과한법過限法을 적용하였다. 즉 대・소한大小限이 이미 도과한 것이다.⁵⁸ 즉 사건이 발생한 지 30년 소한 및 60년 대한을 이미 도과한 사건이다. 따라서 '물청勿聽'의 대상이다.

---

54 「康熙六十一年 二月 日 安東府立案」: 且東後廣字兩作 及南邑成字經字合四作 甲量以金復濂 戶奴參卜名 懸主 且有久遠文記 則決非康熙乙丑太壬等 分衿後橫奪己上之物.
55 「康熙六十一年 二月 日 安東府立案」: 今乃入錄於康熙乙丑 太壬等衿分者 尤極可疑是遣 乙丑衿分之後 數多田畓 金哥兩班 若或沒數橫奪 則今已卅餘年 何無一番呈推之事是隱喩 亦極可疑是遣.
56 「康熙六十一年 二月 日 安東府立案」: 海字・潛字・左字・芥字・珠字等庫段 甲量以一京五代祖從卜奴 大門名懸錄 而所謂命元段 從卜之孫是遣 一奉今玉段置 亦是從卜之孫 則其所衿分 己上於上典者 理勢其 然是遣.
57 「康熙六十一年 二月 日 安東府立案」: 而西邑珠字畓九卜四束之外 皆是康熙乙丑以前文券 則其爲久遠執 持之狀 亦可推知是在果 以此觀之 則康熙乙丑 太壬等衿分文記 實無一毫可信之端.
58 「康熙六十一年 二月 日 安東府立案」: 而金哥之執持 旣皆久遠 且過大小限此分不喩.

일곱, 원고의 주장은 기상記上의 법리에 부합한다. 원명命元 · 일봉一奉 · 금옥今玉 등은 어떤 이는 자식 없이 죽었고 어떤 이는 도망을 갔다. 그래서 기상하는 것은 역시 법에 어긋나는 것이 아니다.[59]

여덟, 설혹 원고가 한 기상이 법을 어긴 것일 수도 있다. 즉 피고가 도망노비가 아니거나, 자식이 있는 노비의 재산을 기상한 것일 수도 있다. 그렇다 하더라도 이미 4~5대를 경과 하였고, 또한 이미 100년이 도과했다. 그러나 지금 와서 이를 분별하기 곤란하다.[60]

아홉, 원고와 피고의 신분 관계를 보면 이 소송은 비리호송非理好訟이 아니다. 즉 원고 김복렴이 요행을 바라고 소송을 일으켰다는 피고의 주장은 타당하지 못하다. 왜냐하면 피고 집안은 원고 집안의 오랜 기간 노비였기 때문이다.[61]

열, 송관은 다음과 같은 결론을 내렸다. "소쟁 전답인 광자廣字 · 성자成字 · 경자經字 · 해자海字 · 좌자左字 · 개자芥字 · 잠자潛字 등은 후록에 따라 김복렴에게 결급決給한다. 하지만 주자답珠字畓은 태수가 사망한 후에 원고 측에게 기상했다. 기상한 흔적을 숨기기 위해 매매한 것처럼 문서를 작성했는데 이를 바로 잡기는 어려움이 있다. 그리고 햇수도 오래되지 않았으므로 주자답은 태수의 손자에게 후록과 같이 결급決給한다."[62]

이러한 것을 종합하여, 송관은 원고의 주장을 인용하였고, 전답의 소유권은 원고에게 있음을 확인하였다.

---

59 「康熙六十一年 二月 日 安東府立案」: 命元 · 一奉 · 今玉 或爲無後 或爲逃亡 則其所己上 亦非非法.
60 「康熙六十一年 二月 日 安東府立案」: 而設令當初有子息奴婢處 違法己上是良置 其所執持 已過四五代 年且近百 則久遠之事 今難辨別.
61 「康熙六十一年 二月 日 安東府立案」: 而金哥兩班 況是一京祖先 累代上典 則到今希望僥倖 惹起訟端 極涉不當是乎等以.
62 「康熙六十一年 二月 日 安東府立案」: 所爭田畓廣字 · 成字 · 經字 · 海字 · 左字 · 芥字 · 潛字等庫段 後錄決給於金復濂處 珠字畓段 太守身死之後 金哥己上 而欲掩其己上之跡 成置買賣之狀 有難掩涕 而年且未久是乎等以 珠字畓段 太守之孫處 後錄決給爲遣 以憑後考次 合行立案者 行府使〔着押〕.

3. 1722년 안동부입안(「康熙六十一年 二月 日 安東府立案」)의 분석

안동부입안의 법적 쟁점은 다음으로 분류할 수 있다. 첫째, 양반이 노비에게 부동산의 명의를 신탁하던 관습을 현대의 명의신탁 사례로 볼 수 있는가 하는 점이다. 즉 양안에 기재된 명의인의 지위가 문제 되며, 주인이 노비에게 신탁하여 양안의 명의를 노비의 명의로 기재한 때 그 효력이 문제 된다. 둘째, 기상記上의 법의 적용 여부와 기상記上의 의의를 살펴보는 것이다. 셋째, 민사 분쟁에서 일정한 기간이 도과한 때 과한법過限法의 적용 여부이다. 즉 조선시대 민사소송에서 30년·60년 기한이 도과한 때 이를 어떻게 판단했는지가 쟁점이 된다. 넷째, 1722년 입안이 발급되기 2년 전인 1720년 양 당사자의 선결 사건이 있었고, 그 분쟁에서 원고가 송정訟廷에 불출석하여 피고가 승소하였다. 이처럼 당사자가 불출석한 때 친착결절법親着決折法의 법리가 적용되는가 하는 점이다. 이에 대해 살펴보자.

1) 명의신탁에 관한 관습

안동부입안에서 원고의 주장은 원고의 조상 소유 전답을 원고의 호노戶奴에게 신탁하여 노비의 명의로 양안에 기재되었다고 하였다. 반면 피고는 피고의 조상들이 비록 원고의 노비였지만, 막대한 재산을 축적하여 자신들의 노비를 부리고 있었으며, 원고의 조상으로부터 피고의 조상들은 해당 토지를 매수하여 정당하게 소유권을 취득하였고, 피고는 정당하게 상속을 받아 소유하고 있다고 주장하였다. 즉 원고는 명의신탁이 된 토지라고 주장하였고, 피고는 매수하여 상속받은 토지라고 주장하였다.

위 사건에서 송관은 원고의 주장이 타당하다고 인정하여, 원고에서 승소 판결을 내렸다. 즉 송관은 원고 조상의 소유 토지를 노비들에게 신탁한 것임을 인정한 것이다. 그렇다면 이러한 원고의 주장을 현대 사회에서 인정하는 명의신탁에 관한 관습으로 볼 수 있는가?

(1) 일제강점기 중추원의 명의신탁에 관한 관습 인식

일제강점기 조선총독부 중추원에서는 조선시대 명의신탁에 대해 다음과 같이 기술하였다. 즉 1929. 7. 3. 중추원 서기관장 회답에 의하면, 조선시대에 노의 명의[奴名]로 명의신탁을 하는 관습에 있었다고 판단하였다. 이를 살펴보면, "구시대에 양반가에서 법률행위 또는 소송행위를 하는 경우 사용하는 노명奴名은 소유 노奴의 이름으로 하는 경우이든지, 가장家長이 소유한 노비 명의로 하는 경우이든지, 항상 1인의 이름을 정하여 사용하였으며, 미리 여러 종류의 노비 명의를 정해 두지 않았다. 이 노비 명의를 호주 또는 택호의 변경 또는 명의 노의 존부存否에 관계 없이 수 대에 걸쳐 계속 사용하기도 하였다. 반면 노의 사망 기타로 명의를 변경하는 때도 있었다. 이처럼 일정한 관습이 없었다. 그러나 어떤 노의 명의로 매수한 부동산을 매각하는 경우 그 노명으로 매각하는 것이 통례였다. 이 경우 사용하는 노명은 주인의 택호 혹은 성 밑에 그 이름만을 쓰는 것이 통례이나 성명을 병기倂記하는 경우가 전혀 없지는 않았다."[63]라 하였다.

그런데 위의 중추원의 『민사관습회답휘집民事慣習回答彙集』의 기술이 반드시 정확한 것인지는 엄밀히 따져보아야 할 문제이다. 즉 조선시대 명의를 신탁하는 경우 양반은 반드시 노 1명을 정하고 여러 명의 노비에게 명의를 신탁하는 경우는 없었다고 기술하였는데, 반드시 1명에게만 신탁을 하였는지에 대해 의문이 든다. 그리고 중추원에서도 인정하였듯이, 양반의 재산을 노비에게 신탁하거나, 양반의 위임을 받은 노비가 토지를 매수하거나 매도하는 경우 어떻게 하는지를 일정한 관습은 없다고 보는 것은

---

63 「314.奴名ニ關スル件」 朝鮮總督府中樞院, 『民事慣習回答彙集』, 朝鮮總督府中樞院, 1933, 458~459쪽; 박병호, 「현대의 소송과 고문서」, 『고문서연구』 제19호, 한국고문서학회, 2001, 49쪽.

일견 타당하다. 그리고 노비 명의를 수 대에 걸쳐 사용하는 때가 있다는 분석은 안동부입안과 정확히 일치하는 내용이다. 위 중추원의 분석은 다른 사료들을 종합한 뒤에 종합적으로 분석할 수 있다고 본다.

그리고 다른 분석에서도 유사한 관습을 인정한다. 즉 "옛날 조선의 양반들이 토지를 매수할 때 자기의 명의를 드러내는 일을 부끄러워하거나, 혹은 조세를 포탈할 목적으로, 노비의 명의로 토지를 매수하게 한 뒤 그 토지를 노비가 관리하게 하는 관습이 일반적으로 행해지고 있었다."64라는 평가가 있다. 이러한 분석도 중추원의 분석과 유사한 것이다.

(2) 안동부입안과 명의신탁에 관한 관습

일제강점기의 평가들과 안동부입안의 내용을 대비하여 보면, 위 평가가 어느 정도 수긍이 가능하다. 즉 안동부입안에서 원고는 "사내종 태임太壬은 원고 집안 호노戶奴의 이름이고, 원고 집안의 전답은 대부분 태임의 명의로 상지裳紙에 해마다 기재되어 있다. 현재 경작자도 태임의 명의로 뽑아 경작하게 하고 있다. 그리고 찾으려는 전답은 읍내에 있는 전답이며, 태임이 바로 읍내에 거주하던 노비였다. 즉 태임이 생존 시에 경작하다가 지금 그의 자손들에게 물려주어 자손들이 경작하고 있다."65고 주장하였고, 피고는 "피고 선조들이 거부여서 많은 재산을 소유하고 있었다. 전답들은 피고 선조들이 정당하게 매수하여 보유한 재산이며, 갑술양안에서 상전을 믿지 못해 피고 선조들의 노비인 대문의 명의로 기재한 것이다.66 또한 갑

---

64 朝鮮信託株式會社 編, 『朝鮮信託株式會社十年史』, 朝鮮信託, 1943, 18~19쪽.
65 「康熙六十一年 二月 日 安東府立案」: 大槩 矣故奴太壬 卽矣家戶奴名也 勿論邑村 矣家田畓 皆以太壬名付錄於年年裳紙是遣 時耕亦以太壬抄出應役 而卽今見失者 皆是邑內田畓也 太壬亦 邑居奴子也 太壬生時 俱以幷作耕食 而至于今傳 其子孫 依前分納是如乎.
66 「康熙六十一年 二月 日 安東府立案」 金生員 更生凶計 如是慝起僥倖之計是乎所 金生員之尤無據 非理事段 矣祖以上良中 名雖私奴 世事饒富 而奴大門段 高祖石只名 萬曆時 權海處 買得奴也 田畓許多之中 甲量臨迫 疑其上典 同田畓乙 以奴大門名懸主 而金生員段 其宅田畓乙 戶奴是在矣祖太壬名 亦爲懸主是如 爲平矣 太壬等段 一從大門名田畓叱 耕執是乎所 大門買得時 文籍相考 則可以洞燭是於.

술양안 이후에도 피고의 선조들은 더욱 많은 토지를 매수하였고, 많은 재산을 가진 피고의 선조는 이를 본인의 자손들에게 분재하였다. 즉 피고의 선조인 태임이 작성한 1685년(숙종11) 화회和會 문서에서도 소송의 객체인 전답이 등장한다."⁶⁷고 하였다. 이에 대해 송관은 "서읍西邑 주자답珠字畓 9복 4속 이외에 모두 1685년(숙종11) 이전의 문권이며, 그래서 오래전부터 원고가 집지執持한 정상을 유추하여 알 수 있다."⁶⁸라 판단하였다.

이처럼 원고는 명의신탁을 주장하였고, 피고는 신탁한 토지가 아니라 매수한 뒤 상속받은 토지라고 주장한 것이다. 송관은 원고가 오랫동안 소유하던 토지라 판단하였다. 다만 송관이 이러한 법률관계가 명의신탁이라는 것을 명시적으로 적시하지 않는데, 왜냐하면 당시에는 명의신탁이라는 용어 및 개념이 없었기 때문이다. 다만 원고의 주장과 송관의 결정을 읽어 보면, 원고는 명의신탁을 주장하였고, 송관은 명의신탁 주장의 타당성을 긍정한 것으로 볼 수 있다. 1722년 입안 하나의 사례만으로 양반이 노비에게 재산을 신탁하던 관습이 명의신탁에 대한 관습이 기원이라고 '실증'되었다고 주장하기에는 성급한 부분이 있으나, 1722년 입안 사례를 통해 볼 때 양반이 노비에게 재산을 신탁하던 행위가 있었고, 이에 대해 양반의 소유권을 인정하였던 '사례' 혹은 '관행'이 존재하였음을 알 수 있다.

(3) 조선시대 명의신탁에 대한 다른 관습사례

조선시대 명의신탁에 대한 관습은 양반이 호노에게 토지를 신탁하던 관습 이외에도 2가지 정도 유사한 관습을 찾을 수 있다. 우선 종중재산 혹

---

67 「康熙六十一年 二月 日 安東府立案」: 量後良中置 田畓乙 亦多買得 前後田畓數多 同生亦多是乎所 同生間 不無分衿之道 康熙廿四年乙丑正月十五日良中 和會成文時 上項奴婢田畓乙 三兄弟兩妹等處 各各分衿之後 未久良中 今此金生員以上兩班 多率狀奴 不時來到 田畓所付文記 沒數橫奪 永作己物是乎矣.

68 「康熙六十一年 二月 日 安東府立案」: 而西邑珠字畓九卜四束之外 皆是康熙乙丑以前文券 則其爲久遠執持之狀 亦可推知是在果 以此觀之 則康熙乙丑 太壬等衿分文記 實無一毫可信之端.

은 계契 재산을 종중원에게 신탁하는 관습이다. 종중재산을 종중원에게 신탁하던 관습에서 명의신탁에 관한 관습이 시작되었음은 이미 여러 선행연구에서 지적하던 바이기도 하다.[69] 특히 선행연구에서 1910년 전후의 토지조사사업土地調査事業과 명의신탁의 연관성에 주목하였다. 즉 일제에 의해 시행된 토지조사사업에서 식민지 조선의 전국을 측량하여 지적을 작성하면서 소유권 기타의 권리관계를 확정하였는데, 1910년 당시 종중에는 토지를 소유하거나 그 명의로 등기할 자격을 인정하지 않았던 것이 문제였다.[70] 이를 회피하기 위해 종중에서 종원의 명의로 등기를 하였던 것이 명의신탁의 기원이 된다고 본 것이다.[71] 종중의 등기 능력이 인정되지 않았던 1910~1930년까지 종중의 소유 부동산을 종원의 명의로 등기한 것은 명의신탁에 관한 관습의 사례로 볼 수 있다.

다음으로 개인 소유 토지를 투탁投託하는 관습을 들 수 있다. 투탁은 지주가 자기의 토지를 궁장토宮庄土에 가장납입을 하여 재산의 보전을 기도하는 제도이며, 그 기원은 조선 현종顯宗 대부터 시작되었다고 알려져 있

---

[69] 朝鮮信託株式會社 編, 앞의 책(각주 64), 16~17쪽; 김상용, 「名義信託」, 『민사법학』 제11·12호, 한국민사법학회, 1995, 270~272쪽.
[70] 1930년 「朝鮮不動産登記令」의 개정으로 종중에 등기 능력이 인정되었다. 1930년 10월 深澤 법무국장의 설명을 요약 정리하면 다음과 같다. "종래 조선에서는 공동소유의 형태로 '공유'를 인정하여 법인 아닌 사단(종중)의 재산도 공유관계로 인정되었고, 종래 단독 소유권을 복수 주체에 귀속하는 상태를 광범위하게 '공유'라고 인정하였으나, 그중 소유권이 분수적(分數的)으로 수인에게 속하는 것과 '합유' 혹은 '총유'라고 칭하는 것이 있다. 종중재산을 본다면, 분묘 등의 유지보존을 목적으로 하여 공동소유자 각인 고유한 지분이라는 것은 인정할 수 없고, 또한 각인이 독립적으로 소유한 권리를 임의로 양도하거나 담보에 제공하거나 처분하는 것은 할 수 없다. 이러한 것을 '공유'로 볼 수는 없다. 『朝鮮不動産登記令』을 개정하여 '합유'의 법률관계에 있는 종중재산에 대한 등기를 인정할 필요가 있다. 이렇게 된다면 신탁자인 종중이 수탁자인 종원에 대해 '신탁'을 하는 관계가 된다. 등기부상 그 사단 혹은 재단의 소유라고 공시할 수 있게 하는 결과가 되면, 해당 부동산은 자연적으로 특정한 사단 혹은 재단에 속한 주체 총원의 '합유'라는 것으로 표시된다. 이는 공동소유 재산에 대한 분쟁을 근절하는 것이 목적이며, 조선의 실정에 적당한 개정이 된다."(『朝鮮新聞』 1930. 10. 23. 深澤法務局長談, 朝鮮不動産登記令의 改正에 就で; 同旨 『朝鮮』(1930. 11(제186호)) 1930. 11. 1: 朝鮮不動産登記令의 改正에 就で; 『每日申報』 1930. 10. 23. 共有不動産의 所有登記를 容認)라 하였다. 종중재산이 '공유'에서 '합유'로 변천하고 해방 이후 '총유'로 변한 것이 가지는 의미는 추후 조명해 보려 한다.
[71] 양창수, 「명의신탁(名義信託)에 대한 규율 재고」, 『법조』, 한국법조협회, 2000년 11월호(제530호), 2000, 232~233쪽.

다. 당시 토지제도는 극도로 황폐하였으며, 힘 있는 관료들은 힘이 없던 지방의 지주들에게 협박과 위협을 하여 토지를 강점하려 하였다. 그래서 지주들은 자기 재산을 지키기 위해 유력한 궁방宮房에 그의 토지를 궁장토로 편입시켜 달라고 부탁하였고, 이에 대한 허가를 받아 외부적으로 궁장토로 가장납입을 하였다. 실질적 소유자였던 지주는 관세를 납부하였고, 궁장은 세금을 거둘 수 있었다. 그러므로 투탁 관행은 지주 및 궁방 모두에게 이득이 되었다.[72] 하지만 투탁을 명의신탁에 대한 관습의 일종으로 볼 수 있는지 의문이 제기된다. 중추원의 관습조사에 의하면 명의신탁에 관한 관습과 궁방전에 대한 투탁의 유사성을 인정한 기술이 있었다. 1912. 12. 18. 정무총감의 회답에서도 개인이 토지를 궁가에 투탁한 것은 표현상 궁가 소유인 것처럼 하며 소유권이 이전된 것은 아니라고 보았다.[73] 하지만 이러한 투탁을 신탁제도와 유사하다고 보는 것에 대해 신중한 견해도 있다.[74] 최근에는 조선시대 투탁제도가 명의신탁에 관한 관습이라 평가하는 견해도 있다.[75] 하지만 궁방전에 투탁하는 것은 궁방이 개인의 토지를 '횡탈橫奪'하는 것으로 보는 것이 타당하며, 궁방전에의 투탁은 '명의신탁'으로 볼 수도 있으나, '가장납입' 혹은 '탈법행위'의 일종으로 보는 것이 타당하다는 견해도 있다.[76] 투탁은 탈법행위의 일종으로 보는 것이 타당하다.

(4) 조선고등법원朝鮮高等法院의 판결과 명의신탁에 관한 관습

조선시대 양반이 집안의 호노에게 재산을 신탁하던 관습과 종중에서

---

72 朝鮮信託株式會社 編, 앞의 책(각주 64), 4쪽.
73 「70.土地投託ノ效力ニ關スル件」, 朝鮮總督府中樞院, 『民事慣習回答彙集』, 朝鮮總督府中樞院, 1933, 117쪽; 박병호, 「현대의 소송과 고문서」, 『고문서연구』 제19호, 한국고문서학회, 2001, 49쪽.
74 朝鮮信託株式會社 編, 앞의 책(각주 64), 16쪽.
75 우인성, 「명의신탁에 관한 형사법적 연구」, 서울대학교 법학박사학위논문, 2015, 7~10쪽.
76 손경찬, 앞의 글(각주 4), 11~16쪽.

종원에게 종중재산을 신탁하던 관습에서 명의신탁에 대한 관습이 발생하였음은 설명하였다. 이러한 관습은 일제강점기 조선고등법원의 판결을 거치며 형성되었다. 조선고등법원에서는 명의신탁이라는 명시적인 용어를 사용하지는 않았지만, 사실상 명의신탁에 해당하는 법리를 전개하였다. 대표적인 것이 1913. 9. 9. 조선고등법원의 민사 판결이다.[77] 조선고등법원에서는 일본에서 수용된 독일의 신탁행위이론을 받아들여 내외부소유권구분설을 취하였다고 평가할 수 있다. 하지만 내외부소유권구분설은 전통 법제의 관습으로부터 유래한 것으로 볼 수는 없다. 위 안동부 입안에서 신탁자와 수탁자의 관계에서 내외부소유권구분론에 입각한 법리 구성을 하지 않았고, 도리어 대내외소유권 모두 신탁자에게 있는 것으로 법리 구성을 한 것으로 평가할 수 있다. 조선고등법원의 명의신탁에 대한 법리 이론은 판례법의 일종으로 볼 수 있으며, 관습법의 일종으로 볼 수도 있다. 따라서 명의신탁에 대한 조선고등법원의 판결은 '관습법화 한 판례'의 한 예로 볼 수 있다.[78]

2) 기상記上의 법리

전통 법제의 재산에 관한 용어 중 기상記上이라는 용어가 있는데, 그 용어의 정확한 사용례는 그동안 논란의 여지가 있었다. 안동부입안에서도 기상記上이 법적 쟁점이 되었다. 안동부입안에서 원고의 주장에 따르면 소송의 객체 중 일부는 원고 선조의 노비들이 자식 없이 사망하거나 도망간 노비였기 때문에 법에 근거하여 기상한 것이라고 하였다. 이에 반해 피고

---

77 朝鮮高等法院 1913. 9. 9. 선고, 대정(大正) 2년 민상제139호.
78 조선고등법원의 명의신탁에 해당하는 판결과 신탁행위이론에 대한 분석 및 소개는 다음을 참조. 손경찬, 앞의 글(각주 4), 16~29쪽.

는 기상에 관한 법이 이미 혁파되었는데, 원고는 기상을 빙자하여 횡탈하고 있다고 반박하였다. 송관은 소송 대상 토지는 원고가 횡탈橫奪을 하여 기상한 토지가 아니라고 판단하였다. 그렇다면 과연 기상의 의미는 어떻게 보아야 하는가?

(1) 기상記上에 관한 선행연구

역사학계에서 기상에 대해서는 적지 않은 선행연구가 있었다. 여기서 이들 선행연구에서 기상을 어떻게 이해하고 있는지 정리해 보자. 학설을 논하기 전에 법전의 해설을 살펴보자. 조선총독부 중추원 간행인 『校註 大典會通』의 형전刑典 사천私賤조에서는 기상을 "自己ノ所有物ノ如ク書面記入ニ申告ス"라고 정리하였다. 『國譯 大典會通(대전회통)』에서는 "자기의 소유물과 같이 기입하여 신고하는 것"이라 번역되어 있다.

선행연구에서는 기상을 다음과 같이 이해하였다. 첫째, 기상을 '상납上納'으로 이해하는 견해이다. 과거 노비가 자기 상전에게 기상하는 예가 많았는데, 자식이 있는 사천私賤도 때로는 재산 일부를 떼서 소유주에게 상납上納하는 예가 있음을 제시하고, 혹은 자녀가 있더라도 자기 재산을 나누어 일부는 상전에게 허상許上하고 일부는 자식에게 분깃分衿한다고 정리하였다.[79]

둘째, '기록記錄하여 바친다'로 이해하는 견해이다. 이에 의하면 "기상이란 용어는 '기록記錄하여 바친다'라는 의미로 노비들이 자기의 재산을 상전에게 바치는 때 주로 사용된다"라고 보았다.[80] 그리고 동 연구자는 다른 연구에서 "기상전답記上田畓이라는 표기는 노비의 재산을 주인이 '차지'하

---

79 이수건, 『慶北地方古文書集成』, 영남대학교 출판부, 1981, 14쪽; 이수건, 「古文書를 통해 본 朝鮮社會史의 一研究 - 慶北地方 在地土族을 중심으로 - 」, 『韓國史學』 제9권, 한국정신문화연구원, 1987, 70쪽.
80 전형택, 「朝鮮後期 內奴婢의 土地所有」, 『歷史敎育』 제35집, 역사교육연구회, 1984, 128쪽.

는 때에 사용"되고 있었음을 거듭 주장하였다.[81] 이러한 논지는 1995년 출간된 『한국사』 34에 반영되었다. 여기에서는 "원래 노비가 소유한 전답이나 노비 등의 재산을 상전이 '차지'하는 경우 그 재산을 '奴某 記上 田畓'이라 하거나 '奴某 記上 婢'라고 표기되어 있었다."라고 하였다.[82]

셋째, 기상을 '헌납獻納'으로 이해하는 견해이다. "상전에게 기상, 즉 헌납獻納"하지 않을 수 없다고 서술하기도 하였고,[83] 넷째, 기상을 양안量案의 대록代錄과 연결하여 이해하는 견해도 있다. 여기서 1722년 안동부입안을 예로 들어 설명하기도 하였다. 같은 입안의 피고 측의 주장을 논거로 들어 노비 이름의 대록을 기상과 연결하여 해석한 것이다. 즉 대록을 통해 무후 노비가 아니더라도 상전이 노비의 토지를 자의적으로 수탈할 개연성이 있었고 실제 하였다고 보았다.[84]

다섯째, 기상을 '소유권의 신고申告(移轉)'로 이해하는 견해도 있다. 이 연구에 의하면 기상을 하는 사람 또는 그 주체와는 관계없이 기상은 소유권의 신고申告(移轉), 소유 신고告知, 기록記錄 등의 의미로 사용되었다고 한다.[85]

여섯째, 기상을 '승계承繼'로 보는 견해이다. 처음으로 1722년 안동부 입안을 법제적으로 분석한 선행연구에 의하면, "조선시대 노비가 자식 없이 사망한 때 그 노비의 잔여 재산을 상전 가에서 승계하도록 하는 법제가 있었다. 상전 가의 이 행위를 속대전續大典에서는 기상記上이라고 표현하고 있었다."라고 서술하였다.[86]

---

81 전형택, 「조선후기 노비의 토지 소유 - 기상전답을 중심으로 -」, 『韓國史硏究』 제71호, 한국사연구회, 1990, 64쪽.
82 國史編纂委員會, 『韓國史』 제34권, 1995, 131쪽.
83 이영훈, 「古文書를 통해 본 朝鮮時代 奴婢의 經濟的 性格」, 『韓國史學』 제9권, 한국정신문화연구원, 1987, 154쪽; 김용만, 『朝鮮時代 私奴婢研究』, 集文堂, 1997, 20쪽.
84 오인택, 「조선후기 量案과 土地文書」, 『釜山史學』 제20집, 부산사학회, 1996, 165쪽.
85 박노욱, 『조선시대 기상전답의 소유주 연구』, 경인문화사, 2005, 115쪽.
86 심희기, 「18세기 초 安東府 田畓決訟立案의 法制的 分析」, 『古文書硏究』 제9·10호, 한국고문서학회, 1996, 413쪽.

그렇다면 기상의 의의를 어떻게 규정하여야 하는가? 위의 선행연구들 모두 나름대로 논거들을 들고 있으며, 완전히 잘못된 이해를 한 것은 없다고 생각한다. 같은 법률 용어를 두고 여러 가지 해석이 가능한 것은 연구자들의 잘못이 아니라, 법제를 만든 법문화의 속성에 기인하는 바가 크다. '기상'이라는 것은 그만큼 중층적이고 복잡한 용어였다. 법제적인 관점에서 기상을 정리하기 위해서는, 기상의 의의를 제시하고 그 요건과 효과를 기술하는 것이 법학적인 논증 과정이 될 것이다. 하지만 선행연구에서 보았듯이, 기상의 의의가 중층적·다의적이고 매우 불명확하므로, 기상의 요건과 효과를 먼저 검토한 후 기상의 의의에 대해 평가하고자 한다.

(2) 기상記上의 요건과 효과

결송입안 및 소송 관련 자료들을 살펴본바, 법적으로 기상이 문제 되는 경우는 크게 3가지로 구분할 수 있다. 첫째, 자식 없이 사망한 노비의 재산에 대한 기상이다. 둘째, 노비가 도망간 경우의 기상이다. 셋째, 노비(명의수탁자인 노비의 상속인 포함)가 생존한 가운데 주인에게 기상하는 경우이며, 이 경우는 노비가 생존하면서 명의신탁 재산을 기상하는 것이다.

그중 자식 없이 사망한 노비재산의 기상이 가장 일반적으로 문제가 되었다.[87] 즉 노비가 무자식인 상태로 사망한 때 기상이 문제 되었으며, 이때 노비의 재산을 주인이 기상하였다. 이 경우는 상속 법제상 법정상속인이 없는 경우였다. 즉 법정상속인이 없는 경우 그 재산의 처리는 어떻게 하는가 하는 문제가 되었다. 법정상속인이 없으므로, 만약 사노비라면 그 재산은 사노비의 주인에게 귀속되는 것이고, 공노비라면 관으로 귀속되는 것이다. 이 경우 기상의 주체는 사망한 노비가 아니라 주인이 되는 것이 이치

---

87 조선시대 상속 법제에 대한 정확한 해설은 다음을 참조. 喜頭兵一, 『李朝の財産相續法』, 朝鮮總督府中樞院, 1936.

에 부합한다. 즉 주인은 사망한 본인 노비의 재산을 본인이 스스로 기상하여 본인에게 귀속시켰다. 이런 경우 기상은 '특별귀속'이 된다. 마찬가지로 상전인 주인은 도망 노비의 재산을 자신이 스스로 기상하여 자신에게 귀속시켰다. 이 경우에도 기상은 '특별귀속'이 된다.

하지만 기상은 명의신탁과도 밀접한 관련이 있다. 1722의 입안에서 주인인 양반은 기상의 법제를 활용하여 노비에게 명의신탁한 재산을 반환받았고, 또 미처 반환받지 못한 신탁물에 대해 반환청구를 하였다. 바로 여기서 소위 명의신탁이 법리가 적용될 수도 있다. 전통 법제의 용어인 '양노量奴'라는 용어는 양반이 노비에게 명의신탁한 때도 있었음을 증명하는 용어라 할 것이다. 즉 주인이 양안을 작성할 때 세금을 회피할 목적 등으로 자신의 전답을 노비에게 명의신탁하는 것이다. 이후 노비가 사망할 것 같은 태세를 보이면(병이 든다든지), 이 경우 주인은 노비에게 명의신탁한 물건에 대해 반환청구를 하게 된다. 이런 경우 생존 시의 노비 전답을 기상하는 경우가 된다.

이 경우 기상의 주체는 주인일 수도 있고 노비일 수도 있다. 명의신탁자인 주인이 수탁자인 노비에게 명의신탁에 따라 '반환청구'할 수도 있는 것이며, 반대로 명의수탁자인 노비가 사망하기 전에 명의신탁자에게 '반환'할 수도 있는 것이다. 즉 이 경우 기상의 주체는 노비 혹은 주인 양자라고 보는 것이 타당하다. 이런 경우 기상은 '반환' 혹은 '반환청구'가 된다.

(3) 기상記上의 의의

법률상 용어인 기상은 '소유권의 신고', '헌납함', '기록하여 바침' 등으로만 분석하는 것은 타당하지 못하다. 기상이 문제가 되는 경우는 조선시대 상속 법제와도 밀접한 관련이 있다. 즉 무후노비無後奴婢 및 도망노비逃亡奴婢의 소유물에 대한 처리 과정에서 기상의 법리가 나온 것이다. 즉 기상은 법정상속인이 존재하지 않을 때 문제가 되는 것이다. 다시 말하자면 노비의 재산을 상속받을 자손이 없는 경우이다. 이 경우 주인은 그 재산을 '기상의 법리'에 의해서 가져간 것이다. 그런 점에서 기상은 상속 법제에 관한 용어라 할 것이다.

무엇보다 기상은 명의신탁과도 밀접한 관련이 있다. 바로 안동부입안에서 기상이 중요한 법리로 작용하였다. 즉 명의신탁자와 수탁자 사이에서 대내적으로 재산을 '반환청구' 혹은 '반환'하는 것을 '기상記上'이라는 용어로도 풀이할 수 있다. 이처럼 기상이라는 용어는 중층적이고 다양한 해석이 가능하다. 명의신탁된 신탁물에 대한 반환으로 볼 수 있는 근거로는 '양노量奴' 및 '양안量案에 대록代錄'이라는 용어를 들 수 있다. '양노量奴'는 '양안에 명의가 기재된 노비'로 풀이할 수 있으며, 노비는 원래 실질적 토지 소유자가 아니지만, 주인의 지시로 양안의 명의를 노비의 명의로 기재하였음을 의미한다. 이러한 법리는 바로 명의신탁 법리와 유사한 것이다. 또한 "자기의 소유물과 같이 기입하여 신고하는 것自己ノ所有物ノ如ク書面記入ニ申告ス"이라는 조선총독부 중추원의 해석도 이를 뒷받침한다. 즉 명의수탁자가 신탁된 물건을 반환하는 경우가 이를 뒷받침한다.

이처럼 법제적인 의미에서의 기상은 중층적·다의적 해석이 가능하다. 기상은 "상속 법제에 관련된 용어의 일종이며, 자식 없이 사망한 노비의 기물己物 혹은 도망노비 기물 등의 처리를 두고 적용된 용례로써, 기상은 노비의 법정상속인이 없는 경우 그 재산을 노비의 주인에게 '특별귀속'하게 함"으로 정리할 수 있다. 더욱이 기상은 "명의신탁자인 노비 주인이 명의수탁자인 노비에게 신탁한 재산에 대한 '반환' 혹은 '반환청구(회복청구)'하는 것의 일종"으로도 이해할 수 있다.[88]

---

[88] 기상의 의미는 다음을 참조. 손경찬, 「전통 법제에서 기상(記上)의 민사법적 의의」, 『법학연구』 제30권 제3호, 경상국립대 법학연구소, 2022. 7.

3) 60년 및 30년 과한법過限法의 적용

안동부입안의 중요한 쟁점 중 하나는 당사자의 권리가 시효 혹은 제척기간의 도과로 인해 소멸하였는가 하는 점이다. 일반적으로 시효時效(Prescription)란 일정한 사실 상태가 오래 계속되면 그 상태가 진실한 권리관계와 합치하느냐 여부를 묻지 않고 그 사실 상태를 그대로 존중하여 이것을 권리관계로 인정하는 제도로 정의된다. 특히 소멸시효는 권리자가 그의 권리를 행사할 수 있음에도 불구하고 일정 기간이 지나도록 행사하지 않는 권리 불행사의 상태가 계속되면 그의 권리를 소멸시켜 버리는 제도이다.[89]

조선시대에 소멸시효 제도가 존재하였는가? 조선시대에는 과한법過限法이라 하여 정소기한呈訴期限에 관한 규정이 존재하였다. 통설에 의하면, 《經國大典》〈戶典〉田宅條에 의해 5년의 정소기한이 일반적으로 적용된 과한過限의 기한이라 한다.[90] 이 규정에 대한 선행 해석이 있었으나, 다음과 같이 해석하는 것이 타당하다고 본다. 전택에 관한 소송에서 5년이 도과하면 '물청勿聽'하는 것이 원칙이다. 다만 ① 타인의 토지 가옥을 도매盜賣한 경우, ② '상송相訟'이 된 후 판결을 못 받은 경우, ③ 재산상속인 중 부모의 상속재산을 독점하는 경우, ④ 병경並耕계약에 의한 토지임차인이 계약기간이 만료되었음에도 반환하지 않은 경우, ⑤ 차가借家계약에서 임차인이 계약기한이 만료했음에도 명도 하지 않고 자기 점유 가옥으로서 점유하는 경우는 5년이 지나도 소 제기가 가능하다. 그리고 소장을 제출하고도 5년 이내에 '입송立訟'이 되지 못한 경우 역시 '물청勿聽'한다.[91]

---

89 윤진수 집필, 『民法注解(III)』, 박영사, 2010, 386쪽.
90 《經國大典》〈戶典〉田宅: 凡訟田宅過五年則勿聽 盜賣者, 相訟未決者, 父母田宅合執者, 因并耕永執者, 賃居永執者, 不限年 ○ 告狀而不立訟過五年者, 亦勿聽, 奴婢同.
91 손경찬, 「전통법 및 관습법에서 시효제도의 인정가능성」, 『재산법연구』 제36권 제2호, 한국재산법학회, 2019.8., 128~132쪽.

그런데 조선시대를 통틀어 대표적인 정소기한 규정은 전택조에서 규정한 5년 정소기한이 아니었다. 도리어 이후 5년 정소기한의 예외 규정이 문제가 되었다. 즉 재산상속인 중 부모의 상속재산을 독점한 사람은 5년의 예외로서 기한의 제한이 없이 소 제기가 가능한 것이 문제가 되었다. 이러한 규정을 인정하게 되면, 종국에는 100~200년 이전의 소송사건을 심리하여야 하는 폐단이 발생하는 것이다. 이를 해결하기 위해 여러 차례 개정논의가 등장하였다. 그래서 등장한 것이 《大典後續錄》의 60년 과한[92] 및 30년 과한[93] 규정이었다. 상속재산에 대한 분쟁이 무한정 인정되는 것을 막기 위해 60년으로 제한하였다. 60년 규정은 공·사노비 모두에게 적용되었는데, 공노비와 사노비를 달리 취급하자는 주장에 의해 공노비의 경우에는 30년 과한 규정이 적용되었다. 그리고 처음에는 노비소송에서만 60년 과한 규정이 적용되다가 일반 전택 소송 및 일반적인 민사사건에 모두 적용되었다.[94]

다시 안동부입안에 적용된 과한법을 살펴보자. 안동부입안에서 송관은 5년 과한법이 아니라 60년·30년 과한법을 적용하여 원고의 승소를 인정하였다. 원고가 소송의 객체인 전답에 대한 점유를 계속한 것이 오래되어, 이미 30년 소한小限 및 60년 대한大限이 모두 도과하였으므로,[95] 이런 경우는 '물청勿聽'의 대상이 된다는 것이다. 만약 원고가 자식이 있는 노비의 재산을 법을 어겨 기상記上한 것일 수도 있지만, 그렇다 하더라도 이미 4~5대를 경과하여 이미 100년이 지났는데, 지금 와서 이를 분별하기 곤란하다는 것이다.[96]

---

92 《大典後續錄》〈刑典〉決訟日限: 凡冒占良人及他人奴婢 或稱奴良妻所生 或稱祖上逃奴婢 爭訟 而非當身見存 事在六十年以前者 勿許聽理(正德十年三月十二日本曹受敎).
93 《大典後續錄》〈刑典〉決訟日限: 凡訟 事在三十年以前者 勿許聽理(盜賣·合執等項 不在此限 正德十三年十一月十八日本曹受敎).
94 손경찬, 앞의 글(각주 91), 132~140쪽.
95 「康熙六十一年 二月 日 安東府立案」: 而金哥之執持 旣皆久遠 且過大小限叱分不喩.
96 「康熙六十一年 二月 日 安東府立案」: 而設令當初有子息奴婢處 違法己上是良置 其所執持 已過四五代 年

안동부입안을 통해 조선시대 과한법의 원칙적인 규정을 명확하게 알 수 있다. 조선 전기 경국대전에서 규정된 5년 과한 규정이 조선조의 전시대에 적용된 원칙 규정은 아니었다. 60년 및 30년 과한 규정이 조선시대 정소기한에 대한 원칙적인 규정이었다. 안동부입안에서 재판관은 피고의 주장이 설령 타당하다 하더라도, 혹은 원고가 기상의 법을 어긴 것이 있다고 할지라도, 이미 60년 및 30년의 정소기한이 도과하였으므로 '물청勿聽'한다고 한 것이다.

4) 당사자의 불출석과 친착결절법親着決折法

1722년 안동부입안에는 명시적으로 등장하지 않지만, 해당 입안보다 선결 입안이 있었다. 입안의 실물이 존재하지 않아 해당 입안의 내용을 명시적으로 알 수는 없지만, 안동부입안에서 원고와 피고의 주장을 통해 이를 유추하여 알 수 있다. 즉 안동부입안의 피고는 이미 원고에게 승소 판결을 받았는데,[97] 피고는 원고가 판결을 받고도 2년 이내에 그것도 농번기에 소를 제기함은 부당하다고 주장하였다. 그런데 원고는 2년 전 판결과정에서 재판정에 출정하지 않았고, 재판정에 당사자가 불출석하여 패소판결을 받았다. 이는 원고의 주장 중 "결안決案을 청하여 살펴보았더니, 저는 끝까지 관정에 나아가지 않았는데도, 고금천지에 어찌하여 상대방도 없이 당사자 혼자 어떻게 소송을 할 수 있는 것입니까? 저는 관정에 들어간 적이 한 번도 없으며, 조상대부터 전해오는 문기文記가 이처럼 명백하게 존재합니다. 추납推納을 한 적도 없으며, 피고 등이 단독으로 결안決案을 받은 것

且近百 則久遠之事 今難辨別.
[97] 「康熙六十一年 二月 日 安東府立案」: 矣徒等年未長成不得推出是如乎 上年良中 適値朝家之令 前等內時 呈狀得決.

은 과연 이것이 송체訟體에 있는 것인지요?"⁹⁸을 통해 확인할 수 있다. 이러한 주장은 원고가 친착결절법의 존재를 몰랐음을 뒷받침한다.

비록 원고는 당사자가 불출석한 때 패소판결을 받게 된 것이 상식에 반하는 것이라 주장하였지만, 재판에서 당사자가 불출석하게 되면 이는 불출석한 당사자의 불이익으로 돌아가게 된다. 안동부입안에서 당사자의 불출석에 대한 법적 처리는 숨은 쟁점의 하나가 된다. 현행 민사소송법에서는 변론기일에 당사자가 불출석하면 민사소송법 제148조 및 제150조에서 자백간주 및 진술간주를 인정하며, 제268조에서는 소 취하를 간주한다. 즉 현행법은 대석판결을 인정하지만, 당사자 결석의 효과를 규정하고 있다. 이에 반해 조선시대에는 당사자가 불출석한 때 일정한 기간이 도과하면 바로 패소판결을 내렸으므로, 대석판결 제도라기보다는 결석판결 제도에 가까웠다고 평가할 수 있다. 이는 친착결절법親着決折法으로 규율되었다. 동 규정은 《經國大典》⁹⁹에 규정된 이후, 여러 왕을 거치며 개정논의가 있었다. 이후 《大典後續錄》에 일방 당사자의 불출석이 21일인 경우 상대방 당사자는 30일을 출석하여야 하는 것으로 확립되었다.¹⁰⁰ 이 규정은 이후 《續大典》에 규정되었다.¹⁰¹ 이처럼 당사자의 불출석을 처리하기 위해 오랫동안 여러 차례 논의를 거쳐 친착결절법이 제정되었다.¹⁰²

---

98 「康熙六十一年 二月 日 安東府立案」: 請見決案 則終不出視是乎所 古今天下 寧有無隻獨訟之人乎 矣身終無一入官庭之事 世傳文記 昭然自在 而亦無推納之事 則一京等之獨受決案 果有如此訟體是乎隱喩.
99 《經國大典》〈刑典〉[私賤]: 相訟奴婢元告・被論中, 自知理屈, 累月不見, 再囚家僮後滿三十日不現者, 始訟後五十日內無故不就訟過三十日者, 並給就訟者 以就訟庭親着名字爲驗.
100 《大典後續錄》[私賤]: 甲乙相訟, 甲者理屈退避, 乙者就訟將近二十一日, 則不可以甲者一二日出現, 旋棄乙者親着, 今後勿用出沒間着.((嘉靖十六年, 丁酉) 二月初一日, 承傳).
101 《續大典》〈刑典〉[聽理]: 始訟後五十日之限 見原典私賤 除官員不坐日計之 五十日內, 不就訟過三十日者, 給就訟親着者之法, 在原典, 而不須滿五十日後可決. 假如甲者過三十日不就訟則乙者就訟, 雖未滿三十日, 給乙者, 乙者親着, 必至二十一日, 甲者不就訟, 必滿三十日然後決給乙者, 乙者親着之二十一日, 甲者不就訟之三十日並計元・隻俱不現之日而充之, 且甲者理屈退避, 乙者就訟, 將近二十一日則不可以甲者一二日出現旋棄乙者之親着, 勿用甲者出沒間着, 凡爭訟同.
102 친착결절법(親着決折法)의 제정과정과 그 의의에 대해서는 다음을 참조. 손경찬,「조선시대 민사소송에서 당사자의 불출석」,『법사학연구』제57호, 한국법사학회, 2018. 4.

이처럼 안동부입안은 친착결절법이 적용된 예시가 되기도 한다. 1722년 안동부입안이 발급되기 2년 전 동일물에 대한 전소에서 원고는 병환을 이유로 불출석하였다. 반면 피고는 출석을 하였고, 원고의 불출석에 의한 반대급부로 피고가 승소 판결을 받았다. 이는 친착결절법이 적용된 실례가 된다. 그런데 한 가지 현행법의 관점에서는 이해하기 힘든 부분도 있다. 즉 전소에서 동일한 소송물에 대해 확정판결을 받았다면, 동일 당사자와 동일 소송물로 후소가 제기되면 안 된다. 즉 1722년 입안은 발급되면 안 되는 것이다. 이를 현행법상 '기판력'으로 볼 수 있다. 그런데 역설적으로 위 사례를 통해 조선시대 민사소송에서 '기판력'의 관념이 미약하였거나, 혹은 법규정상은 '기판력'의 관념이 인정되지만, 소송절차의 운영상 기판력을 보장하지 못하는 경우가 있었다는 점을 알 수 있다. 해석을 어떻게 하더라도 전통 법제에서는 민사소송절차에서 '기판력' 혹은 '확정력'의 관념이 미약하였던 것은 부인할 수 없다.

5) 소결

1722년 안동부입안은 매우 중요한 결송입안 중 하나이다. 이 입안은 18세기 토지 전답에 대한 분쟁을 통해 사회상을 알 수 있는 자료이기도 하지만, 법제적인 의미에서 더 큰 의미가 있다. 안동부입안을 통해 명의신탁은 양반이 노비에게 본인 토지를 신탁하던 관습에서 시작되었다는 '단초' 혹은 '실마리'를 확인할 수 있다. 그리고 기상의 의미를 알 수 있는 유용한 자료이기도 하며, 안동부입안을 통해 조선시대에는 60년 및 30년 과한법이 원칙적으로 적용되었음을 알 수 있다. 숨은 쟁점으로는 친착결절법을 적용하여 당사자가 불출석하면 그 출석하지 않은 자에게 패소판결을 내렸음을 알 수 있다.

4. 마치면서

　명의신탁에 대한 관습을 찾아보기 위해 조선시대의 재판자료를 찾아보았다. 본연구에서는 1722년 안동부입안(「康熙六十一年 二月 日 安東府立案」)을 분석하였다. 안동부입안은 조선시대 결송입안決訟立案 70여 개 중 가장 중요한 입안 중 하나라 평가할 수 있다.

　결송입안 중에는 안동부입안보다 분량이 더 많거나, 정치 사회사적인 의미를 담고 있는 입안들도 있다. 가령 흥해군입안은 글자 수가 4만 자에 해당하는 방대한 분량을 자랑하고, 안가노안安家奴案은 양반 가문 사람들이 일순 노비로 전락한 충격적 사건이기도 하다.[103] 그렇지만 안동부입안은 다른 결송입안들보다 법적 논증(Legal Reasoning)의 차원에서 훨씬 더 복잡하고 중요한 여러 가지 중요한 쟁점을 가지고 있다고 평가할 수 있다. 이하는 본연구에서의 소략한 결론이다.

　첫째, 안동부입안은 명의신탁에 대한 관습에 대한 '단초' 혹은 '실마리'를 제시하여 준다. 조선시대 양반 가문에서 집안의 노비에게 본인 소유 부동산을 노비의 명의로 양안에 등재한 것이 명의신탁에 관한 사례가 된다. 기존 다수설에 의하면, 일제의 토지조사사업으로 소유권 등기를 할 때, 종중은 등기 능력을 인정받지 못하였고, 종중의 부동산을 종중원 1인에게 명의신탁하여 등기한 것을 명의신탁의 기원으로 보았다. 이는 물론 타당한 설명이다. 하지만 일제강점기에 명의신탁에 대한 관습이 시작된 것이 아니라, 조선시대에도 양반이 세금의 회피·재산 관리의 용이 등의 사유로 노비 명의로 양안에 토지를 기재한 '관습' 혹은 '관행'이 있었으며, 이러한 관행이 명의신탁에 대한 관습으로 볼 수 있다. 안동부입안은 이러한 '관습'

---

103 「安家奴案」에 대한 자세한 분석과 평가는 다음을 참조. 손경찬, 「조선시대 신분확인 소송 - 「안가노안(安家奴案)」」, 『법학연구』 제26권 제4호, 경상대학교 법학연구소, 2018.10.

이 있었다는 '실마리'를 제시한다. 안동부입안에서 원고는 명의신탁이 된 부동산임을 주장하였고, 피고는 적법하게 매수한 부동산임을 주장하였지만, 재판관은 명의신탁이 된 부동산임을 긍정하였다. 한 가지 덧붙일 것은 당시 명의신탁이라는 형식적 개념 자체가 없었으므로, 명의신탁이라는 용어 자체는 등장하지 않는다. 다만 법리의 구성상 명의신탁에 관한 관습으로 볼 수 있다.

둘째, 전통 법제 용어인 기상記上은 논란이 많은 용어이지만, 명의신탁에 관한 관습과 관련이 있는 용어로 볼 수 있다. 선행연구들에서는 기상記上을 '소유권의 신고', '헌납함', '기록하여 바침', '기록하여 상납', '승계' 등으로 보았지만, 기상記上은 상속 법제와 관련된 용어로 보아야 한다. 노비가 자식 없이 사망하였거나 혹은 노비가 도주한 때 노비 소유재산을 어떻게 처리할 것인지가 문제가 된 것이며, 이때 기상이라는 용어를 사용하였다. 노비와 주인 사이에서는 법정상속의 문제가 발생하지는 않는다. 따라서 기상이라는 용어는 상속 법제에 관한 용어로써, 무후노비無後奴婢 혹은 도망노비逃亡奴婢라면 그 남겨진 재산을 노비의 주인에게 '특별귀속'하는 제도로 보는 것이 타당하다. 그리고 한자어가 가진 불명확성으로 인해 기상은 중의적인 의미가 있다. 즉 명의신탁자인 노비 주인이 명의수탁자인 노비에게 신탁한 재산에 대해 반환청구를 할 때에도 기상記上이라는 용어가 사용되었다. 물론 기상을 두고 '헌납', '강탈', '상납'의 의미로도 해석할 수 있다. 하지만 "자기의 물건과 같이 기입하여 신고한다"라는 조선총독부의 해석론을 원용한다면, 이는 '명의신탁물의 반환'으로 해석할 수도 있다. 즉 기상은 자식 없이 사망한 노비의 재산을 노비 주인에게 '특별귀속'하는 의미도 있고, 명의신탁된 신탁물을 명의수탁자에게 '반환청구' 혹은 명의수탁자가 직접 '반환'하는 의미도 있다.

셋째, 안동부입안은 조선시대 과한법過限法의 적용례를 보여준다. 선행연구에서 조선시대 과한법은 5년이 원칙이었다고 하며, 경국대전 호전 전택조를 근거로 들었다. 하지만 호전 전택조의 5년 과한 규정은 일시적인 규정이었고, 추후 60년 및 30년 과한법 규정이 일반적으로 적용되었다. 특히 60년 규정은 조선시대 과한법의 가장 원칙적인 규정이었다. 일반 노비 사건, 토지분쟁 사건, 일반 민사사건에서 60년이 지나면 '물청勿聽'하였다. 이것이 조선시대 민사소송의 정소기한의 원칙이며, 이를 뒷받침하는 증거가 바로 안동부입안이다. 안동부입안에서 재판관은 원고가 해당 토지를 소유(혹은 점유)한 지 이미 90여 년이 지나, 60년 대한大限 및 30년 소한小限을 모두 도과하였다고 판단하였다. 그래서 설사 기상에 관한 법을 잘못 적용하였다고 할지라도, 이미 60년 기한이 지났으므로 원고가 승소하는 것이 타당하다고 본 것이다.

넷째, 안동부입안의 숨은 쟁점 중 하나는 당사자가 불출석한 경우 법적 취급이다. 1722년 안동부입안의 전소前訴로 2년 전에 동일 당사자에 의한 동일 소송이 있었다. 이때 원고가 병을 이유로 재판에 불출석하였고, 피고는 승소 판결을 받았었다. 1722년 안동부에서 피고는 2년 전 승소한 입안을 재판의 증거로 들었다. 구체적인 내용은 안동부입안에 기재되지 않았지만, 이는 친착결절법親着決折法을 적용하여 불출석한 당사자에게 패소판결을 내린 예가 된다.

이상에서 1722년 안동부입안을 현행법상 판례 평석의 방식으로 분석하였다. 몇백 년 전의 재판자료에 대한 분석이 과거에 이런 사실이 있었다는 과거 완료형의 의미만 있는 것은 아니며, 현재 우리가 사용하는 법제 및 관습법의 기원과 발달 과정을 알 수 있는 작업이라 할 것이다. 다만 명의신탁에 대한 관습이 양반이 노비에게 부동산을 신탁하던 관행으로부터 시작되었음을 '실증'하려면 더 많은 재판자료 및 논거가 필요할 것이다. 이 연구는 1722년 입안에 대한 평석이므로, 다른 자료를 통해 명의신탁에 대한 관습을 '실증'하는 것은 추후의 연구과제로 한다.

참고문헌

1. 원자료

「314.奴名ニ關スル件」, 朝鮮總督府中樞院, 『民事慣習回答彙集』, 朝鮮總督府中樞院, 1933.
「70.土地投託ノ效力ニ關スル件」, 朝鮮總督府中樞院, 『民事慣習回答彙集』, 朝鮮總督府中樞院, 1933.
《經國大典》, 서울대학교규장각, 1997.
《大典續錄 · 大典後續錄 · 經國大典註解》, 서울대학교 규장각, 1997.
《續大典》, 서울대학교 규장각, 1998.
1722년 안동부입안(「康熙六十一年 二月 日 安東府立案」), 『古文書集成』 6, 한국정신문화연구원, 1990.
朝鮮高等法院 1913. 9. 9. 선고, 대정(大正) 2년 민상제139호.
『每日申報』1930. 10. 23. 共有不動産의 所有登記를 容認
『朝鮮新聞』1930. 10. 23. 深澤法務局長談, 朝鮮不動産登記令의 改正に就て
『朝鮮』(1930. 11(제186호)) 1930. 11. 1: 朝鮮不動産登記令의 改正に就て

2. 참고문헌

國史編纂委員會, 『韓國史』 제34권, 1995.
권오곤, 「명의신탁」, 편집대표 곽윤직, 『民法注解(Ⅴ)』, 박영사, 1992.
김상용, 「名義信託」, 『민사법학』 제11·12호, 한국민사법학회, 1995.
김용만, 『朝鮮時代 私奴婢硏究』, 集文堂, 1997.
박노욱, 『조선시대 기상전답의 소유주 연구』, 경인문화사, 2005.
박병호, 『근세의 법과 법사상』, 진원, 1996.
_____, 「현대의 소송과 고문서」, 『고문서연구』 제19호, 한국고문서학회, 2001.
배병일, 「명의신탁」, 한국민사법학회 편, 『民法學의 回顧와 展望 - 민법전시행30주년기념논문집』, 韓國司法行政學會, 1993.
손경찬, 「조선시대 민사소송에서 당사자의 불출석」, 『법사학연구』 제57호, 한국법사학회, 2018.4.
_____, 「조선시대 신분확인 소송 - 「안가노안(安家奴案)」 - 」, 『법학연구』 제26권 제4호, 경상대학교 법학연구소, 2018.10.
_____, 「자식 없이 사망한 배우자의 재산상속」, 『홍익법학』 제19권 제4호, 홍익대학교 법학연구소, 2018.12.
_____, 「전통법 및 관습법에서 시효제도의 인정가능성」, 『재산법연구』 제36권 제2호, 한국재산법학회, 2019.8.
_____, 「명의신탁에 관한 관습」, 『재산법연구』 제37권 제1호, 한국재산법학회, 2020.5.
_____, 「전통 법제에서 기상(記上)의 민사법적 의의」, 『법학연구』 제30권 제3호, 경상국립대 법학연구소, 2022. 7.
심희기, 「18세기 초 安東府 田畓決訟立案의 法制的 分析」, 『古文書硏究』 제9·10호, 한국고문서학회 1996.
양창수, 「명의신탁(名義信託)에 대한 규율재고」, 『民法硏究』 제6권, 박영사, 2001.
오인택, 「조선후기 量案과 土地文書」, 『釜山史學』 제20집, 부산사학회, 1996.
우인성, 「명의신탁에 관한 형사법적 연구」, 서울대학교 법학박사학위논문, 2015.

윤진수 집필, 『民法注解(Ⅲ)』, 박영사, 2010.
이수건, 『慶北地方古文書集成』, 영남대학교 출판부, 1981.
_____, 「古文書를 통해 본 朝鮮社會史의 一研究 - 慶北地方 在地士族을 중심으로 - 」, 『韓國史學』 제9권, 한국정신문화연구원, 1987.
이영훈, 「古文書를 통해 본 朝鮮時代 奴婢의 經濟的 性格」, 『韓國史學』 제9권, 한국정신문화연구원, 1987.
이재수, 『朝鮮中期 田畓賣買研究』, 集文堂, 2003.
전형택, 「朝鮮後期 內奴婢의 土地所有」, 『歷史教育』 제35집, 역사교육연구회, 1984.
_____, 「조선후기 노비의 토지소유 - 기상전답을 중심으로 - 」, 『韓國史研究』 제71호, 한국사연구회, 1990.
정긍식, 「《受敎謄錄》의 內容과 價値」, 『규장각』 39호, 서울대학교 규장각한국학연구원, 2011.

3. 외국문헌

朝鮮信託株式會社 編, 『朝鮮信託株式會社十年史』, 朝鮮信託, 1943.
喜頭兵一, 『李朝の財産相續法』, 朝鮮總督府中樞院, 1936.

19세기 조선의
민사집행의 실태*

심희기
연세대학교 법학전문대학원 명예교수

19세기 조선의
민사집행의 실태

1. 문제의 제기

현대 한국에서는 민사집행법이 시행되어 민사재판의 승소인은 확정된 판결내용대로 자신의 권리가 실현될 것이라는 기대를 해도 좋다고 말할 수 있다. 그런데 조선시대에도 그러한 기대를 할 수 있었을까? 조선시대 민사쟁송의 내용과 절차를 소상히 보여주는 사료로는 결송입안決訟立案만한 사료가 없다. 그런데 결송입안을 읽으면서 가졌던 의문은 과연 '조선의 현실 사회에서 송관訟官의 결송 내용[題音]대로 집행이 되었을까?' 하는 점이었다. 이 의문을 해소하기 위하여 필자는 이하에서 각종의 민장치부책民狀置簿冊류와 의송등서책議送謄書冊류, 그리고 기타의 고문서 기록을 사료로 활용하여 19세기 조선의 민사[1] 집행의 실태의 몇 가지 단면斷面들을 논증하려

---

* 이 글은 『고문서연구』 57, 한국고문서학회, 2020, 219~241쪽에 게재된 논문을 연구총서의 기획 의도에 맞게 약간의 수정을 가하여 수록한 것이다.
1 조선시대에는 민사와 형사가 확연히 구분되지 않았으므로 민사(民事)라고 표현하는 것이 부적절할 수 있다. 그러나 필자는 '직단(直斷)권이 군현의 수령에게 있으며, 다툼의 중점이 재산권과 신분권의 귀속에 있고, 또 다툼의 중점이 상대방의 처벌에 있지 않은 분쟁'을 민사 분쟁으로 파악하고자 한다. 다음에 이 글에서 '소송'이라 하지 않고 굳이 '쟁송'이라 칭하는 이유는 조선시대에 '소송(訴訟)'이라는 표현보다 '쟁송(爭訟)' 혹은 '상송(相訟)' 혹은 '대송(對訟)'이라는 용어가 더 많이 사용되었는데 그중에서 쟁송이라는 용어는 현대한국에서도 친숙하게 사용되고 있기 때문이다.

고 한다.

먼저 2, 3, 4, 6절에서 19세기 조선의 채권자·산주는 채권·묘지권 만족을 위하여 채무구금(imprisonment for debt) 수단의 사용을 강하게 청원請願하지만 송관은 그 수단의 사용을 꺼리고 가급적 채무구금을 최후수단으로만 활용하려는 자세를 보이고 있음을 논증한다. 5절에서는 "패소인이 수령의 제사대로 이행하지 않는 경우를 대비하여 국가의 성문법은 어떤 조치를 마련하고 있었을까?"를 살펴본다. 7절에서는 관찰사가 송관에게 채무구금을 지시하는 사례를 실증적으로 드러낸다. 8절에서는 채무자 감옥(debtor's prison)의 기능을 겸하는 19세기 조선의 감옥을 논증하며, 9절에서는 조선정부가 채무구금의 최대 애용자였던 사실을 논증한다. 10절에서는 징벌적 형사사법 시스템과 채무구금의 관계를 논증한다.

이 논문의 결론은 다음과 같다. 고도로 합리화된 법제에서는 채무구금이 불법화되거나, 그렇지 않다 하더라도 채무구금은 비형사적 처분으로 운영되었다. 서양 중세의 채무자 감옥이 이 범주에 속한다. 조선 중기부터 출현한 구류간拘留間이 사옥私獄으로 표현된 것을 보면 구류간의 발상은 서양 중세의 채무자 감옥에 필적하는 존재였다. 19세기 조선의 채무구금은 형사적 프로세스의 일부로 편입되어 있다는 점에서 서양 중세의 채무자 감옥과 다른 카테고리에 속한다.

2. 최후수단으로서의 채무구금

19세기 조선의 전형적인 민사 쟁송은 채송債訟과 산송山訟이었다. 기한부로 화폐[錢]나 화폐대용물[米·布·木]을 빌린 피고가 기한 내에 원리금을 갚지 못하면 채권자인 원고原告(당시의 용어는 元告이다)가 피고의 채무 이행을 구하는 쟁송이 채송이고, 권한 없이 원고의 묘역墓域 내에 몰래 투장偸葬

한 피고의 무덤을 이굴移掘하게 해 달라고 요구하는 쟁송이 산송이었다. 채송 사료보다 산송 사료가 더 많으므로 이하에서는 일단 산송 사료를 중심으로 살펴보지만 산송에서 나타나는 집행의 실태는 채송에서도 거의 비슷하게 나타날 것으로 추측된다. '누가 정당한 산주山主인가?' 혹은 '채권債權이 정당하게 성립하였는가?'를 따지는 문제에 대하여도 할 이야기가 많지만, 그 문제는 다른 기회에 논하기로 하고, 여기서는 오로지 19세기 조선의 민사집행의 실태에 집중하여 그 전형적인 모습을 그려보고 싶다.

필자가 분석대상으로 삼고 싶은 첫째 사안은 『고문서집성2 : 부안 부안 김씨편』(한국정신문화연구원, 1998)에 수록된 이속吏屬 신동환辛東煥 가문과 양반 김기순金基淳 가문의 산송 사안이다. 최근에 위 책의 역주본[2]이 출간되어 이하에서는 위 역주본에 의거하여 위 사안을 분석할 것이다.

기록상 가장 이른 시기에 등장하는 쟁송문서는 1845년 11월에 김기순 등(이하 '원고'로 지칭한다)이 신씨측(이하 '피고'로 지칭한다)의 투장행위를 지적하여 부안 현감에게 "피고측(신희숙)을 법정으로 잡아다 법을 어기고 몰래 투장한 죄와 아랫사람이 윗사람을 능멸한 죄[3]를 우선 엄하게 다스리고, 그 아들의 무덤을 즉시 파가도록 해 주십시오"라는 취지의 등장等狀(3-42, 102쪽, ①)이다. 이 등장의 여백 부분에 표기된 부안 현감의 제사는 "면임面任으로 하여금 산도山圖를 그려 오게 하라. 분산墳山이 있는 곳의 면임. 9일"이었다. 19세기 조선은 '누구든지 아직 주인이 없는 산지山地에 장례를 치를 수 있다'는 전제가 통용되고 있던 시기였다. 인가人家에서 가까운 곳, 풍수지리상 명당明堂인 곳, 경제성 있는 송추松楸가 우거진 곳을 힘 있는 가문에서 먼저 넓게 차지하는 풍조[이른바 산지광점山地廣占弊]가 만연되었고, 역시 인가에서 가까운 곳, 풍수지리상 명당인 곳, 경제성 있는 송추松楸가 우거

---

2   안승준 외 역주, 『부안 우반 부안김씨 고문서 역주』, 한국학중앙연구원출판부, 2017.
3   김기순측은 사대부 집안이고 신씨측은 이속(吏屬)이어서 이런 표현을 한 것으로 보인다.

진 곳에 장례를 치르려고 하는 이속吏屬과 평민平民·천민賤民도 늘어나기 시작하여 19세기는 '산송山訟의 시대'라고 말하여 이상할 것이 없는 시대가 되어버렸다. 아마도 원고 가문에서 먼저 차지한 산지의 국내局內 부근에 피고측에서 죽은 이를 입장入葬시킨 것 같다. 누구나 산지에 임의로 경계를 세워 '이 지역은 우리 가문의 묘역'이라고 선언하는 것을 허용할 수는 없으므로 당시의 법전法典에는 신분의 등급에 따라 묘역의 한계를 설정하는 기준이 마련되어 있었다. 가장 기초가 되는 기준은 '보수步數'와 '앉으나 서나 보이는 범위[坐立俱見]'이라는 기준이었다. 원고 가문에서는 피고측의 입장처入葬處가 자신들 선조 묘역의 '보수步數' 안에 해당한다든가 혹은 자신들 선조 묘역으로부터 '좌립구견처坐立俱見處(앉아서도 보이고 서서도 보이는 가까운 거리라는 취지)'라고 주장하면서 이를 입증하여야 할 의무가 생겼고, 반대로 피고측에서는 자신들의 입장은 원고 가문의 보수 밖의 장소이고, 또 그 묘역은 김씨측 선조들 묘소로부터 '좌립불구견처坐立不俱見處'라고 주장하면서 이를 입증하여야 할 의무가 생기게 된 것이다. 이럴 경우 송관이 직접 현장에 나가 피고측의 입장이 투장인지 여부를 검증하는 것[이를 친심親審이라고 한다]이 바람직하였지만 친심할 여유가 없었던 송관은 면임 등에게 '산도山圖를 그려 오라'고 지시한 후 산도가 도착할 때까지 심리審理를 유보하였다. 원고측이 '11월 9일자 제사'를 피고측에게 보여주자 피고측이 원고측에게 "합의를 보자."고 청하여 '1846년 2월 중순까지 이장하겠다'는 취지의 수기手記[고음侤音으로 부르기도 한다]를 작성하여 주었다. 그러나 1846년 5월이 되도록 피고측은 이장하지 않았다. 원고측은 1846년 5월에 부안 현감에게 다시 등장等狀을 올려 "신동환을 법정으로 잡아다가 이장하라는 뜻으로 엄명하게 분부"할 것을 청원하였다(3-43, 103쪽 ②). 이 청원에 대한 부안 현감의 제사는 "이미 수기를 발급해 놓고 기한이 지나도록 파 가지 않는 것은 너무도 근거가 없는 것이다. 엄하게 다스려 파 갈 것을 종용하고, 즉시 잡아오되 (원문 결락) 완강히 거부하면 다시 (원문 결락)", "파낼 것을 종용하기 위하여 즉시 잡아 오라. 장자狀者에게. 초8일"이라는 것이었다. 피고를 잡아 오는 일을 원고(장자)에게 지시하면 피고가 순순히 응할지 의심스럽다. 과연 피고가 응하지 않아 원고측은 11일쯤 다시 소지를 올려 부안 현감에게 "엄한 차사差使를 파견하여 법정으로 잡아 와서 완강하게 거부한 죄를 무겁게 다스리시고, 그가 투장한 무덤을 즉시 파 가게 해 주십시오."라고 청원하였다. 이 소지에 대한 부안 현감의 제사는 "누차屢次에 걸친 관부官府의 제사題詞가 지엄한데도 잡아들이라는 명에 응하지 않고 있으니, 너무도 무엄하다. 본 일이 아니라 (관명에 불응한 죄를) 엄하게 다스리기 위해 그 자를 잡아 올 것. 주인主人 11일"이라는 것이었다. 제사의 뒤에 '주인'이라고 쓴 것의 의미는 원고측이 현감의 제사를 면주인에게 보여주고 면주인과 원고측이 협력하여 피고를 잡아 오라는 지시를 내린 것이다. 이 지시는 부안 현감의 지시대로 실현되었을까?

신동환이 부안현에 끌려 와 "며느리에게 산기産期가 있으니 49일이 지나는 21일 이후 윤5월 10일까지 파가겠다"고 다짐한 것을 보면 부안 현감의 지시는 일단 실현된 것으로 보인다. 그러나 신동환은 '윤5월 10일까지 파가겠다'는 다짐을 이행하지 않았다. 이리하여 원고측은 다시 윤5월 어느 날 소지를 올려 "따로 엄한 차사差使를 파견하여 신동환을 법정으로 잡아 온 다음 매우 완강하게 거부한 죄는 장杖을 쳐서 가두시고, 투총은 즉시 파 가게 해서 천지에 사무친 사대부가의 원한이 풀어지게 해 주십시오"라고 청원하였다. 이에 대한 현감의 제사는 "다음 달 20일 이후에는 산전産前이든 산후産後든 따지지 않고 장을 쳐서 가두고 종용하여 파낼 것이다. 그 사이는 길어야 한 달을 넘기지 않을 것이니 우선 물러가 잠시 기다려라. 14일"(3-45, 105~106쪽, ③)이었다. 여기서 '장을 쳐서 가두고 파낼 것을 종용한다[嚴杖捉囚督掘]'는 표현에 주목할 필요가 있다.

이 문귀에 징벌懲罰의 취지가 스며들어 있기는 하지만 이 문귀에서 주목해야 할 포인트는 '피고가 의무(이굴)를 이행할 때까지 가두어 두겠다'는 취지의 메시지이다. 현대 한국에서는 이런 방식의 의무이행 종용은 간접강제를 허용하는 야만적인 조치로 평가되어 원칙적으로 금지된다. 현대 한국의 민사 강제집행법은 '직접강제 우선의 원칙', '물적 집행의 원칙'을 추구하기 때문이다. 이에 반하여 착수독굴捉囚督掘(이굴을 종용하는 간접수단)이나 착수독봉捉囚督捧(금전 채권의 실현을 종용하는 수단)은 간접강제 수단이자 인적 집행 수단이다. 현대 한국에서는 착수독굴이나 착수독봉을 민사유치 혹은 채무구금[4]으로 자리매김하면서 가급적 쓰지 말아야 할 수단으로 지목한다.

지금까지의 분석에서 드러나는 사실은 19세기 조선의 채권자는 채권만족을 위하여 채무구금(imprisonment for debt) 수단의 사용을 강하게 청원하지만, 송관은 그 수단의 사용을 꺼리고 가급적 그것을 최후수단으로만 활용하려는 자세를 보이고 있었다는 점이다.

피고(신동환)측은 1846년 8월이 되도록 이굴하지 않았다. 그리하여 원고측은 8월에 부안 현감에게 다시 소지를 올려 "따로 엄한 차사를 파견하여 저 신동환을 법정으로 잡아 온 다음 형구를 씌워 엄하게 가두고 즉시 투총을 파 가도록 해 주십시오"라고 청원하였다. 이에 대한 부안 현감의 제사는 여전히 "명절名節이기 때문에 기한을 정하여 풀어 준 것이다. 만일 이 기한이 지나면 장을 쳐서 가두고 파낼 것이니 기다렸다가 다시 정소呈訴하라. 17일"(3-46, 106~107쪽 ④)이었다. 이 제사를 보면 신동환은 짧게 한 차례 구금을 당하였지만 이굴하지 않은 상태에서 명절을 구실로 석방되었음을 알 수 있다. 다른 한편 19세기 조선에서 채무구금이 실현되어도 모진 채무자는 채무를 이행하지 않는 수가 있으며, 국가측은 이런저런 이유로 채무구금을 오랜 기간 지속시키지 않으려 하였음을 알 수 있다.

---

[4] 채무자를 감옥에 구류(拘留)하고 채무자나 그의 친족이 갚을 때까지 구류를 계속함으로써 채무자나 그의 친족이 채무를 이행하도록 간접적으로 강제하는 조치를 지칭한다. 현대법에서는 물적 집행이 원칙이고, 인적 집행은 예외적으로만 인정(호문혁, 「독일 강제집행법에 관한 연구」, 『서울대학교 법학』 41권 4호, 124~125쪽)되기 때문에 민사 구류나 채무구금은 원칙적으로 금지된다.

원고측은 9월에 다시 소지를 올려 "신동환을 법정으로 잡아다 법을 무시한 죄를 엄히 다스리시고, 그가 투장한 투총은 속히 파 가도록 해 주십시오."라고 청원하였다. 이에 대한 부안 현감의 제사는 "이 소장訴狀이 없었어도 이미 마음속으로 생각하고 있었다. 우선 물러가 열흘을 기다리면, 마땅히 종용하여 파낼 길이 있을 것이다. 10일."(3-46, 107~108쪽 ⑤)이었다. 부안 현감의 이 제사는 오히려 이전의 제사보다도 소극적인 것이었다.

원고측은 10월에 다시 부안 현감에게 소지를 올려 "관가官家에서 엄하게 패牌를 낸 상황에서도 아무렇지 않게 보아 굳이 소환에 응하지 않은 것이 몇 번인지 알 수 없으니, 이것이 관가의 명령을 심하게 능멸한 일이 아니겠습니까? (중략) 신동환에 대해서는 따로 엄한 차사를 파견하여 법정으로 잡아 온 다음 엄하게 장을 쳐서 수감하고, 사대부 집안 역대 산소 주맥主脈의 압핍壓逼한 곳에 있는 천한 아전의 투총을 즉각 파 가게 해 주십시오."라고 청원하였다. 이에 대한 현감의 제사는 "이미 패를 내어 종용하여 출두하게 하였다. 9일"(3-47, 108~109쪽 ⑥)이었다.

부안 현감의 이 제사는 ⑤의 제사보다는 적극적인 것이었지만 원고측을 만족시킬 수 있는 수준의 것은 아니었다. 부안 현감 차원에서는 일이 성사되기 어렵다고 생각한 원고측은 그 해 11월에 한 단계 수준을 높여 전라도 관찰사에게 의송議送을 올리는 작전을 구사하였다.

원고측 의송 소지의 골자는 "기한을 정하여 즉시 파 가라는 뜻으로 엄정한 제사題辭를 내려 저희 불초한 후손들로 하여금 피눈물을 흘리며 원망하는 일이 없도록 해 주시기를 천만 바라 마지않습니다."라는 것이고 이에 대한 관찰사의 제사는 "조사하여 파내라. 본관本官 초1일"(3-49, 109~110쪽 ⑦)이었다. 관찰사의 제사는 부안 현감의 그것보다는 강력한 어조語調였다. 명령을 받는 수명자受命者는 부안 현감이므로 수명자가 장민·주인·차사일 경우와는 격格이 사뭇 다르기 때문이다. 그러나 관찰사의 제사는 "조사하여 파내라."는 것이므로 조사결과 원고의 청원에 근거가 없으면 원고의 청원을 거부할 수 있어서 그 강제력의 정도가 현저히 센 것은 아니었다.

3. 관찰사의 제사 이후의 상황 전개

전라도 관찰사가 원고의 의송 소지에 제사를 써 준 날짜는 1846년 12월 1일이었다. 원고측은 이 소지와 제사를 12월 6일 부안현에 접수[도부到付]시키고 12월 7일자로 "신동환을 장을 쳐서 수감하여 독촉해 투총을 파내기를 감영의 제사대로 하도록 해 주십시오."라는 소지를 올려 청원하였다. 이에 대한 부안 현감의 제사는 "패牌를 낼 일이다. 형방刑房에게. 7일"(3-50, 110~111쪽 ⑧)이었다. 이 제사의 수명자가 형방인 것으로 미루어 볼 때 신동환은 일시적으로 부안현에 잡혀 왔을 것으로 보인다. 그러나 다음 소지에서 보는 것처럼 여전히 이굴은 실현되지 않았다.

해를 넘겨 1847년 8월에 원고측은 다시 부안 현감에게 소지를 올려 "신동환에 대해 엄한 차사를 파견하여 법정으로 잡아 온 다음, 한편으로는 완강히 버티는 죄를 바로잡으시고, 한편으로는 투총을 파가게 해 주소서"라고 청원하였다. 이에 대한 현감의 제사는 "관가의 명령이 내려진 상황에서 어찌 감히 미적거릴 수 있단 말인가? 즉시 대령하게 하여 처결하게 하라. 신민辛民에게. 13일."(3-52, 114쪽 ⑨)이었다. 이 제사의 수명자는 피고인 신동환측이었다. 아마도 원고측이 소지와 소지에 쓰인 현감의 제사를 피고측에게 보여 주었을 것이고 그러면 피고측이 부안 현감의 지시를 읽을 수 있었을 것이다. 피고측이 위와 같이 추상같은 현감의 지시를 이행하였을까?

다음과 같은 원고측의 소지가 있기 때문에 피고측이 여전히 현감의 지시를 이행하지 않았음을 알 수 있다. 사료 ⑨의 소지가 성공하지 못하자 원고측은 재차 소지를 올려 "신동환을 법정으로 잡아 와서 엄하게 장을 치고 가둔 다음 그 아들의 투총을 즉시 파 가게 하도록 해 주소서"라고 청원하였다. 이에 대한 현감의 제사는 "신辛가놈을 잡아 오라. 장민狀民에게. 10일."(3-53, 115쪽 ⑩)이었다. 『고문서집성 2 : 부안 부안김씨편』(한국정신문화연구원, 1998)에 수록된 이속吏屬 신동환辛東煥 가문과 원고金基淳 가문의 산송의 전말은 여기서 끊긴다. 그 이후 이 사건이 어떻게 진행되었는지 알 수 없지만 쉽게 해결되었을 것 같지 않다.

이굴을 원하는 원고측은 피고측의 이행을 담보하는 수단으로 채무구금을 요구하지만 현감과 관찰사는 그것을 최후수단으로만 활용하였음을 알 수 있다. 물론 구금상태를 견디는 것은 매우 괴로운 것이기 때문에 채무구금으로 이행이 강제된 케이스도 많을 것이다. 그러나 그 육체적 괴로움을 견뎌내는 피고측의 끈질긴 저항이 있는 경우에는 채무구금만으로 채권·묘지권을 만족시킬 수 없었음을 알 수 있다. 요컨대 19세기 조선에서 채무구금은 일정한 정도로 집행의 실효성을 보여줄 수 있었겠지만 19세기 조선의 채권자가 만족할 정도로 효율적인 수단은 아니었다.

4. 송관의 한두 번의 용서

19세기 조선의 송관은 패소인이 제사대로 이행하지 않아도 한두 번쯤은 용서하고 말로 타이르는 자세를 취하였다. 송관은 패소[落科]인이 제사대로 이행하지 않아도 한두 번쯤 언어로 질책하기는 하지만 패소인이 자발적으로 이행할 때까지 지리할 정도로 인내하는 모습을 보였다. 승소인의 입장에서는 송관의 이런 자세가 매우 답답하게 느껴졌을 것이다. 《詞訟錄 1891년 2월 20일》에 다음과 같은 기록이 있다.

❹ "南邊面 笛峴 鄭寅春 呈以 : 韓班龍直 偸葬於不盈尺之地 屢次落科 終不移葬事.

題:ⓐ 屢次落科 又爲納侤 終不移去 民習駭然 ⓑ 事當嚴杖督掘是矣 姑爲容恕 卽爲掘去 更無煩訴向事 彼隻"[5]

남변면 적현에 사는 정인춘鄭寅春이 충청도 진천현鎭川縣에 올린 소지所志의 요점은 "한씨 양반 용직龍直이 채 한 자尺가 되지 않는 땅에 몰래 매장하여 여러 번 패소[落科]하였으면서도 끝내 이장하지 않고 있습니다. (그가 이장하도록 관에서 조치해 주십시오)"라는 것이었다. 이에 대한 진천 현감의 제사[題][6]은 "ⓐ 누차 패소하고 또 (기한까지 이장하겠다는) 다짐을 제출[納侤]하고서도[7] 끝내 이장하지 않으니 민습이 놀랍다. ⓑ 마땅히 엄히 장杖을 쳐서 이장을 종용할 일이지만, ⓒ 한번 용서해 줄 테니 즉시 이장하여 정인춘이 번거롭게 다시 호소하지 않게 하라. 피고彼隻"[8]의 취지이다. ⓒ와 같이 패소인의 불이행이 있어도 송관이 바로 처벌절차로 돌입하지 않고 한두 번 용서하는 모습을 보이는 사료는 얼마든지 더 제시할 수 있다.[9] 송관이 한두 번 용서하는 이유는 피고측이 도덕적으로 회개하여 제사 내용을 이행하거나 원고와 피고가 화해할 것을 기대하기 때문이다.[10]

ⓐ 부분의 기술은 19세기 조선의 민사집행의 실태를 잘 드러내고 있다.

---

5 이영훈·오영교·김선경·윤정애 편, 『韓國地方史資料叢書 民狀篇 제9책 詞訟錄(奎古5125~19)』(642쪽). 이하 이 책은 '제9책 …쪽'의 형식으로 인용한다. 제9책의 《詞訟錄(奎古5125~19)》 부분은 역주서(최윤오 옮김, 『재판으로 만나본 조선의 백성 : 충청도 鎭川 사송록』, 혜안, 2013)가 출간되었다. ㊶부분의 번역은 역주서 121번(114쪽)에 있다. 향후 역주서를 활용할 때는 '역주서…번(…쪽)'의 형식으로 인용한다.
6 대한제국기에 제사[題]는 '지령(指令)'이라는 용어로 변경된다. 예를 들어 『訴狀指令案』(古5125-29)은 19세기 중반 이후의 『민장치부책』과 동일한 형식과 체제를 갖추고 있다.
7 다짐을 제출[納侤]한 사실은 제9책 600쪽; 역주서 44번(76쪽)에 기록되어 있다.
8 이하 《詞訟錄(奎古5125~19)》의 번역은 역주서를 참조하되 동의하기 어려운 부분은 필자가 조금씩 변경하였다. 따라서 만약 오역이 있다면 그 책임은 필자에게 있다.
9 일부만 적시하면 역주서 43번(76쪽); 역주서 114번(111쪽); 역주서 121번(114쪽); 역주서 154번(127쪽); 역주서 194번(144쪽) 등이 있다.
10 "官令之下 一向不悛 是何惡習是喩 事當懲勵 姑爲容恕是在果 翻然改悟 無至更訴向事", 역주서 194번(144쪽).

누군가가 송관[군현단위의 守令]으로부터 여러 번 승소 처분[得訟]을 받아 들고, 또 패소인[落科者]으로부터 언제까지 제사 내용을 이행하겠다는 이행각서[侤音][11]까지 받아 내도, 패소인이 제사 내용을 이행하지 않는 경우는 앞(2절과 3절)에서 보듯이 비일비재하였다. 아래의 사료 ㊷, ㊸도 이 점을 보여주는 사료들이다. ㊷는 수령을 경유하여 관찰사에게의 호소議送를 여러 차례 경유하여도 일이 원만히 해결되지 않는다는 호소이다. 이 점은 앞(2절과 3절)의 사례에서도 실증되고 있다.

㊷ "沔川 閔參議宅奴 順吉 呈以 : 矣宅畓券見奪於治下二西牛上居李致水 而屢呈議送 尙無妥結之日 又爲往訴於本府矣 至蒙押上之提飭 故玆以到付 特爲押上裁判之地事
題 : 依府題 李致水 有査實事 狀民眼同李致水 捉待向事 主人"[12]

㊸ "二東東里 李圭錫 呈以 : 民之曾祖山 壓腦之地 南面 大谷 李在文 偸埋其父 而屢經 府題官拷 一向不掘事
題 : 納侤也 府題也 前後文蹟 若是昭然 理之當掘 推此可知 督掘次 率待向事 狀民"[13]

조선에서는 법제상 사력구제私力救濟(self-help)가 허용되지 않았으므로[14] 피고측[彼隻]이 수령의 제사 내용대로 이행하지 않으면 승소측은 다시

---

11 이승일, 「근대 이행기 소송을 통해 본 전통 민사재판의 성격 - 侤音의 소송상의 의미를 중심으로 -」, 『古文書硏究』 51, 2017, 285~316쪽.
12 《詞訟錄(牙山)(奎想白古349 · 1035~Sa78)》 己亥(1899) 2월 3일, 제9책 6쪽.
13 《詞訟錄(牙山)(奎想白古349 · 1035~Sa78)》 己亥(1899) 2월 4일, 제9책 10쪽.
14 "英宗四年, 本曹啓目, '近來兩班, 託以推奴徵債, 私門結縛, 以劍石鋪地, 倒置赤身, 勒捧手記. 若不別樣處置, 無以懲戢. 黃壽仁, 囚禁科罪之意, 敢啓' 判付內, "亂削髥髮, 置諸劍石, 其何律文. 其在勵百之道, 不可循例照律, 黃壽仁, 勿限年, 遠地定配"《秋官志 卷8 考律部 考律部 續條四 私門用刑 私門濫刑》 사력구제(私門結縛 私門用刑 私門濫刑)한 양반을 "勿限年 遠地定配"에 처한 사례이다. 또 각주 17번의 사료도 사력구제 금지를 담고 있는 사료이다.

또 수령과 관찰사에게 제사 내용의 실현을 구하는 소지를 제출하는 수밖에 없었다. 앞(2절과 3절)의 사례와 ㊶이 그런 사정을 잘 보여주는 사료들이다.

　패소인이 수령의 제사대로 이행하지 않는 경우를 대비하여 국가의 성문법은 어떤 조치를 마련하고 있었을까?

5. 위금취리율違禁取利律과 결후잉집률決後仍執律

㊶ "據執他人奴婢及決後仍執者, 杖一百徒三年, 徵役價給主。其不均分執者·合執專利者, 論罪後, 其應得奴婢, 屬公。田宅同。"(《經國大典 刑典 私賤》)

㊷ "他人時執奴婢未訟前放賣者, 凡訟田·民已決後仍執者, 竝杖一百徒三年。"(《續大典 刑典 聽理》,《大典會通 刑典 聽理》)

㊸ "凡山訟見屈後, 不爲掘移, 誣罔擊錚者, 以詐不以實律論。掘移納招後逃匿者, 以決後仍執律論。官吏之決折有違法理者, 以知非誤決律論。"(《續大典 刑典 聽理》,《大典會通 刑典 聽理》)

㊹ "山訟을 見屈ᄒᆞ야 掘移ᄒᆞ기로 納侤ᄒᆞᆫ 後에 逃匿ᄒᆞᆫ 者ᄂᆞᆫ 笞 一百에 處ᄒᆞ고, 該塚은 自官掘移홈이라. 民事訴訟에 落科ᄒᆞ야 納侤ᄒᆞ고 逃避ᄒᆞᆫ 者ᄂᆞᆫ 笞 一百에 處홈이라."(《刑法大全 第4編 律例上 第3章 斷獄及訴訟所干律 第1節 訴訟違犯律 第281條 掘移納侤逃匿》)

㊺ "民事訴訟에 落科ᄒᆞ야 納侤ᄒᆞ고 逃避ᄒᆞᆫ 者ᄂᆞᆫ 笞 一百에 處홈이라."(《刑法大全 第4編 律例上 第3章 斷獄及訴訟所干律 第1節 訴訟違犯律 第282條 納侤逃避》)

㊻ "其負欠私債違約不還者, 五貫以上 違三月 笞一十 每一月加一等 罪止笞四十. 五十貫以上 違三月 笞二十 每一月加一等 罪止笞五十. 二百五十貫以上 違三月 笞三十 每一月加一等 罪止杖六十. 並追本利給主. 若豪勢之

人 不告官司 以私債强奪去人孳畜産業者 杖八十, 若估價過本利者 計多餘之物 坐贓論 依數追還. 若准折人妻妾子女者 杖一百 强奪者加二等 因而奸占婦女者絞. 人口給親 私債免追."《大明律 戶律 錢債 違禁取利》》

㊹은 일정 규모 이상의 사채私債를 일정 기간 이상 갚지 않는 행위에 대하여 태 10부터 태 50까지의 가벼운 형벌을 부과하는 대명률大明律의 조문이다. 사채의 규모가 250관 이상이 되기는 쉽지 않았으므로[15] 대명률의 채무불이행죄에 대한 비난은 매우 낮은 편에 속하였다. 참고로 현대 한국에서는 채무불이행 자체를 처벌하는 법규가 존재하지 않고, 만약 채무불이행죄를 신설하자는 제안이 생기면 거센 비난과 반대에 부닥칠 것이다. 그러나 조선의 위정자들은 채무불이행을 최대 태 50 혹은 장 80으로 처벌하는 대명률에 만족할 수 없었다. 그리하여 조선정부는 형량 상한이 장 100 도 3년인 결후잉집률을 제정하여 운용하였다. ㊶, ㊷, ㊸은 수령의 제사 내용을 이행하지 않는 패소인의 행위를 '결후잉집決後仍執'으로 지칭하면서 제사 내용 이행을 강화하려는 조선의 위정자들의 구상을 보여주는 사료들이다. ㊴, ㊵는 그와 같은 조선시대적 발상이 대한제국大韓帝國 시대에도 연장되고 있음(訴訟違犯律의 제정)을 보여준다.

그런데 수령의 제사 내용을 이행하지 않는 패소인이 생길 때 조선후기의 수령은 즉시 결후잉집률이나 위금취리율의 집행에 착수하였을까?

그렇지 않았다. 패소인이 제사 내용을 이행하지 않을 때 진천 현감은 ⓑ에서 보는 것처럼, 바로 관찰사에게 보고하거나 체벌笞刑을 시벌하지 않고, 한 번쯤 용서하여 패소인이 제사 내용을 이행할 기회를 더 준다. 19세기 조선의 수령들은 왜 이렇게 하였을까?

---

15   노혜경, 「조선후기 형정권의 분화 - 구류간을 중심으로 - 」, 『조선시대사학보』 70, 2014, 276쪽.

'처벌이 능사가 아니고 교화教化가 우선'이라는 예주종법禮主從法, 덕주형보德主刑輔 식 발상이 작용하였을 수 있다. 이 발상이 현실로 실현되는 수도 있었다.

요컨대 패소인이 제사내용대로 이행하지 않을 경우 수령守令의 선택지는 원칙적으로 ① 피고를 잘 설득하여 피고가 자신의 잘못을 인정하고 마음을 바꾸어 자발적으로 제사 내용을 이행하도록 독려[16]하거나, ② 피고로부터 언제까지 제사 내용을 이행하겠다는 다짐을 받아 원고에게 주거나(이것이 '納侤'이다), ①,②와 동시 또는 ①,②를 전후하여, ③ 이행하지 않으면 엄장嚴杖하겠다고 위협하는 것 중의 하나였다. 다음에 '事當嚴杖督掘'(㊶ⓑ)이란 패소인에게 '장杖을 쳐서 이장을 종용하는 것이 마땅하다'는 취지의 수령의 발언이다.

『사송록 1891년 1월 초10일』에는 다음과 같은 기록이 있다.

㊷ "만승면萬升面 만죽晩竹의 노비 박득종의 소지[呈以] : 양반 신은조愼恩祚는, 제 아우가 노름[雜技] 빚이 있다고 칭하면서, 이웃에 거주하는 피고(申氏) 양반에게 (제가) 맡겨둔[任置] 약장藥粧을 빼앗아 갔으니, (이것을) 돌려받게 해 주십시오.

제사[題] : 설혹 마땅히 받을 물건[當捧之物]이 있고 갚을 사람이 이미 도망하여 몸을 숨겼으나, 그의 형에게 요구하는 것은 무슨 도리인가? 끝내 집을 뒤지는 것은 더욱 매우 놀라우며, 타인의 살림살이[什物]가 또한 그중에 있었다. 노름빚이 있다고 해서 족징族徵을 하거나 집을 뒤지거나, 심지어 다른 사람의 물건까지 받아 내는 것은 이미 법에서 금지하고 있는데도,

---

16 예를 들어 "杏井面 下里 李宅洙 呈以: 火田還退事 蒙題到付于尹弁 則終不應從事 題: 官令之下 一向不悛 是何惡習是喩 事當懲勵 姑爲容恕是在果 飜然改悟 無至更訴向事 彼隻", 역주서 194번(144쪽), 제9책 672쪽.

피고 양반은 홀로 공변된 법을 무시하는가? 낱낱이[這這] 돌려주도록 하고, 만약 예전처럼 계속 가지고 있으려 한다면, 곧 잡아서 엄히 다스리고[捉致痛懲] 마땅히 영에 보고하여 조율[報營照律]할 것이다. 피척
(萬升面 晚竹 朴奴 得從 呈以 : 愼班 恩祚 稱有矣弟 雜歧債 隣居申班之任 置藥粧奪去 卽爲推給事.
題 : 設或有當捧之物 當者旣爲逃躱 而徵於其兄 是何道理 末來搜家又極駭然 而他人什物 亦在其中 以雜歧之債族徵也 搜家也 至於推人之物 自在法禁 愼班獨無公法乎 這這還給是矣 若一向執留 則捉致痛懲是遣 事當報營照律向事 彼隻)"¹⁷

❺⑧ "이곡면梨谷面 장양長楊의 김장손金長孫의 소지呈以 : 제 아버지의 묘소 근처 방(동면) 화성에 이름을 알 수 없는 김가金哥가 몰래 매장하였으니 잡아서 독촉하여 파내게 해 주십시오.
제사[題] : 김가가 고약한 사람을 얕잡아 보고 압근狎近하는 곳에 투장하였으니 이런 악습이 있는가? 즉각 굴이하여 장수독굴杖囚督掘당하는 지경에 이르지 않도록 하라. 피척"¹⁸

❺⑦에서 보는 것처럼 수령의 제사에 나타나는 '착치통징捉致痛懲'이란 관찰사에게 첩보하여 형사처벌에 필요한 절차報營照律를 진행시키겠다는 엄포였다. 그런 취지는 ❺⑧에서 더 선명히 드러난다.

이처럼 민장치부책류의 사료를 훑어보면 19세기 조선의 수령은 주로 ①(설득), ②(다짐), ③(嚴杖·督囚)의 수단을 선택하였고 채무구금(③嚴杖·督囚)은 최후수단으로 선택하였음을 알 수 있다.

---

17 역주서 6번(58~59쪽)(제9책 585~586쪽)을 참조하여 필자가 다소 변경하였다.
18 역주서 14번(63~64쪽)(제9책 589쪽)을 참조하여 필자가 다소 변경하였다.

6. 채무구금을 요구하는 채권자·묘지권자

제사 내용의 이행을 간절히 원하는 소지 제출자[狀者]는 큰 틀에서 수령이 일단 ③(嚴杖·督囚)의 프로세스를 진행시키도록 종용하되, 그 수단이 자신이 원하는 방향으로 작동되도록 유도하였다.

형사사법절차(criminal justice system)의 가동稼動이 예상되는 사안 중 본래 분쟁의 실상이 민사구제(채권만족[19] 등)에 있는 사안들은 착수독굴捉囚督掘·착수독봉捉囚督捧으로 불리는 특유의 채무구금(imprisonment for debt, 다른 용어로 '구류拘留'도 있다.) 성격의 방향으로 운영되었다. 이 부류의 용어들은 정규의 법령집이나 공식사료에는 잘 등장하지 않고 주로 민장치부책류와 고문서류에 등장하고 있어 종래 연구자들로부터 주목을 받지 못했던 키워드들이다.

❺ "北二 窯城 洪直烈 呈以 : 郭順命 捉囚督掘 其兄塚事
  題 : 過限不掘 事甚痛駭 卽爲捉來向事 主人"[20]

❻ "囚禁咸義黙 呈以 : 特爲放釋 則姜寡之錢 當趁卽備報事
  題 : 在囚則必圖放釋 放釋則必不報矣 無死姜寡 何時俸錢乎 必於今月內 準報後放釋向事"[21]

❻ "北二 書堂 寡安氏 呈以 : 媤叔特爲放送 則姜寡俄當辦報事
  題 : 姜寡有必捧之物 汝矣媤叔 有必不報之意 無論老妄之如何 家勢之如何 備給後 始可蒙放向事"[22]

---

19 민장치부책류에서는 '推給'으로 표현된다.
20 《詞訟錄(燕岐)(國立한 34~33)》, 이하 이 자료는 《詞訟錄(燕岐 1858) 제9책(313쪽)》 형식으로 인용한다.
21 《詞訟錄(燕岐 1858) 제9책 (315쪽)》.
22 《詞訟錄(燕岐 1858) 제9책 (315~316쪽)》.

❻❹ "淸州 李源星 呈以 : 姜汝祖 捉囚督掘其偸葬事
題 : 汝旣得訟 而有更査事 故彼隻使之更爲率待矣 初不率來暴惡官庭 極
爲可駭向事"²³

❻❶, ❻❷, ❻❸이 담고 있는 스토리는 다음과 같은 것이다. 곽순명은 자신의 형이 사망하자 죽은 형을 홍직렬의 산국山局 안에 투장한 것 같다. 홍직렬은 곽순명 형의 무덤을 반드시 이장하게 하려고 연기 현감에게 착수독굴할 것을 요청하였다. 착수독굴의 의미는 '곽순명 측의 사람 하나를 수금囚禁시키고 곽순명측이 그 의무를 이행할 때까지 석방되지 않게 하는 것'이다. 구금이라는 견디기 어려운 고통捉囚을 수단으로 삼아 의무(移掘, 給錢) 이행을 종용(督掘·督捧)하려는 발상이다. 그러나 연기 현감은 홍직렬의 요청을 받아들이지 않고 면주인面主人에게 곽순명 측의 사람 하나를 잡아오라고 지시하였다(❻❶). 그런데 ❻❷에 등장하는 함의묵咸義黙은 아마도 이미 독굴督掘의 취지로 착수捉囚되었을 것으로 추측된다. 수금되어 있는 상태가 너무나 괴로워 함의묵은 연기 현감에게 "석방시켜 주면 채권자 강씨 과부에게 갚을 돈을 즉시 갚겠다"고 다짐하였다. 함의묵이 고통을 못이겨 장자狀者(강씨 과부)에게 채무를 이행하도록 종용하는 것이 착수독봉이 노리는 바이다. 연기 현감은 "갇혀 있는 사람은 반드시 석방되기를 고대하지만 석방되면 반드시 갚지 않을 것이다. 강씨 과부가 언제 돈을 돌려받을 수 있겠는가? 반드시 이달 안에 네가 갚은 뒤에야 너는 석방될 수 있다"고 답하였다(❻❷). 이번에는 함의묵 가문에 시집온 과부 안씨가 "시숙인 함의묵을 특별히 석방해 주시면 강씨 과부에게 당장 갚겠습니다"고 다짐하였다. 연기 현감은 또 한 번 냉담하게 "강씨 과부는 반드시 받아야 할 물건이 있는데 너의

---

23 《詞訟錄(燕岐 1858) 제9책 (355쪽)》.

시숙은 반드시 갚지 않을 마음을 가지고 있을 것이다. 함의묵에게 노망老妄이 있든 말든, 가세家勢가 어떻든 갚을 돈을 마련해야 비로소 석방의 은전을 받을 수 있다"고 말했다(㊿).

19세기 중반 이후에 발견되는 민장치부책류 사료에서 이와 유사한 사례들은 얼마든지 더 발굴할 수 있다.

㊽ "溫陽 張文煥 呈以 : 民之七代祖 承旨公 山所腦後暗埋隱■之天安加■里 崔公龍 今旣探知 捉囚督掘事

題 : 無難犯贓於士夫家 局內 當禁之地 已極痛駭 且究厥暗埋屢隱 則亦可知其理屈矣 嚴飭督掘次 崔公龍 卽刻捉待向事. 差使 狀民"[24]

7. 관찰사가 채무구금을 지시하는 사례

1) 閔承旨宅奴 今鳳 v. 全聖道 사례

㊼ "京居閔承旨宅奴今鳳狀內, 矣宅昨年七月分, 江陵蓬坪員 畓二十九斗落 及橫城 內井谷面員 畓十二斗落, 田八日耕, 草家十一間 折價四千八百兩 買得於京居魚平山宅矣. 所謂 全聖道爲名漢, 此田庄, 渠以高永壽之所費 錢懸保云, 中間沮戱, 不得秋收, 特爲江橫兩邑 更爲量案成給, 秋收賭地, 一一推給事.

題 : 觀此狀辭, 全民所爲, 成極無據, 同全民捉致詳査, 嚴繩其悖習, 兩年 秋收, 這這推給, 仍囚報來向事. 隻在官"[25]

---

[24] 《詞訟錄(牙山)(奎想白古349·1035~Sa78)》, 이하 이 사료는 '詞訟錄(牙山)'으로 인용한다. 1899년 5월 24일(제9책 82쪽).

서울 사는 민승지댁 노 금봉의 의송 소지는 "민승지 댁에서 작년(1890) 7월에 강릉의 연평원 답 29두락과 횡성 내정곡면원 답 12두락, 전 8일경, 초가 11간을 4800냥을 주고 서울 사는 어평산댁에서 매득하였는데 전성도라는 이름을 가진 자가, 그 전장田庄은 '고영수가 사용한 비용의 담보'라고 주장하며 중간에서 훼방을 놓아 추수할 수 없게 하니 특별히 위 강릉과 횡성의 양안量案을 다시 성급하여 주시고, 추수秋收와 도지賭地를 낱낱이 받게 해 주십시오."라는 내용이었다. 이에 대한 관찰사의 제사는 "이 민장의 말대로라면 전성도의 행위는 극히 근거가 없다. 위 전성도를 잡아들여 자세히 조사하고, 그 패습悖習을 벌주고, 양년의 추수는 낱낱이 받게 하고, 이어서 전성도를 감옥에 가둔 후에 보고하라. 척재관"이라는 것이었다.

2) 朴召史 v. 洪敬先 사례

> ⑫ "邑下朴召史狀內, 小女之夫 生時, 江陵 洪敬先處 淸人錢 三千兩 權德秀 尹敬化等 立保得給, 而過限不報, 同爲懲給後, 洪敬先處推尋次, 屢次議送, 終不得捧, 特下處分, 洪漢處 右錢二千二百三十二兩, 這這推給事.
> 題 : 果如狀辭, 洪漢之所爲, 無異强盜也, 即爲捉囚, 同錢依所訴 督推後 報來是矣, 如或推諉, 同洪漢 定將羅 押上于巡中營向事 隻在官"[26]

박조이의 의송 소지 내용은 "제 남편이 살아 있을 때 청인전淸人錢 3천 량을 빌려 강릉 사는 홍경선에게 주었는데, 홍경선이 기한이 지나도록 갚지 못하여 대신 갚아 주었습니다. 홍경선으로부터 추심하려고 여러 번 의송을 올렸지만 끝내 받지 못했습니다. 특별히 처분하시어 홍가 놈으로부

---

25 國史編纂委員會,『各司謄錄27 江原道편1 議送謄書冊』, 1891년 11월 15일(502쪽).
26 國史編纂委員會,『各司謄錄 27 江原道편1 議送謄書冊, 1891년 11월 30일(508쪽)』.

터 위 돈 2232냥을 받게 해 주십시오."였다. 관찰사는 "사실이 장사狀辭대로라면 홍가 놈의 행위는 강도와 다르지 않으니 척재관隻在官은 즉시 홍가를 잡아 감옥에 가두고 소지대로 그 돈을 받아 낸 후 보고하라. 만약 책임을 전가하면 장라將羅를 정하여 순중영巡中營에 압송하라."

3) 李生員宅奴 福禮 v. 崔厚奉 사례

❼❸ "今勿山面居 李生員宅奴 福禮狀內, 矣上典 先祖山, 在於本村, 以墓直則 山下居 崔厚奉擧行矣, 同厚奉 局內一隅, 居之父與祖入葬, 禁養松楸 無難斫伐, 特爲松價這這推給事.
題 : 果如狀辭, 崔厚奉之所爲, 誠爲痛惋 發差捉來, 嚴杖枷囚, 詳查推給 向事 本官"[27]

이생원댁 노 복례의 의송 소지 내용은 "상전 선조의 산은 본촌에 있는데 산밑에 사는 묘지기 최후봉이 묘터 한쪽 국내局內에 자신의 부와 조의 무덤을 쓰고 금양하던 송추를 함부로 작벌하였으니 송가松價를 낱낱이 받아 주십시오."라는 것이었다. 관찰사의 제사는 "사실이 장사狀辭대로라면 최후봉의 행위는 진실로 고약하다. 본관은 차사를 보내 잡아들여 엄장을 치고 칼을 씌워 가둔 다음 상세히 조사하여 (송추 값을) 받아주라."는 것이었다.

4) 진천 현감의 처분

❹❶의 제사에 따라 정인춘은 바로 당일(1891년 2월 20일) 현감의 지시를 한

---

[27] 國史編纂委員會,『各司謄錄 27 江原道편1 議送謄書冊, 1891년 12월 6일(511쪽)』.

용직韓龍直에게 보여주며 이장移葬을 요청하였다. 그러나 한용직이 무시하자 정인춘은 다음 날(1891년 2월 21일) 진천 현감에게 다시 한번 한용직의 장수독굴杖囚督掘을 요청하였다. 이번에도 진천 현감은 "즉각굴이卽刻掘移"하라는 지시를 반복[28]하고 있다. 정인춘은 4월 5일에도 억울하고 답답함을 호소하였지만 진천 현감은 "즉위굴이卽爲掘移"하라는 지시만 반복[29]하고 있다. 그러나 다음에서 보는 바와 같이 진천 현감은 관찰사의 지시가 있으면 두말없이 관찰사의 지시를 따른다.

> ❼❹ "栢谷面 九壽 金源成 呈以 : 矣身父在囚於淸安縣 甚爲冤枉 故往呈議送 玆以到付事
> 題 : 當依 營題文 移于淸安 押來更査 以爲報營向事"[30]

김원성金源成이 진천현에 올린 소지 내용은 "저의 아비는 청안현의 옥에 갇혀 있는데 너무나 억울합니다. 그래서 영문에 가서 의송한 끝에 그 의송을 가지고 왔습니다."라는 것이었다. 진천 현감은 "마땅히 영제營題에 따라 청안현에 이문하여 압래하여 다시 조사하여 영문에 보고하겠다."는 제사를 내려 주었다.

❼❶, ❼❷, ❼❸ 사례에서 나타나는 현상의 공통점은 다음과 같은 점이다. 의송 소지의 초점은 패소인의 부도덕한 범죄행위의 징벌보다 승소인이 입은 손해를 변상받는 데 있었다. 또 관찰사의 척재관·본관에 대한 제사의 초점도 패소인의 부도덕한 범죄행위의 징벌보다는 승소인의 손해를 변상해 주는 데 있다. 조선의 성문법(大明律과 國典)에는 이런 방향의 사법제도 운영에

---

28 《詞訟錄(鎭川) 1891년 2월 21일(제9책 645쪽)》 역주서 128번(117쪽).
29 《詞訟錄(鎭川) 1891년 4월 5일(제9책 706쪽)》 역주서 281번(181쪽).
30 《詞訟錄(鎭川) 1891년 2월 21일(제9책 649쪽)》 역주서 136번(121쪽).

관하여 명시하는 바가 없으므로 '착수독봉·착수독굴' 방향의 규범적 내용들이 한쪽 방향으로 고착화된다면 그것들은 관습적인 규범이 될 것이다.

8. 채무자 감옥(debtor's prison)의 기능을 겸하는 19세기 조선의 감옥

감옥을 순수하게 도덕에 기반한 형벌을 집행하는 수단으로 활용하지 않고, 채무자 감옥(착수독봉·착수독굴하는 방향)으로 활용하면 그것은 거의 유럽의 중세에 채무자 감옥(debtor's prison)이 수행했던 기능과 유사한 메카니즘을 작동시키는 것이다. 18세기의 조선에서도 통상의 감옥과 구별되는 별도의 수용시설이 등장하여 논의의 대상이 된 적이 있다. 조선측 사료에서는 구류간拘留間으로 지칭되고 연대기 사료에서는 이 시설을 사옥私獄으로 지칭하기도 한다[31]. 조선의 군주들은 이 시설을 부정적으로 평가하여 그 존재가 보고되기만 하면 철폐할 것을 지시하지만, 그 필요성(확실한 부세 수취수단) 때문에 이 시설들은 현실에서 자주 부활되었다.

어쨌든 감옥이 수행하는 실제의 기능이라는 각도에서 19세기 조선의 감옥을 바라보면 19세기 조선의 감옥도 부분적으로 채무자 감옥과 비슷한 기능을 수행하였다고 말할 수 있다. 로마법을 계수한 근세·근대 유럽의 법제, 그리고 근대 유럽의 법제를 계수한 일제강점기의 법제는 채무자 감옥 현상을 다음과 같이 부정적으로 바라본다. 20세기 초에 조선에서 사법실무를 담당하였던 일본인 관료들은 좌담회에서 다음과 같이 회고回顧하였다.

---

31 노혜경,「조선후기 형정권의 분화 – 구류간을 중심으로 –」,『조선시대사학보』70, 2014, 271~305쪽.

"(전략) 법률의 대부분은 불비합니다. 그 중에서도 절차에 관한 법규가 가장 불완전합니다. 예를 들어 민·형사를 불문하고 피고인을 구류·투옥하며 증인이나 참고인 등을 모두 고문하는 것이라든가 또 판결의 형식에 관해서도 개국 504년에 법률로 규정했는 데도 불구하고 소장訴狀 한 모서리에 한두 줄의 지령指令을 쓰는 데 불과한 정도의 상태입니다."[32]

"지금 생각하면 (중략) 기이한 감이 있는 것은 채무자의 재산에 대하여 강제집행을 구할 수 있는 채권자는 채무자의 유치를 신청할 수도 있다고 하는 규정입니다. 이 민사유치의 규정은 (중략) 법무보좌관 시대부터 폐지하기로 결정했는데 왜 민사소송규칙에 이를 인정[33]했는가 하면 '당시는 민사의 집행기관은 전연 없고 또 오래된 관례이므로 일본 사법관의 손으로 운용의 묘를 기한다면 잠시 이를 존치하는 편이 좋지 않겠는가?' 라는 의견이 많았던 것으로 생각됩니다. 그러나 이 조항에 관해서는 역시 폐해가 있었던 것으로 보이며 그 후 곧 이는 폐지되었습니다."[34]

일제강점기부터 조선에서는 채무자 감옥 현상을 금지하고 억제하는 방향의 역사가 진전되게 되었다. 그러나 현대 한국에서도 채무자 감옥의 잔상이 대단히 깊숙하게 남아 있고 부분적으로 제도화된 부분도 없지 않다. 예를 들어보자. 현행 민사집행법에는 채무자가 정당한 사유 없이 재산명시기일에 불출석하거나, 재산목록 제출을 거부하거나, 선서를 거부하면 법원의 결정으로 20일 이내의 감치監置에 처할 수 있다는 조문(68조 채무자의 감치 및 벌칙)이 있다. 대략 연간 3만 명 정도가 감치되고 있다고 한다. 또 최

---

32 남기정 역, 『日帝의 韓國 司法府 侵略實話』, 育法社, 1978, 48쪽.
33 이흥수·田中正身, 『日韓文對照 韓國民刑訴訟法註解』, 廣學書鋪, 1909, 138조~141조(308~311쪽).
34 남기정 역, 『日帝의 韓國 司法府 侵略實話』, 育法社, 1978, 88쪽.

근에 이혼 뒤 양육비를 제대로 지급하지 않는 전前 배우자에게 감치 명령을 내릴 수 있는 기간이 3개월에서 6개월로 2배 늘어났다. 감치는 의무자가 의무를 이행할 때까지 유치장 등 특정 장소에 가두어 두는 조치이므로 이 조치는 구래舊來의 채무구금이 현재까지 잔존하는 제도라 할 수 있다.

로마에서도 채무불이행으로 인한 구금이 기원전 5세기경에 존재하였던 것 같다. 초기 로마법인 12표법(Leges Duodecim Tabularum)에 채권자의 요청이 있는 경우 사건이 심리될 때까지 채무자를 체포, 구금할 수 있도록 하는 규정이 있었다. 그러나 로마에서는 일찍이 기원전 326년에 채무자의 구금을 허용하는 법이 폐지되어 채무불이행자에 대한 구금이 불법화되었다. '채무자를 구금하여 두고 그의 가족이 빚을 갚을 때까지 시설에 유치하여 둔다'는 사고는 로마를 제외한 거의 모든 문화권에서 유사한 모습을 찾아볼 수 있을 정도로 전근대 사회, 심지어 현대의 멜라네시아·아프리카 지역에서는 보편적으로 발견되는 관행이다.[35]

영국에서는 1066년 노르만 정복 때까지 채권자가 채무불이행자를 노예화하는 것이 허용되었었다. 1267년에는 채무불이행자에 대한 구금을 허용하는 규정이 만들어졌으며, 1285년에는 채권자의 부탁에 따라 보안관(sheriff)이 채무불이행자를 즉각적으로 체포·구금할 수 있도록 하는 규정이 제정되었다. 영국인들이 북아메리카로 이주, 정착하면서 이 법들은 미국에 계수되었다. 18세기 무렵부터 '채무자 수용시설'에 대한 반성론이 대두되어 19세기에는 몇몇 주들이 채무불이행자에 대한 구금을 금지하는

---

[35] Jay Cohen, "The history of imprisonment for debt and its relation to the development of discharge in bankruptcy" in *The Journal of Legal History*, 3:2, 1982, pp.153~171; Kevin Costello, "Imprisonment for Debt in early Nineteenth Century Ireland, 1810-1848" in *UNIVERSITY COLLEGE DUBLIN Working Papers in Law, Criminology & Socio-Legal Studies Research Paper* No.9, 2013; Jerry White, *Mansions of Misery: Biography of the Marshalsea Debtors' Prison*, The Bodley Head, London, 2016; Rachel Well, "Debt Imprisonment and the City" in *History Workshop Journal*, Issue 87, Spring, 2019, pp.283~289; Neil L. Sobol, "Charging the Poor: Criminal Justice Debt & Modern-Day Debtors' Prisons" in *MARYLAND LAW REVIEW*, VOL. 75, p.512.

주헌법을 제정하였으며, 20세기 초에는 대부분의 주들이 주헌법이나 주의회법률로 채무불이행자에 대한 구금을 금지하기에 이르렀다.[36] 세계사적으로 볼 때 채무자 수용시설 현상이 점차 약화되는 이유는 어디에 있을까?

첫째, 채무자가 구금되어 있는 동안에는 그가 일을 아예 할 수 없게 되므로 채무구금제도는 전사회적으로 볼 때 유익한 발상이 아니다. 둘째, 채무불이행자를 구금하는 것은 채무자 본인과 가족에게 과도한 고통을 준다. 이리하여 대한민국도 가입·비준한 '시민적 및 정치적 권리에 관한 국제규약' 11조는 '누구든지 계약상 의무의 이행불능만을 이유로 구금되지 아니한다(No one shall be imprisoned merely on the ground of inability to fulfill a contractual obligation)'고 규정한다. 현행 형사법상 채무불이행 자체를 범죄로 규정하거나 채무불이행을 처벌하는 발상과 연결되는 조치는 부정적인 평가를 받고 있다.

19세기 조선의 채무구금 현상은 유럽식 근대법의 견지에서는 부정적으로 평가되지만, 근세 조선의 법제, 특히 민사쟁송 관련 사료를 분석할 때 이 현상을 무시하고 조선의 사법 시스템을 심층적으로 분석하는 것은 거의 불가능한 일이다. 착수독봉·착수독굴이라는 키워드를 잘 알고 있으면 민장치부책류와 고문서류의 국역이 매우 용이하게 된다. 반대로 이를 모르면 도처에서 오역誤譯이 발생한다.

---

36 Becky A. Vogt, "STATE V. ALLISON: IMPRISONMENT FOR DEBT IN SOUTH DAKOTA" in *South Dakota Law Review*, 2001, pp.338~348.

9. 채무구금의 최대 애용자였던 조선 정부

- ㉑ "色吏與牟利輩符同偸竊者, 移送捕盜廳, 定限督捧後, 移本曹照律處置。 過限終不納者, 蕩滌, 以計贓律論。"(『續大典 刑典 贓盜』,『大典會通 刑典 贓盜』)

- ㉒ "斗淳曰, 向者竝與犯贓朝臣家僮, 捉囚督捧矣。因乖沴之大饑, 不得已保放矣。晉州邸逋, 亦尙不刷納云, 誠甚駭然矣。上曰, 寧有如許法紀乎? 斗淳曰, 三邸吏, 謹當更囚督捧矣。"(『승정원일기 철종 13년(1862) 9월 5일』)

- ㉓ "傳曰, 釜山前後僉使之所犯公貨督捧事, 纔有政府覆啓矣。今若循例議處, 則雖或爲徵礪 之道, 亦必無捧出之方, 自廟堂分付秋曹, 所犯人家僮, 一一捉囚, 期於準捧以聞, 則當有處分矣, 就囚諸人, 姑爲放送"(『승정원일기 고종 2년(1865) 3월 1일』)

- ㉔ "議政府啓曰, 釜山前後僉使, 所犯公貨, 捉囚家僮, 期於準捧以聞, 命下矣。前僉使申泰善, 所犯一千六百兩, 今已畢納, 其外諸人處, 更爲嚴飭秋曹, 刻期督捧之意, 敢啓。傳曰, 知道。"(『승정원일기 고종 2년(1865) 3월 5일』)

- ㉕ "第三條 本法律에 犯ᄒᆞ야 被逮ᄒᆞᆫ 者를 結審責納日로 起ᄒᆞ야 終身 以下에 處ᄒᆞᆯ 者ᄂᆞᆫ 六個月이며, 死刑에 處ᄒᆞᆯ 者ᄂᆞᆫ 一個年으로 定限督納ᄒᆞ되, 過限ᄒᆞ거든 依律處斷ᄒᆞᆷ이라."(『法律 第三號 公貨欠逋人處斷例』)

색리色吏가 모리배와 공모하여 관물官物을 훔치면 포도청으로 이송하여, 기한을 정하여 변상하도록 독려한 후 형조로 이송하여 조율처치한다(㉑). 조신朝臣이 장죄를 범[犯贓]하면 조신 대신 그 집안의 가동家僮을 착수독봉한다(㉒). 부산釜山의 전·후 첨사前後僉使가 공화公貨를 횡령하였다. 통상의 절차를 진행하면 큰 효과를 보지 못할 테니 범인들의 가동을 일일이 착수하여 독봉하자는 건의가 있었고 군주가 이 건의를 재가하였다(㉓). 그리하였더니 성과를 보았다(㉔). 19세기 조선에서는 국고손실이 발생할 때마다 채무구금 수단의 채택이 케이스 바이 케이스의 기조로 수행되었지만 거기서 얻은 노하우를 토대로 대한제국기에는 이를 추상화시킨 법률(公貨欠逋人處斷例)이 제정되었다.

채무구금 수단의 최대 애용자는 조선정부였다. 지방 차원에서도 수령들은 부세징수를 위하여 착수독봉을 애용[37]하였다. 참고로 메이지 시대의 일본국에서는 민간 부문의 채무구금은 금지시켰지만[38] 국세징수분야에서는 채무구금을 공식적으로 허용하였다[39]. 청대淸代 중국에서도 민간 부문에서의 채무구금이 존재하였다[40].

10. 징벌적 형사사법 시스템과 채무구금의 관계

앞(6절, 7절, 8절, 9절)에서 필자는 조선 감옥이 부분적으로 채무자 감옥 기능을 수행하였던 측면을 논증하는 데 주력했다. 그러나 조선의 사법 시스템에서는 감옥이 결옥決獄 순간까지 미결수를 구금하는 미결감옥의 측면에서 작동하고 있었고 오히려 이 측면이 조선의 사법시스템의 본류本流에 해당한다. 우리는 양자의 측면을 잘 구별할 필요가 있다. 아래의 사례는 부도덕한 행위를 징벌하여 궁극적으로 예禮와 덕德을 현양顯揚하려는 조선 사법의 작동 모습들을 보여준다.

---

37 《詞訟錄(鎭川) 1891년 2월 21일(제9책 669쪽)》 역주서 187번(141쪽).
38 三谷忠之,「日本の民事執行制度の歴史及び近時の民事執行法改正について」『香川法学』33・34号, 2014, pp.65~84.
39 小柳春一郎,「明治期の國税滯納處分制度」『税大ジャーナル』14, 2010, pp.1~22.
40 C. R. Boxer, *South China in the Sixteenth Century*. Being the Narratives of Galeote Pereira, Fr. Gaspar Da Cruz, O.P. [and] Fr. Martín de Rada, O.E.S.A., Works Issued by the Hakluyt Society, 1847.

⑩ "南面 松稧 單呈以 : 設稧于今四五年 而稧中別任 不善禁松
題 : 犯斫之誰某 初不報來 指稱別任之不善禁護 事深糊塗 別任段 自本洞
爲先嚴杖二十度後 形止報來向事 公員"⁴¹

⑩ "弘農駕馬尾 李召史 狀以 : 同村 金水萬 素以悖惡之類 外上酒不給是如
無數毆打矣女 捉來嚴懲事
題 : 如此悖惡漢 不可不嚴懲 自捕廳 嚴杖四十度後 監杖向事"⁴²

⑩ "道內 平昌郡民人等狀 : 邑下居退吏 高弼謨爲名漢 素以悖惡之種 前等座
政時 身爲下吏 凌辱官庭矣 今此依甘辭 押送次捉致 則厥漢突入官庭 語
逼犯分 特爲多發校卒 捉致法勘事
題 : 高漢罪犯 至凶統牌 不可晷刻容貸 故發遣巡中營校卒 眼同橫教 與本
邑將差 押送于橫鎭之意 已有於邑報及諸吏等狀之題向事"⁴³

⑩, ⑩는 피의자에 대한 군현의 수령 수준에서의 조치이고, ⑩은 피의자에 대한 관찰사 수준에서의 조치이다. 송계松稧 별임別任의 금호禁護 작업이 부실하자 남면 송계에서 별임에 대한 징계를 수령에게 요청하였다. 그러자 연기 현감은 공원公員에게 "먼저 동洞에서 엄장嚴杖 20도를 시벌施罰한 후 상황을 보고하라."고 지시(⑩)하였다. 홍농弘農 가마미駕馬尾의 김수만金水萬이 마을에서 주정酒酊하면서 행패를 부린다는 보고를 받고 영광군수는 포청捕廳에 "김수만을 잡아들여 엄장 40도를 시벌하고 상황을 보고하라."고 지시(⑩)하였다. 평창군의 퇴리退吏 고필모가 수령이 집무하는 장소에서 안하무인격의 행위를 반복하자 평창군민들이 강원도 관찰사에게 이의 시정을 요구하는 의송을 올렸다. 관찰사가 즉시 "고필모를 횡성진橫

---

41 《詞訟錄(燕岐 1858) 제9책(305~306쪽)》.
42 『韓國地方史資料叢書 民狀篇 第四冊 民狀置簿冊(靈光)(奎27609~1) (1870년 6월 24일(26쪽)』.
43 國史編纂委員會,『各司謄錄 27 江原道편1 議送謄書冊, 1891년 12월 초6일(506쪽)』.

城鎭까지 압송하라."는 지시를 내렸다. ⑩, ⑩, ⑩은 모두 당시로서는 부도덕하다고 평가되는 범죄행위들을 징벌하고 궁극적으로 교화가 펴지기를 도모하는 도덕적 형사사법 시스템이 작동하는 모습을 그리고 있으며, 여기서 채무자 구금 기능의 측면은 거의 보이지 않는다. 이 사료들과 다음 사료를 비교해 보자.

⑩ "서암면西岩面 입장笠長 박천인朴千仁의 소지[呈以] : 당초의 산송일[山訟事]은 차가車哥가 자기 손으로 굴총掘塚하였고 늑굴勒掘한 것이 아니니 삼종三從을 즉시 석방해 주십시오.
제사[題] : 너의 삼종三從의 죄는 감배勘配함이 마땅하나 용서할 테니 차가와 화해하여 식송하라.
(西岩面 笠長 朴千仁 呈以 : 當初山訟事 車哥自手掘塚 果非勒掘 三從卽爲放釋事.
題 : 汝之三從罪當勘配 姑爲容恕是在果 與車哥 和好以爲息訟向事)."⁴⁴

아마도 삼종三從(박천인의 삼종친으로 보인다.)은 수령으로부터 패소처분落科을 받고도 이굴하지 않아 보영報營되어 착수독굴 처분을 받아 수감되었던 것 같다. 그런데 삼종이 투장했던 묘를 스스로 이굴[自手掘塚]하였다. 이 사실을 원고 박천인朴千仁이 수령에게 전하면서 석방을 요청하였다. 아마도 박천인과 차가車哥 사이에 화해가 성립되었을 것이다. 원고 박천인이 이 사실을 진천 현감에게 전하자 진천 현감이 삼종을 감배勘配 절차에 회부하지 않고 석방하였다. 이렇듯 19세기 조선의 감옥은 '부도덕한 범죄행위를 징벌하고 교화를 도모하는 감옥으로서의 기능'을 수행하는 도중에 부

---

44 《詞訟錄(제9책 670쪽)》, 역주서 189번(142쪽)을 참조하여 필자가 다소 변경하였다.

수적으로 '채무자 감옥의 기능'을 수행하고 있었다.

채무자 중에는 채무이행 능력이 있는 데도 고의적으로 채무이행을 하지 않는 악덕 채무자가 있다. 그런가 하면, 당초에는 성실하게 채무를 이행하려 하였으나 자신이 감당할 수 없는 외부적인 사정으로 채무를 이행하지 못하는 채무자도 있다. 채무구금을 부정적으로 평가하는 법제는 후자의 채무자를 보호하려는 발상에 기초하고 있다. 악덕 채무자는 어떤 방책을 써도 단속하기 어렵다. 발전된 '합리적 사법제도(rational justice)' 하에서 채무구금은 민사사법제도는 물론이고 형사사법제도에도 도입되지 않는 것이 바람직하다고 간주되고 있다. 19세기 조선의 채무구금은 징벌적 형사사법 시스템의 초기 절차에 올라타 민사집행의 실효를 도모하는 절차로 기능하였다. 이하에서는 이 점을 좀 더 분석적으로 고찰하고자 한다.

첫째, 19세기 조선의 채무구금이 작동하려면 일단 채무자의 형사규범 위반이 인정되어야 한다. 결후잉집율(장100 도3년)과 위금취리율(태20부터 태50까지)이 그 근거형률이었다. 둘째, 19세기 조선의 법제상 형신刑訊 권한은 관찰사급에 보류되어 있으므로 채무로 인하여 구금된 자에게 형신 기타의 물리력을 가하려면 관찰사(지방)와 형조(수도권)의 이니셔티브가 작동하거나 궁극적으로 관찰사와 형조의 승인이 필요했다.

고도로 합리화된 법제에서는 채무구금이 불법화되거나, 그렇지 않더라도 채무구금은 비형사적 처분으로 운영되었다. 서양 중세의 채무자 감옥이 이 범주에 속한다. 조선 중기부터 출현한 구류간拘留間이 사옥私獄으로 표현된 것을 보면 구류간의 발상은 서양 중세의 채무자 감옥에 필적하는 존재였다. 19세기 조선의 채무구금은 형사적 프로세스의 일부로 편입되어 있다는 점에서 서양 중세의 채무자 감옥과 다른 카테고리에 속한다.

참고문헌

1. 사료

國史編纂委員會, 『各司謄錄27 江原道편1 議送謄書冊』
안승준 외 역주, 『부안 우반 부안김씨 고문서 역주』, 한국학중앙연구원출판부, 2017.
이영훈 · 오영교 · 김선경 · 윤정애 편, 『韓國地方史資料叢書 民狀篇 제4책 民狀置簿冊(靈光)(奎 27609-1)』
─────────, 『韓國地方史資料叢書 民狀篇 제9책 詞訟錄(牙山)(奎想白古 349 · 1035-Sa78』
─────────, 『韓國地方史資料叢書 民狀篇 제9책 詞訟錄(燕岐)(國立한 34-33)(奎古5125-19)』
─────────, 『韓國地方史資料叢書 民狀篇 제9책 詞訟錄(鎭川)(奎古 5125-19)』
최윤오 옮김, 『재판으로 만나본 조선의 백성: 충청도 鎭川 사송록』, 혜안, 2013.
한국정신문화연구원, 『고문서집성 2: 부안 부안김씨편』, 1998.
漢城府裁判所편, 『漢城府裁判所民事一週內已決成冊(奎26427)』, 1899~1900년(광무 3-4)

2. 연구논저

남기정 역, 『日帝의 韓國 司法府 侵略實話』, 育法社, 1978.
노혜경, 「조선후기 형정권의 분화 - 구류간을 중심으로 - 」, 『조선시대사학보』 70, 2014.
이흥수 · 田中正身, 『日韓文對照 韓國民刑訴訟法註解』, 廣學書舖, 1909.
호문혁, 「독일 강제집행법에 관한 연구」, 『서울대학교 법학』 41권 4호.

Becky A. Vogt, "STATE V. ALLISON: IMPRISONMENT FOR DEBT IN SOUTH DAKOTA" in *South Dakota Law Review*, 2001.
Jay Cohen, "The history of imprisonment for debt and its relation to the development of discharge in bankruptcy" in *The Journal of Legal History*, 3:2, 1982, pp.153~171.
Jerry White, *Mansions of Misery: Biography of the Marshalsea Debtors' Prison*, The Bodley Head, London, 2016.
Kevin Costello, "Imprisonment for Debt in early Nineteenth Century Ireland, 1810-1848" in *UNIVERSITY COLLEGE DUBLIN Working Papers in Law, Criminology & Socio-Legal Studies Research Paper* No.09, 2013.
Neil L. Sobol, "Charging the Poor: Criminal Justice Debt & Modern-Day Debtors' Prisons" in *MARYLAND LAW REVIEW*, VOL. 75.
Rachel Well, "Debt Imprisonment and the City" in *History Workshop Journal*, Issue 87, Spring, 2019, pp.283-289.

三谷忠之, 「日本の民事執行制度の歷史及び近時の民事執行法改正について」, 『香川法学』 33巻 3 · 4号, 2014.
小柳春一郎, 「明治期の國稅滯納處分制度」, 『稅大 Journal』 14, 2010.

19세기 말 김산군 백성들의 삶과 갈등*

1896년 민장치부책 분석

이유진
연세대학교 법학연구원 연구교수

19세기 말 김산군 백성들의 삶과 갈등
: 1896년 민장치부책 분석

1. 머리말

　　민장치부책民狀置簿冊은 조선시대 관청에 접수된 백성들의 청원서를 요약하고 해당 사안에 대한 수령의 명령[題音/題辭]을 덧붙여 책으로 제작한 것이다. 민장치부책에는 관청의 관할 내 지역에서 백성들이 겪고 있던 다양한 문제, 그리고 이에 대처하는 관청의 입장이 담겨 있다. 관청으로 향하는 백성들의 요구 혹은 백성과 백성 사이의 갈등으로부터 당시 지역 사회 내의 부세·경제·사회 풍속이 가감 없이 드러날 뿐만 아니라 소송과 재판 절차의 일면이 확인되기도 한다. 따라서 민장치부책은 법제사 및 사회사 분야 연구에 중요한 자료이다.

　　민장치부책은 19세기에 들어서 군현이나 감영監營, 병영兵營, 수영水營 등 지방 소재 기관을 중심으로 만들어지기 시작했다.[1] 조선시대에는 수령

---

*　이 글은 『법사학연구』 65, 한국법사학회, 2022, 95~124쪽에 게재된 논문을 연구총서의 기획 의도에 맞게 약간의 수정을 가하여 수록한 것이다.
1　김선경, 「《民狀置簿冊》解題」, 『韓國地方史資料叢書』 10, 여강출판사, 1987.

칠사七事 중 '사송간詞訟簡'이 중요한 달성 과제 중 하나로 명시되어 있었으나[2] 실제로 19세기 조선 사회에서는 민소民訴가 증가하는 추세였고, 이에 효율적으로 대응하기 위하여 관 주도로 민장치부책을 제작하기 시작했을 것으로 추측된다.[3] 19세기 이후 편찬된 각종 목민서에서는 나날이 늘어가는 백성들의 소지에 어떻게 답해야 할지 소지의 유형을 분류하고 판결의 예를 직접 제시하기도 했고, 『유서필지儒胥必知』에서는 표준화된 소지와 제사의 형식을 제시했으며, 아예 소장과 제사의 예를 유형별로 정리한 『항다반恒茶飯』[4]과 같은 책이 편찬되기도 했다.

대부분의 청원은 한 장의 소장으로 끝맺음되지만 해결되나 때로는 몇 년, 길게는 몇십 년 동안 지속되는 분쟁도 있었다. 이 때 관청에 제기된 청원과 판결 내용을 날짜별로 취합하여 정리해 두면 일관성 있는 사건 처리에 도움이 된다. 민소가 관청에 제기되었을 때 이전에 있었던 동일한 사건이나 비슷한 사건의 사례를 판단의 근거로 삼을 수 있고, 판결 주체인 수령이 교체되어도 이전 판결의 연장선상에서 해당 사건을 이해하고 처리할 수 있었다.[5] 다만 현재 남아있는 각 지역의 민장치부책의 제작 기간은 대체로 군현 수령이나 도 관찰사 1인의 재임 기간과 대체로 일치하기 때문에 민소 처리에 대한 지방관 개인의 지향과도 관련이 있는 것으로 추측된다.[6]

각 지역의 민장치부책은 그간 다수의 사회사 연구에서 분쟁과 갈등의

---

2 『經國大典』吏典「考課」"(守令)七事, 農桑盛, 戶口增, 學校興, 軍政修, 賦役均, 詞訟簡, 奸猾息."
3 金仁杰, 「『民狀』을 통해 본 19세기 전반 향촌 사회문제」, 『韓國史論』 23, 1990; 박명규, 「19세기 후반 향촌사회의 갈등구조 - 영광지방의 민장내용분석 -」, 『한국문화』 14, 1993; 정승진, 「영광 『民狀置簿冊』의 분석」, 『동방학지』 113, 2001; 유승희, 「18~19세기 목민서의 民訴처리와 民狀 자료의 실태」, 『民族文化』 60, 2022.
4 규장각 한국학연구원 소장 도서로(奎古5120-74) 소송과 제사의 예제를 모아 편찬한 책으로, 그 번역·해제가 출판되었다. 심희기 외, 『항다반(恒茶飯)』, 연세대학교 법학연구원 법사회사센터, 2021.
5 金仙卿, 「『民狀置簿冊』을 통해서 본 조선시대의 재판제도」, 『歷史研究』 1, 1992, 146쪽.
6 이는 한국법사학회 제138회 정례학술발표회(2022. 3. 25.)의 토론 중 제시된 문준영 교수의 의견이며, 필자도 이에 동의한다.

실제 사례로써 적극적으로 활용되어 온 것은 물론이고, 그 자체로도 분석 대상이 되어 왔다. 『지방사자료총서』에는 현전하는 각 지역의 민장치부책이 정리되어 소개되어 있으며[7] 이를 바탕으로 그간 각 지역의 민장치부책 분석 결과가 학계에 제출되었다. 1838년~1839년 전라도 영암 지역과 1846년 경상도 영천 지역,[8] 19세기 후반 전라도 영광 지역,[9] 19세기 중반 충청도 연기 지역,[10] 19세기 말 충청도 진천 지역,[11] 1900년대 초반 전라도 순창 지역의[12] 민장치부책 연구가 그 사례이다. 이후에도 새로운 자료가 발굴되면서 현전하는 민장치부책 목록이 지속적으로 갱신되고 있다.[13] 일례로 강원도의 군현별 민장 성책이 소개되기도 했다.[14] 나아가 진천, 부안, 강진 등지의 민장치부책이 번역 출간되어 여러 연구에 시사점을 제공하고 있다.

기존 연구에서는 18~19세기에 편찬된 여러 목민서의 민소 분류를 참고하여 '부세 관련 민원', '사회경제적 갈등', '(기타)관에 대한 청원', '보고' 등으로 내용을 분류했다. 민장 하나하나의 처리가 관청의 주도 하에 이루어지는 '재판'이라는 점에 주목하여 민장치부책을 통하여 조선의 재판 제도의 실상을 추적한 연구도 있다.[15] 각 군현에 접수되었던 어마어마한 민장의 건수와 사건 수 자체에 주목하여 동아시아적 시각에서 '호송사회好訟社會'

---

[7] 김선경, 앞의 논문(1987).
[8] 김인걸, 앞의 논문.
[9] 박명규, 앞의 논문; 정승진, 앞의 논문; 문준영, 「19세기 후반 지방사회에서 민소(民訴)와 청송(聽訟)실무 - 전라도 영광군 민장치부책(民狀置簿冊)의 분석 - 」『法學硏究』 60-1, 2019.
[10] 심재우, 「조선후기 충청도 연기지역의 민장과 갈등 양상 - 1858년 『사송록』 분석을 중심으로 - 」『정신문화연구』 37, 2014.
[11] 최윤오, 『재판으로 만나본 조선의 백성 - 충청도 진천 『사송록』』, 혜안, 2013.
[12] 시귀선, 「광무개혁기의 순창지방 향촌사회 연구 : 자료 소개와 이를 통한 몇가지 사실을 중심으로」, 『全北史學』 19 · 20, 1997.
[13] 유승희, 앞의 논문; 고민정, 「19세기 강원도의 사회상 고찰을 위한 民狀置簿冊 기초 연구 - 하버드-옌칭연구소 소장 『江原道各郡狀題』를 중심으로」, 『한국학논총』 55, 2021.
[14] 고민정, 위의 논문.
[15] 김선경, 앞의 논문(1992).

의 모습을 보여주는 자료로서 민장치부책에 주목하기도 했다.[16]

전방위적인 국가 체제 변화가 이루어진 1894~1895년 갑오・을미개혁을 분기점으로 사회상의 변화를 지적하기도 했다. 지방 행정은 전국 8도道 - 군현 체제에서 1895년 5월 26일 23부府 - 337군郡 체제로 개편되었고, 1896년 8월 4일에는 23부가 다시 1부府[한성부] 13도道로 재편되었다.[17] 8도 체제에서 도 관찰사와 군현 수령은 관할 지역에 대하여 사법권을 포함한 거의 전권을 행사했던 것에 비해[18] 23부 개편 이후에는 원칙적으로 사법적인 기능이 소거된 채 행정적인 역할만 담당하게 되었다. 1895년 3월 25일, 「재판소구성법」이 반포되어 전국 22개소에 설치될 지방재판소에서 지방의 사법 관련 사무를 처리하도록 했다.[19] 개혁 이후 사회적으로는 '반상班常의 구분'과 '노비의 전典을 폐지'하면서 전통시대 한국 사회를 지탱하던 신분제가 부정되었다.[20] 이러한 시대적 변화상을 감안하며 영광 지역의 1871~1872년과 1897년 민장 내용을 비교한 기존 연구는 개혁기 이후 민장 건수가 크게 줄어들었고 특히 부세 관련 민장의 비율이 급감했다고(28.4% → 16.5%) 지적한 바 있다.[21]

이 글에서는 급격한 제도적 변혁, 그리고 이에 대응하는 사회 체제 및 관습의 지속과 변화라는 관점에 입각하여 개혁 직후인 1896년 7월~12월의 김산군 민장치부책을 분석할 것이다. 김산군은 조선시대에 경상도에 속하면서 충청도와 경상도를 잇는 교통로로 활용되었다. 김천도金泉道의 본역

---

16 심재우,「조선후기 소송을 통해 본 법과 사회」,『東洋史學硏究』123, 2013; 문준영, 앞의 논문 참고. '호송사회'는 향촌사회 내에서 백성 간의 갈등을 중재하지 못하고 백성들이 직접 국가기관인 관청으로 소송을 제기하여 갈등을 해결하려 하는 현상을 뜻한다. 동아시아에서는 중국이 그 대표적인 예로 꼽히며, 두 연구에서는 비교사적 관점에서 중국과 조선의 소송 건수를 분석했다.
17 윤정애,「한말 지방제도 개혁의 연구」,『역사학보』105, 1985.
18 김선경, 앞의 논문(1992).
19 손정목,『한국지방제도・자치사연구(상) - 갑오경장~일제강점기 -』, 일지사, 1992, 54쪽.
20 『고종실록』31권, 고종 31년(1894) 6월 28일 계유.
21 정승진, 앞의 논문.

인 김천역金泉驛과 속역인 추풍역秋豐驛, 문산역文山驛 등 총 세 역이 김산군 관할 공간에 소재해 있었다.[22] 김산군은 1895년 5월 23부 개편 때 대구부大邱府에 속하다가 1896년 8월 이후 13도 체제 하에서 다시 경상북도로 편성되는 등[23] 행정적인 편제 변화를 겪기도 했다. 1896년 1월에는 역도제가 폐지되면서 세 역과 관련된 업무가 김산군으로 이관되었다. 즉 1896년 하반기 김산군 민장은 여러 방면의 제도적 변화를 정면으로 겪어낸 직후에 작성된 것이다.

김산군 민장은 『송안訟案』,[24] 『송안訟案』,[25] 『송안訟案』,[26] 『송안訟案』,[27] 『제사안題辭案』[28] 등에 1896년 7월부터 1897년 11월까지의 기록이 정리되어 있다.[29] 이 글에서는 1896년 7월~9월의 민장치부책인 『송안1訟案一』(奎古 5125-115 v.1)와 1896년 10월~12월의 민장치부책인 『송안2訟案二』(奎古5125-110) 등 1896년 7월부터 12월까지의 기록을 분석 대상으로 삼았다.[30] 1894년~1895년의 제반 제도 개혁과 이전부터 이어지는 여러 관행 사이의 충돌이

---

22 역도(驛道)는 해당 역도의 중심이 되는 본역(本驛)과 본역 휘하의 여러 속역(屬驛)으로 구성되어 있다. 역도를 관장하는 찰방(察訪)은 본역에 파견되었고, 실제로는 본역과 속역을 두루 순방하며 사무를 처리했다. 김산군에서 김천역은 김천면에, 추풍면은 황금소면 인근에, 문산역은 김산군 읍치 인근에 있었다.
23 손정목, 앞의 책.
24 규장각한국학연구원 소장, 奎古5125-115 v.1-2.
25 규장각한국학연구원 소장, 奎古5125-110.
26 규장각한국학연구원 소장, 奎古5125-113 v.1-4.
27 규장각한국학연구원 소장, 奎古 5125-116 v.1-2.
28 규장각한국학연구원 소장, 奎古5120-33.
29 김산군 민장치부책은 『韓國地方史資料叢書』 28 - 민장편 11(여강출판사, 1990), 『韓國地方史資料叢書』 29 - 민장편 12(여강출판사, 1990)에 영인되어있으나 간혹 영인 시 누락된 페이지가 있어 주의를 요한다. 예를 들어 『韓國地方史資料叢書』 28 - 민장편 11에서는 96쪽이 통으로 비어있는데, 규장각 온라인 데이터베이스에서는 원문이 제공된다(『訟案』, 奎古5125-115, 38b쪽).
30 이 글에서 분석 대상을 1896년 민장으로 한정한 이유는 다음과 같다. 첫째 김산군 민장의 1897년 1월 분이 없는데, 그 이유가 명확하지 않다. 둘째, 1897년 7월~10월의 김산군 민장은 인찰지(印札紙)에 민소와 제사의 원문이 기록되어 있어 이전의 민장과 형식적으로 다르다. 셋째, 1897년에는 1896년보다 월별 민장 수가 급감하고 있어(유승희, 앞의 논문, 148쪽 〈표 6〉) 1896년과 1897년 민장의 성격이 다를 수 있다.

빚어내는 사회적 혼란상, 그리고 이에 대한 관청의 대응을 살펴볼 수 있다는 점에서 중요한 사례 분석이 되리라 기대한다.

2. 김산군 민장에 대한 기초적 분석

1) 민장의 형식과 민장 건수

현전하는 김산군 민장이 편찬된 기간은 당시 김산군수였던 윤헌섭尹憲燮의 재임 기간과 거의 일치한다. 승정원일기에 따르면 그는 1895년 한성사범학교 교관을 지내다가[31] 1896년 6월 22일에 김산군수로 임명되었고[32] 1897년 11월 10일 전라북도 옥구군수로 체직되었으며[33] 1899년 충청남북도 암행시찰어사[34], 1900년 함경도 북청군수 등을 역임했다.[35] 1899년 편찬된 『김산군읍지』[36] 환적宦蹟 기록에서 윤헌섭은 병신丙申 6월 25일 제수되어 7월 13일 현지에 부임[到任]했고, 정유丁酉 11월 10일 옥구군수로 옮겼다고 한다. 『송안1』의 기록이 7월 15일부터 시작되기 때문에[37] 그는 김산군에 도착한 지 이틀 만에 바로 송사 업무를 처리하기 시작했다고 볼 수 있다.[38] 이전 군수인 이범창李範昌이 6월 25일에 사직했으므로 약 20일 정도

---

31 『승정원일기』 3068책 고종 33년 2월 7일 [양력3월20일] 임신.
32 『승정원일기』 3072책 고종 33년 6월 22일 [양력8월1일] 병술.
33 『승정원일기』 3090책 고종 34년 11월 10일 [양력12월3일] 을미.
34 규장각한국학연구원 소장 고문서 「封書」 奎71315, 奎71316.
35 『승정원일기』 3116책 고종 36년 12월 16일 [양력1월16일] 기축.
36 『金山郡邑誌』(1899), 규장각한국학연구원 소장 奎10825. 이 글에서 김산군 읍지의 내용은 이 책을 인용한 것이다.
37 1896년 1월 1일부터는 공식적으로 음력 대신 태양력을 사용하는 칙령이 있었다. 『고종실록』 33권, 고종 32년(1895) 9월 9일 병오 참조. 그러나 김산군 민장치부책은 작성년도를 '병신(丙申)' '정유(丁酉)' 등으로 표기하고 있어 음력을 사용한 것으로 추측된다.
38 목민서에서는 수령이 임지에 도착하자마자 민장을 처리하라고 권고했다. 유승희, 앞의 논문, 120~121쪽.

의 업무 공백이 있었는데, 이런 경우 인근 군의 군수가 겸관(兼官)으로써 김산군의 민소를 처리하기도 했을 것으로 보인다.³⁹

1896년 7월~12월 김산군 민장의 형식은 현전하는 여타 지역의 민장과 대동소이하다(〈그림 1〉 참고). 날짜(월일), 행정단위(면-동리), 청원자의 성명(혹은 단체명), 문서 형식, 청원 내용이 순서대로 기록되고 이 청원에 대한 관의 명령이 '제題' 이후에 이어진다. 말미에 수신인을 적는 경우도 있었다.⁴⁰ 면명을 한 칸 올려서 기록하며, 동일 면의 다른 리에서 소를 올릴 경우 면명기재를 반복하지 않았다. 예를 들어 〈그림 1〉에서는 (7월) 20일 구소요(면) 비점(리) 임춘이의

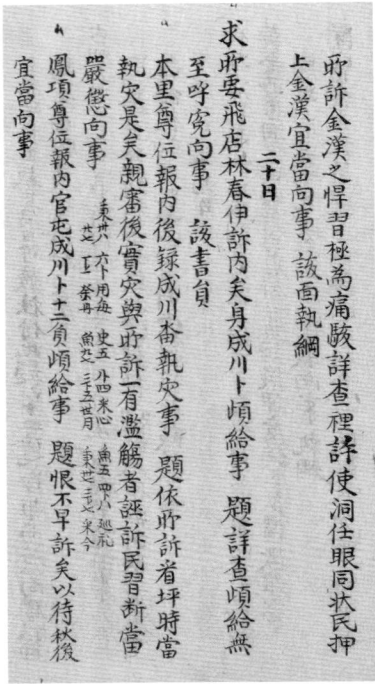

〈그림 1〉 『송안』
* 출처 : 규장각한국학연구원 온라인 DB
奎古 5125-115 v.1, 004b

---

39 1896년 9월 8일 김산군 황금소면 면중(面中)의 보고에 대한 군수의 제사에 "이미 겸관(兼官)의 제사가 있었거늘 어찌 스스로 사사로이 독촉할 수 있단 말인가"라는 표현이 있다. 김산군수가 부재한 교체기에 인근 지역 군수가 겸관으로써 김산군의 청원을 대신 처리한 것으로 추측된다. 아울러 김산군수는 1896년 10월에는 지례(知禮)의 민장을 다수 처리하고 있으며, 10월 21일 지례 상원(上院) 동중(洞中)의 보고에 대한 제사에서 "이미 탈호로 올린 호를 잠시 관이 비어있는 틈을 타고 또한 출질했으니 이 무슨 곡절인가."라며 질타했다. '관이 비어있다'는 표현으로 보아 김산군수가 당시 부재 중인 지례군수를 대리한 것으로 추측된다.

40 599건 중 259건에 수신인이 따로 적혀있다. 수신인은 제사의 명령을 수행하는 장본인이다. 차사(差使)는 '잡아오라'는 제사와 주로 연관이 있고, 서원이나 색리 등 아전을 수신인으로 하는 경우는 부세 관련 사안인 경우가 많다. 피고를 뜻하는 피척(彼隻)은 산송, 채무 등 경제적 갈등과 관련된 제사 말미에 자주 등장했다. 다만 장민(狀民), 장자(狀者) 등 소장을 올린 당사자를 수신인으로 지정한 경우도 있는데, 특별히 수신인을 지정하지 않은 경우에도 사실상 그들이 소장을 돌려받는다는 점에서 어떤 차이가 있는지 판별하기 어려웠다.

청원 다음에 본리[41] 존위 보고와 봉항(리) 존위 보고가 이어지고 있다.

『김산군읍지』 풍속조에는 김산군의 "풍속이 문학을 숭상하며 순후함에 가깝다[俗尙文學風近純厚]."라고 기록되어 있다. 이 고을의 풍속을 소송 제기 실태를 통해 간접적으로 가늠해 보겠다.

〈표 1〉 1896년 김산군 민장의 문서 형식

종류	문서형식	민장수
청원류	訴	386
	等訴	95
	等狀	2
보고류	報	89
	稟目	6
	稟報	4
	告目	2
제사류	背題	15
합계		599

1896년 7월에서 12월까지의 김산군 민장 건수는 총 599건이다. 민장에서 정소인 성명 바로 뒤에 이어지는 글자를 문서의 형식으로 간주하여 〈표 1〉과 같이 분류했다. 대분류로는 청원류, 보고류, 제사류로 나누었다. 청원류는 민이 직접 관에 어떠한 내용을 요청하는 것이다. '소訴'와 '등소等訴'가 481건으로 대부분을 차지하며, '등장等狀'도 2건 있었다. 다른 지역의 민장과 비교하면 '소訴'의 비율이 월등히 높고 '장狀'이 거의 없어서 민장치부책을 편찬할 때 문서 형식을 일괄적으로 '소訴'로 기재했으리라 본다. 서원書

---

41 구소요면의 구소요리, 대항면의 대항리, 미곡면의 미곡리, 연명면의 연명리, 위량면의 위량리 등 해당 면의 중심이 되어 면명과 같은 이름을 가진 리를 '본리(本里)'라고 지칭한 것으로 보인다.

員, 집강執綱, 존위尊位, 동중洞中, 훈장訓長 등 행정 담당자가 군수에게 제출하는 보고류는 총 101건으로 보報 89건, 품목稟目 6건, 품보稟報 4건, 고목告目 2건이 있었다. 보고류 문서의 내용은 군수로부터 사건 조사 명령을 수신하여 이에 대한 보고를 제출하는 경우와 사실상 면리민의 청원을 보고로 올리는 경우로 분류할 수 있다. 제사류로 분류한 배제背題는 총 15건으로 '사건내용事+배背+제題'의 형식이다. 소지나 산송의 도형圖形 뒷면에 수령이 적는 제사로,[42] 이 글에서는 일단 민장 건수에 합쳐서 집계했다.

민장을 제출하는 사람은 대개 한 사람이지만 등소/등장처럼 복수의 사람이 함께 소를 제기하기도 했다. 그들의 성별을 분류하면 남성이 올리는 소가 대부분이나 15명의 조이[召史] 역시도 본인 명의로 소를 제출하고 있었다. 33건은 상전을 대신하여 노奴의 이름으로 소가 제출되기도 했다.

〈표 2〉 1896년 김산군 민장의 월별 제사일수와 청원건수

분류 \ 월	7월	8월	9월	10월	11월	12월	평균(7~12월)	평균(8~12월)
제사일수	14	22	26	18	19	26	20.8	22.2
민장수	86	118	122	73	73	127	99.8	102.6
일평균	6.1	5.4	4.7	4.1	3.8	4.9	4.8	4.6

* 참고 : 민장 총 599건

〈표 2〉는 월별로 군수가 민장을 처리한 일수와 건수를 정리한 것이다. 1896년 7월 15일부터 12월 29일까지 날짜별로-매일은 아니다-편집되었다. 7월은 기간이 절반밖에 되지 않으므로 7~12월과 8~12월의 평균값을 모두 제시했으나, 김산군수는 7월 15일부터 거의 하루도 빼놓지 않고 제사를 내리고 있어 두 평균값 사이에 큰 차이는 없다. 1896년 김산군수는 월 평균 약

---

42 문준영, 앞의 논문, 31~32쪽에서 제시된 전장배제(前狀背題)·사실배제(査實背題)·도형배제(圖形背題) 등과 같은 성격을 가진 것으로 생각된다.

100건, 일 평균 5건 미만의 소장을 처리했다. 1894년 이전 19세기 여타 지역의 민장치부책과 비교하면 월별로 민장을 처리하는 일수는 9 지역의 평균(16.7일)보다 많고 민장의 건수는 9 지역의 평균(156.3건)보다 적었다.[43] 9 지역의 평균 호구수는 5,877호 26,980구이고 김산군의 호구는 1891년 기준 5,704호 27,660구이므로[44] 김산군은 9 지역에 비해서는 민장 건수가 적은 편으로 보인다.[45] 아울러 추수기인 10월~11월에 민장 처리 건수가 일시적으로 줄어든 것도 확인할 수 있다.

〈표 3〉 1896년 김산군 민장에서 동일 사건 내 민장 건수

동일사건 내 민장건수	1	2	3	4	6	7	9	10	13
사건 수	371	63	12	5	1	1	1	1	1

* 참고 : 총 사건수 456건

백성들이 같은 사안에 대해서 여러 건의 소지와 보고를 올리는 경우가 있기 때문에 전체 민장 건수가 아닌 '사건 수'를 판별하는 것도 중요한 작업이 될 것이다.[46] 민장에 기록된 원척原隻과 피척彼隻의 성명, 행정단위명, 민장의 내용 등을 복합적으로 고려하여 여러 장의 민장이 동일 사건으로 판단되는 경우를 찾아냈다. 이러한 방식으로 집계했을 때 총 599건의 민장에서 판별되는 개별 사건 수는 456건이다. 〈표 3〉을 보면, 백성들은 대부분

---

43 심재우, 앞의 논문, 2013, 108쪽 〈표 2〉 참고. 영암(1838~1839), 영천(1846), 연기(1858), 경상우병영(1862), 영광(1870~1872), 목천(1876~1877), 경산(1879), 의령(1888), 진천(1891)의 민장 건수를 비교 분석한 것이다. 참고로 갑오개혁 이후 작성된 1903~1905년 순창군 민장치부책에서는 1903년 6.3건, 1904년 5.5건, 1905년 4.0건으로 일평균 5.6건을 처리하고 있었다(시귀선, 앞의 논문).
44 『김산군읍지(金山郡邑誌)』(1899) 호구조에는 신묘식(辛卯式) 호구수가 기록되어 있다. 신묘년은 1891년으로 추정되지만 1831년일 가능성도 배제할 수는 없다.
45 물론 지역별 편차나 월별 편차가 크다는 것을 감안할 필요가 있다.
46 문준영, 앞의 논문, 14쪽. 동시기 중국과 한국의 소송 건수를 비교하려면 중국을 대상으로 한 연구에서 시도된 것처럼 민장 중 '민사' 관련 사안을 중심으로, 동일한 사건에 해당하는 여러 소장을 연결하는 방식으로 '사건 수'를 집계해야 할 필요성을 제기했다.

한 사건 당 하나의 소장을 제출했으나(82%), 같은 사건에 대하여 여러 차례 민장을 제출하는 경우도 18%나 되었다. 다음 절에서 시도할 주제별 분류와 연관시키면 대체로 부세갈등과 관련된 경우는 사건 당 하나의 민장이 제출되는 반면 백성 간의 경제적·사회적 분쟁의 경우 동일 사건 당 여러 차례 민장이 올려지는 빈도수가 높았다. 해당 기간에 총 10개의 민장이 제출된 사건은 다음 장에 후술할 역토驛土 매매와 관련된 사안이었다. 도합 13개의 민장이 제출된 사건은 김산군 조마남면助馬南面 신기新基와 신하新下에 거주하던 최씨와 배씨의[47] 가문 간 신도비神道碑 관련 분쟁이다. 6개월이라는 짧은 기간 내에 10번 이상 소장을 제출할 정도로 격렬한 분쟁을 조속히, 그리고 자신들이 원하는 방향으로 해결하고 싶어 했던 백성들의 일면을 확인할 수 있다.

2) 민장의 내용과 관의 대응

이 절에서는 민장의 내용을 주제별로 나누어 분석하고 각 주제에 대한 관의 대응 방식을 살펴봄과 동시에 여타 지역 민장과 비교하여 김산군 민장에 드러나는 특징을 지적할 것이다. 그간의 지역별 민장 분석 연구에서는 민장의 내용을 크게 ①부세갈등 ②경제적 갈등 ③사회적 갈등 ④청원·간은 ⑤기타 등으로 나누었다.[48]

---

[47] 『김산군읍지』 성씨(姓氏) 신증(新增) 조마남면에 최씨와 배씨가 있다.
[48] 내용 분류 시 세부적인 기준은 연구자마다 다를 수 있으나 대체로 위의 다섯 항목이 활용된다. 이는 정승진에 의하여 제시된 방식으로(정승진, 앞의 논문), 최윤오, 앞의 책, 심재우, 앞의 논문(2013), 고민정, 앞의 논문에서도 적용되었으며, 정승진 이전의 연구에서도 사실상 유사한 분류를 제시하고 있다. 예를 들어 김인걸, 앞의 논문에서는 민장의 내용을 ①전정, ②군정, ③환정, ④잡역, ⑤상투, ⑥기타로 분류했는데, 이 중 ①~④은 '부세갈등', ⑤는 경제적+사회적 갈등, ⑥은 청원·간은+기타에 해당한다. 박명규, 앞의 논문에서는 민장을 크게 세 유형으로 분류했는데, 1유형은 부세갈등, 2유형은 경제적 갈등과 일치하며 3유형 중 細目 2가 사회적 갈등, 細目 1이 청원·간은+기타에 해당한다. 시귀선, 앞의 논문에서는 민장을 ①재산분쟁, ②문보(=보고), ③풍속기강, ④산송, ⑤부세소송, ⑥기타로 분류했다. 이 중 ⑤가 부세갈등, ①④가 경제적 갈등, ③이 사회적 갈등 ②⑥이 청원·간은+기타 등에 해당할 수 있다.

①부세갈등은 목민서에서 '대절목大節目'이라 칭하며 중시했고, 실제로도 전체 민장 중 20~30% 정도를 차지한다. 19세기 말까지는 대체로 전정·군정·환곡의 소위 삼정三政과 각종 부역, 잡세와 관련된 내용이 대부분을 차지했다. '민간의 상투相鬪'로 칭해졌던 백성 간의 경제적 갈등과 사회적 갈등은 현재의 민사소송과 유사한 성격을 가지고 있어 주목된다. ②경제적 갈등은 매매, 채무, 경작, 산송 등과 관련되어 야기된 분쟁이 대부분으로, 그 중 산송은 19세기 사회의 성격을 보여주는 대표적인 소송으로 꼽힌다. ③사회적 갈등에는 사회의 질서를 어그러뜨리는 신분 질서 무시[犯分], 모욕, 폭력, 겁탈 등이 포함된다. 경제적 갈등으로 양측의 감정이 격화된 나머지 폭력으로 발전되어 사실상 ②③의 명확한 구분이 어려운 경우도 있다. ④청원·간은은 입지立旨 발급이나 석방[放釋, 放送], 재해 구호 등을 직접적으로 요청하는 민장에 해당한다. 마지막으로 ⑤기타는 단순 행정 보고나 행정 담당층의 교체·휴가 요구 등이다.

〈표 4〉 1896년 김산군 민장의 유형별 분류

종류	부세갈등	경제갈등	사회갈등	청원·간은	기타	총
민장수(건)	185	262	49	56	47	599
비율(%)	30.9	43.7	8.2	9.3	7.9	100.0

〈표 4〉는 1896년 김산군 민장의 내용을 주제별로 분류한 것이다. 김산군 민장에서 부세 갈등 관련 건은 186건으로 30.9%를 차지했다. 갑오개혁 이후 조세제도는 지방 관청의 독자적인 재정 운영을 부정하고 중앙으로 세수를 집중시키는 방식으로 개혁되었다. 소위 삼정이 혁파되면서 결세結稅와 호세戶稅를 거두었으며, 가장 문제가 많았던 환곡이 사환社還으로 개편되었다. 조세 금납화가 시행되었고 부세 수취 과정에서 관행적으로 이루어지던 각종 과외 징수 원칙적으로 금지되었다. 그간 면세지로서 지방 기관의 운영비를 보조했던 역둔토驛屯土가 승총陞總되어 출세지로 바뀌었

다.⁴⁹ 기관 주변 민을 포섭하여 운영되던 병영·수영과 대대로 역인에 의하여 독자적으로 운영되어 온 역도가 폐지되었다.

1896년 김산군 민장에서는 이러한 변화를 반영하듯 결전結錢, 호전戶錢, 결부結負, 호수戶數와 관련된 내용을 확인할 수 있다. 출세 목록에 있는 결부수나 호수가 실제와 다르니 허부虛卜·허호虛戶를 탈급頉給·탈하頉下하거나 감면해달라는 요구, 세금을 내지 않고 버티는 자[拒納者]에게서 결전·호전 등을 추급推給해달라는 청원이 대부분을 차지한다. 행정단위별 총액 배정 및 공동납의 관행이 일반화되었던 당시에는 부세 행정을 수행하면서 납부의 책임이 작부作伕된 호수戶首 → 리임里任 → 면임面任 → 담당 서원書員이나 색리色吏에게 지워지고 있었다. 민장을 살펴보면 이들이 관청에서 요구하는 납부 기한을 맞추기 위해 자신에게 할당된, 즉 자신이 거둬서 관청에 내야하는 돈을 스스로 마련하여 마감을 해내고[替納] 추후에 거납자로부터 해당 액수를 받아내는 모습을 확인할 수 있다.

김산군수는 백성들이 제기하는 부세 문제에 대해서 대체로 단호하게 대응하면서도 직접적으로 개입하지 않으려 했다. 군수에게 가장 중요한 것은 목표 총액을 별 탈 없이 거두는 것이었기에, 백성들의 부세 감면 요구는 거의 수용되지 않았다. '실상을 조사한 후 결정하겠다'는 미온적인 태도를 견지하면서 한편으로 민소의 내용이 '사실과 다를 경우 처벌을 받는다'는 엄포를 놓기도 했다. 또한 관에서는 거납자 개개인보다는 위에 열거한 중간 납부 책임자를 우선적으로 독촉하는 경향이 있었다. 호수, 면리임, 관원이 수령에게 거납자의 납부를 독촉해달라고 요청하면 일단 스스로 돈을 마련하여 주어진 마감부터 맞추라고 명령하는 반면, 거납자 독촉 시에는 공권력을 동원해주기보다는 사적으로 받아내라고 권고했다. 끝내

---

49 유정현, 「1894~1904년 地方財政制度의 改革과 吏胥層 動向」, 『진단학보』 73, 1992.

부세 납부를 마치지 못한 자는 마감할 때까지 옥에 갇혔다. 옥에서 내보내 달라는 청원[放釋] 29건 중 무려 13건의 청원이 부세 미납·거납에 연루되어 있었다.

경제갈등은 262건으로 총 43.7%로 김산군 민장 중 가장 높은 비율을 차지했으며, 산송·채무·매매와 환퇴·소작료·탈경이작 등 백성 간의 다양한 분쟁을 망라한다. 산송은 88건의 민장이 제출되어 경제갈등과 관련된 민장 중 33.6%를 점유하고 있었으며[50] 주로 투장偸葬·송추작벌松楸斫伐과 관련되었다. 이를 사건별로 분류하면 총 48건이 되는데, 그 중 19개의 사건은 2번 이상 민장이 접수되었고, 앞서 소개한 대로 6개월 간 최대 13건의 민장이 접수된 사건도 있다. 다음으로 비중이 높은 것은 채무와 관련되어 있고(77건, 29.4%) 그 중 대다수인 58건의 민장이 빚진 돈[債錢]을 추급하는 사안이었다. 덧붙이자면, 민간의 경제적 분쟁은 양측의 입장이 완고하여 치열하게 대립하므로 같은 사건에 대하여 반복적으로 민장이 제출되는 경우가 많고 상부 기관에 의송議送하는 비율도 높았다.[51] 실제로 1896년 김산군 민장에서 의송된 12건의 사건 중 11건이 산송, 채무 등과 관련되어 있었다.

조선의 재판 제도에서는 원척이 피척을 데려와야 재판이 시작될 수 있었고, 피척이 소환을 거부하면 그제서야 공권력이 동원되었다. 또한 조선에서는 현재의 '강제집행'에 준하는 제도가 갖춰져 있지 않아 민간 분쟁 사안에 공권력을 투입하는 일은 많지 않았다. 재판 이후 패소자에게 다짐[侤音]을 받는 것은 그가 스스로 이행을 하겠다는 '의지'를 확인하는 것일 뿐

---

50 참고로 영광 민장에서 산송은 1870~1872년에 27.8%, 1897년에 25.9%를 차지했던 데 반하여 1903년 순창 민장에서 산송은 14%에 불과했다.
51 예를 들어 산송은 군현을 넘어 상위 기관으로 월소(越訴)하거나, 소송 횟수 제한(삼도득신)이나 기간 제한(과한법)이 무시되기도 하며, 농번기(매년 춘분 - 추분)에 설정되는 정송(停訟) 기한이 무시되는 등의 특징을 보였다. 전경목, 「山訟을 통해서 본 조선후기 司法制度 운용실태와 그 특징」, 『法史學硏究』 18, 1997.

이행을 강제할 수는 없었다.⁵² 예를 들어 '투장偸葬은 법에서 정해진 바와 어긋난다'고 하면서도 관청에서 사람을 보내서 투장한 무덤을 직접 파내는 경우는 거의 없었다.

김산군 민장에서도 경제갈등에 대한 관의 명령은 공권력의 개입을 최소화하면서 철저하게 조사하겠다는 신중한 자세를 취하는 것이었다. '조사하기 위해 데려오라' 혹은 '대질하기 위해 데려오라'는 제사가 가장 빈번하게 제시되었다. 원척의 주장에만 근거하여 즉각적인 판결을 내리기보다는 되도록 양측을 모두 관정으로 불러와서 정식 재판 절차를 거쳐 처분을 내리겠다는 의지를 표명한 것이다. 만약 피척이 관정에 나오기 거부하여 원척이 다시금 하소연하면 그제서야 '잡아오라[捉來]'는 좀 더 강한 명령을 내려주었는데, 이러한 사례는 262건 중 불과 37건에 그치고 있었다. 경제갈등을 해결하는 방식도 옥에 가두거나[囚] 장을 치는[杖] 등의 공권력을 행사하기보다 당사자 간의 사적 해결을 권고하는 경우가 대부분이었다. 애초에 백성들이 관에 소를 제기한 이유가 사적으로 이 문제를 해결하기 어려웠기 때문일 것인데, 관에서는 사정은 알겠지만 '호의好誼로 해결하라'거나 '서로 의논하여 처리하라'는 대답으로 일관했다. 이외에도 농사를 짓는 백성들이 대부분이었기에 소를 제기한 백성에게 '추수 이후에 조처하라'든가, '지금은 (추수기이므로) 사채私債를 추급할 시기가 아니다'라는 제사를 내렸다.

김산군 민장 중 49건, 8.2%를 차지하는 사회갈등은 사회 질서를 어지럽히는 소위 '난민亂民'이 일으키는 각종 사건으로, 그 중 폭력(15건), 모욕(8건), 겁간(8건) 등은 현재의 형사 사건과 비견될 수 있다. 폭력의 경우 채무나 산송 등 경제 갈등으로 인하여 촉발되는 경우도 있었다. 사회갈등 중 잘잘못

---

52 이승일, 『근대한국의 법, 재판 그리고 정의』, 경인문화사, 2021, 68~69쪽.

이 분명한 사안에 대해서 관의 태도는 엄격하고 단호했다. 물론 '조사하기 위해 데려오라'는 제사가 가장 많지만, '엄히 다스릴 것이니 잡아와 대령하라'는 제사가 49건 중 무려 18건(36.7%)이나 되어 앞의 경제적 갈등의 사례와 비교된다. 이 경우 소를 올린 백성이 직접 피척을 잡아오기 보다는 차사나 주인, 동임 등에게 잡아오라고 지시했다.

청원·간은은 총 56건이며, 옥에서 풀어달라는[放送·放釋] 민장이 29건(약 51.8%)으로 가장 많았다. 옥에 갇힌 사람의 가족이 호소하기도 하고, 면리임·동중 등이 보고의 형식[報]으로 특정인을 풀어달라는 청원을 하기도 했다. 갈등을 마무리하기 위한 입지立旨 성급 요청이나, 주금酒禁·동물 방목 금지 등 특정 사안에 대해 관청의 제사를 요청한 건도 있었다. 소의 병이나 죽음을 알리며 거피입본去皮立本을 할 수 있게 해달라고 요청한 것도 5건이 있었다.[53]

이 글에서 기타로 분류한 민장은 행정 수행 과정에서 작성되는 것이다. 47건의 민장 중 약정約正·존위尊位·호수戶首·훈장訓長 등 행정 담당층이 자신의 소임을 교체·탈하해달라는 요구나 교체 시 후임 후보를 추천하는 내용 등이 38건으로 대부분을 차지했다. 소임 교체의 요구는 대부분 거절되었고 단 3건만이 허락되었다. 이외에도 관에서 사건에 대한 조사를 지시하여 행정 담당층이 조사 후 보고를 올린 것은 9건이었다.

---

53 병들거나 죽은 소를 도축 후 가죽을 벗겨 팔아 그 돈으로 새 송아지를 사는 행위를 뜻한다. 우금(牛禁)은 조선의 주금(酒禁)·송금(松禁)과 더불어 대표적인 삼금(三禁) 중 하나로 자의적인 도축이 금지되었다. 전경목, 「조선후기 소 도살의 실상」, 『朝鮮時代史學報』 70, 2014 참고.

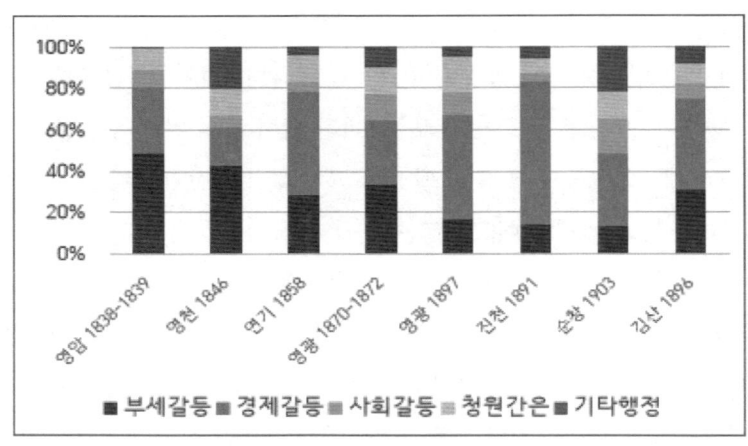

〈그림 2〉 김산군 민장과 여타 지역 민장의 주제별 비율

    정리하자면 1896년 김산군에 접수된 민장은 경제갈등 〉 부세갈등 〉 청원·간은 〉 사회갈등 〉 기타 순으로 많았다. 이 수치를 여타 지역의 민장과 비교해본 것이 〈그림 2〉이다.[54] 19세기 민장에서 가장 중요한 두 사안은 부세갈등과 경제갈등이었으며, 부세갈등이 우세하다가 시간이 지날수록 경제갈등의 비율이 높아지는 반면 부세갈등의 비율이 낮아지는 추세를 확인할 수 있다. 1894년 이후의 민장을 분석한 두 선행연구(1897년 영광[55], 1903년 순창[56])에서는 부세 관련 갈등이 공히 20% 미만으로 줄어드는 점을 지적하면서, 부세 제도의 전면적 개혁 이후 이전보다 부세 문제에서 갈등이 발생할 여지가 줄어들었다고 판단했다. 다만 1858년 연기나 1891년 진천처럼 1894년 이전에도 이미 부세갈등의 비율이 낮고 경제갈등의 비율이 높은 지

---

54 1838-1839년 영암과 1846년 영천은 각각 심재우, 앞의 논문(2013)에서 김인걸, 앞의 논문과 박명규, 앞의 논문에서 제시된 비율을 재가공한 수치, 1858년 연기는 심재우, 앞의 논문(2013)에서 제시된 수치, 1897년 영광은 정승진, 앞의 논문에서 제시된 수치, 1891년 진천은 최윤오, 앞의 책에서 제시된 수치, 1903년 순창은 시귀선, 앞의 논문에서 제시된 수치를 활용한 것이다.
55 정승진, 앞의 논문.
56 시귀선, 앞의 논문.

역도 있었다. 1896년 김산군 민장의 주제를 비슷한 시기 다른 지역과 비교하면 상대적으로 부세갈등의 비율이 높게 나타나는 점이 주목된다. 시기적으로 신제도가 시행된 직후 제도 정착 과정에서 부세문제와 관련된 여러 혼란이 발생했다고 추측할 수 있다.

3. 김산군 백성들의 삶과 갈등 - 지속과 변화의 관점에서

1) 사법제도 변화의 영향

개혁 이후 조선에서는 급작스럽게 제반 제도 개혁이 이루어졌으나 그 제도가 실제로 실행되는 사회에서는 이전의 관행이 유지되고 있어 필연적으로 여러 갈등이 생겨나고 있었다. 이 장에서는 제도 개혁 직후 김산군 백성들이 직면했던 혼란을 유형별로 분류하여 살펴보려 한다.

우선 사법제도의 변화가 김산군 백성들에게 끼친 영향을 알아보자. 상술했듯이 1895년 5월 전국 지방제도가 23부府로 개편되면서 김산군은 대구부에 속했고, 1896년 8월부터는 13도 체제 하에서 경상북도 소속으로 편성되었다. 독립적인 사법 기관을 운영하는 근대적인 사법 개혁도 시도되었다. 1895년 윤 5월에는 대구를 포함한 전국 22개소에 지방재판소 설립을 지시했고, 6월에는 군郡에서 1심, 지방재판소에서 2심, 고등재판소에서 상소심이 이루어지게 하는 심급제를 발표했다. 부에 설치된 지방재판소는 1896년 8월 23부제가 13도제로 개편되면서 각 도에 두도록 했다. 중앙정부에서는 지방에서 군과 관찰부/감영의 수장이 사실상 전권을 행사하던 관행을 일소하고 이들에게 행정적 권한 및 기능만을 남기려 했다. 다만 실질적으로 사법 기능을 전문적으로 담당할 인력 양성에 시간이 소요되므로 결국 각 부府 관찰사가 판사 직무를, 각 부 참사관이 검사 직무를 대행하게 했

으며, 각 재판소의 지소가 설치될 때까지 군수가 재판 사무를 겸임하도록 조처했다.[57]

1896년 7월~12월 김산군 민장을 보면 김산군 백성들은 일차적으로 군에 민소를 제기했고, 상위 기관에 항소할 때도 지방재판소가 아니라 관찰부/감영에 의송하고 있었다. 앞서 살펴본 전체 사건 456건 중 김산군 상부 기관에 의송된 것으로 판단되는 것은 총 12건(2.4%)이고,[58] 그 중 (서울) 재판소의 처결을 보아야 한다고 언급한 것이 1건[59]이었다. 의송 과정에서 심급제를 따르지 않고 이전의 관행대로 월소越訴하는 백성도 확인된다. 김산군과 대구부의 판단이 내려지기도 전에 직접 경부京部로 월소한 사례가 있다.[60]

상위 기관의 명칭은 대구부 혹은 경상북도관찰부를 뜻하는 '부府'와, 감영을 뜻하는 '영營'을 혼용하고 있었다.[61] 1601년부터 경상감영이 대구에 있었고, 1895~1896년의 지방 행정 편제 변동 가운데에서도 김산군의 경우 상위 기관의 위치가 변하지 않았기 때문에 두 명칭을 혼용하여도 큰 혼란은 없었을 것으로 추측된다. 정리하자면 갑오·을미개혁기에 대대적인 사법 제도 개혁이 수반되었으나 백성들은 소송을 제기할 때 그들에게 익숙한 방식의 기존 관행을 따르고 있었다.

2) 조세제도 변화와 실상

갑오·을미개혁을 통하여 기존의 복잡한 부세제도는 결세와 호세로 이원화되고 모든 잡세와 중간 비용 등이 공식적으로 폐지되었다. 이러한

---

57 이승일, 앞의 책, 77~129쪽.
58 민장 건수로 보면 599건 중 15건(2.5%)이다.
59 『송안1』 9월 8일 천하진목최응룡소(川下眞木崔應龍訴).
60 『송안2』 12월 6일 봉계오대동거민등소(鳳溪五大洞居民等訴).
61 상위 기관을 '영(營=감영)'으로 칭하는 민장은 9월에 1건, 10월에 1건, 11월에 6건이다.

변화상이 불러일으킨 새로운 유형의 갈등 중 하나가 급료給料 문제이다. 백성이 낸 세금이 관청으로 도달하기까지 호수·면리임·아전 등 여러 종류의 중간 담당자가 개재되어 있었고, 이들은 관습적으로 국가에서 공식적으로 정한 세액 이외의 금액을 백성들에게 더 수취하여 생계를 도모했다. 조세개혁 당시 이러한 과외 수입이 모두 폐지되는 대신 지방 관청에서 서리와 면리임 등에게 공식적으로 급료를 지급하게 되었으나[62] 이전과 비교하여 아전의 경우 정원이 대폭 축소되어 반발이 생겨났다. 이에 소위 '신정례新定例'인 읍사례邑事例를 제작하여 중간담당층에 대한 급료를 공식적으로 면리에 배분시킨 지역이 많았다.[63]

김산군 역시도 비슷한 방법으로 대응하고 있었다. 1896년 김산군 민장 중 14건이 급료 지급 요청 혹은 지급 거부 등과 관련된 내용이었다. 서리들은 급료를 공식화하려 했던 반면,[64] 백성들은 새로운 세목이 추가되는 상황을 받아들이려 하지 않았다. 관청 서리는 물론이고 면주인面主人에게도 비용이 지급되어야 하는 상황에서 납부를 거부하는 동洞을 상대로 추급을 호소하기도 했다.[65] 다음의 사례에서 군수의 제사를 보면 이전의 관행인 '동령례動令例'와 지금의 '신정식新定式'을 대비시키고 있으며, 심지어 이전에 비하면 백성들이 납부할 돈이 적어졌다면서 각 동에 납부를 독촉하고 있었다.

---

62 윤정애, 앞의 논문 83~85쪽. 각군 이서정원 및 봉급은 83쪽 〈표 3〉 참고. 1895년 「향회조규급향약판무규정」에서 면리임의 직능, 명칭, 보수 등을 제시했다. 리에는 존위, 서기, 두민, 하유사 각 1인, 면에는 집강, 서기, 하유사, 면주인 1인씩을 두었다.
63 유정현, 앞의 논문.
64 서원(書員)은 활동비인 고채(考債)를 정식화하려 했다. 『송안1』 9월 28일, 『송안2』 10월 10일 민장에서 서원은 다른 읍의 예에 따라 공식적으로 고채를 김산군 각 면에 배분해 달라고 요청했다. 11월 13일 교중(校仲) 품목(稟目)에 따르면 고채가 반상(班常)의 구분 없이 징수되었다고 한다.
65 『송안1』 7월 24일 과내집강보(果內執綱報), 8월 8일 과내주인손근이소(果內主人孫根伊訴), 『송안2』 11월 5일 황금소집강보(黃金所執綱報).

11월 5일 황금소면 집강執綱 보報

후록後錄한 각 동洞이 주인主人 요전료전錢(급료)을 주지 않습니다.

제題 새로 정해진 규식[新定之式]이 이전 동령의 례[前動令之例]에 비하여 감해져서 오히려 남음이 없는 데도 이렇게 버티는 자들이 있다니 이 무슨 곡절인가. 민심의 몰염치함이 이로 미루어 가히 알만하다. 만약 한결같이 완고히 갈등하고 이전의 예에 따라 획급劃給하려 한다면 경계하여 꾸짖으라.[66]

한편, 조세제도가 개혁되는 와중에서도 과외 징수나 각종 잡세 징수의 관행이 전부 사라진 것은 아니었다. 김산에서는 백성들이 '이미 탕감된' 혹은 '이미 시행하지 말도록 한' 지소전紙所錢을 계속해서 받아내려고 하는 서리를 고소하거나, 지소전을 아예 없애달라고 청원했다. 김산군의 공식 입장은 지소전이 폐지되었다는 것이었으나 이를 결세에 포함해서 거두는 관행 자체는 금지하지 않았다.[67] 옛 상임上任이 무명전無名錢을 거두려 하거나 없는 결부를 있는 것처럼 꾸며 세금을 거두려 하여 백성들로부터 고발되기도 했다.[68] 이렇듯 제도 변화 이후에도 기존의 관행을 지속하려는 흐름이 지속되며 분쟁의 단초를 제공하고 있었다.

3) 역둔토 승총과 역도제 폐지

1894년 8월 각 관청의 둔토와 역의 역토 등 기존 면세지가 모두 출세지가 되면서 역둔토의 작인은 소작인으로서 도조를 내면서 동시에 결세를 납

---

66 『송안2』 11월 5일 황금소집강보(黃金所執綱報).
67 『송안1』 7월 23일 내군상리김재권소(內郡上里金在權訴), 『송안1』 9월 18일 미곡각동민등소(米谷各洞民等訴), 『송안2』 10월 11일 위량나가동김종헌소(位良羅加洞金宗軒訴), 『송안2』 10월 27일 김천좌동나경칠소(金泉左洞羅京七訴).
68 『송안1』 7월 21일, 9월 3일 조마남나부거민등소(助馬南羅浮居民等訴).

부하게 되었다. 농상공부의 주도로 1895년 9월부터 전국 역토의 결부수, 필지 당 두락 및 일경수, 토지 등급, 소작인 등을 조사했고, 이를 토대로 1896년 2월부터 전국 둔토에 확대 시행했다[乙未査辦].[69] 이 과정에서 역둔토에 대한 세금 납부 책임자와 세액 등이 정해졌다.

1896년 김산군에서는 둔토의 도조가 과하게 책정되었으니 줄여달라는 청원이 종종 제기되고 있었으나[70] 관에서는 '사토私土에 비해 도조가 저렴하다'면서 납부를 독촉했다.[71] 둔토 경작인이 누구인지 직전 해의 을미사판 과정에서 정해졌을 것인데도 여전히 누가 둔토를 경작할 것인지를 두고 백성들 사이에서 경쟁이 벌어지기도 했다. 천하면 동산리의 이경중李京中과 위량면 위량리의 민천석閔千石은 관둔답 4두락을 경작하는 건으로 서로 맞소를 제기했고, 김산군에서는 그 땅을 오랫동안 경작해 온 이경중의 손을 들어주었다.[72]

아울러 1896년 1월 역도제 폐지는 김천역, 추풍역, 문산역이 포진해 있었던 김산 지역에 큰 반향을 불러일으켰다. 역도 내 각 역의 운영은 찰방이 관할하므로 군현 수령의 지배를 받지 않고 독자적으로 운영되는 것이 원칙이었으나,[73] 역도제가 폐지되면서 세 역과 관련된 사안까지 김산군수가 도맡아 처리하게 되었다.[74]

---

69 박진태, 「甲午改革期 국유지조사의 성격 : 驛土調査過程을 중심으로」, 『史林』 12 · 13, 1997; 조석곤, 『한국 근대 토지제도의 형성』, 도서출판 해남, 2003, 108~112쪽.
70 둔토(屯土)를 소재로 한 민장에서 결부(結負), 집재(執災) 등 결세(結稅) 관련 민장은 '부세갈등'으로, 도조(賭租) · 도전(賭錢) 등 둔토의 소작료 관련 민장은 '경제갈등'으로 분류했다.
71 『송안2』 11월 21일 대항행동김평단소(代項杏洞金平丹訴), 12월 7일 황금소죽전정기붕소(黃金所竹田鄭基鵬訴), 12월 10일 위량구야김원단소(位良九野金元丹訴) 등. 12월 7일 소의 제사에서는 "3두락 밭에서 7두 도조이니 사토(私土)의 도조와 비교하면 이미 극히 저렴하다"고 답변했다.
72 『송안2』 12월 24일 천하동산이경중소(川下東山李京中訴), 12월 29일 위량본리민천석소(位良本里閔千石訴).
73 이유진, 「18세기 중엽 사근도 형지안과 단성현 호적대장의 역인 기재 비교 분석」, 『古文書研究』 51, 2017.
74 『송안1』 8월 9일 김천역창비봉의소(金泉驛倉婢奉儀訴), 9월 3일 김천역병비묘련소(金泉驛餅婢妙連訴), 9월 12일 김천하동윤대영소(金泉下洞尹大英訴), 9월 15일 김천역병방색안재훈등소(金泉驛兵房色安在勳等訴) 등.

특히 1896년 김산에서는 역토 매매를 둘러싸고 백성들 간의 갈등이 표출되었다. 역토는 본래 역에 속한 백성들이 경작하여 그 수익으로 역의 운영 경비를 감당하거나 그들의 생계를 유지해 왔다. 을미사판 과정에서 역토의 경작자와 출세자가 정해졌으나, 역토를 관리하던 마름이[75] 원래 이 땅을 경작하던 역속인이 아니라 일반 백성에게 매매하면서 기존의 역속인과 군현에 속한 면인 사이에 갈등이 생겨났다. 김천역의 역토에서는 김천역의 역인과 김천면金泉面의 면인이, 추풍역의 역토에서는 추풍역의 역인과 황금소면黃金所面의 면인이 대립했다.[76]

이 중 김천역과 김천면의 분쟁은 겨우 4개월 동안 10건의 소장이 접수될 만큼 치열하게 전개되었다. 1896년 9월 4일 김천역민은 마위전馬位田[77]이 다른 농부에게 몰수되었다며 처음으로 김산군수에게 호소했다. 이후 김천역민은 11월 16일, 11월 23일, 12월 3일, 12월 10일에 소를 제기했고, 김천면에서는 11월 23일 등소等訴, 11월 27일 면중보面中報, 12월 3일 등소等訴, 12월 7일 면중소面中訴, 12월 17일 등소等訴 등으로 맞섰다. 역민의 입장은 역토가 오랫동안 역민에게 속했으므로 역민이 우선적으로 경작해야 한다는 것이었다. 반면에 면민의 입장은 역토를 이미 '샀으므로[買土]' 자신들이 매매·경작할 수 있다는 것이었다. 게다가 이 시기를 전후해 역토를 담당하던 마름이 교체되면서 신구 마름 간의 입장 차가 대두되기까지 했다. 12월 3일에는 결국 양측이 모두 상위 기관인 감영에 의송을 제기했으나 갈등의 해결에 이르지는 못했다. 이 사안에 대하여 김산군과 경상북도의 입장은 해당 토지를 사들인 사람들인 면민에게 권리가 있다는 것이었다. 그러나 역민들은 이에 굴하지 않고 끝내 자신들의 뜻을 관철시키려 했다.

---

75 마름은 소작료 징수를 담당하면서 100두락당 30냥의 수고비를 받았다고 한다. 조석곤, 앞의 책 111쪽.
76 『송안2』 12월 초2일 황금소역민등소(黃金所驛民等訴).
77 원래 역토 중 마위전은 자경무세지로 마호(馬戶)가 경작했고, 공수전은 각자수세지였다. 배영순, 『韓末日帝初期의 土地調査와 地稅改正』, 영남대학교출판부, 2002, 119쪽.

4) 신분 차별 폐지와 김산군의 사회 질서

한편 갑오개혁 때 반상의 구분과 공사노비의 전이 폐지되는 등 사회적으로는 신분적 차별이 공식적으로 소멸되었다.[78] 아울러 결호세로의 세제 개편, 군영·역도 폐지 등의 영향으로 이전 시기의 직역職役 표기는 민장에서 완전히 사라졌다. 관청에 소속된 사람들이나 집강執綱, 존위尊位 등 일부 행정 담당층만 자신의 역할을 기재했다. 직역은 해당인의 사회적 계층을 가늠할 수 있는 일차적인 지표가 되므로 직역 기재가 사라지면 모든 사람은 민장에서 균질하게 표현된다. 그러나 지역 내의 지배층은 민장에서 다른 방식으로 기재되었다. 백성들의 소장과 군수의 제사에서는 '성姓+반班'으로 기재되는 지체 높은 분들은 여전히 노奴를 앞세워 소장을 작성하는 관행을 따랐다. 노비의 전典이 공식적으로 폐지되었다고 하나 관청에 소속된 '역비驛婢'[79]나 '피노皮奴'[80] 등이 여전히 민장에 청원자나 객체로서 등장하여, 김산군 사회에서 기존의 신분 질서가 여전히 중시되고 있었음을 확인할 수 있다.

> 8월 28일 봉계鳳溪[면] 조진학曺鎭鶴 소내소訴內
> 저의 선영 안산案山이 읍리邑吏 백옥엽白玉燁에게 투총偸塚당했으니 파내도록 독촉하여 주십시오.
> 제題 대대로 수호한 땅인즉 이는 주인이 있는 물건이니 누구인지 막론하고 억지로 입장入葬할 수 없거늘, 옥엽에게 이르러서는 또한 하물며 <u>양반과 이서의 분의分義</u>가 있는데 그가 어리석은 한 아전으로써 감히 투장하다니 이

---

78 『고종실록』 31권, 고종 31년(1894) 6월 28일 계유.
79 주 67 참고.
80 『송안1』 7월 18일 남천피노숙인소(南川皮奴孰仁訴), 8월 27일 피노반개소(皮奴半介訴), 9월 13일 남천성궁배문성소(南川省弓裵文聖訴), 9월 1일, 9월 2일 황간장기형소(黃磵張奇亨訴) 등.

무슨 무엄한 버릇인가. 법에서 금하는 바이니 마땅히 무겁게 다스려 풍화風
化를 바로잡을 것이니와, 몰래 매장하면 즉각 몰래 파내는 것이 당연한 이치
이므로 관의 힘을 기다릴 필요 없이 파내어 제거하라.[81]

　위의 민장은 신분 질서와 관련하여 주목되는 사례이다. 8월 28일 조진학은 읍리 백옥엽이 투장했다며 소를 제기했다. 김산군수는 제사에서 "양반과 이서의 분의"를 거론하며 "아전으로써 감히 투장하다니 무엄한 습속"이라고 강하게 비판한다. 앞서 살펴본 대로 관은 백성들 사이의 분쟁에 되도록 직접 개입하지 않고 당사자 간의 해결을 우선적으로 도모했다. 일반적으로 산송에서는 투장한 사람이 스스로 파내도록 독촉하고 기다리라는 제사를 내리는 것이 대부분이며, 양측이 대등하게 유력한 집안인 경우 끝이 없는 소송전이 벌어지기도 한다. 그런데 이 사건에 대해서는 유독 "관의 힘을 기다릴 필요가 없이" 직접 파내도 좋다는 단호한 제사를 내렸다. 공권력을 직접 투입하는 것은 아니지만, 신분 질서 내에서 양반과 아전이 상하관계에 놓여있음을 천명한 것이다.

　이처럼 1896년 김산군 민장치부책은 소위 근대전환기에 김산군 백성들의 삶과 갈등, 이를 대하던 관의 태도를 여실히 보여주는 자료이다. 김산군의 백성들이 직면한 다양한 갈등과 분쟁은 새로운 제도가 도입되었음에도 이전의 관행이 지속되면서 표면화되었다. 관청에서도 오로지 새로운 제도를 따르지만 않고 사안에 따라 탄력적으로 대처하고 있었던 것으로 보인다.

81　『송안1』 8월 28일 봉계조진학소(鳳溪曺鎭鶴訴).

4. 맺음말

이 글에서는 현전하는 1896년 7월~12월 김산군 민장 599건을 분석하여 김산군 백성들이 겪고 있었던 분쟁의 일면을 살펴보았다. 1894~1895년 갑오을미개혁 당시 실시된 전방위적 제도 개혁으로 인하여 일시적인 혼란이 발생하던 상황 속에서 김산군의 백성들은 실로 다양한 갈등을 경험하고 있었다. 민장치부책을 분석한 선행연구를 참고하여 김산군 민장을 부세갈등, 경제갈등, 사회갈등, 청원·간은, 기타 등의 주제로 분류해 본 결과 경제적 갈등이 가장 높은 비율을 차지하고 있었으며, 비슷한 시기 다른 지역의 민장에 비해서 부세 관련 갈등의 비중이 높은 편이었다. 이는 당시 백성들이 급속도로 진행된 조세제도, 지방행정제도 변화로 인하여 겪었던 여러 문제가 표면화된 결과이다. 김산군수가 갈등을 처리하는 태도를 보면 공권력을 동원을 최소화하고 대체로 당사자 간의 사적인 해결을 도모하고 있었다.

사법제도 및 지방 행정편제 변화, 역둔토 승총, 신분 차별 폐지 등 제반 제도 변화 속에서 김산군 백성들은 기존의 관행과 중앙정부로부터 이식된 새로운 질서가 충돌하면서 다양한 갈등이 촉발되는 것을 몸소 경험하고 있었다. 김산군 백성들은 기존의 사법적 관행을 고수하는가 하면, 중간 관리자에 대한 급료 지급, 둔토 경작, 일반 민의 역토 매수 등을 둘러싸고 서로 대립했다. 반면에 지역 내 신분질서는 생각보다 공고하게 유지되고 있었다. 이렇듯 1896년 김산군 민장은 소위 근대이행기에 급격한 제도적 변화에 대응하는 민의 모습을 단적으로 드러내는 자료로서 가치가 있다.

마지막으로 민장치부책의 자료적 성격과 연구 방법론에 대하여 언급하는 것으로 글을 마무리하고자 한다. 민장치부책은 특정 시점에서 해당 지역의 민들이 겪고 있던 갈등을 다각도로 보여준다는 점에서 귀중한 자료이나, 사건에 관한 서술이 지나치게 축약되어 있기에 맥락이 읽히지 않는

'파편'으로 자료가 존재한다는 한계가 있다. 내용 비교를 통해 여러 민장을 연결하여 흐름을 추적해야 사건의 전말을 겨우 이해할 수 있는 경우도 있다. 해당 관청에서 처리한 모든 사건이 민장치부책에 기록되었는지도 미지수이다. 게다가 현전하는 여러 지역의 민장치부책 중 몇 년 이상 장기적으로 시계열을 구축할 수 있는 자료는 거의 없다. 위와 같은 한계를 극복하고 이 자료가 적극적으로 활용되기 위해서는 여러 파편을 합쳐 '집체'로 만들어야 하지 않을까. 다양한 지역과 시기의 민장이 더 많이 분석되고 그 결과가 축적된다면 넓은 지역을 포괄하는 장기적 시계열이 갖춰진 데이터베이스가 될 수 있다고 본다. 이를 위하여 자료 간의 이질성을 극복할 수 있도록 두루 통용될 수 있는 모델이 합의되어야 할 것이다. 본 연구에서는 선행 연구의 주제 분류 기준을 사실상 그대로 따랐는데, 향후 통일적인 데이터베이스 구축에 도움이 되리라 보았기 때문이다. 이러한 기초적 시도들이 모이고 나면 민장치부책 관련 연구의 지평이 점점 더 넓어질 수 있으리라 기대한다.

참고문헌

『朝鮮王朝實錄』
『承政院日記』
『經國大典』
『金山郡邑誌』, 1899, 奎10825, 규장각한국학연구원 소장
『訟案』, 奎古5125-115, 규장각한국학연구원 소장
『訟案二』, 奎古5125-110, 규장각한국학연구원 소장
『恒茶飯』, 奎古5120-74, 규장각한국학연구원 소장
「封書」奎71315, 奎71316, 규장각한국학연구원 소장
고민정, 「19세기 강원도의 사회상 고찰을 위한 民狀置簿冊 기초 연구 - 하버드-옌칭연구소 소장 『江原道各郡狀題』를 중심으로」, 『한국학논총』 55, 국민대학교 한국학연구소, 2021.
김선경, 「《民狀置簿冊》解題」, 『韓國地方史資料叢書』 10, 여강출판사, 1987.
_____, 「'民狀置簿冊'을 통해서 본 조선시대의 재판제도」, 『歷史研究』 1, 역사학연구소, 1992.
_____, 『부안민장치부책』, 부안문화원, 2008.
金仁杰, 「'民狀'을 통해 본 19세기 전반 향촌 사회문제」, 『韓國史論』 23, 서울대학교 인문대학 국사학과, 1990.
문준영, 「19세기 후반 지방사회에서 민소(民訴)와 청송(聽訟)실무 - 전라도 영광군 민장치부책(民狀置簿冊)의 분석 - 」, 『法學研究』 60-1, 부산대학교 법학연구소, 2019.
박명규, 「19세기 후반 향촌사회의 갈등구조 - 영광지방의 민장내용분석 - 」, 『한국문화』 14, 규장각한국학연구원, 1993.
박진태, 「甲午改革期 국유지조사의 성격 : 驛土調査過程을 중심으로」, 『史林』 12·13, 수선사학회, 1997.
배영순, 『韓末日帝初期의 土地調査와 地稅改正』, 영남대학교출판부, 2002.
손정목, 『한국지방제도·자치사연구(상) - 갑오경장~일제강점기 - 』, 일지사, 1992.
시귀선, 「광무개혁기의 순창지방 향촌사회 연구 : 자료 소개와 이를 통한 몇가지 사실을 중심으로」, 『全北史學』 19·20, 전북대사학회, 1997.
심재우, 「조선후기 소송을 통해 본 법과 사회」, 『東洋史學研究』 123, 동양사학회, 2013.
_____, 「조선후기 충청도 연기지역의 민장과 갈등 양상 - 1858년『사송록』분석을 중심으로 - 」, 『정신문화연구』 37, 한국학중앙연구원, 2014.
심희기 외, 『항다반(恒茶飯)』, 연세대학교 법학연구원 법사회사센터, 2021.
유승희, 「18~19세기 목민서의 民訴처리와 民狀 자료의 실태」, 『民族文化』 60, 한국고전번역원, 2022.
유정현, 「1894~1904년 地方財政制度의 改革과 吏胥層 動向」, 『진단학보』 73, 진단학회, 1992.
尹貞愛, 「韓末 地方制度 改革의 硏究」, 『역사학보』 105, 역사학회, 1985.
이승일, 『근대한국의 법, 재판 그리고 정의』, 경인문화사, 2021.
이유진, 「18세기 중엽 사근도 형지안과 단성현 호적대장의 역인 기재 비교 분석」, 『古文書研究』 51, 한국고문서학회, 2017.
전경목, 「山訟을 통해서 본 조선후기 司法制度 운용실태와 그 특징」, 『法史學研究』 18, 한국법사학회, 1997.
_____, 「조선후기 소 도살의 실상」, 『朝鮮時代史學報』 70, 조선시대사학회, 2014.
정승진, 「영광『民狀置簿冊』의 분석」, 『동방학지』 113, 연세대학교 국학연구원, 2001.
조석곤, 『한국 근대 토지제도의 형성』, 도서출판 해남, 2003.
최윤오, 『재판으로 만나본 조선의 백성 - 충청도 진천『사송록』』, 혜안, 2013.

제3부
사법과 정치

조선 후기 공죄公罪·사죄私罪 조율의 변화와 적용 사례*

조윤선
전주대학교 한국고전학연구소 학술연구교수

조선 후기 공죄公罪 · 사죄私罪 조율의 변화와 적용 사례

1. 머리말

이 글은 조선시대 사법 행정에 있어서 개념 정리와 심도있는 연구가 필요한 주제 중 하나인 공죄公罪, 사죄私罪를 고찰한 글이다.[1] 죄인을 처벌할 때는 죄인이 지은 범죄 여부를 판단하고, 그에 해당하는 율과 처벌 형량을 정하는 조율照律 과정을 거쳐야 한다. 특히 죄를 지은 양반 관료들에게 이러한 조율이 의미가 있는 이유는 조율 과정에서 특혜가 고려되기 때문이다. 즉 죄인에게 의議와 공功이 있으면 각각 1등급을 감등해 주는 조처[2]와

---

*   이 글은 『법학연구』 31-3, 연세대법학연구원, 2021, 331~366쪽에 게재된 논문을 연구총서의 기획 의도에 맞게 약간의 수정을 가하여 수록한 것이다.
1   동양법에 있어서 공 · 사죄에 대한 본격적 연구는 한상권의 「公罪와 私罪」(『법사학연구』 53, 2016)이다. 대명률의 조문과 이에 대한 중국의 다양한 주석서를 통해 공죄와 사죄의 개념에 천착하였으며, 이 글 역시 본 연구에서 많은 아이디어를 얻었다. 대명률 번역서인 『대명률직해』(한국고전번역원, 2018)의 명례율 「文武官犯公罪」 「文武官犯私罪」조의 '공죄와 사죄' 해설 부분 역시 참고할 수 있다.
2   "죄를 의율할 때 공신(功臣)과 의친(議親)이면 각각 1등급을 감한다. 공신 자손(功臣子孫)은 대수를 한정하지 않고, 원종공신도 같다. 의친은 왕의 동성(同姓) 10촌, 이성(異姓) 6촌 이상이고, 왕비의 동성 8촌, 이성 4촌 이상이다. 선왕(先王)과 선후(先后)의 친(親)도 같다. 촌수는 대수(代數)로 계산하고, 묘정(廟庭)에 배향(陪享)한다. 공신도 같다." 『典律通補 刑典 推斷』

공죄를 적용하여 직을 유지시켜 주는 혜택이다.

　이 중 의議·공功의 적용은 간단하다. 죄인이 의친議親이거나 공신功臣임이 확인되면 바로 감형이 되므로 논란의 여지가 없다. 그러나 공·사죄는 판단이 필요하다. 즉, 죄인의 죄목이 공죄와 사죄 어디에 해당하는지를 율관이 판단하고, 이를 대신들이 논의하고, 국왕의 검토와 재가를 거쳐야 한다. 공·사죄 여부는 조율에서 반드시 분별하여 들이도록 되어 있으며,[3] 최종 결정에서 왕에 의해 공·사죄 적용이 바뀌기도 한다.

　양반 관료들이 지은 범죄 중 어떤 죄에 공죄와 사죄가 적용되는지에 대한 검토는 양반 관료제 사회의 구조를 이해하는 데 필요할 뿐 아니라, 조선시대 사법, 행정, 사회, 경제적 문제 등을 파악하는 데에도 유의미하다.

　이 글은 조선에서 적용되었던 공죄와 사죄의 원 개념, 조선 후기에 보이는 개념의 확장 과정, 적용의 다양한 사례를 『승정원일기承政院日記』 등의 관찬 사료에서 조율의 계목인 조목照目, 조본照本을 중심으로 살펴보려 한다. 시기는 인조대 이후 조선 후기에 초점을 맞추되, 정조대를 전후로 하여 감지되는 여러 변화와 그 의미 등을 고찰해 보겠다. 공·사죄 개념과 적용의 변화상은 공죄, 사죄를 단순히 법조문만으로는 설명하기 힘들다는 것, 공죄, 사죄의 개념 정의에는 시대적인 변화상 등이 담겨야 하며, 이러한 사실을 전제로 해야 조선시대의 사법 제도나 용어 이해에 있어서 오류를 줄일 수 있을 것이다.

　2절에서는 일반적으로 정의되는 공·사죄의 개념과 법전에 규정된 공·사죄 관련 조문을 살피고, 3절에서는 법전이나 수교에 공·사죄로 처리하도록 규정된 죄목과 이 외에 다양하게 적용되는 여러 기준을 정리해 보았다. 4절에서는 정조대의 조율 기록 방식과 공죄 조율의 비중이 높아지는 현

---

[3]　"以司憲府金緯三等照律公事, 傳曰此公事中, 公私罪不爲分別矣, 使之改入." 『承政院日記 孝宗 7年 9月 28日』

상의 의미 등을 다루었다. 자료는 『경국대전經國大典』을 비롯한 국전國典[4], 『당률소의唐律疏議』, 『대명률大明律』, 『육전조례六典條例』, 수교집 등의 법전류와 『승정원일기』, 실록 등 관찬 사료의 기사를 분석 대상으로 삼았다.

2. 공죄公罪 · 사죄私罪의 개념과 처벌 규정

법전에 정의된 공죄, 사죄 개념의 연원이면서 관료들이 공 · 사죄 구분의 전거로 드는 것은 『서경書經』이다. 『서경』 「우서虞書 대우모大禹謨」에 나오는 "무의식적인 실수로 지은 죄는 큰 죄도 용서해 주고, 고의로 지은 죄는 작은 죄도 철저하게 처벌한다[宥過無大 刑故無小]."는 유과무대宥過無大 형고무소刑故無小가 공죄, 사죄를 가르는 기본 전거이다.[5] 핵심은 죄를 지은 동기가 고의인지의 여부이다. 공죄, 사죄에 대한 가장 기본적인 정의이며, 조정에서 공죄, 사죄를 논의할 때도 이 개념이 기본적으로 전제된다.

    이른바 공죄는 우연하게 의도하지 않은 마음에서 빚어진 일이다.[6]
    공죄는 생각이나 행동에 있어서 무정無情한 일이다.[7]

실제 사료에서 공 · 사죄를 가르는 기준으로 삼는 것은 유정有情, 무정無情, 유심有心, 무심無心[8]이다. 즉 고의가 있는지, 이해타산의 마음이 있는

---

4 조선시대 법전은 『경국대전』, 『속대전』, 『대전통편』, 『대전회통』으로 완성된다. 이 글에서 인용한 조문은 처음 규정된 해당 법전을 전거로 표시해주었으며, 『대명률』 등과 비교하여 통칭할 경우는 국전(國典)으로 명칭을 통일하였다.
5 "曙日以律文觀之, 文書改字之誤而不赦者, 刑故無小之意也. 上曰, 推考公事, 當分公私罪者, 實此意也." 『承政院日記 仁祖 7年 2月 22日』
6 "所謂公罪, 乃是邂逅無心事," 『承政院日記 英祖 11年 12月 5日』
7 "公罪者, 持措無情之事." 『承政院日記 英祖 13年 閏9月 25日』

지의 여부이다. 의도는 없었는데 망령되게 일을 처리한 경우[無情妄作], 실수나 착오로 죄를 지은 경우[失誤致罪]를 공죄로 본다. 즉, 고의가 아닌 무정으로 죄를 지으면 공죄, 고의의 의도인 유정으로 죄를 지으면 사죄였다.[9]

이처럼 공·사죄를 가르는 기본 조건은 '고의' 여부이지만,[10] 실제로 법전에서는 이보다 좀 더 구체적인 기준을 제시한다. 조선이 차용했던 『대명률』, 그리고 『당률소의』에 규정된 조문을 살펴보자. 먼저 『당률소의』에서 규정한 사죄, 공죄의 정의이다.

> 사죄는 사사롭게 직접 범한 죄 및 대제對制[11]할 때 속이고 사실대로 하지 않았거나, 청탁을 받고 법을 굽힌 따위이다.[私罪, 謂私自犯及對制詐不以實, 受請枉法之類.]
>
> 사죄는 공사公事로 말미암지 않고 사사롭게 직접 범한 죄이다. 비록 공사로 말미암았더라도 의도가 아곡阿曲에 있다면 이 역시 사죄와 같다.[疏議曰, 私罪, 謂不緣公事, 私自犯者. 雖緣公事, 意涉阿曲, 亦同私罪.]
>
> 공죄는 공사로 말미암아 죄를 지은 것으로 사私와 곡曲이 없는 경우이다.[公罪, 謂緣公事致罪, 而無私·曲者.][12]

---

8 무정은 사전적 의미로써 '無意'와 같고, '無意'는 고의가 아닌 것이다.["無情: 猶無意", "無意: 引申指無心, 非故意的." 『漢語大詞典』] 유심은 고의이고["有心: 有意; 故意"], 무심은 무의와 같은 뜻으로 타산하는 마음이 없는 것이다.["無心 : 猶無意, 沒有打算" 『漢語大詞典』] 이하 이 글에서 인용하는 사전적 의미는 『漢語大詞典』의 설명을 따랐고 전거는 따로 표기하지 않았다.

9 "凡論罪之際, 有區別公私罪之事, 無情而得罪者爲公罪, 有情而獲罪者爲私罪." 『承政院日記 肅宗 34年 閏3月 25日』

10 유심, 무심으로 공·사죄를 나누기 어려울 때는 종중감률(從重勘律), 즉 무거운 죄에 따라 감율하여 사죄로 거행하기도 하였다.["究其有心無心, 永債果有心乎, 渠果無心乎. 於是乎公私罪不難決, 亦爲從重勘律, 以私罪擧行爲旀.]" 『承政院日記 正祖 15年 9月 7日』

11 황제를 직접 알현하고 질문에 답하는 것이다.["疏議曰, 對制謂親被顧問.]" 『唐律疏議 卷25 詐僞 對制上書不以實』

12 『唐律疏議 卷2 名例 以官當徒』

『당률소의』에서 정의한 사죄는 첫째, 공적인 일이 아닌, 개인이 사사롭게 저지른 죄이다. 둘째, 비록 공적인 일이라 하더라도 의도가 아곡阿曲에 있으면 이 경우 역시 사죄로 본다. 셋째, 대제할 때 황제를 속이고 사실대로 하지 않은 죄이다. 비록 공사로 말미암은 것이지만 실정을 털어놓지 않고 마음에 숨기고 속인 것이므로 사죄와 같다고 하였다. 넷째, 청탁을 받고 법을 굽힌 따위이다. 이는 타인의 청탁을 받고 법을 굽혀 사정私情을 따른 것으로, 재물을 받지 않았더라도 법을 굽힌 것으로 보았고, 이러한 예가 많으므로 '따위'라고 하였다.

한편 공죄는 일단 공무로 인해 죄를 저지른 경우이면서 사私와 곡曲이 없는 경우여야 한다. 사와 곡은 서로 분리시켜 볼 수 없으며, 공사公事를 처리할 때 의도[情]에 사와 곡이 없다면 비록 법을 어기더라도 공죄로 처벌하게 하였다.

이처럼 관료가 공무와 상관없이 개인적으로 저지른 범죄는 당연히 사죄이며, 공무라 하더라도 지존至尊인 황제를 속이거나, 뇌물을 받거나, 뇌물을 받지 않았더라도 부탁을 받고 법을 굽히면 그 죄가 무겁기 때문에 사죄로 보았다. 이 기준은 비교적 분명하다. 그런데 공죄를 판단할 때는 죄를 지은 자의 의도에 '아곡'이 있는지, '사私와 곡曲'이 있는지의 여부가 기준이 된다. 아곡의 사전적 의미는 '영합하여 순순히 따르는 것[阿諛隨順]'이거나, '속이고 사실대로 하지 않는 것[誣妄不實]'이다. 사곡 역시 '사사로움에 따라 영합하여 따르거나 공정하지 않은 것[偏私阿曲, 不公正]'으로 아곡의 뜻과 유사하다. 율문에서는 사와 곡은 서로 분리될 수 없다고 하여 이 둘을 충족시켜야 사곡이라고 하였다. 사는 아곡과 같은 의미이고 곡은 법을 굽히는 왕법枉法의 의미로 이 두 가지가 없어야 공죄이다. 즉 관료가 공사를 처리하다 죄를 지었는데, 그 과정에서 사사로운 의도에 따라 공정하게 일을 처리하지 않아서 법을 굽히는 일이 없는 경우라야 공죄라 할 수 있을 것이다.

사사로운 의도, 즉 고의가 기준이 되는 『당률소의』의 공·사죄 개념은 이후 조선을 포함한 동양법에서 공·사죄를 처리할 때 기준이 되었다. 조선에서도 『경국대전주해經國大典註解』에서 공사로 인하지 않고 저지른 범죄, 비록 공사로 인한 것이라 하더라도 뜻이 아곡阿曲된 것을 사죄라 하였다.[13] 이는 『당률소의』의 사죄 정의와 같으며, 이후 조선에서 사죄를 정의할 때도 자주 전거로 인용되었다.[14]

한편 『대명률』에서도 공·사죄 관련 조문을 더 찾아볼 수 있다. 관원이나 이전 등이 범한 공죄에 대한 정의를 다음과 같이 명시하였다.

> 관원이나 이전 등이 공무로 인하여 죄를 얻는 것, 과실로 타인의 죄를 가볍게 하거나 무겁게 하는 것, 문서 처리 기한을 넘기거나 착오가 있는 것 따위를 이른다.[15]

이러한 공죄를 범하였을 경우 사면을 만나면 모두 죄를 용서하였다. 또 본 조문을 인용하지 않고 교지에서 특별히 죄명을 정할 경우에도 관대하게 용서해 주도록 하였다.[16] 『대명률』에서 공죄를 사면 대상으로 규정하였다는 점에서, 실제 사면이 잦았던 조선에서[17] 공죄에 대한 이 조문은 의미가 있다.

---

13 "非緣公事而犯罪者, 雖緣公事, 意涉阿曲者亦是."(『經國大典註解 後集 吏典 天官 冢宰 考課條 私罪』) 『경국대전』의 의친, 공신으로서 십악(十惡) 외에 1년에 5번 죄를 범한 오범죄(五犯罪)["周年病滿三十日者・議親功臣十惡外五犯罪者, 竝勿揀赦前, 啓聞罷職."]에 관해서도 오범죄는 사죄를 지칭한다고 주해하였다.["五犯罪, 指私罪也." 『經國大典註解 前集 吏典 考課』] 즉, 조선 전기부터 사죄, 공죄 개념을 파악하고 적용하였다고 할 수 있다.
14 "律云: 雖因公事, 意涉阿曲爲私罪."(『成宗實錄 22年 2月 13日』), "考諸吏學指南, 雖緣公事, 意涉阿曲, 是謂私罪之文."(『各司受敎 戶曹受敎 甲子十月十四日 戶曹啓目 1564年(明宗 19) 10月 14日』)
15 "若官吏有犯公罪,【謂官吏人等因公事得罪, 及失出入人罪, 若文書遲錯之類.】 竝從赦原【謂會赦皆得免罪.】"『大明律 名例律 常赦所不原』
16 "其赦書臨時, 定罪名特免.【謂赦書不言'常赦所不原', 臨時定立罪名寬宥者, 特從赦原.】" 『大明律 名例律 常赦所不原』
17 조윤선, 「조선시대 赦免·疏決의 운영과 法制的·政治的 의의」, 『朝鮮時代史學報』 38, 2006.

이상 『당률소의』와 『대명률』의 공·사죄 정의에 따르면, 사죄는 일반인이 범하는 모든 범죄이며, 관료일 경우의 사죄는 대제할 때 황제를 속이거나, 청탁을 받고 법을 어긴 경우, 사익私益을 위해 공무상 위범이나 부정을 저지른 범죄, 혹은 반드시 사익을 취하려는 것이 아니더라도 고의성을 가지고 있는 범죄라 하겠다. 이에 반해 공죄는 관리가 공무 수행과 관련하여 저지른 범죄여야 하고, 그 과정에서 속일 의도가 없는, 즉 사사로운 의도에 따라 일을 불공정하게 처리하여 법을 어긴 일이 없어야 한다. 또 문서 처리에 있어서 실수나 착오로 저지른 과실범도 공죄로 처리한다고 정리할 수 있겠다.

그렇다면 이러한 공·사죄를 범한 관리는 어떻게 처벌하였을까. 『대명률』에 문관이 사죄를 범하였을 경우 태장의 형량에 따른 처벌이 규정되어 있다.

> 문관이 사죄를 범하여, 태 40이하이면 부과附過[18]한 뒤 본직으로 돌려보낸다. [附過還職] 태 50이면 현임現任을 해임하여 다른 관직에 서용한다.[解見任別敍] 장 60이면 1등급을 강등하고, 70이면 2등급을 강등하고, 80이면 3등급을 강등하고, 90이면 4등급을 강등하되 모두 현임을 해임한다.[19]

태 40은 본직으로 돌려보내고, 태 50은 다른 관직에 서용하므로 태 50까지는 관료가 관직을 유지할 수 있다. 그러나 장 60 이상은 장의 수에 따라 강등되고 현직도 해임되므로 관료에게는 매우 중한 처벌이다. 조선에서는 『대명률』을 차용하므로 이 규정 역시 그대로 적용하며, 실제로 부과환직附過還職, 해현임별서解見任別敍의 처벌은 동일하다. 그런데 장 60 이상은 국

---

18 죄명을 관리의 명부에 그때그때 기록하는 것이다.("附過, 謂隨時附其過名." 『大明律集說附例 권1 16장』)
19 『大明律 名例律 文武官犯私罪』

전의 조문이『대명률』과 약간 다르다.『대명률』은 장의 수에 따라 등급을 감한다고 되어 있으나, 국전에서는 장 60 이상의 경우 고신을 추탈한다는 뜻의 '탈고신奪告身'으로 명시되어 있다.

> 장 60부터는 고신告身을 추탈한다.[奪告身]
> 장 60이면 고신 1등을 추탈하고, 장 70이면 2등, 장 80이면 3등, 장 90이면 4등을 추탈하고, 장 100이면 전부 추탈하여[盡行追奪] 이조나 병조로 보낸다.
> 고신을 추탈할 때 품품마다 정正과 종從을 나누어 등급을 삼는다.[20]

즉 장 60부터는 품마다 정과 종을 나누어 등급 기준을 삼고, 관직에 대한 고신을 1등급씩 추탈하며, 추탈한 고신은 이조나 병조로 보낸다는 규정이다.『대명률』에서는 장 90까지만 규정되어 있으나『경국대전』에서는 장 100도 처벌 범위이다. 이 조문은 조선시대 전체를 걸쳐 준용되었고, 실제 적용 사례와도 일치한다. 다음은 정조대의 조율 중에 사죄나 공죄에 대한 처벌을 규정한 몇몇 사례이다.

> [사죄]
> 태40 수속收贖, 부과환직付過還職, 방송放送
> 태50 수속, 해현임별서解見任別敍, 방송
> 장80 수속, 탈고신奪告身 3등, 방송
> 장100 수속, 고신진행추탈告身盡行追奪, 방송
> 장100수속, 고신진행추탈, 홍천현 연봉역 도3년 정배

---

20 『經國大典 刑典 推斷』. 탈고신 1등은 현재 품등의 고신만을, 탈고신 2등은 현재와 바로 그 이전 품등의 것을, 탈고신 3등은 또 그 이전 품등의 것까지 빼앗는 것으로, 여기서 등(等)은 각 품계마다의 정(正), 종(從)을 각각 따로 1등씩 친다. 고신진행추탈(告身盡行追奪)은 현재와 그 이전의 고신을 모두를 빼앗는 것이다.

고신진행추탈, 도3년 정배, 5년 금고禁錮

　　[공죄]

　　공죄로 감방勘放

　　공죄로 대직帶職 감방

　실제 조율 사례를 볼 때 원 조율에서 태장은 수속하고, 태장의 형량에 따라 부과환직, 해현임별서, 탈고신이 추가되며, 죄가 더 무거우면 정배定配나 금고禁錮로도 처리하는 등 『대명률』과 『경국대전』의 규정대로 조율되었음을 확인할 수 있다.

　여기에서 조금 더 살펴볼 부분은 사죄에서 장 60부터 적용되는 탈고신奪告身이다. 탈고신 여부는 공죄, 사죄를 가름하는 기준이다. 사죄를 지은 관리에게 관직 수여의 증명인 직첩, 즉 교지敎旨나 차첩差帖에 어보御寶나 관인官印을 찍어 발급한 고신告身[21]을 도로 빼앗는 것은 관직에서 물러나게 하는 것으로, 파직罷職과도 같다. 범죄를 저지르지 않았더라도 탈고신의 명이 내리면 사직하고 물러나야 했다. 실제 조선에서 탈고신은 파직보다 무거운 벌이다.[22] 한 예로, 노비가 도망한 경우 해당 읍의 수령은 10구 이상

21　"○ 조봉대부(朝奉大夫) 이상은 교지(敎旨)에 어보(御寶)를 찍고, 통덕랑(通德郞) 이하 낭계(郞階) 및 무록관(無祿官)【감역관(監役官)·교관(敎官)·별검(別檢)·오부 도사(五部都事)·사부(師傅)·교부(敎傅)·겸인의(兼引儀)·가인의(假引儀)·수직(守直)·수봉(守奉)·수위(守衛) 등의 관원 및 삼관(三館)의 권지(權知) 등이다.】은 차첩(差帖)에 관인(官印)을 찍어 발급한다. ○조율(照律)하여 고신이 삭탈된 자는 12월 1일, 6월 1일과 별세초(別歲抄)를 할 때 죄명을 갖추어 계문한다. 고신 2등 이상을 삭탈당한 사람을 임금이 낙점하면 1등을 줄이고, 1등을 삭탈당한 사람을 점하(點下)하면 직첩(職牒)을 도로 내준다." 『六典條例 吏曹 文選司 告身』

22　숙종 25년, 수교로 파직하라고 한 죄의 경우 이를 조율하면 탈고신에 해당하는데 이는 파직보다 무거운 듯 하므로 수교의 본 뜻이 아니라고 하고, 수교의 내용으로 조율하게 하였다.(『承政院日記 肅宗 25年 12月 20日』) 영조 10년에도 파직의 벌이 가볍다고 하여 탈고신으로 조율하였다.(『承政院日記 英祖 10年 9月 28日』) 사죄로 파직되어도 2년이 지나면 서용하였으며,(『經國大典 吏典 考課』) 파직이 가볍다고 생각되면 삭직(削職)으로도 처리하였다.(『承政院日記 英祖 7年 5月 23日』) 파직보다 가벼운 벌은 자급의 강등인 강자(降資)이다. 즉 장 80 이하는 나처(拿處)하고, 장 80, 강자(降資), 파직, 삭직, 탈고신으로 처벌 수위가 높아진다.

은 파직으로, 20구 이상은 탈고신으로 처리하였다.[23] 금고禁錮는 관직에 제수될 수 있는 자격을 일정 기간, 또는 무기한 박탈하는 것으로, 정배가 끝나는 시점부터 정해진 금고 연한이 시작된다. 탈고신에 그치지 않고 금고나 정배가 추가되는 경우도 적지 않다.[24] 즉, 죄의 무거움에 따라 파직, 탈고신, 금고, 정배 등이 단독으로, 아니면 중복으로 적용되었다고 하겠다.

그런데 이러한 처벌이 따르는 사죄를 공죄로 바꾸면 탈고신이 없다.[25] 왕이 사죄를 공죄로 바꿔 조율할 때는 이러한 점을 가장 염두에 둔 것으로 생각된다. 과거를 보아 관료로 진출하는 것이 당시 모든 양반 사대부의 최종 목표였다는 점에서 관료의 증빙 문서인 고신을 추탈하지 않고 직임을 띤 채로 석방하여 관직에 복귀하도록 해주는 것은 관리들에게 중요한 혜택이며, 우대의 성격을 가지고 있었다.[26] 그리고 여기에는 신체형을 수속收贖으로 대체해주는 혜택도 포함되어 있다.

문무 관료의 경우 중죄重罪 외의 죄에 대한 태장은 속전을 받고 집행을 면해 주었다.

> 문관 · 무관 및 내시부內侍府 관원, 음관蔭官의 자손, 생원이나 진사가 십악十惡, 간음, 도죄盜罪, 불법적인 살인, 법을 굽혀 뇌물을 받은 죄를 저지른 경우 외에는 태笞와 장杖은 모두 수속收贖한다. <u>공죄公罪로 도형徒刑 이상, 사죄私罪로 장 100 이상이면 결장決杖한다.</u>(『경국대전 형전 추단』)

---

23 "奴婢所在邑守令所報逃故, 若非其實因事發現者, 比推刷官減等, 十口以上則罷職, 二十口以上奪告身定式施行,"『承政院日記 英祖 16年 7月 8日』
24 "初非重罪, 又無別般事端, 而奪告身之罰轉爲禁錮, 豈不過哉."『承政院日記 英祖 7年 2月 4日』
25 "公罪因公事得罪, 失出入人 · 文書遲錯之類.[律]【收贖, 無奪告身.[經][補]"『典律通補 刑典 推斷』
26 관리자의 범죄를 공죄로 의율하는 것은 형사상 소추를 면제해주는 것으로, 공죄, 사죄를 구분했다는 것 자체가 관리들에 대한 우대조처였다고 할 수 있다.(한상권, 앞의 글, 20쪽)

태장이라는 신체형의 면제 규정인 본 조문은 양반 관료들에 대한 대표적인 우대책이다. 공죄로 도형徒刑 이상이거나 사죄로 장 100 이상이면 결장決杖하도록 되어 있는데 이는 다시 말하자면 도형 미만의 공죄는 장을 수속으로 대체할 수 있었다. 그런데 문제는 공죄로써 도형 이상일 경우이다. 도형에는 장이 부가형이다.[27] 즉 도형에 부가적으로 장형이 따랐는데, 이럴 경우 결장은 논란의 여지가 있었다.

『대명률』에 "대소군민大小軍民, 아문관리衙門官吏가 공죄를 범하여 태에 해당하면 관은 수속한다"는 조문이 있는데[28] 여기서 태는 장을 포함하는 개념이다. 따라서 『대명률』에 따라 도형 이상 공죄의 부가형인 장도 수속할 것인지, 아니면 국전에 따라 결장決杖할 것인지를 정해야 했다.[29] 그런데 국전 휼수恤囚조에 "한파와 혹서기에는 강상綱常이나 장도贓盜에 관계되는 죄 외에는 그 나머지 장100 이하는 모두 수속하라"[30]는 조문이 있다. 이는 도형의 부가형인 장을 수속할 수 있는 근거가 될 수 있었고, 따라서 이를 아울러 적용하여 도형의 장을 수속하는 경우가 많았다. 다만 율관이 의율擬律 할 때 추단조만 보고 휼수조를 참고하지 않아 결장과 수속을 둘러싸고 문제가 생기기도 했으나, 숙종이 수교를 통해 장을 수속에 포함시키도록 함으로써,[31] 숙종대 이후 이 문제에 대한 논의는 정리된 듯 하다. 이후 이견

---

27 도형 1년에 장 60, 1년 반에 장 70, 2년에 장80, 2년 반에 장90, 3년에 장100이다. 『大明律 五刑之圖』
28 『大明律 名例律 文武官犯公罪』
29 현종대의 경우 장은 반드시 결장한다는 뜻이라고 해석하였다. 죄인이 도배에 해당하고 공죄이면 도(徒)만 수속하고 장은 율문에 따라 결장하는 것이 규례라는 의견이었다.(『承政院日記 顯宗 7年 2月 8日』 / "決杖八十徒二年, 徒段, 公罪以贖." 『承政院日記 顯宗 15年 8月 3日』 / "罪各杖八十贖徒二年, 徒段公贖." 『承政院日記 顯宗 5年 7月 14日』) 도배(徒配)는 중률(重律)이어서 태장을 수속하는 것과는 비교할 수 없다는 인식에 따른 해석이기도 하다.("徒配重律, 實非笞杖可贖之比." 『承政院日記 顯宗 6年 1月 11日』)
30 "隆寒·極熱時【自十一月初一日至正月晦日, 自五月初一日至七月晦日.】, 事干綱常·贓盜男人杖六十以上·女人杖一百以上外, 其餘杖一百以下, 竝收贖." 『經國大典 刑典 恤囚』
31 "文·武官犯公罪徒決杖者, 山陵失火陵官, 軍器失火守令, 公罪救贖懸入, 則杖亦當在收贖中, 以此定式. (康熙 壬午(1702년, 숙종 28년) 承傳)" 『新補受敎輯錄 刑典 推斷』

異見도 있고 예외도 있었으나 대체로 공죄의 경우, 고신을 유지시키고 현직에 계속 두면서 도배徒配와 태장笞杖 모두 수속하여 석방함으로써,[32] 고신을 환납하고 해임되며 장도 피할 수 없었던 사죄와 그 처벌 수위에서 현격한 차이가 생기게 되었다.

이상에서 살펴보았듯이, 공죄, 사죄의 개념은 『서경』이나 『당률소의』에서 규정한 고의 여부가 기준이 되면서 조선에서도 기본적으로 이 개념을 빌어다 적용했고, 공사죄에 대한 처벌 역시 『대명률』 규정을 차용하면서도 조선만의 독특한 탈고신 여부가 중요한 기준이 되었다. 공죄 적용으로 인한 탈고신 면제는 관료에겐 관직 유지라는 중요한 혜택이었고, 신체형 역시 숙종대 이후 대체로 사죄死罪에 해당하는 중죄 이외에는 모두 수속하게 함으로써 공죄에 따른 처벌은 관료 우대의 성격이 확실해졌다. 그런데 이렇게 처벌의 차이가 컸던 공죄, 사죄의 개념은 원 법전의 규정에서 점차 확대되어 다양한 조건들을 담게 되었다. 이러한 공죄, 사죄의 실제적인 죄목과 적용 기준에 대해 좀 더 구체적으로 살펴보겠다.

3. 법전 규정의 공죄 · 사죄 죄목罪目과 적용 기준의 확대

1) 법전 · 수교受敎에 규정된 공죄 · 사죄 죄목

고의 여부를 기준으로 한 공죄, 사죄의 개념은 조선 후기에 갈수록 점차 확대되어 죄의 경중, 죄질 여부를 개념 속에 포섭하게 되었다. 일단 법전이나 수교에서는 몇몇의 죄목을 처음부터 공죄 혹은 사죄로 조율하도록 규정

---

[32] "公罪徒以上收贖, 則杖亦當在收贖之中.……今此金浚, 從重論, 杖一百流三千里, 公罪, 收贖, 放送, 何如? 傳曰, 允."『承政院日記 英祖 8年 6月 5日』

하였다. 조정에서 볼 때 특히 중요하다고 판단되는 범죄나 공무에 관한 경우, 아예 법전에서 공죄, 사죄를 적용하도록 못 박아 두었고, 실제 사료에서도 이에 해당되는 죄목은 규정대로 공죄, 혹은 사죄로 조율하였다.

법전에 공죄로 조율하도록 규정되어 있는 죄목으로 대표적인 것은 실화失火이다.

> 창고, 군기를 실화한 수령이나 능상을 실화한 능관은 본율로 감단한 뒤 공죄로 기록하여 들인다.[倉庫軍器失火守令·陵上失火陵官, 勘本律後, 公罪懸入.]
>
> 『속대전 형전 실화』

창고나 군기, 능상에서 실수로 화재를 낸 경우는 『대명률』에 규정된 형량이 있다.[33] 그러나 기본적으로는 실화한 사람에게 죄를 묻는데,[34] 고의성이 없는 화재라는 점에서 관리자에게까지 책임을 지울 수 없기 때문이다.[35] 조선에서도 실화의 경우 공죄로 조율하여 수령의 책임을 덜 수 있게 하였다.

그런데 여기에는 고의성 여부 외에 또 다른 사정이 있다. 지방의 이서배, 하리배下吏輩들이 수령을 원망하여 곤경에 빠뜨리기 위해 고의적으로 불을 지른 경우가 적지 않았기 때문이다. 실수라 하더라도 불이 나면 수령이 책임을 지고 파직되었기 때문에 수령을 쫓아내는 방법의 하나로 실화가 이용되었다. 따라서 이럴 경우 공죄로 조율하여 수령직을 유지해 줄 필요가 있었다. 현종 7년, 실화에 관한 죄목은 본율로 조감하되, 공죄로 하여 수

---

[33] 실화(失火)하여 자기의 건물을 태우면 태 40이고, 불이 번져 관이나 민간의 건물을 태우면 태 50이다. 산릉(山陵)의 묘역 안에서 실화하면 장 80 도 2년이고, 관부(官府)의 청사나 창고 안에서 실화하면 역시 장 80 도 2년이다.(『大明律 刑律 雜犯 失火』) 따라서 이 정도의 수준에서 보통 창고의 실화는 도2년으로 조율되었다.("倉庫失火杖一百徒二年, 乃是的當之律"『承政院日記 顯宗 7年 2月 11日』)
[34] 주수(主守)하는 사람은 화재로 인해 재물을 횡령하거나, 궁전이나 창고를 지키거나 죄수를 관장하는 자가 불이 났는데도 지키는 곳을 떠났을 경우 처벌하는 정도이다.
[35] "守令之失火, 則出於無情, 故自前照以公罪矣."『秋官志 卷之八 考律部 續條五 還上 官庫失火』

속하도록 하였고.³⁶ 이 수교가 위의 조문으로 『속대전』에 실렸다. 그리고 전패작변殿牌作變이나 송전방화松田放火³⁷ 등도 역시 외읍外邑의 활리猾吏·완민頑民이 관장을 쫓아내고자 하여 저지르는 계획적 범죄일 때가 많으므로 이 경우도 수령을 파직하지 말도록 하였다.³⁸ 이에 따라 창고나 군기, 송전松田이나 능상陵上에 화재가 났을 경우 그 책임을 져야 하는 수령, 능관 등은 조선후기 전체에 걸쳐 예외 없이 공죄로 조율되었다. 일단 실화 자체가 고의성이 없다는 점이 공죄 조율의 근거였고, 왕을 대신하는 지방 수령권을 보호하는 차원에서도 필요한 조처였다.

같은 맥락에서 죄수가 도망간 경우도 공죄로 조율하였다. 사수死囚가 도망갔을 경우 『속대전』에 그 읍의 수령을 먼저 파직하고 후에 나문拿問하여 율에 따라 과죄하라고 하였으나, 『대전회통』에서는 죄수를 잃고 체포하지 못한 수령은 공죄로 조율하게 하였다. 그리고 고종 8년에는 사수死囚 뿐 아니라 일반 정배 죄인이 도망가더라도 공죄로 조율하여 수속할 것을 정식으로 삼았다.³⁹ 죄수 도망 역시 고을 이서들의 수령에 대한 보복 차원에서 이루어지기도 했으므로 공죄로 조율하게 한 것이다.

---

36 "倉庫失火, 輒以徒二年照律, 則下吏輩怨其邑倅者, 不無故爲衝火之事, 後弊可慮. 如陵官之失火陵上而不之罪者, 亦以此也. 上曰, 自今律則以本律照律, 而公罪贖, 則以受敎懸入, 以爲定式可也." 『承政院日記』 顯宗 7年 2月 11日」
37 전(殿)자를 새긴 전패는 임금을 상징하는 것으로써, 지방 각 고을의 객사(客舍)에 두고, 수령이나 공무로 파견된 관리들이 절을 하며 예를 갖추도록 하였다. 이러한 전패에 변고가 생기면 읍호가 강등되고 수령이 파직되었기 때문에 지방의 토착 이서배들이 수령을 내쫓기 위해 전패를 없애버린다거나 불에 던져 태우는 등의 범행을 저질렀다. 송전(松田) 역시 국가의 공역에 쓰기 위한 소나무를 키우는 곳으로 특별히 보호하고 관리를 하는 곳인데 이곳에 방화하는 것 역시 위와 같은 목적인 경우가 많았다.
38 "外邑之猾吏頑民, 欲逐其官長, 則殿牌作變, 松田放火之奸計, 無所不有, 故果有守令勿罷之續典."(『承政院日記』 純祖 24年 8月 10日」), "殿牌作變邑, 勿爲降號, 守令亦勿罷職【鄕校位版破毁邑守令, 亦勿罷.】"(『續大典 吏典 雜令』)
39 장연(長淵)에 정배된 죄인이 도망가서 체포하지 못한 일에 대해 장연 전 부사에게 의금부에서 장100으로 조율하였다. 그런데 사수(死囚)를 잃어버릴 경우 중죄이긴 하나 율문에는 공죄를 적용하도록 되어 있었다. 따라서 정배 죄수는 사수보다는 죄가 가벼운데 사죄(私罪)로 조율하면 도리어 사수보다 무겁게 처벌하는 혐의가 있다고 하여 본율로 조감(照勘)한 뒤에 공죄로 수속하게 할 것을 정식으로 삼게 하였다. 『承政院日記 高宗 8年 12月 1日」

즉, 고의 여부로 보면 죄목 자체가 당연히 공죄이므로 관련 조문을 특별히 마련할 필요가 있었을까 싶지만, 죄의 이면에 이와 같은 문제가 깔려있기 때문에 법전에 공죄로 처리하도록 분명하게 규정한 것이라 하겠다.

이 외에, 형옥의 처리에 있어서 발생하는 문제 중 지방에서 각 고을의 수령이 동추同推할 때 규식에 따라 행하지 않거나[40] 재상災傷을 답험踏驗할 때에 분수分數 및 등제等第에 착오가 있으면 또한 공죄로 논단하였다.[41] 지방 관원의 행정 업무에 있어서 발생하는 실수, 착오 등에 관한 죄는 공죄로 조율하게 한 것이다.

이처럼 법전이나 수교에서 수령을 공죄로 조율하도록 정한 죄목은 지방 수령을 음해하기 위한 고의적 범죄의 성격이 짙은 실화, 죄수 도망 등과 공무를 제대로 수행하지 못하여 발생한 일 등으로, 모두 무정, 즉 고의가 없는 과실, 착오로 인정된 죄목이라 하겠다.

그렇다면 법전이나 수교에서 중죄로 보아 사죄로 조율하도록 한 죄목은 무엇이었을까. 대표적인 죄목이 환곡還穀에 관련된 대봉代捧, 나이那移, 번질反作, 방납防納 등이다. 지방 수령들에게 구환舊還을 제대로 거두지 못한 것에 대한 책임, 휘하 서리들이 환곡으로 저지른 범죄를 제대로 살피지 못한 책임 등을 물었고, 이러한 죄는 중죄로 보아 사죄로 조율하게 했다. 영조 13년, 환곡 관련 죄는 절대로 공죄로 조입照入하지 말 것을 신칙하였고,[42] 이는 『속대전』에 실렸다.[43] 그러나 환곡 관련 죄목도 일률적으로 처리하기에는 그 성격이 다양했다. 방납, 나이, 가분加分 등 사안마다 경중이 달

---

40 "지방의 사수(死囚)는 각읍에서 동추하며 매달 3차례 거행한다. 감영에서 6·7일 되는 거리에 있는 고을인 경우에는 매달 2번 거행한다. 규식을 준수하지 않은 수령은 추고(推考)한다."(『續大典 刑典 推斷』) "동추를 1차례 결하면 위령(違令)의 율로 태 50이며, 2·3번 결하면 계완제서(稽緩制書)의 율로 장 100이다. 모두 공죄이다."(『大典通編 刑典 推斷』)

41 『大典後續錄 戶典 雜令』

42 『承政院日記 英祖 13年 閏9月 15日』, 『新補受敎輯錄 戶典 還上』

43 "守令虛錄還上者, 勿以公罪照入"『續大典 刑典 推斷』

랐고, 이를 처리하는 데 있어서 수령의 고의 여부도 참작해야 했다. 특히 오래도록 구환으로 내려와 이를 현 수령에게 전적으로 책임을 물을 수 없는 등 고려해야 할 여러 조건이 있었다. 그러나 영조대까지는 대체로 사죄로 처리하였다.

방납을 예로 들면, 수령이 본인의 재량으로 방납할 경우『속대전』에서는 나이那移율로 처벌하도록 했는데 나이율은 유 3000리로 중률이다.[44] 따라서 방납은 미리 임금에게 여쭈어 대신에게 물어 처리하도록 하였고, 조정에 아뢰지 않았을 경우 모두 사죄로 시행하도록 했다.[45] 이후에도 여러 차례 논의가 있었으나 환곡의 나용那用은 액수의 많고 적음을 막론하고 공죄로 감처하기 어렵다고 하여 사율私律 적용으로 의견이 모아졌다.[46] 영조 말년까지 환곡의 방납, 나이는 사죄에 해당하는 죄로 보았으며 고의故意의 여부보다는 환곡 자체가 중요한 사안이라는 점이 사죄 조율의 근거가 되었다.

번질反作[47]의 경우 역시 사죄로 조율되었으나 번질은 죄목 자체가 고의범이다. 의도가 아곡에 관계된다[意涉阿曲]는 사죄의 원개념을 근거로, 번질은 마음 씀이 굽은 것[反作用心之曲]이어서 공죄로 논할 수 없다는 의견들이 많았다. 번질은 고의성이 다분한 범죄라는 점이 사죄 조율의 근거가 되었다. 이처럼 당시 사회적으로 중요한 문제였던 환곡의 경우, 사안의 중요성, 고의성에 따라 사죄로 조율되었다.

한편 환곡 외에 사죄로 처리하도록 한 죄목은 체송滯訟이다. 명종 8년, 관원이 송사를 적체시키고 오래도록 처결하지 않는 경우에 대한 공·사죄

---

44 "那移出納, 還充官用者, 並計贓准監守自盜論, 罪止杖一百流三千里."『大明律 戶律 倉庫 那移出納』
45 『承政院日記 英祖 39年 5月 15日』
46 『承政院日記 英祖 41年 2月 14日』
47 조적(糶糴)을 출납(出納)할 때 때에 맞춰 상환받지 못하면 그 책임을 면하고자 하여 거두지 못한 액수를 다시 환곡으로 나누어 준 것처럼 꾸미는 것이다.("反作【作音질 ○ 未準捧之穀, 仍作還分者.】"『萬機要覽 財用編3 糶糴 還穀』)

적용의 논의가 있었다. 『경국대전』에 고의로 덮어두면 장 100에 영불서용永不敍用하도록 하였는데[48] 체송이 비록 고의로 덮어두는 것과 차이는 있으나 공죄로 조율하는 것도 합당하지 않다고 하여, 덮어두고 처결하지 않는 경우[淹延不決者]는 사죄로 조율하고 장 80으로 과단하도록 하였다.[49] 소송이 없는 무송無訟이 덕치德治의 바로미터라는 점에서, 그리고 감옥의 이전·확장이 불가능했으므로 체옥滯獄이 현실적인 문제였다는 점에서[50] 소송 처리를 제대로 하지 않아 발생하는 체송을 사죄로 무겁게 조율한 점은 납득할 수 있다.

이처럼 법전이나 수교에서 공죄나 사죄로 처리하도록 규정된 몇 가지 죄목의 경우, 대부분 고의성 여부와 더불어 지방 관원과 하급 이서들의 관계에서 빚어진 문제, 사안의 중요성, 관리의 직무 수행 여부 등이 기준이 되었다. 그런데 법전에 규정된 죄목 외에 실제로 조선 후기에 걸쳐 이루어진 공죄와 사죄 조율에서는 훨씬 다양한 죄목과 기준이 적용되었다. 인조대부터 고종대에 이르기까지 공·사죄 조율에 대한 『승정원일기』의 각 사례 검토를 통해 어느 정도 그 경향성을 파악할 수 있는데, 조선 후기에 있어서 공·사죄를 적용할 때 실제 어떤 점들이 영향을 미쳤는지 몇 가지 범주에 따라 정리해 보겠다.

2) 사료에서 본 공죄·사죄 조율照律의 다양한 기준

앞서 살폈듯이 공·사죄 판단의 가장 기본인 유정, 무정 등의 고의성 여부, 관리의 직무상 실수나 착오 등의 여부는 물론이지만, 이 외 실제 조율에

---

48 "知非誤決者·故爲淹延者, 杖一百, 永不敍用." 『經國大典 刑典 決獄日限』
49 『各司受敎 刑曹受敎 癸丑四月二十三日承傳內 1553년(명종 8) 4월 23일』
50 조윤선, 「19세기 典獄署 분석 - 『六典條例』·『承政院日記』를 중심으로 -」, 『民族文化』 56, 2020.

서 중요하게 고려되었던 몇 가지 기준이 있다.

첫째, '사안의 중요함'이다. 죄의 경중, 즉 죄의 성격을 볼 때 중죄인가, 경죄인가 하는 점이다. 무정이라도, 즉 고의범이 아니더라도 범죄의 사안이나 관계되는 바가 중하면 사죄로 감단勘斷하였다.[51] 감율할 때 죄질이 조금 가벼운 것이면 공죄로, 조금 무거운 것이면 가등加等하여 사죄로 감방勘放하는 경우가 많았다. 공죄와 사죄 적용이 본래의 개념에서 확장되어 죄의 가볍고, 무거움이 기준이 된 것이다. 조율해야 할 범죄가 중죄인가, 경죄인가하는 점은 조선 후기 내내 공·사죄 조율의 중요한 전거가 되었다.

한 예로, 어승마御乘馬를 놀라게 한 경우『대명률』에 따르면 이 죄는 공죄로 조감하도록 되어 있다.[52] 그러나 왕이 타는 말에 대한 일이라 그 체통으로 말하자면 본 죄는 비록 고의범과 같지는 않지만 가볍게 처리할 수 없는 사안이었다.[53] 따라서 율에 공죄로 되어 있더라도 사안이 중하다고 보아 사죄로 감단하였다. 영조 17년, 수령의 조율을 논할 때 서원書院 관련은 사죄로, 영당影堂과 향현사鄕賢祠 관련은 공죄로 분간하여 감단하도록 한 것 역시 서원, 영당, 향현사의 비중을 기준으로 경중을 가려 공죄와 사죄를 나눈 것이다.[54]

한편 죄목에서 수량이 기준이 되어 죄의 경중이 정해지기도 하는데, 풍락목風落木이 그 한 예이다. 풍락목의 착보錯報, 누보漏報의 경우 그루 수를 살펴 공·사죄를 구별하도록 하여, 풍락목의 수효가 많으면 사죄, 적으면

---

51 "致祥擬律之時, 首席以爲事雖無情, 關係甚重, 當以私罪勘斷云."『承政院日記 肅宗 33年 5月 27日』
52 "取考前日李恒照律公事, 則以大明律乘輿服御物條, 車馬之屬不調習者, 杖八十之文, 以杖八十, 公罪, 照勘判下矣."『承政院日記 肅宗 12年 4月 17日』
53 "只以事體言之, 御乘驚送, 雖與故犯不同, 而論以法律, 則不宜從輕, 依前勘以私罪似當."『承政院日記 肅宗 12年 閏4月 11日』
54 "金始炯曰, 臣方待罪金吾, 以守令照律事, 俄者閤外, 與大臣相議, 則以爲書院則體段甚重, 監司旣罷職, 守令不可無罪, 至於影堂·鄕賢祠, 宜有公私之別云矣. 上曰, 書院則以私罪勘斷, 影堂·鄕賢祠, 以公罪分揀可也."『承政院日記 英祖 17年 7月 11日』

공죄를 적용하였다.⁵⁵ 보고에 있어서 착오나 누락 등 고의성이 없어도 실착失錯한 수량이 많으면 사죄를 적용한 것으로, 피해물 수량의 많고 적음 역시 공·사죄 적용의 기준이 된 경우라 하겠다.

둘째, '해당 죄인인 관원의 직위 고하' 여부이다. 같은 죄라도 직위에 따라 상관上官, 하관下官, 이서吏胥 등을 구분하고 이들에 대한 공·사죄 적용에 차이를 두었다. 대체로 고위직이면 공죄, 실무 담당의 하위직이면 사죄로 조율하였고, 수령과 이례吏隸를 구분하여 처벌에 경중을 두었다.⁵⁶ 색리와 수령을 공죄와 사죄로 나누어 조율한 근거는 『대명률』이다.

> 동료가 공죄를 범하면【동료 관원과 이전吏典이 문안에 연명으로 서명하고 공무를 판단함에 착오는 있으나 사사로움과 불공정함이 없는 것을 이른다.】 모두 이전을 수범으로 하고 수령관首領官은 이전의 죄에서 1등급을 줄이고, 좌이관佐貳官은 수령관의 죄에서 1등급을 줄이고, 장관長官을 좌이관의 죄에서 1등급을 줄인다.⁵⁷

죄의 소유所由가 누구인가, 즉 공무 처리에 있어서 문제가 발생하였을 때 주된 책임을 누가 지는가에 초점을 맞춘 조문으로, 이전, 수령관, 좌이관, 장관의 4등으로 나누어 책임 소재를 가르고, 그에 따른 처벌에 차이를 두었다. 조선에서도 세종 17년, 대소 관리의 죄를 정할 때에 중국의 사등 관리四等官吏 체감법遞減法에 따라 과죄科罪하도록 관련 규정을 마련하였고, 이는 『경국대전』 형전 추단조에 실렸다.

---

55 『承政院日記 正祖 18年 9月 27日』
56 양성(陽城)의 관원과 이서를 추고할 때 동죄(同罪)이지만 향소 색리(鄕所色吏)는 사죄로, 수령은 공죄로 조율하였다. 『承政院日記 仁祖 4年 4月 22日』
57 『大明律 名例律 同僚犯公罪』

동료同僚가 함께 공죄公罪를 범하면, 당상관이 있는 아문에서는 행수行首가 장관長官이 되고, 차관次官 이하가 좌이관佐貳官이 되고, 당하관이 수령관首領官이 된다.【성균관과 같은 아문에서는 7품 이하관이 수령관이 된다.】당상관이 없는 아문에서는 행수가 장관이 되고, 차관 이하가 좌이관이 되고, 7품 이하가 수령관이 된다.[58] 두 등급의 관원만 있는 곳에서는 장관과 수령관으로만 나누고, 같은 등급의 관원만 있는 곳에서는 수령관으로만 논하고, 무록관無祿官이 있는 곳에서는 녹관祿官도 통틀어 계산한다.[59]

동료 관원이 함께 공죄를 범했을 경우 장관, 차이관, 수령관에 조선의 어떤 관사의 어떤 관원이 이에 해당하는지를 규정하였다. 『대명률』의 조문을 따르되, 그 기준에 맞춰 조선의 중앙 관사를 구체적으로 적용한 것이다. 이들 조문의 핵심은 공죄에 함께 연루되었다 하더라도 상하의 직급에 따라 책임을 달리한 것으로, 이러한 차별적 처벌법이 공죄와 사죄의 또 하나 조율 기준이 되었다.

관료 간의 공·사죄 구분은 수령 이상의 경우 더욱 뚜렷하다. 그나마 수령은 사죄로 조율되는 경우가 있지만 감사, 병사는 거의 사죄로 조율하지 않았다. 사적으로 잘못한 점이 많아도 대부분 공죄로 조율하였고, 명을 무시한 죄[慢命]는 사죄에 가깝지만 상관이라는 이유로 더러 공죄로 조율하였다.[60] 그러나 이렇게 고위직으로 올라갈수록 처벌을 줄이는 방식에 대해 의문이나 논란이 없는 것은 아니었다. 인조는 어린아이의 나이를 속여 충

---

58 당상관이 있는 아문은 육조(六曹), 당상관이 없는 아문은 봉상시(奉常寺) 같은 류이다. 『世宗實錄 17年 6月 24日』
59 오부(五部)와 같은 류(類)로서 두 등급만 있는 곳은 정관(正官) 및 수령관으로, 궁직(宮直) 같은 류로서 동등관(同等官)만 있고 차관(次官)이 없는 곳은 수령관으로만 논하도록 하였고, 혜민국(惠民局)과 같이 제거(提擧)와 별좌(別坐)가 있는 곳은 녹관을 통틀어 계산하도록 하였다. 위의 경우 모두 이전(吏典)을 수범으로 하고, 등급을 나누어 차례로 줄이게 하였다. 『世宗實錄 17年 6月 24日』
60 『承政院日記 仁祖 7年 2月 22日』

군充軍시킨 죄에 대해 이는 색리의 죄만이 아닌데 수령과 색리를 나누어 공사로 의율한 뜻을 이해하지 못하겠다는 뜻을 보였다. 수령은 더러 사죄로 조율하지만 감사·병사는 사죄로 조율하는 일이 없으니 감사·병사가 어찌 모두 사죄가 없겠느냐고 묻고, 잘못된 규례로 되어 사죄로 조율하지 않으니 형고무소刑故無小의 뜻이 아니라고도 하였다.[61]

효종대에도 비슷한 예가 보인다. 어행 주선御幸舟船을 검칙하지 못한 죄에 대해 사헌부에서 경기감사를 공죄로 조율했다.[62] 그러자 효종은, 수령은 이미 찬배되었는데 감사를 수속하는 것으로 그칠 수 있는가, 방백의 신분으로서 그 책임을 누가 지는가 라고 물으며 사헌부의 논의에 대해 이의를 제기했다.[63] 사헌부에서는 경기감사가 검칙을 못한 것은 고의가 아닐 것이라는 점에 조율의 근거를 두었고, 효종은 그렇다 하더라도 상하급 관료 간의 처벌이 공평하지 않다는 점, 상관으로서 책임을 물어야 한다는 점에서 공죄 조율을 문제 삼았다. 이처럼 법전 조문에 따르면 고위직으로 갈수록 처벌이 약해지지만, 책임 소재를 차등적으로 구분하는 것이 부당하다는 의견도 만만치 않았고, 상급 관리의 책임을 묻는 경향이 커지면서 관리의 차등 책임에 따른 공사죄 적용은 다양하게 결론이 났다.

셋째, '당률當律과 상규常規 간, 『대명률』과 국전國典 간의 충돌과 선택'이다.

죄에 해당하는 율과 이전부터 행해오던 규례가 서로 충돌할 경우, 또는 『대명률』과 국전 조문이 다를 경우, 어떤 기준을 선택하느냐에 따라 공죄

---

61 "上曰, 以兒童冒年充軍, 苟充上番, 非特色吏之罪, 今此擬律分爲公私, 未解其意也.……守令或有私罪, 而監·兵使無私罪, 監·兵使豈盡無私罪? 謬規已成, 不爲私罪照律, 非刑故無小之意也." 『承政院日記 仁祖 7年 2月 22日』
62 정황상, 왕이 능행(陵幸)하는 날 감사가 설마 그 직수(職守)를 게을리했겠는가, 고의가 아닐 것이라고 추정하고, 이를 사죄로 감단하면 억울할 것이기 때문에 공죄로 조율해 들인 것이라 하였다. 『承政院日記 孝宗 2年 10月 21日』
63 『承政院日記 孝宗 2年 10月 21日』

와 사죄의 조율이 달라지기도 한다. 현종 5년, 어약御藥 진상에 관한 죄를 둘러싼 사헌부와 왕·승정원 간의 의견 차이가 한 예이다. 어약을 진상할 때 깨끗하지 못한 것을 올린 죄에 대해 사헌부에서는『대명률』의 조문[64]으로 조율하면서, 본정本情을 보면 사죄가 아니라 하여 공죄를 적용했다. 그러나 승정원에서 어공에 관계되는 것은 모두 사죄로 조단해 왔다며 조율공사를 다시 돌려보낼 것을 청하였다. 이에 사헌부에서는 본 찰방 등의 범죄는 애초에 용의, 즉 의도나 고의가 없다는 점, 그리고 법관이 조율할 때는 해당 율[當律]을 전거로 들어야지 상규常規를 전거로 들어서는 안 된다는 점을 들어 반발했다.[65] 어공같이 중요한 사안에 관한 죄는 사죄로 처리하는 것이 상규라는 승정원의 입장과 사죄의 기준은 용의用意 여부에 따라야 한다는 사헌부의 입장이 대립한 경우였다. 해당 율과 응행의 규례인 상규의 적용을 둘러싼 갈등은 조선 후기 내내 이어졌고, 그 결과에 따라 공·사죄 조율이 정해졌음을 많은 사례에서 확인할 수 있다.

한편,『대명률』과 국전 조문의 적용 역시 쉬운 문제는 아니었다. 영조 22년, 수령이 군적軍籍에서 인원을 탈루한 죄에 대한 논의가 있었다. 인원수에 따른 처벌 범위가 문제였는데,『속대전』에서 등급을 나누어 정한 율[分等定律][66]에 따르면 장 80 이하는 나처拿處이나『대명률』에서 장 60 이상

---

64 "餠食之物不潔淨者, 杖八十. 揀擇不精者, 杖六十."『大明律 禮律 儀制 合和御藥』
65 상규에 잘못이 있다면 마땅히 고쳐야지, 어찌 잘못된 것을 답습하면서 억지로 계속 쓸 수 있겠느냐고 강변하였다. 조율을 담당했던 사헌부 장령과 지평은 법관으로서 해당 율을 조감(照勘)하여 올렸는데 도리어 승정원의 규찰을 받게 되었다면서 자신들을 가볍게 본 소치라 하여 체직을 청하였다.『承政院日記 顯宗 5年 閏6月 14日』
66 『속대전 병전 명부(名簿)』에 수령이 군사를 명부에서 누락시켰거나 인원수를 가감하였거나 다른 역(役)에 옮겨 정하였거나 잘못 기록한 경우, 그 죄를 경중에 따라 논하도록 하였다. 이에 따르면 그러한 죄를 지은 수령이 세초(歲抄)에 누락된 것이 10인 이상이면 파직, 3인 이상이면 자급을 강등하고[降資], 2인 이하이면 장 80이다. 초안(草案)에 누락된 것이 3인 이상이면 장 70, 2인 이하는 장 60이다. 나이를 늘린 것[加年]이 20인, 줄인 것[減年]이 25인 이상이면 파직이고, 나이를 늘린 것이 10인, 줄인 것이 15인 이상이면 자급을 강등한다. 나이를 늘린 것이 9인, 줄인 것이 14인 이하이면 장 80이다. 장 80 이하는 나처(拿處)하도록 규정되어 있다.

은 감등으로, 이는 앞서 살핀바 조선의 탈고신, 즉 해직에 해당한다. 『속대전』보다 『대명률』의 형량이 더 무거운 경우였다.⁶⁷ 그런데 의금부에서는 으레 『대명률』을 원용하기 때문에 처벌이 무거웠고, 따라서 헌의獻議⁶⁸할 때 탈고신 처벌이 지나치다고 하여 공죄로 조율하였다. 그렇다 보니 탈루脫漏 및 어린아이의 나이를 늘려 충정充定하거나 나이를 줄이는 등의 죄는 실제 모두 공죄가 아닌데 곧 공죄가 되어버려 법의에 어긋나게 되는 상황이 된 것이다.⁶⁹ 형량과 죄목을 둘러싸고 『대명률』과 국전이 충돌하게 된 사례이다.

이에 대한 해결책 논의 중, 도제조 김재로金在魯가 "대전大典에 실리는 법은 수교에서 나옵니다."라고 한 언급에 주목해 본다. 이 말에는 곧 대전의 조문은 수교이고 수교는 왕이 내린 하교라는 점, 그렇기 때문에 무엇보다 대전의 조문이 가장 중요하다는 의미를 내포하고 있다. 즉 국전 조문의 위상을 강조한 것으로, 논란이 있을 경우 기준은 왕이 내린 수교가 법이 된 국전을 인용해야 한다는 의견이다. 결국 문제가 된 죄는 의금부의 조율과 분리해서 『속대전』에 따라 영문營門에서 처리하게 하는 쪽으로 해결책을 찾았다.⁷⁰

위의 『대명률』과 국전 조문이 충돌한 사례는 조선에서 공죄 조율이 많

---

67 "續大典兵典……罷職·降資, 依此施律, 至於杖八十以下則拿處, 而金吾例用大明律, 故杖六十以上皆爲奪告身, 不得已輒以公罪照律."(『承政院日記 英祖 22年 6月 28日』)『속대전』에 따르면 처벌의 층위가 파직, 강자, 장80, 나처 순으로 감등되지만 『대명률』의 경우 장 60이상은 모두 탈고신에 해당하는 감등(減等)이다.

68 죄를 심의할 때 이루어지는 토론 과정으로, 의헌(議獻), 의언(議讞), 언의(讞議) 등이 같은 맥락으로 쓰인다.

69 "蓋續大典分等定律, 則杖八十以下輕於罷職·降資之律, 而乃爲拿問而奪告身, 則反重於罷職·降資矣. 爲慮其奪告身之過, 而故劃以公罪, 則脫漏及加年·減年, 皆非公罪, 而乃爲公罪, 此實有乖於法意矣."『承政院日記 英祖 22年 6月 28日』

70 영문에서 결장(決杖)하면 조정에서 신칙하는 도리도 더욱 착실해질 것이며 또한 의금부에서 헌의할 때 난처하게 될 근심도 없을 것이라는 해결안이었다. 『承政院日記 英祖 22年 6月 28日』 그리고 이는 『속대전』에 실렸다.("罪當罷職者, 照大明律, 則爲奪告身, 有非本意, 從續典施行."『續大典 刑典 推斷』)

은 이유에 대한 하나의 설명이 될 수 있다.『대명률』의 처벌이 국전의 규정보다 무거울 경우, 의금부에서 원 죄목에 맞지 않지만 처음부터 공죄로 조율하거나, 아니면 원 죄목대로 조율하여 올리면 왕이 이를 다시 공죄로 수정하여 처벌을 감등하게 하는 방안이 있을 것이다. 그리고 조선 후기에 걸쳐 주로 후자의 방법을 택함으로써 전체적으로 공죄 조율의 비중이 높아지는데 한 역할을 했던 것으로 생각된다. 비단 공·사죄 문제 뿐 아니라『대명률』과 국전 조문의 충돌과 그 적용에 대한 논의는 따로 검토해 볼 필요가 있을 듯하다.

넷째, '관서 간에 의견이 다를 경우'이다.

죄를 조율하는 관서인 사헌부, 의금부, 형조가 같은 사안에 대해 입장이 다를 경우이다. 효종 1년, 한 조율공사에서 형조는 공죄로, 사헌부는 사죄로 논하여 죄의 경중이 달랐던 사례를 보자. 형조에서는 산직山直과 숙수熟手 등을 사죄로 하여 장 80으로 조율했고 전사관典祀官은 장 80에 공죄로 조율했는데 이는 하인과 관원의 차이를 고려한 의율이었다. 이에 비해 사헌부는 전사관도 사죄로 하여 장 80에 탈고신으로 조율하였다. 제향은 중요한 사안이라는 점에 중점을 둔 것이다. 관리 간의 상하급 위계를 반영하는가, 아니면 죄목의 중요함에 따르는가의 입장에 따라 형조와 사헌부의 의견이 갈렸던 경우이다. 이렇게 조율 관사의 의견이 일치하지 않으면 조율 공사를 다시 내려 일치시키도록 하거나[71] 의금부에서 다시 조율하기도 했다.

다섯째, '명분이나 분수를 포함한 모든 예禮, 제향 등 국가적 의례儀禮, 과거 등 중요한 행사에 관한 죄'일 경우이다.

무엇보다 제향은 그 사안이 중하므로 사죄로 조율하는 것이 응행의 규

---

71 같은 죄범이니 조율도 달라서는 안 된다고 하여 다시 조율하게 하였다.『承政院日記 孝宗 1年 6月 13日』

례였고, 만약 공죄로 조율하여 올리면 전례에 어긋난다고 하여 다시 사죄로 고쳐들이게 하였다.[72] 제향의 형식이나 갖추어야 할 제구 등을 소홀히 한 죄, 막중한 묘정의 악기를 잃어버렸는데 이를 검찰하지 못한 죄, 완벽하고 정성을 다해야 하는 제문의 자획이 삐뚤어지고 정밀하지 못하게 한 죄[73] 등 제향에 관계되는 죄는 모두 사죄였다.

과장科場을 공정하게 운영하지 못하였거나,[74] 세폐색歲幣色의 품질이 좋지 않은 경우[75] 역시 사죄로 조율하였다. 명종 21년, 시관試官에 참망參望된 자가 낙점落點된 인원이 숙배하기 전에 바로 물러가는 행동은 스스로 편함을 따른 것으로 중한 죄로 보아 고신告身 3등을 빼앗았고,[76] 입계한 문서에 신자臣字를 쓰지 않는 경우도 사죄를 적용하여 고신 1등을 빼앗았다.[77] 이는 모두 '예禮가 없는 행동[無禮]'이기 때문이었다.[78]

특히, 죄가 명분에 관계되는 경우는, 고의범도 아니고, 사안이 중요한 것도 아니고, 법적인 근거가 문제 되는 것도 아니지만 곧 사죄이다. 호칭을 외람되게 썼다는 죄를 지은 한 서얼의 경우를 살펴보자.

72　"凡事係祭享, 則照以私罪, 乃是應行之規, 而今此照律之有違前例, 誠如下敎, 此公事還出給, 使之改入何如? 傳曰允."「承政院日記 顯宗 7年 1月 27日」
73　"祭文字劃, 訛斜不精, 罪杖八十, 私罪, 奪告身三等."「承政院日記 孝宗 2年 6月 5日」
74　"科場不公罪, 決杖八十, 徒二年, 私罪, 告身盡行追奪."「承政院日記 顯宗 1年 10月 6日」
75　"歲幣色品不好生事, 罪各決杖一百, 私罪, 告身盡行追奪."「承政院日記 孝宗 4年 3月 10日」
76　이미 중종때 장 80으로 조율하고 탈고신하게 한 죄목이다. 그런데 명종 8년에 정랑 이수철(李壽鐵)이 이 죄를 범하였는데 이때는 사죄, 태 50으로 조율하여 이전과 용률(用律)과 같지 않은 점이 문제가 되었다. 즉 앞의 경우는 너무 무거웠고, 뒤의 경우는 너무 가벼웠기 때문에 이에 대한 조정이 필요했다. 이에 시관(試官) 등이 알면서 범하면 고의범이므로 사죄 80의 율을 적용하고, 조관(朝官)이 책을 가지고 과장에 들어가면 역시 사죄, 장 80으로 조율하도록 했다.「各司受敎 刑曹受敎 癸丑閏三月初五日承傳內 1553年(明宗 8) 閏3月 5日」
77　비록 무정(無情)에서 비롯된 것이나 사체(事體)에 관계되는 것이므로 전례(前例)에 따라 사죄로 조율하게 하였다.「各司受敎 刑曹受敎 甲寅十一月初十日承傳內 1554年(明宗 9) 11月 10日」
78　「明宗實錄 21年 4月 10日」

칭호를 외람되게 쓰는 것은 명분을 어지럽히는 것으로 이는 곧 사죄의 큰 것입니다.[79]

신이 견지하는 것은 법례이고, 아끼는 것은 명분이고, 다투는 것은 공의公議입니다. 칭호를 외람되게 쓰는 것은 명분을 어지럽히는 것이고, 명분을 어지럽히면 귀천의 구별이 없어지고, 귀천의 구별이 없어지면 그것이 끼치는 폐단은 나라가 나라답지 못하게 되는데 이를 것이니 이는 작은 문제가 아닙니다.[80]

　서얼인 강필중이 문과 회시에서 피봉皮封에 유학儒學이라고 쓴 일에 대한 조정의 반응이다. 서얼은 유업業儒이라고 써야 하는데 유학으로 썼다고 하여 나라가 나라답지 못하게 될 것이라는 말까지 나온 것이다. 그러나 강필중의 죄를 공죄로 보아야 한다는 의견도 없지 않았다. 당시 서얼들이 모두 양반을 칭하며 유학을 썼으므로 이 자 역시 무심결에 그렇게 쓴 것이고 호적에는 허통許通으로 입록되어 있으므로 피봉에 유학으로 쓴 것은 고의로 외람되게 한 것이라 보기 힘들다는 입장이다. 그러나 반대편의 논리는, 논죄에서 공·사죄를 구분할 때 무정無情으로 죄를 지으면 공죄, 유정有情으로 죄를 지으면 사죄인데 강필중이 유학이라고 칭한 것은 고의적이라는 것이다. 외람되게 유학이라고 칭했으므로 명분을 어지럽힌 것이고 이는 곧 사죄 중 큰 것이라 주장했다.
　이 사례는 죄를 가볍게 볼 것인가, 무겁게 볼 것인가의 문제를 무정과 유정이라는 공·사죄의 개념을 빌어 논의하고 있으나 핵심은 서얼의 유학

---

79 『承政院日記 肅宗 34年 閏3月 25日』
80 "臣之所執者法例也, 所惜者名分也, 所爭者公議也。稱號冒濫, 則名分乖亂, 名分乖亂, 則貴賤無別, 貴賤無別, 則其流之弊, 終至於國不爲國, 此非細故也。"『承政院日記 肅宗 34年 4月 6日』

호칭을 둘러싼 명분 문제였다. 논의와 논리의 근거는 법이지만 그 법으로 사수하려 했던 것은 당시의 차별적인 봉건제 신분 사회였다. 표면적으로는 고의 여부 문제로 죄의 경중을 가르는 듯 보이지만 서얼이 유학이라고 호칭한 순간 이미 사죄는 결정된 것이나 마찬가지였다. 조선 왕조의 유교적 가치를 훼손하는 죄는 곧 사죄였다.

　이상 살핀바, 법전이나 수교에 공·사죄의 개념을 정의하고, 몇몇 죄목은 공·사죄로 조율하도록 규정하기도 하였으나 실제 공·사죄를 조율하는 현장에서는 현실적으로 다양한 여러 조건에 좌우되고 있었다. 왕과 조정 관료들은 조율할 죄목이 중요한 사안인지, 죄가 중죄이고 경죄인지, 당률當律과 상규常規, 『대명률』과 국전國典의 조문이 서로 충돌하는 점은 없는지 등을 살폈다. 관서 간에 의견이 다를 경우 이를 하나로 조정해야 했다. 특히 유교적 의례나 제향의 완결성에 흠집을 내거나, 그 가치를 훼손하는 죄의 경우, 이를 사죄로 처리하는 응행 규례가 무엇보다 중요한 적용 기준이 되었다.

　이처럼 공·사죄의 적용 기준이 다양하다는 것은 죄의 판단 기준이 고의 여부라는 어쩌면 자의적으로 해석할 여지가 크고 모호할 수 있는 기준에서 범죄의 내용, 죄질의 경중, 유교적 가치, 행정의 편의라는 실질적인 기준으로 구체화되었다는 의미로도 이해할 수 있을 것이다. 조선 후기 공·사죄 조율은 이러한 여러 갈등 요소와 검토 사항을 고려하여 어떤 죄목이 공죄, 혹은 사죄가 되는지 결정하고, 그에 대한 법적 기준과 정당성을 부여하는 일련의 과정이라 하겠다.

4. 정조대正祖代 조율 양상과 공죄公罪 적용의 의미

　앞 장에서 공·사죄 조율에 대한 다양한 적용 사례와 그 의미를 살펴보았다면, 본 장에서는 정조대에 집중하여 당대의 조율 기록의 양상과 공죄 적용의 의미에 초점을 맞추어 보겠다.

우선 『승정원일기』의 기록에 한정해 볼 때, 공·사죄 조율의 내용을 기록하는 방식이 정조대를 기점으로 그 이전과는 차별화된 양상이 보인다. 정조대 이전에는 왕과 더불어 사헌부, 의금부 등 조율에 참여하는 관사나 관원들 간에 해당 사안에 대한 법적 해석이나 이견을 둘러싼 공방이 잦다. 왕은 승정원을 통해 자신의 견해를 관철하려 하며, 왕의 후설喉舌인 승정원은 이 역할을 충실히 수행하였다. 사헌부에서 법을 근거로 조율해 올려도, 왕은 전례前例를 근거로 조율을 검토하라고 승정원에 찰계察啓의 명을 내린다. 그리고 승정원에서는 비록 잘못이 없음을 알아도 왕의 견해가 반영되도록 조율을 검토하고 올린 조율을 다시 내주는데 이것이 유례流例가 되었다고도 하였다.[81] 사헌부의 조율에 대해 승정원에서 계청하여 환급하게 하면 이에 대해 불만을 가진 사헌부 관원들이 거세게 반발하고 바로 인피引避하였다. 조율에 있어서 법관, 율관과 왕의 역할, 비중 등에 대해 생각해 보게 되는 부분이다.

조율의 책임은 기본적으로 율관에게 있다. 형관은 자주 체직되나 율관은 오래 재직하여 곁에서 조종하는 것이 그 손에 달렸다는 지적도 있으나[82] 사헌부 등의 관원은 법관으로서의 자부심을 가지고 있었다. 앞서 살핀 현종 7년의 예를 다시 살펴보자. 사헌부에서 제향에 관계된 죄를 공죄로 조율했는데 제향은 사죄로 조율하는 것이 응행의 규례라고 하여 왕이 승정원을 통해 다시 조율하게 한 경우이다. 이에 대해 사헌부는 제향 관련을 사죄로 조율하는 것이 응행의 규례가 아닐뿐더러, 다만 제향에 관계된다고 하여

---

81 『承政院日記 肅宗 5年 10月 18日』
82 "今刑官, 不過日月遞易, 律官則長在, 從傍操縱, 唯在其手, 簿之私罪則重, 簿之公罪則輕, 罪囚或以勢壓, 或以賂行, 無不皆求輕脫矣."『承政院日記 英祖 13年 閏9月 6日』

모두 사죄로 의망하면 율관 1명으로 족하지 어찌 대신의 의논이 필요하겠느냐고 항변하였다.[83] 조율은 율관이 담당하나 왕과 주요 대신들이 참여하는 헌의獻議 자리에서 그 조율의 근거, 해석, 적법성 여부 등을 밝히는 것은 법사 관원의 책임이었다. 따라서 조율이 받아들여지지 않거나 승정원을 통해 조율 공사가 다시 반납되면 승정원의 간섭을 받는다고 여겨 심하게 반발하는 것이다.

이처럼 조율에 있어서 율관과 법관은 나름의 역할과 책임을 지고 있음은 분명하다. 그러나 결국 최종 결정권자는 왕이다. 공·사죄의 원조율은 율관과 형관, 법관이 담당하지만 그에 대한 최종 결정은 왕의 몫이어서 율관, 형관은 왕의 입장이나 견해를 살피지 않을 수 없었다. 임금의 판부에서 추고 받는 자의 심신心身에 관한 언급을 근거로 사죄로 조율한 것이 그 한 예이다. 인조 11년, 두 명의 죄인에 대한 의금부의 조율에서 각각 공·사죄가 달리 적용되었다. 그 이유로 한 죄인에 대한 전지傳旨의 마지막에 "매우 태만하다"라는 말이 있어서 사죄로 조율하였고, 또 한 죄인에 대한 전지에는 태만 등의 말이 없어서 공죄로 조율하였다는 것이다.[84] 조율의 근거를 죄인의 심성, 태도에 대한 임금의 언급에서 찾은 경우였다. 그러나 이는 단적인 예이고 보통은 율관이 원 죄목에 해당하는 율을 적용하여 올리면 왕과 유사들이 조율의 적절성 여부를 따지고 왕이 최종적으로 판단하여 처분을 내리는 것은 조선 왕조의 사법 행정에 있어서 기본이다. 정조대 이전, 법사와 왕·승정원 간에 법적 해석을 둘러싸고 논의와 충돌이 잦았음을 확인하기는 어렵지 않다.

그런데 정조대에 가면 일단 사료 상으로는, 그리고 최소한 공·사죄 조

---

83 『承政院日記 顯宗 7年 1月 27日』
84 "義禁府啓曰, 趙資·李長英照律, 公私罪不同緣由問啓事, 傳敎矣. 凡照律之法, 就傳旨內有係于被推人身心之語, 則照以私罪矣. 今此趙資·李長英罪目, 大辭相同, 而措語些有緊歇, 趙資傳旨末端, 極爲怠慢云, 故照以私罪, 李長英傳旨則前無怠慢等語, 照以公罪矣." 『承政院日記 仁祖 11年 11月 14日』

율에 한정해 볼 때 이러한 논의의 양상이나 조율 기록의 방식이 달라진다. 정조대는 『대전통편』의 간행이나 사법서, 흠휼전칙欽恤典則 반포 등 조선 후기 법제 정비에 있어서 큰 진전을 본 시대이다. 정조 본인도 법에 대한 지식이 해박하고 법치적인 행정도 잘 정비해나갔다고 평가되고 있다. 따라서 이 시기에 조율 기록이 일정한 양식을 보이는 점 역시 예견할 수 있다. 조율 방식은 다음의 예처럼 정형화되었다.

> 의금부의 계목照目 : 김해 전前 부사 조집趙㠎은 수령의 신분으로 이미 죄를 범하였는데 수금된 뒤에 의금부 소속 인원에게 돈을 주고 의율擬律을 조정하려는 계책을 세웠으니 기강으로 살펴보건데 매우 한심합니다. 이 죄로 조율하면 죄는 장 100인데 1등급을 더하여, 장 60은 수속收贖하고 고신告身은 모두 추탈追奪하며 도 1년 정배定配입니다. 그러나 정배의 경우 어머니의 나이가 70이고 형제가 없는 독신이므로 율문에 따라 수속하며, 사죄私罪입니다. 이에 대해 아뢴대로 윤허한다는 판부를 받들었습니다.[奉敎依允爲旀] 공功으로 1등급을 감하라고 하시었습니다.[功減一等爲良如敎]"[85]

위의 사례에서 보듯 조율은 죄수의 관직과 이름, 죄목, 『대명률』이나 국전에 따라 조율한 율문, 형량, 수속 여부, 탈고신奪告身 여부, 공죄나 사죄의 적용 여부, 의공議功 여부 등이 담겨 있다. 특히 조율에 대해 왕이 윤허한다는 판부를 받들었다는 내용과 의議와 공功으로 등급을 감하라고 했다는 내용을 이두로 표기하면서 마무리 짓는 것은 정조대에 들어 정착되는 조율의 전형적인 방식이다.[86]

---

85 『承政院日記 正祖 7年 8月 3日』
86 "조율 계목에 '윤허한다는 하교를 받들었습니다.'라고 쓴다.【공(功)과 의(議)가 있으면 '윤허한다는 하교를 받들었습니다.'라고 하며, '공과 의는 각각 1등급을 감하라고 하시었습니다.'라고 쓴다.】양사의 2품 이상에 대한 조율 계목에는 '이 율대로 시행하라는 하교를 받들었습니다.'라고 쓴다. 모두 장함(長

아울러 구체적인 전거인 율문을 밝힌 사례도 많아진다. 환곡을 가분加
分하고, 형구가 격식에 어긋나고, 첨정簽丁하고, 족객族客의 횡자橫恣를 금
칙하는 못하는 등 여러 죄를 복합적으로 저지른 한 수령에 대한 조율을 살
펴보자.[87] 전거로써 『속대전』 창고倉庫조의 환곡 관련 조문, 『대명률』의 불
응위不應爲조, 제서유위制書有違조, 명례율名例律, 『경국대전』 추단推斷조의
사죄私罪 관련 조문, 수교의 장杖 대속代贖 규정 등 5개의 율문과 수교가 적
용되었다.[88] 이에 따라 해당 수령은 중한 죄로 논하여 장 100에 수속하고,
고신을 모두 추탈하여 석방하는 것으로 처리되었다.

먼저 범죄의 원 죄목에 해당하는 율을 국전과 『대명률』에서 찾고 그런
뒤, 두 가지 이상의 죄가 중복되는 경우는 중한 죄에 따라 논한다는 명례율
의 조문을 적용하고, 사죄일 경우 해당 형량을 정하는 추단조를 적용하며,
대상 죄인들이 관료들이기 때문에 장을 수속하는 규정까지, 이 모두가 조
율의 전거로 기록되었다. 정형화된 양식에 맞추어 법적 근거를 갖춘 조율
을 올리고 판부로 결정을 내리기까지 그 과정은 매우 정제된 양상을 보인
다. 율관의 전문성이 두드러져 보이는 지점이다. 따라서 자연스레 헌의할
때에 가부 논쟁도 드물어졌는데, 이는 그 이전과는 확실히 다른 점이었다.
이처럼 『대명률』과 국전의 전거와 관련 율문, 조문 내용까지 기록하는 방
식은 순조대를 거쳐 이후 19세기까지 계속 유지되었다.[89]

한편, 정조대 공·사죄 조율의 또 하나의 특징은 공죄의 조율 비중이 높

銜)을 쓴다."(『銀臺條例 附錄 判付規式』)

[87] "時囚罪人丁載遠段, 身爲守令, 不畏法禁, 七百餘石還穀, 擅自加分, 八百石單代捧粟, 亦不能釐正, 刑具之
違制, 簽丁之招怨, 俱極可駭, 族客恣橫, 而不能禁飭, 許多罪狀." 『承政院日記 正祖 5年 1月 13日』

[88] "取考律文, 則續大典倉庫條, 有曰還穀留庫中加分, 未及折半者, 勿論石數, 竝奪告身, 大明律不應爲條, 有
曰凡不能得爲而爲之, 事理重者杖八十, 制書有違條, 有曰凡奉制書, 有所施行而爲者杖一百, 名例有曰,
二罪俱發, 以重者論, 大典推斷條, 有曰犯私罪杖一百決杖, 告身盡行追奪, 先朝受敎內, 王府決杖者, 代以
金贖矣." 『承政院日記 正祖 5年 1月 13日』

[89] 조윤선, 「19세기 의금부의 議律업무와 王獄의 기능」, 『민족문화연구』 58, 2021.

다는 점이다. 정조는 사헌부나 의금부에서 올라온 본 조율에서 사죄를 거의 공죄로 바꾸도록 한다. 의금부에서 올린 원 조율이 사죄일 경우 조금이라도 참작의 여지가 있으면 공죄로 하여 감방하였다. 공죄 조율의 가장 큰 효과는 앞서 살펴보았듯이 죄인이 탈고신의 처벌을 면하게 된다는 것이다. 죄인에게 고신을 박탈하지 않고 직임職任을 유지하게 한 이유가 무엇이었을까. 죄인이 관료이기 때문에 우대 차원에서 사죄보다 가벼운 공죄로 처벌한 것일까. 일단 공죄가 논의되는 관료의 대부분은 지방 관원이라는 점에서 답을 찾아본다. 실제 공죄 조율의 사례를 살펴보자.

정조는 본율이 장 80이나 100에 불과한데, 즉 도배형이 아닌데 사죄로 조율하면 탈고신으로 체직되고 그러면 지방에서 영송迎送의 폐단만 있을 것이라 하였다.[90] 즉 사죄이면 탈고신으로 인해 직책이 갈리고, 그러면 수령을 보내고 새로 맞는 과정에서 지방의 불필요한 행정 낭비를 가져올 수 있다는 점을 지적한 것이다.[91] 특히 농사철에 수령이 관을 비우는 것, 자주 체직하여 관을 비우게 되는 것[92] 등은 사죄 조율에 따른 문제점이었다. 수령을 감처하여 방송하고 즉시 관에 돌려보내어 지방 행정의 공백이 없도록 하는 것이 곧 공죄 조율의 한 목적이라 할 수 있다.

그렇다 하더라도 공죄를 적용할 수 있는 타당한 근거는 있어야 할 것이다. 이는 지방 관원의 죄목이 대부분 환곡이라는 점에서 설명할 수 있다. 환곡은 앞서 살폈듯이 사안이 중요했으므로 영조대 까지만 하더라도 사죄로 조율하도록 규정되어 있다. 그러나 실상 환곡은 여러 문제가 중첩되어 있었고 또 대부분의 경우는 구환舊還이었다. 즉 언제부터인지 유래도 알 수

---

90 "本律不過杖八十或杖一百, 律以私罪, 徒在迎送之弊."(『承政院日記 正祖 5年 3月 11日』) 이에 의금부에서 공죄로 다시 조율하여 장80 수속으로 방송하였다.
91 철종대에도 공죄 조율의 근거로 영송의 폐단이 지적되었다.("竝只以此照律罪, 各杖八十收贖, 奪告身三等私罪啓, 迎送之弊, 不可不念, 竝公罪勘放爲良如敎." 『承政院日記 哲宗 3年 9月 4日』)
92 "課農之時, 守令曠官可悶"(『承政院日記 正祖 24年 5月 5日』), "稽檢雖極可駭, 適値空官, 容有可恕, 數遞可悶, 以公罪勘放, 催促還官爲良如敎."(『承政院日記 純祖 2年 7月 18日』)

없는 적포積逋를 임기가 짧은 수령에게 일괄 거두도록 요구하거나, 거두지 못한 책임을 물을 수 없다는 실제적인 이유가 있었다.[93] 그러므로 환곡이 문제 된 경우 그 책임 소재를 최대한 고려하여 수령에게 공죄를 적용하고 석방했다. 사죄로 조율하여 직을 체직하고 수령이 없는 공백기를 만들며 번거롭게 하기보다는 공죄로 조율하여 속히 석방시켜 본 고을로 돌아가서 환곡의 문제를 해결하도록 하는 것이 현실적인 해결책이 될 수 있었다.

또 환곡 번질反作, 나이那移 등은 대부분 관련된 죄인이 많아 이들을 다 법대로 처벌하기 어려웠으므로, 수범만 율대로 처리하고 나머지는 공죄로 감방勘放하였다.[94] 즉, 지방의 고질적인 문제인 환곡은 무거운 죄이지만 그 책임을 수령이 다 질 수 없다는 현실적인 상황이 고려되면서 지방 수령의 공죄 비율이 높아진 것이다.

한편 공·사죄 조율의 한 근거인 관원 간의 차등 적용의 경우, 앞서 살폈듯이 조문으로는 하급 관원에게 소유所由, 즉 죄가 누구로부터 말미암은 것인가를 묻고, 직접적으로 죄를 저지른 자를 처벌하도록 되어 있다. 그러나 정조대에는 상관의 역할, 책임도 강조하였다.

봉상시 직장直長이 막중한 제향의 제수祭需를 임시로 사서 쓴 것이 죄가 된 경우가 있었다. 이에 대해 정조는 당상이 이러한 폐단을 이정釐整하지 못했으므로 직장에게만 책임을 깊이 물을 수 없다고 하여 공죄로 감방勘放하게 하였다.[95] 하급 관원의 죄를 공죄로 처리한 배경에는 상급 관원인 당

---

93 따라서 신포(新逋)에 대해서만 의처하게 하였는데 이는 유래를 모르는 구포의 책임을 면해주어 감관, 색리에게 운신할 수 있는 여지를 준 것이다.("至於流來積逋之未準捧, 渠輩豈必獨當? 竝只考律, 以公罪照勘爲旀……一竝帶職放送爲旀. 今番處分之但於新逋使之議處者, 蓋以舊逋之流來, 未知在於何年. 大抵生弊之源, 另宜審究, 使該監官吏有容措之地."『承政院日記 正祖 8年 3月 23日』)
94 각 진(各鎭)의 향곡을 번질한 수범인은 금고(禁錮), 도배(徒配)하고 나머지는 공죄로 수속하여 방송하게 하였다.『承政院日記 正祖 7年 8月 3日, 9月 25日』
95 『承政院日記 正祖 6年 3月 7日』/ 같은 사례로, 봉미관(封彌官)인 장수 찰방에 대한 조율에서 불찰의 죄로 장100 수속, 고신진행추탈, 사죄로 조율하였으나 판부에서 봉미를 살피지 못한 것은 시관(試官)의 죄라 하여 봉미관 상관인 시관의 책임을 더 묻고, 무정(無情)이므로 공죄로 감방하도록 하였다.『承政

상의 책임을 상기시키고자 하는 목적이 있었다. 현실적으로 당상에게 죄를 물을 수 없으므로 직장을 사죄로 처벌하지 않도록 함으로써 당상도 연대 책임이 있음을 보인 것이라 할 수 있다.

즉, 『대명률』에 따르면 직접적인 죄를 저지른 소유로써 하급 관원의 잘못을 무겁게 묻도록 하였으나 조선에서는 상급 관원의 관리 역할이 강조되면서 죄의 책임에서 자유롭지 못했다. 전체 관료제 사회를 하나로 대상화하고, 조율하는 과정에서 공동의 책임을 물었던 것인데, 상대적으로 왕의 입지가 돋보이는 효과도 있는 듯하다.

이상에서 살핀 바, 사료의 기록으로 볼 때 정조대에는 율관이 철저하게 법조문을 근거로 죄목에 따른 형량을 적용하여 원조율을 올리면 정조는 다만 의·공議功 여부에 따른 감등을 지시하고, 공·사죄를 판단하여 수용하거나 또는 공죄로 수정하는 조처를 내리는 정형성이 보인다. 법치적 시스템에 맞춰 사법 행정이 운영되면서도 감형의 조건인 의공의 지시나 공·사죄 판단에 대한 권한을 확실하게 행사하고 있다는 점에서 — 물론 조선시대 왕에게 부여된 공통된 권한임은 분명하지만 — 정조대 공·사죄 조율에서 보이는 최종 결정권자로서의 왕의 위상은 선명하다.

특히 공죄로 조율하여 관원 죄수의 죄를 감해주는 것은 일견 우대의 조처로도 보이지만 실상은 행정 운영상의 편의를 위한 목적이 크다. 중앙이나 지방을 막론하고 공·사죄 적용 대상이 관료라는 점에서 공죄든 사죄든 속히 결단하지 않으면 공무를 수행하지 못한다는 현실적인 문제가 공죄 조율의 배경이라 하겠다.[96] 따라서 정조대 공죄 조율로 인한 감형 조처가 단순히 흠휼이라는 차원에서 해석할 문제는 아니라 하겠다. 기존 정조대의

院日記 正祖 7年 10月 10日』
96 사죄로 조율하는 경우는 고범과 불고범 여부를 막론하고 사안이 후폐에 관계되면 중죄로 보아 사죄로 처리하였다.

흠휼책에 대한 보다 깊은 탐색과 해석이 필요한 이유이기도 하다. 이렇게 정조대에 정착된 조율 방식은 순조대를 거쳐[97] 고종대까지 큰 변화 없이 유지되어갔다.

5. 맺음말

이상에서 법전 규정의 개념과 실제 적용 사례를 중심으로 공죄와 사죄에 관하여 살펴보았다. 이를 정리하면 다음과 같다.

1, 사죄는 기본적으로 일반인이 범하는 모든 범죄를 의미하지만, 관료일 경우 공죄와 사죄는 '고의故意의 유무'가 판단 기준이 된다. 『당률소의』나 『대명률』, 국전國典 등에서 규정한 바, 비록 공적인 일이라 하더라도 의도가 아곡阿曲에 있거나, 대제對制할 때 황제를 속이거나, 청탁을 받고 법을 어긴 경우는 사죄로 정의한다. 관리가 공무 수행과 관련하여 저지른 범죄이되, 그 과정에서 사사로운 의도에 따라 공정하게 일을 처리하지 않아서 법을 굽히는 일이 없어야 공죄라 할 수 있다. 또 문서 처리에 있어서 실수나 착오로 저지른 과실범도 공죄로 처리한다.

2, 이러한 공·사죄의 처벌은 공죄의 경우 고신告身을 유지시키고 현직에 계속 두면서 도배徒配와 장杖 모두 수속하여 석방하는 것에 반해, 사죄는 고신을 환납하고 해임되는 탈고신奪告身이 적용되었다는 점에 차이가 있다. 관료의 증빙 문서인 고신을 추탈하지 않고 직임을 띤 채로 석방하여 관직에 복귀하도록 해주는 것은 관리들에게 있어 중요한 혜택이었고, 이 점

---

[97] 순조가 11세로 즉위하여 초반 수렴청정을 했을 시기에는 원조율이 그대로 보고되는 수준이고 판부로 공·사죄를 수정하는 일도 없다. 그러다가 수렴청정이 끝나고 순조가 직접 국정을 챙기면서부터 판부에서 공죄로 수정하는 양상이 보인다. 영·정조대에 비해 상대적으로 덜 주목된 순조대 30여년간의 형정 운영 역시 집중적인 연구가 필요하다.

에서 공죄 조율의 의미가 있다.

　3, 국전에서 아예 공죄, 사죄로 조율하도록 규정한 죄목이 있다. 창고나 군기, 능상陵上의 실화失火, 죄수를 놓친 경우 등은 죄 자체에 고의성이 없고, 다른 한편으로는 지방 이서배들이 수령들을 축출하기 위한 수단으로 이용되었기 때문에 특별히 법전에 공죄로 조율하도록 명시하였다. 이에 반해 경제적으로 중요한 사안이었던 환곡의 대봉代捧, 나이那移, 방납防納, 고의적 범죄인 번질反作 등의 죄목은 사죄로 조율하였다. 또 소송 처리를 제대로 하지 않아 발생하는 체송 역시 사죄로 보아 무겁게 다루었다.

　4, 실제 사료에서 살펴본 공·사죄 조율 양상은 ① 사안의 중요함, 죄의 경중, 피해물의 수량 정도에 따라 중죄는 사죄로, 경죄는 공죄로 조율하였다. ② 관리의 직위 고하에 따라 죄의 소유所由에 초점을 맞춰 이전, 수령관, 좌이관, 장관의 4등으로 나누어 책임 소재를 가르고, 그에 따른 처벌에 차이를 두었다. 대체로 고위직은 공죄, 하위직은 사죄로 조율하는 경향이 높았다. ③ 당률當律과 상규常規간, 『대명률』과 국전國典 간에 충돌이 있을 경우, 그에 대한 선택에 따라 공·사죄가 적용이 달라졌다. ④ 죄를 조율하는 관서인 사헌부, 의금부, 형조 등 법사들 간의 입장, 관점에 따라서도 조율 여부가 갈렸고, 이럴 경우 조율 공사를 다시 내려 일치시키도록 하거나, 의금부에서 다시 조율하였다. ⑤ 왕과 관련된 사항, 제향이나 과거 등의 국가적 의례·행사, 유교적 신분 질서 등의 명분·분수를 포함한 예禮 등은 조선 왕조의 기본적인 가치라서 이에 관계되는 죄는 대부분 응행 규례에 방점을 두고 사죄로 조율했다.

　5, 정조대 이전에는 사헌부, 의금부 등 법사와 왕, 승정원 간의 공·사죄 적용 해석을 둘러싼 치열한 논쟁이 조율 과정에서 주목되는 점이었다면, 정조대에는 정형화된 조본照本이 그 자리를 대신하였다. 국전이나 『대명률』 등을 근거로 한 해당 율문명, 형량, 탈고신·수속·의공議功·공죄·사죄 적용 여부 등이 체계적으로 담기고 이두 표기로 마무리하는 양식을

담보한 조본照本은 정조대 이후 계속 유지된 표본이 되었다.

    6, 정조대는 공죄 조율의 비중이 높다. 이는 죄수 중의 상당수가 지방 관원이고, 대부분 환곡 수납과 운영이 그 죄목이라는 점에서 설명할 수 있다. 오래도록 적폐가 된 환곡을 현 수령에게 전부 책임 지울 수 없고, 사죄를 적용하여 체직하면 관리의 이임을 둘러싼 행정력의 낭비, 당장 수령이 비게 됨으로써 야기되는 행정 공백 등의 문제가 고려된 것이라 하겠다. 관원 간의 공·사죄 차등 적용에 있어서도 정조대에 하급 관원 뿐 아니라 상관의 역할, 공동 연대 책임을 강조하는 것 역시 같은 맥락에서 이해할 수 있다.

참고문헌

『經國大典』
『續大典』
『大典通編』
『大典後續錄』
『承政院日記』
『朝鮮王朝實錄』
『六典條例』
『典律通補』
『各司受敎』
『新補受敎輯錄』
『唐律疏議』
『萬機要覽』

조윤선, 「조선시대 赦免・疏決의 운영과 法制的・政治的 의의」, 『朝鮮時代史學報』 38, 2006.
_____, 「19세기 典獄署 분석 - 『六典條例』・『承政院日記』를 중심으로 - 」, 『民族文化』 56, 2020.
_____, 「19세기 의금부의 議律업무와 王獄의 기능」, 『민족문화연구』 58, 2021.
한상권/구덕회/심희기/박진호/장경준/김세봉/김백철/조윤선, 『대명률직해』 1~4권(번역, 교감표점), 한국고전번역원, 2018.
한상권, 「公罪와 私罪」, 『법사학연구』 53, 2016.

# 조선후기 소원訴冤을 둘러싼 법정, 법, 그리고 국가*

이하경
한국학중앙연구원 교수

조선후기 소원訴冤을 둘러싼
법정, 법, 그리고 국가

1. 머리말

본 연구의 목적은 조선시대 법사학 연구에서 최근 제기하고 있는, 일견 모순적인 국가의 면모에 대해서 분석하는 데에 있다. 예를 들어 "성리학 이념을 바탕으로 건국된 조선에서 법적 분쟁 없이 사회적 균형을 이루는 이상적인 사회를 지향했음에도 불구하고, 왜 조선후기에는 법적인 다툼이 많았던 것일까?"와 같은 질문을 고려해 볼 수 있다. 이는 최근 번역된 김지수의 저서에서 제기하고 있는 질문인데, 조선이라는 국가가 이념적으로 지향했던 바가 당시 실제 관행과 차이가 있었음을 알 수 있다.[1]

---

* 이 글은 『법학연구』 31-3, 연세대법학연구원, 2021, 303~329쪽에 게재된 논문을 연구총서의 기획 의도에 맞게 수정을 가하여 수록한 것이다.

[1] 김지수(김대홍 역), 『정의의 감정들: 조선 여성의 소송으로 본 젠더와 신분』, 너머북스, 2020. 이 책은 2010년 김지수의 박사학위 논문인 *Voices heard: Women's right to petition in late Chosŏn Korea* (Columbia University)를 발전시켜 출간한 2015년의 *The emotions of justice : gender, status, and legal performance in Chosŏn Korea* (Seattle : University of Washington Press)를 한국어로 번역한 책이다.

물론 이 질문은 최근 법사학 연구의 성과를 반영한 것이다. 한동안 조선시대는 무자비한 형벌이 남용되는 전근대적인 시대로 규정되어 왔고, 그 과정에서 일반 백성들은 지배의 대상으로만 이해될 뿐 법적 주체로 인정받지 못했다. 민인들이 자신의 권리 구제를 위해 법적 절차를 활용하거나 적극적인 권리 요구를 하는 주체로 이해되기보다는 남형濫刑의 대상으로 간주되었기 때문이다. 그러나 최근 연구성과들에 의하면 조선후기에는 국가 차원에서도 상세한 규정을 입법화하였고, 민인들 역시 이러한 법규를 활용하여 다양한 법적 구제에 나선 것을 확인할 수 있다. 특히 토지, 노비, 채무, 상속, 묘지, 입양 등을 둘러싼 각종 소지류나 상언, 격쟁 등의 문건을 통해서 당시 민인들의 소 제기가 활발했음을 알 수 있다.[2]

조선과 유사한 유교적 문화를 지닌 중국에 대해서도 이러한 질문이 제기되었다. 예를 들면, 2011년 후마 스스무는 19세기 청나라 파현巴縣 지역의 당안을 분석하여, 당시의 분쟁실태를 고찰하였다.[3] 즉, 파현의 호수가 약 126,600호인데, 1862년부터 1874년까지 연간 평균 소송문서가 12,000매~15,000매, 건수로는 1,000건~1,400건에 이른다는 점을 실증적으로 보여주면서, 중국을 이른바 '소송사회'라고 명명하였다. 이를 통해 중국에서 개인의 권리나 재산권을 보호하기 위한 분쟁이나 소송이 적었을 것이라는 인식이 편견에 불과하다고 주장하였다.

이후 심재우는 조선에서도 일정한 호송好訟의 경향성이 있음을 분석하였다.[4] 심재우 연구에 의하면, 조선후기 목민서 및 지방관들이 남긴 문

2　예를 들어, 『조선왕조실록(朝鮮王朝實錄)』에서 1400년에는 소송이 666건, 1414년에는 1만 2,797건을 확인할 수 있다고 한다. 당대 인구가 600만에서 700만 명 정도로 추산된다는 점을 고려하면, 소송의 건수가 현저히 많았다고 할 수 있다. 한국고문서학회, 『조선의 일상, 법정에 서다』, 역사비평사, 2013, 26쪽. 아울러 조선시대 소송에 관한 연구가 많아지면서, 소송을 통해서 사회 내의 다양한 분쟁을 해결하고자 했던 관행을 쉽게 찾아볼 수 있다. 임상혁, 『나는 노비로소이다』, 역사비평사, 2020, 205쪽.
3　夫馬進, 『中國訴訟社會史の研究』, 東京大學術出版會, 2011.
4　심재우, 「조선후기 소송을 통해 본 법과 사회」, 『동양사학연구』 123, 2011.

집이나 보고서에는 백성들의 호송 양상을 쉽게 찾아볼 수 있다고 한다.[5] 또한, 심재우는 19세기 조선후기 민인들이 올린 소장 즉, 민장民狀을 관에서 수리하여 판결한 내용을 기록한 『민장치부책民狀置簿冊』의 경상도, 전라도, 충청도 지역을 대상으로 민장의 수량 및 접수일을 통계적 수치로 분석한 바 있다. 이를 통해 "분석 대상 지역의 군수가 한 달 동안 하루도 쉬지 않는다고 하더라도 하루에 평균적으로 5건 이상의 민장을 처리해야 할 정도"로 민인들의 소송제기가 상당했음을 보여준 바 있다.[6] 이처럼 최근의 법사학 연구성과에 의하면, 일반적인 인식과 달리 조선에서 민인들이 법적인 제도를 활용하여 자신의 목소리를 내고자 했던 관행이 사료 속에 잘 남아있다.

이러한 역사적 사료가 언뜻 기존의 이해와 상반되지만, 그 이유는 구체적으로 논구되고 있지는 않다. 선행연구에서는 주로 사회가 발전하면서 분쟁 역시 증가할 수밖에 없다고 전제하거나, 사회 경제의 발전에 따라 개인이 자신의 권리를 주장하는 것을 당연한 결과로 간주하거나, 나아가 별다른 논증 없이 조선후기 권리 의식의 성장으로 간주하는 경우가 있을 뿐이다.[7] 조선후기로 들어서면서 그 이전 시기에 비해 사회 경제가 발전한 것도 사실이고 인구가 증가하면서 분쟁 역시 많아졌을 것도 부정하기는 어렵겠지만, 이러한 사실이 곧바로 사람들의 법적 구제 활용 증가를 의미하지는 않는다. 사회 내 분쟁이 증가할 수밖에 없는 상황이라 하더라도, 자신의 물리력을 통해서 사건을 해결하거나, 제3자의 위력을 활용하지 않고, 국가의 공적인 혹은 법적인 절차를 활용했다는 것은 더 정교한 차원의 설명을 필요로 하기 때문이다.

---

5 심재우, 위의 글, 98~104쪽. 이때 관리들은 이러한 백성들의 호송 양상에 대해 우려하는 목소리를 내고 있었다는 점에도 주목해볼 필요가 있다.
6 심재우, 위의 글, 104~112쪽.
7 예를 들면, 이승일, 『근대 한국의 법, 재판 그리고 정의』 경인문화사, 2021, 53쪽; 심재우, 위의 글, 96쪽.

본 연구는 이러한 문제의식하에서, 조선 법정의 의미를 재조명하고, 그 과정에서 활용되는 법의 실체적 의미를 다시 살펴보며, 마지막으로 사법 공간에서 펼쳐지는 국가의 면모를 시론적으로나마 새롭게 살펴보고자 한다. 이를 위해서 우선, 선행 법사학 연구에서 위 세 가지 주제가 어떠한 맥락으로 논의되어 왔는지를 재구성한다. 그리고 조선후기 소원訴冤을 둘러싼 기존 연구들을 경유하여, 법정, 법, 국가를 어떻게 이해할 수 있을지를 논구한다. 마지막으로는 이러한 논의가 가질 수 있는 보다 다양한 함의를 고민해 보기 위해서 다소 다른 성격의 사료 분석을 시도해 본다. 즉, 본 연구에서 주장하는 시론적인 분석의 결과가 단순히 민사 성격의 사료 분석에만 국한되지 않음을 보여주기 위해, 반역 사건과 같은 형사 성격의 사안을 다루는 추국 관련 문건 분석에서 일정한 함의를 도출하고자 한다.

2. 조선후기 법정

1) 조선후기 법정에 대한 고전적인 시각: 인치人治 혹은 법치法治

조선후기 법정에 대한 고전적인 질문은 권력자의 자의적인 판단에 따라 형벌을 부가하는 공간이었는지, 아니면 성문화된 법을 바탕으로 행위의 위법성을 다투고 법에 근거하여 형벌을 내리는 공간이었는지 하는 것이다. 개인의 권리 보장을 근간으로 하는 서구의 기준으로 볼 때, 조선의 법정은 개인의 권리 보호를 위한 법정 투쟁의 장이라 보기 어렵다고 판단해왔다. 오히려 앞서 지적한 바와 같이 형벌권이 남용되는, 국가권력 현시의 장으로 한동안 이해되어왔다. 그러한 면에서 조선후기 법정은 최고 권력자의 '인치人治'를 실현하는 공간으로 규정되어 왔다고도 볼 수 있다.

반면, 최근 연구성과에서 보여주는 것처럼, 구체적인 사료 속에서 마주할 수 있는 조선후기 법정의 모습을 일의적으로 평가하기는 힘들다. 법정을 자의적인 권력이 행사되거나 형벌권이 남용되는 공간으로만 보기가 어려운 사안들이 많기 때문이다. 예를 들어, 조선후기에는 범죄를 다스리는 통일된 형사법 규정이 상당히 구체화되어 있고, 흡사 오늘날과 유사한 정도로 법규에 따라 사건을 처리하는 모습도 볼 수 있다. 살인 사건이 발생하면, 시체를 검시檢屍하고, 신중한 판결을 위해 삼복三覆의 절차를 거치며, 사법적인 판단을 내릴 때도 조율照律의 절차를 거치고 있음을 알 수 있다. 심지어 최근 몇몇 연구자들은 조선시대의 법률 중심의 문화를 '법치주의'라고 명명할 정도로 긍정적으로 평가하는 연구도 있다.[8] 그러나 살인 사건이 발생했을 때 실제로 관에 보고하는 비율이 높지 않았다는 점, 사안별로 판단자에 따라 사건의 처리가 일관되지 않았다는 점, 조율에 의거한다 하더라도 최종 심판권자인 왕이 다양한 사안을 고려하여 판단을 번복할 수 있다는 점에서 과연 '법치法治'로 이해할 수 있는지에 대해 회의적인 시각도 여전히 존재한다.

이처럼 일견 모순적으로 보이는 조선시대 법정에 대해서 이른바 '유교 형정론'을 중심으로 조선의 고유한 법적 추론 과정legal reasoning을 설명하기도 한다. 김호의 경우는, 왕이 살인 사건의 최종의 단계에서 사법적인 판단을 내리는 과정에 주목하여, 인치냐 법치냐 하는 이분법적인 시각에 반대하면서, 통합적 심리론을 주장하였다.[9] 즉, 조선시대에는 살옥 심리 과정에서 유교적 가치관에 따라 정情과 리理의 고려가 필수적이었는데, 이러한 고려가 주관적인 인치의 증거가 될 수 없다고 한다. 동시에 법法에 의한 판단 역시 곧바로 객관적인 법치의 증거로 환원하기 어렵다고 한다. 김호는 "정, 리, 법의 조화야말로 조선 유교 형정의 중요한 입론 즉, 즉 법에 근

---

8   대표적으로 정긍식, 『조선의 법치주의 탐구』, 태학사, 2018 참조.
9   김호, 『정조의 법치』, 휴머니스트, 2020, 31~32쪽.

거하되 사건의 고유한 맥락과 인간의 도리(인륜)를 종합적으로 고려함으로써 시중時中의 판결에 이를 수 있다는 '통합적 심리론'으로 정의해야 한다"라고 주장한 것이다.[10]

그런데 조선후기 법정을 바라보면서, 과연 인치인지 법치인지 아니면 유교적 형정이 이뤄지는 통합적 공간인지를 논하는 과정에서 간과되고 있는 것이 있다. 바로 법정을 어떻게 바라보아야 하는가 하는 점이다. 이러한 논의는 결국 당시 최고의 권력자가 사법적인 판단을 내리는 기준을 일정한 외적인 요인에 철저하게 의거하고 있는지에 대해서만 중점을 두고 있기 때문이다. 그 기준을 오늘날의 '법'이라 명할 수 있는지, 아니면 개인의 자의적인 판단인지, 혹은 유교적인 별도의 가치관에 근거한 것인지와 무관하게, 법정에서 심판을 내리는 자와 심판을 받는 자 간의 수직적인 관계는 변함이 없다.

2) 법적 주체의 법적 퍼포먼스, 그리고 법정

그렇다면, 심판을 받는 자와 심판의 대상자 간의 관계에 주목하여 조선후기 법정의 모습을 새롭게 바라본다면 어떨까? 민인들이 끊임없이 법적 구제 절차를 활용한다면, 법정이 단순히 위법한 행위에 대한 위압적인 심판을 내리기만 하는 공간이 아닐 수 있기 때문이다. 직관적으로 이해한다고 하더라도, 법정은 위법과 적법의 경계에 있는 수많은 행위에 대해 계속해서 일정한 판단을 해야 한다. 그리고 그 과정에서 때로는 심판받는 자의 적극적인 태도가 사법적인 판단에 유의미한 변화를 가져올 수도 있을 것이

---

10 이와 같은 김호의 논의는, 법치나 인치의 이분법적인 시각이 아니라, 정, 리, 법의 통합적인 고려 속에서 중국의 전통법을 이해해야 한다는 견해와 맥락을 같이하는 것이다. 김호의 이러한 시각에 대한 반론으로는 이하경, 「조선후기 추국장에서의 왕」, 『법사학연구』 63, 2021, 116~118쪽 참조.

다. 즉, 위법성을 판단하는 과정에서 기계적으로 특정 기준을 대입하고 그 결과를 산출하는 것이 아니라, 여러 주체들의 상호 과정의 결과로 사법적인 판단이 도출된다는 점에 주목해야 한다. 그리고 그러한 상호작용을 살펴보기 위해서는 이전 연구에서 계속해서 간과해왔던 질문을 던져야 한다. 즉, 사람들 간의 분쟁이 늘어갈 때 '어떠한 행위'들이 논란의 대상이 되는지, 분쟁의 해결을 위해서 '누가' 법정에 서는지, 자신의 억울함을 해소하기 위해서 '어떻게' 법관을 설득하는지 등 보다 세밀하게 따져보아야 한다.

구체적으로 조선후기 격쟁이나 상언과 같은 소원을 둘러싸고 연구를 진행한 대표적인 두 연구를 살펴보자. 조선후기 상언이나 격쟁에 관한 선구적인 연구는 한상권의 연구다.[11] 한상권은 『일성록日省錄』에서 확인할 수 있는 18세기 4,000여 건의 상언과 격쟁을 직역별, 신분별로 검토하고, 내용을 종류별로 분류하여 통계처리 하였다. 한상권의 연구는 그동안 학계에서 거의 주목받지 못했던 소외계층의 민은民隱을 다양한 사례별로 확인했다는 점에서 중요한 연구다. 그러나 한상권은 18세기의 정치, 경제, 사회의 변화에 따라 기층민들이 상언이나 격쟁을 통해 어느 정도 집단성과 저항성을 내포하고 있었음에 주목하여, 19세기 민란 발발 직전 민인들의 동향을 살펴보는 데에 중점을 두고 있다. 그리고 이러한 기층민의 동향에 대해 국가에서는 지방에서 발생하는 수령의 탐학 문제를 근본 원인으로 파악해, 지방행정에 대한 국가의 통제력 강화라는 차원으로 대응한 것으로 본다.

한상권은 4,000여 건의 상언과 격쟁에 대한 통계분석을 통해서, 어떠한 신분 혹은 직역에 해당하는 사람들이, 어떠한 내용을 주로 문제 삼고 있는지, 어떠한 형식으로 소원을 제기하고 있는지를 분명 분석하고 있다. 그러나 한상권의 경우는 구체적으로 민인들이 소원 절차를 통해서 구체적으

---

11   한상권, 『조선후기 사회와 소원제도』, 일조각, 1996.

로 법정에서 어떠한 노력을 하고 있는지에 주목하기보다는 소원이라는 행위가 갖는 특징에 주목한 것이다. 특히 집단성과 저항성이라는 성격에 주목함으로써, 조선시대 국가의 억압과 민인의 저항이라는 이분법적 시각에서 크게 벗어나지 못하고 있다.

반면, 김지수는 한상권의 연구를 기본적으로 원용하고 있으면서도, 구체적으로 소원을 하는 법적 주체의 법적 퍼포먼스에 중점을 둔다. 즉, 법정에서 민인들이 행하는 법적인 퍼포먼스를 분석함으로써, 심판받는 자와 심판하는 자라는 구도에서 탈피하여, 법정 내의 행위자들 간 상호작용에 주목한 것이다. 예를 들면, 김지수가 보기에, 조선시대 여성이나 천민 같은 하층민은 특권 남성 지배층보다 훨씬 더 원怨을 체현하고 있었고, 격쟁이나 상언과 같은 소원 장치가 이들의 억울함을 해소할 수 있는 견고한 기반을 마련해주었다고 본다.[12] 따라서, 김지수는 상언이나 격쟁을 통해서 법적인 주체가 젠더나 신분 차별 없이 법의 영역에서 적극적으로 자신들의 억울함이나 분노를 표출했다는 점을 강조한다. 이는 비교사적인 관점에서 볼 때, 더욱 의미가 있는 부분이다. 김지수는 다니엘 스메일Daniel Smail의 연구를 인용하여 마르세유 지역에서 하인, 농노, 무슬림, 유대인 같은 비자유인과 소외된 집단의 구성원들은 국가에 너무 위험하다고 생각되었기 때문에, 법정에서 그들의 분노를 '공론화'하는 것이 허용되지 않았다고 한다.[13] 그리고 동시대 유사한 사상을 받아들이고 가부장적인 질서를 유지했던 중국에서는 여성의 법적 지위를 남성에게 종속시켰다는 점에서도 조선

12　김지수, 앞의 책, 36~41쪽. 여기서 말하는 소원은 은전(恩典)을 위한 청원과 달리, 상대방을 대상으로 하는 통상의 법정 절차에서 공식화된 법적 구제나 상소권으로서 법적 구제 수단에 초점을 둔다. 물론 한상권이 구체적으로 정조대 상언과 격쟁의 주제별 분류에서 알 수 있는 바와 같이, 자비나 도움을 요청하기 위해 소원을 제출한 경우가 있음을 김지수도 인정하고 있다. 그러나 한상권과 달리, 김지수는 상언과 격쟁을 대부분 법적 구제 수단으로 간주할 수 있다고 말하고 있다.

13　Daniel Smail, *The Consumption of Justice: Emotions, Publicity, and Legal Culture in Marseille, 1264-1423*, Ithaca: Cornell University Press, 2003.

과 차이가 난다고 주장한다.[14] 실제 사료 속에서 조선후기에 들어서면 신분제 상의 하위에 속하는 노비나 여성이 적극적으로 법정에 나서는 것을 쉽게 확인할 수 있다.

또한, 김지수는 해당 소원 내용이 어떻게 특정한 서사구조를 형성하였는지, 법정에서 어떠한 방식으로 이해되는지에 주목하였다.[15] 당시 공식 언어는 한자였음에도 불구하고, 여성들이 한글로 상언과 소지를 작성한 것에 주목하였다. 이는 두 차원의 의미를 갖는다. 우선, 일부 양반 여성들은 한문으로 소지를 작성할 수 있음에도 불구하고 한글로 소지를 제출함으로써, 공식적인 문자 영역에 도전하였다는 점이다. 둘째는 여성들이 한문이 아니라 한글로 소지를 작성함으로써, 정치적으로 상당히 민감한 사건을 언급하면서도 자신의 여성성을 강조하면서 전략적으로 문제의 소지에서 피해 갈 수 있었던 것이다. 그리고 여성들이 특정한 서사구조를 활용함으로써, 그 이전에는 논의의 대상이 되지 않았던 사안들까지도 검토할 수 있게 되며, 이전에는 대표할 수 없는 주체들까지도 법정에 나서서 자신들의 억울함을 표출할 수 있게 된 것으로 본다. 결국, 이러한 과정에서 법정은 '억울함의 의미를 협상하는 장소'로 재규정되고 있다.

이때, 김지수의 연구에서 흥미로운 또 다른 지점은 법정에서의 법적 능력을 행사하는 여성 주체의 역할을 강조하면서도, 이것이 개인의 권리를 보장받기 위한 노력이나 인권의 형성으로 나아가지 않는다는 것이다. 김지수가 분석하고 있는 사료 속에 등장하는 여성은 일반적인 상식과 달리

---

14 김지수, 앞의 책, 36~38쪽 참조.
15 이는 김지수가 밝히고 있듯이 데이비스(Natalie Davis)의 방법론에서 비롯된 것인데, 데이비스는 16세기 프랑스에서 감형을 위한 청원의 글을 읽어 내는 과정에서 청원 내용의 '허구적'인 측면의 중요성을 밝힌 바 있다. 즉, 청원자들은 자신의 이야기가 보다 설득적이고 효과적으로 받아들여지도록 하기 위해 자신의 문화에 더 익숙한 이야기로 청원 내용을 '만들어 내고, 빚어내고, 다져낸다'라는 것이다. Natalie Davis, Fiction in the Archives: Pardon Tales and Their Tellers in Sixteenth-Century France, Stanford: Stanford University Press, 1987, pp.1~6. 김지수는 데이비스의 방법론에서 더 나아가, 언어 관행의 퍼포먼스적인 측면에 초점을 두었다.

상당히 주체적으로 보이며, 때로 이들이 활용하고 있는 "법적 공간은 평민들이 소원의 법적 능력을 행사함으로써 양반에게 공개적으로 도전할 수 있는 장소들 중 하나"로 보이기도 한다.[16] 따라서, 조선은 노비 신분을 포함한 신분 세습체계와 유교적 관점에 기반한 젠더 구분 때문에 경직된 사회로 그려지곤 하지만, 실제로는 신분이나 젠더와 관계없이 동등한 법적 주체로 인식되었다고 김지수는 주장한다.[17] 다만, 이는 어디까지나 국가의 차원에서 더 큰 분쟁이나 사회적 혼란을 막기 위해 일정한 정도의 분노를 배출할 수 있는 분출구의 역할만을 규정하고 있고, 당시의 신분제적 차별 요소를 오히려 공고히 하는 공간으로 간주한다. "정소 활동은 안전판으로 기능하면서도 백성들이 사회규범의 선을 넘지 않도록 규제함으로써 역설적으로 국가의 합법성을 강화했다."라는 김지수의 평가가 이를 단적으로 보여준다.[18]

3. 조선후기 법

1) 전통법에 대한 고전적인 시각: 통치 수단으로서의 법

전통법에 대한 부정적인 시각을 바로잡기 위해서 초기 법사학 연구에서는 중앙정부에 의한 통일된 법전의 마련에 관한 내용을 중심으로 대응해 왔다. 선구적인 연구로 박병호는 성종 때 반포한 『경국대전經國大典』을 중심으로 조선후기 『속대전續大典』, 『대전통편大典通編』, 『대전회통大典會通』

---

16 김지수, 앞의 책, 38쪽.
17 김지수, 앞의 책, 25쪽.
18 김지수, 앞의 책, 39쪽.

등의 다양한 법전이 편찬된 것에 주목하여 조선시대를 '통일 법전의 시대'로 명명하기도 하였다.[19] 이후 조선후기 영조와 정조시기에는 왕의 강력한 정치적 리더십 하에서 법전뿐만 아니라 형벌이나 각종 형사적 규정과 관련하여서도 여러 개혁적인 조치가 마련된 것에 주목한 연구들도 있다. 실제로 영조와 정조 대 다양한 법규 입안 노력이 구체화 되었고, 법규뿐만 아니라 법의 집행에 도움을 줄 수 있는 판례집, 법서, 사료 등도 편찬되었다. 예를 들어, 심재우는 18세기 법전의 편찬이 활발해지고, 보다 많은 법률서가 보급되었으며, 여러 측면에서 형사제도가 개선되었던 점에 주목하여, 법률 운영의 보다 진전된 모습을 보여주기도 했다.[20] 박강우는 조선시대 증거재판주의나 공정한 재판을 구현하기 위해 운용되었던 상피, 검험, 삼복, 소원 등의 제반 형사법 제도를 면밀하게 살펴봄으로써, 당시 상당히 정비된 형태로 형사절차가 진행되었음을 강조하기도 하였다.[21]

조선후기 법을 새롭게 보려는 여러 시도가 있었지만, 기존 연구에서 지적하고 있는 '조선시대 법은 공법公法 위주의 법'이라는 관념은 크게 도전받지 못한 상황이다. 조선의 법체계가 주로 형법과 행정법으로 구성되어 있고, 민법 역시 형벌을 수반한다는 점이 크게 부각되어 왔다. 따라서 서구의 법체계와 달리 조선의 법은 개인의 권리를 보호하고 개인 간 분쟁을 해결하는 수단이 아니라 행정권이나 공공질서의 도구로 간주되어 왔다고 할 수 있다. 유교적 담론에서 '유가와 법가의 대립'이나, '덕주형보德主刑補'의 관념, '교화 중심에서 형정 중심으로의 변화'를 지적하고 있는 연구들에서도 공통적으로 찾을 수 있는 것은 '법'이란 피지배층에게 복종을 강요하는 수단이라는 점이다.[22] 사회 내에 폭력, 무질서와 혼란을 없애려고 하는 제

---

19 박병호, 『근세의 법과 법사상』, 진원, 1996, 33쪽.
20 심재우, 「18세기 옥송(獄訟)의 성격과 형정운용의 변화」, 『한국사론』, 34, 서울대학교 국사학과, 1995.
21 박강우, 「조선조(朝鮮朝) 형사절차(刑事節次)에 있어서 증거재판주의(證據裁判主義)와 공정(公正)한 재판(裁判)」, 『형사정책연구』 60, 2004.

도들에 의해 부과되는, 추상적인 규칙들로 이루어진 일관성을 갖춘 하나의 체계a consistent system of abstract rules로 법이 전제되고 있다.[23] 유교적인 성군이 지향하는 '덕'과 대비되는 측면이 있기는 하지만, 법이란 결국 국가권력을 집행하는 도구적인 수단으로 간주한 것이다.

2) 상호작용 결과, 법

조선후기 법이 통치 수단으로만 여겨졌다면, 사료에서 나타나는 바처럼 민인들이 법을 적극적으로 활용하는 모습은 선뜻 이해하기 어렵다. 조선의 법과 제도가 '질서'나 '공정성'을 확보하는 데 중점을 둔 것은 맞지만, 그렇다고 해서 곧바로 조선의 법이 개인 사이의 분쟁 해결에 관심이 없었다거나 사적 관계에서의 정의 구현에 책무를 두지 않았다고 단정할 수도 없다.[24] 물론 선행연구에서도 지적하는 바와 같이, 조선시대 소위 민법에 해당하는 규율이 (있다고 하더라도), 형법의 상세한 규정과 달리 내용이 소략하다. 나아가 입법의 의도가 민법을 통해 개인의 권리를 보호하려는 것이라기보다는 민사 관련 규정을 위반했을 때 형벌을 내리기 위한 것이기도 하다. 그러나 이러한 '법의 의도'와 달리, 실제로 많은 사람이 소송을 제기하기 위해 사법제도에 크게 의존했다는 사실은 곧 그들의 이익을 보호하는 '실제적인 결과가 있었음'을 보여준다고 할 수 있다.[25]

---

22 한상권, 「조선시대의 교화와 형정」, 『역사와 현실』 79, 2011.
23 이러한 베버의 시각에 대해서는 Max Weber, *The Theory of Social and Economic Organization*, trans. A. M. Henderson, ed. Talcott Parsons, New York: The Free Press, 1947, p.330; Simon Roberts, "The Study of Dispute: Anthropological Perspectives," in *Disputes and Settlements: Law and Human Relations in the West*, ed. John Bossy, New York: Quid Pro, LLC, 1983, pp.1~24.
24 이러한 인식으로는 Marie S. Kim, *Law and Custom in Korea*, New York: Cambridge University Press, 2012, p.24.
25 이러한 면은 김지수, 앞의 책, 61쪽.

구체적으로 민인들의 소원 자체에 관한 법규의 발달을 상기 두 연구자의 태도를 중심으로 살펴보자. 앞선 연구자인 한상권은 15세기 신문고를 설치하고 소원제도를 『경국대전』에 법제화하는 과정에서부터 19세기에 이르기까지 소원과 관련된 법규의 변천을 상세하게 논구한 바 있다.[26] 우선, 조선초기 『경국대전』 형전 소원訴冤조에서 민인들의 원억을 국왕에게 직소할 수 있는 '신문고申聞鼓'에 관한 규정을 마련하였는데, 한상권은 이를 '유교 정치'의 당연한 귀결로 보고 있다.[27] 그런데 한상권이 당시 하륜과 이무의 논쟁을 통해서 상세하게 보여주는 바와 같이, 조선초기의 소원제도는 민인들의 원억 해소를 중요하게 여길 것인가 아니면 관권 보호를 우선할 것인가에 대한 논쟁의 결과물이었다.[28] 민인들의 원억 해소가 자칫 "민인들이 송사 처결에 승복하지 않고 걸핏하면 신문고를 두드림으로써 관권을 능멸한다"라는 불만이 제기되었다.[29] 결국, 타인을 사주하여 대리 고소하게 하는 것은 허용되지 않으며, 자신의 원억에 한해서만 소원할 수 있도록 하였다. 그리고 소송의 내용이 만일 자기 관사의 상사나 자기 고을의 수령을 고발일 경우는 면책 조건이 '종묘와 사직 및 불법 살인'에 국한되는 것으로 한정하였다.[30]

---

26 한상권, 앞의 책, 13~83쪽.
27 "원통하고 억울한 일을 호소하려는 자는 서울은 주무관서(主掌官)에, 지방은 관찰사에 정소(呈訴)한다. 그렇게 한 뒤에도 억울함이 있으면 사헌부에 고하고, 그리하고서도 원억(冤抑)이 있으면 신문고를 두드린다." 신문고의 설치를 유교 정치 이념의 상징적 표현, 나아가 조선왕조가 양인 농민층의 지지를 바탕으로 탄생한 지배집단임을 의미하는 것으로 보는 시각은 한우근이나 한영우 등의 영향이다. 한상권, 앞의 책, 14쪽 주석 1과 3 참조.
28 한상권, 앞의 책, 15쪽.
29 한상권, 앞의 책, 15쪽.
30 『경국대전』 형전 소원(訴冤)조 "종묘사직에 관계되거나 불법적으로 사람을 죽인 경우를 제외하고는 이전(史典)이나 복례(僕隷)가 자기 관사의 관원을 고발한 경우, 품관(品官)·아전·백성이 자기 지역의 관찰사나 수령을 고발한 경우에는 모두 접수하지 않으며, 고발한 자는 장 1백을 치고, 도 3년에 처한다. 그 품관·아전 또는 백성은 고을에서 쫓아낸다. 은밀하게 타인을 사주해 고발장을 낸 경우, 죄 또한 그와 같다. 본인이 억울함을 하소연할 경우에는 모두 청리(聽理)한다. 무고(誣告)를 한 자는 장 1백을 치고 유 3천 리에 처한다. 그 품관·아전 또는 백성 역시 고을에서 내쫓는다."

반면, 한상권은 16세기에 들어서면서, 신문고가 점차 효과적으로 활용되지 못하면서, 상언이나 격쟁이 새로운 소원 수단으로 등장하였다고 본다.[31] 그리고 앞선 『경국대전』의 규정이 소원의 내용을 다소 제한적으로 규정한 것에 반해, 명종 12년에는 "형륙刑戮이 자신에게 미치는 일[刑戮及身], 부자 관계를 밝히는 일[父子分揀], 적·첩을 가리는 일[嫡妾分揀], 양천을 가리는 일[良賤分揀]" 이른바 '사건사四件事'로 확대되어 확립된다. 그리고 18세기 중엽 『속대전續大典』에서는 소원의 주체도 "자손이 부모를 위하여[子孫爲父母], 처가 남편을 위하여[妻爲夫], 아우가 형을 위하여[第爲兄], 노비가 주인을 위하여[奴爲主]" 소원할 수 있도록 하는, 이른바 '신사건사新四件事'를 규정하였다. 즉, 조선초기 자신의 원억만을 소원할 수 있던 데에 비해, 이제 가족 관계 및 주노 관계에서 비롯된 타인을 위해서도 소원을 할 수 있게 된 것이다. 그리고 19세기 『육전조례六典條例』에서 사건사와 신사건사가 병기된다.

이처럼 16세기 상언과 격쟁이 새롭게 부상하면서 소원의 범위가 '사건사'로 보다 확대되고, 소원의 주체도 '신사건사'처럼 점차 확대되고 있음을 알 수 있다. 한상권은 이러한 법규의 변천 과정을 추적하는데, 18세기로 나아가면서 상언과 격쟁이 더욱 증가하는 양상에 주목하고 있다. 그러나 한상권의 연구에서는 조선후기에 들면서 일반 백성들이 왜 그토록 상언 격쟁을 하고자 하였는지에 관심을 두지는 않는다. 한편으로는 18세기 후반 사회 모순의 심화에 따른 민인의 저항 의지가 성장한 것으로 본다. 예를 들어 "지방관의 부당한 송사 처결에 복종하지 않고 결연히 맞서는 민인들의 모습을 통해 성장된 권리 의식을 엿볼 수 있다"라고 표현하기도 한다.[32] 다른

---

31 소원제도의 발달과정에 대해서는 한상권, 앞의 책, 13~84쪽을 참조. 아울러 한상권은 신문고를 설치하였을 당시의 취지와 달리, 소원을 제기할 수 있는 신분, 지역이 한정적으로 되고, 소원을 제기하는 과정에서도 각종 통제가 가해지면서 신문고를 통한 원억 해결이 쉽지 않았다고 한다. 상언과 격쟁의 공통점과 차이점에 대한 상세한 분석은 한상권, 앞의 책, 19~28쪽.

한편으로는 영조나 정조의 이른바 유교정치, 즉, 민본, 애민 이념을 실현하는 방안의 하나로 민의를 존중하고 민인들의 소원에 관심을 가진 것에 주목한다. 즉, 한상권의 논의에는 늘어가는 상언과 격쟁을 어떻게 통제할 것인가 아니면 혹은 왕 개인의 유교적 가치관에 의거해서 허용할 것인가의 문제로 삼고 있다.[33] 그 과정에서 점차 늘어가던 민인들의 상언과 격쟁은, 19세기에 있었던 민란의 전신으로서 점차 민인들의 사회경제적인 이익을 지키는 집단적인 저항 수단으로서의 성격으로 변화했다고까지 지적하고 있다.[34]

반면, 김지수는 소원과 관련한 제반 법규의 변화를 단순히 늘어가는 소원에 대한 국가의 통제책으로 설명하지 않고, 조선초기부터 억울함을 구제하기 위해 송자들이 노력한 결과로 바라보고 있다. 즉, 일정한 방향으로의 입법과정은 국가가 사회와의 지속적인 상호작용과 협상 과정에서 도출하게 된 일종의 결과물이다. 그 과정에서 특히 김지수가 주목하고 있는 부분은 15세기 소원제도가 개인적인 억울함에 대한 것으로 제한되어 있는 것과 달리, 18세기에는 가족 구성원의 억울함까지 대변할 수 있도록 변화하는 것이다. 즉, 이 문제는 사회의 유교화가 어떻게 집안의 권력을 재분배하였는가 하는 문제와도 관련이 되어 있는 것이며, 유교가 사법의 영역까지 스며들게 되는 지점을 김지수는 흥미롭게 보여준다.

이러한 논의를 받아들인다면, 조선후기 법이란 국가의 권력 집행을 위한 수단에 머물지 않는다. 국가가 권력 행사를 위해 일방적으로 양산해 내는 도구가 아니라, 국가와 사회의 상호작용 결과로 '만들어지는' 것이다. 사회내 정의롭지 못한(부정의) 상황의 존재 여부를 규정할 수 있는 존재는 국

---

32 한상권, 앞의 책, 139쪽.
33 한상권, 앞의 책, 45쪽.
34 한상권, 앞의 책, 83쪽.

가였지만, 민인들 역시 법정에서 소원이라는 법적 행위를 통해서 '부정의'를 재규정할 수 있는 권능을 갖게 된다.[35] 민인들의 법적 행위가 일정한 수준 이상으로 지속된다면, 이전에는 바로잡기를 소홀히 해왔던 부정의에 대해서 민인들이 목소리를 낼 수 있게 되고, 이러한 경험들이 모여 국가를 설득할 수 있기 때문이다.

그런데 법정에 대한 모순적인 역할을 지적한 것과 마찬가지로, 김지수는 이처럼 국가와 사회의 상호작용으로 만들어진 법이 사회 내에서 모순적인 역할을 한다는 점에 주목하고 있다. 법을 통해서 백성들을 그들의 신분 경계 내에서 보호해 주면서 동시에 그들이 사회질서에 저항하는 것을 막아줄 수 있다는 것이다. 예를 들어, 소원제도 법에 있어서도 유교적인 신분제적인 사회에서 국가가 여성의 소원 능력을 승인한 것은 "여성이 공적 영역에서 남편을 옹호하고 대변할 수 있도록 한 것"으로 본다.[36] 여성이 아내다운 의무를 수행할 수 있게 함으로써 한편으로는 여성과 남성의 차별적인 규범을 강화한 것이지만, 동시에 판결을 번복하고 혹은 감형을 얻어내기 위해 아내의 법적인 퍼포먼스와 내러티브에 의존할 수 있도록 만든 것이다. 다시 말하자면, 조선후기의 법은 사회 내 사인 간의 갈등이 더 큰 불만으로 나아가지 않도록 하는, 일종의 분출구를 만들어 주었다.

---

35 김지수, 앞의 책, 263쪽.
36 김지수, 앞의 책, 219쪽.

4. 조선후기 국가

1) 조선후기 국가에 대한 고전적인 시각: 전제주의 국가 혹은 유교 국가

법사학 분야에서 조선시대 국가를 다루는 방식은 크게 두 가지로 대별된다. 초기 법사학 연구에서는 서구 법의 특징 혹은 법문화의 특징과 비교하면서, 한국의 전근대 법, 법문화 나아가 국가의 특성을 규정해왔다. 즉, 조선 법의 속성 자체가 전제주의적인 국가의 속성을 규정한다고 보았으며, 법을 행사하는 방식에 있어서도 국가의 전제주의적인 특성에 주목해왔다. 잘 알려진 바와 같이, 조선 법이 공법公法이나 행정법 위주의 강압적이고, 전제적인 모습의 법이라거나, 혹은 "법의 운영이 왕의 자의에 의해 천단擅斷되고 관리의 남형濫刑이 자행되는, 그래서 참혹한 형장의 모습이 그려지고, 민民은 관에 대해 절대복종하면서 자신의 입장을 밝히기 위한 노력도 감히 할 수 없는 그런 위압적인 모습의 법"과 같은 서술을 들 수 있다.[37]

법사학 분야의 다양한 연구성과들로 인해서 앞서 소개한 부정적인 법문화에 대해서는 상당 부분 인식의 전환이 있었다. 그러나 초기 연구자들이 전제하고 있던 전제주의적 국가 면모에 대해서는 연구의 진전이 크게 이뤄지지 못하고 있다. 대부분의 법제사 연구들은, 왕조시대인 조선시대에 법률을 제정하는 권한은 군주가 전제적으로 독점하고 있다고 본다. 다만, 법률을 제정하거나 실제 집행하는 과정에서 다양한 요소들에 의해 군주의 자의적인 권력 행사가 제어 받는 것을 강조한다. 혹은 법 집행 과정상 나름의 '합리화'를 통해서 전제적이거나 자의적인 권력 행사를 견제할 수 있었음을 강조하는 데 그치고 있기 때문이다.

---

[37] 조윤선, 「조선후기 법사학 연구의 현황」, 『조선후기사 연구의 현황과 과제』, 창작과 비평사, 2000 참조.

반면, 전제국가론과 상반되는 것으로 알려진 '유교 국가' 논의에서는 명시적으로 국가권력에 대한 분석적인 접근은 시도하지 않는다. 유교의 이념적 성향에 근거하여, 왕권의 행사가 자의적으로 볼 수 없다거나 무자비한 권력의 행사를 전제하지는 않는다. 그러나 유교적 이념이 국가권력 행사에 큰 영향을 주는 것으로 간주하는 것을 넘어서서 국가권력의 특성을 어떻게 개념화할 것인가는 아직 구체화되지 않은 것으로 보인다. 다만, 사법의 영역에서 유교 국가는 "어리석은 백성을 예와 도덕으로 감화시켜 스스로 부끄러움을 깨닫게 함으로써 원만히 해결되기를 기대"하거나, "도덕과 민심이 타락한 자를 꾸짖거나 형벌을 가하여 자신의 과오를 깨닫도록 하는" 주체이다.[38] 비록 전제주의와 권력 관철의 양태가 동일하지는 않지만, 법정에 오른 주체를 어리석은 백성이나 도덕과 민심이 타락한 자로 전제하고 있다. 그리고 이들에 대한 사법적 판단을 내리는 것이 곧 분쟁 해결을 위한 조정적 성격이라든지 혹은 하위 주체에 대한 효유曉諭의 성격을 갖는다고 보고 있다.

2) 사회와 소통하는 주체로서의 국가

법정을 새롭게 바라보고, 법정에서 논의되는 법을 새롭게 바라봤다면, 이제 법정에서 가장 중요한 행위자로서 국가를 새롭게 바라볼 차례다. 무엇보다 국가는 왜 민인들의 소원 절차에 적극적으로 개입하고자 했는가? 만일 조선이 전제주의 국가가 상정하는 바대로, 무자비하거나 폭력적인 면모를 나타냈다고 한다면, 민인들의 억울함 해소에 국가가 그토록 관심을 가졌다는 점은 설명할 수 없다. 또한, 유교 국가론에서 말하는 바와 같이

---

38 이승일, 앞의 책, 3~4쪽, 73~75쪽.

국가가 유교적인 관점에 의거해서, 시혜적인 차원만으로도 충분하게 설명되지는 않는다. 결국, 국가의 입장에서 볼 때에도, 민인들의 원억 해소에 적극적으로 관심을 기울이는 것이 최적의 선택이 될 수 있었음을 설명할 때야 비로소, 사료 속에 나오는 국가의 행위를 설명할 수 있을 것이다.

구체적으로 유교 형정론으로 설명하고 있는 한상권의 연구를 살펴보자. 한상권은 정조대 상언과 격쟁에 대한 정부의 입장을 설명하면서 정조와 여타 신하들 간의 입장 차이에 주목하였다. 그리고 신하들과 달리, 왕만이 상언이나 격쟁의 처리에 있어서 관용적인 자세를 취하고 있음을 강조한다.[39] 예를 들어, 정조대 헌납 김광악이 "국왕의 애민 정치에 편승하여 민인들이 상언이나 격쟁을 양반과 수령에 저항하는 수단으로 활용하고 있음"을 비판한 것과 같이, 신하들은 민인들의 상언이나 격쟁을 지배 질서에 일정한 위협으로 인식하고 있음을 보여주었다.[40] 그러한 신하들의 만류에도 불구하고 정조대에 상언이나 격쟁이 허용된 것은 결국 왕인 정조 개인의 애민 사상, 흠휼의 원칙에 기인한 것으로 한상권은 보고 있다.[41] 이는 여타 선행연구들과 마찬가지로, 유교적 성군을 지향하는 특정 왕이 민의를 반영하고자 노력했던 것으로 이해하는 것과 같은 맥락이다.[42] 다시 말하자면, 상언이나 격쟁을 통해 표출된 백성들의 의견을 들어주는 것을 성군과 같은 왕의 은덕恩德으로 비유되곤 하였다.

반면, 김지수는 송자들의 목소리를 듣는 것은 자애로운 왕의 은덕에 머물지 않는다고 한다. 국가의 입장에서 볼 때, 상언이나 격쟁의 내용을 들어주는 것이 일정한 정치적인 효과를 갖는다고 본다. 예를 들어, 군현과

---

39 한상권, 앞의 책, 70~73쪽.
40 정조실록 25권, 정조 12년 1월 22일 을유. 한상권, 앞의 책, 76~78쪽.
41 한상권, 앞의 책, 76~78쪽.
42 예를 들어, 김백철, 『탕평시대 법치주의 유산: 조선후기 국법체계 재구축사』, 경인문화사, 2016.

같은 지방에서 사법권을 남용하는 관리나 행정 권력을 집행하는 데 실패한 지역의 권력자들을 손쉽고 효과적으로 파악할 수 있다.[43] 그리고 지역사회에서 법규나 사회규범을 어긴 자들을 규제함으로써, 국가는 자신의 합법성을 유지할 수 있게 된다.[44] 나아가, 군주에게 억울함을 토로한 사람들에게 그러한 부정적 감정을 풀어 주는 만족을 제공함으로써 국가는 권력을 창출할 수 있었을 뿐만 아니라, 사회질서의 본질을 강화할 수 있었다고 한다.[45] 동시대에 다른 국가들이 신분제 상의 하류층에게는 그들의 불만이 공론화되는 것을 위험하다고 여겼지만, 조선은 "천출의 원이라도 화합을 깨뜨리고 도덕적 변형을 해치기에는 충분"하다며, 신분제 상에서 하층계급에 속하는 노비나 여성들도 법적 주체로서 인정하게 되었다고 김지수는 주장한다.[46]

물론, 김지수 역시 한상권이 주장하는 바와 같이 상언이나 격쟁이 기존의 신분제적 지배 질서에 일종의 위협이 될 가능성을 당시 국가에서 충분히 인지하고 있었다고 본다. 그러나 이를 해결하는 방식이 특정한 왕 개인의 은덕에서 해결책을 찾는 것이 아니고, 국가가 자신의 정통성을 강화하고 합법성을 유지하기 위한 고민의 산물로 이해한다. 따라서, 국가는 평민과 노비의 고충을 들어주면서도 그들이 신분 질서에 도전하는지를 동시에 감시할 수 있는 방향으로 결론을 내렸다고 본다.[47]

이러한 김지수의 논의를 고려해 본다면, 조선후기 국가의 입장에서도 충분히 사인 간의 분쟁에 적극적으로 개입하여 사법적인 정의를 추구할 동기가 존재한다. 그리고 그러한 사법적인 정의의 구현이 공공질서 확보

---

43 김지수, 앞의 책, 248쪽.
44 김지수, 앞의 책, 248쪽.
45 김지수, 앞의 책, 37쪽.
46 김지수, 앞의 책, 38~41쪽.
47 김지수, 앞의 책, 87쪽.

를 위한 노력과 상호배타적이지 않다. 국가가 법정에서 원억을 해결해 줌으로써, 국가권력의 정통성 및 합법성을 추구할 수 있다는 점에서 양자는 상호구성적인 역할을 한다고 볼 수도 있다. 결국, 조선 후기 국가는 피지배층을 통치의 대상으로만 간주한다거나, 국가의 시각에서 일련의 정책을 집행함으로써 사회 내 질서를 유지하려 한 것은 아니다. 소원이라는 사법제도 속에서 사회와 소통하는 주체로서의 국가, 사법 영역에서 이뤄진 상호 대화로 사회정의를 바로잡을 수 있는 국가라고 명명할 수 있을 것이다.

5. 추국 공간 분석에의 함의

김지수가 분석한 사례들은 토지, 노비, 묘지 등 주로 개인의 재산권 다툼과 관련한 민사 재판의 경우를 대상으로 한다. 법적인 능력이 없을 것으로 예상되었던 법적 주체의 능력을 자신의 억울함을 적극적으로 해소하는 과정에서 재발견한 것이다. 이러한 김지수의 논점은 법정에 서는 주체가 훨씬 더 수동적인 것으로 이해되어 왔던 형사재판의 법정에도 중요한 시사점을 제공한다. 조선시대 형사재판은 살인이나 반역과 같이 중죄를 저질러 법정에 서게 된 죄인과 죄인에게 형벌을 내리고자 하는 국가 간의 상하관계가 극명하다고 여겨진다. 오늘날의 법정과 달리, 혐의자는 일단 법정에 서는 순간부터 죄인으로 낙인찍히고, 강압적인 형문을 통해서 자신의 죄를 스스로 자백하게 만들곤 했기 때문이다.

그런데 추국에 참여하는 법적 주체들의 퍼포먼스에 대해서도 주목해 볼 필요가 있다. 예를 들어, 이하경은 조선시대 반역 사건과 같은 중대 범죄자를 심문했던 기록인 『추안급국안推案及鞫案』에서 무고모역誣告謀逆 사건을 분석한 바 있다.[48] 무고모역 죄는 반란을 모의하고 있다고 허위로 고발하는 행위이고, 사인私人이 국가권력을 자의적으로 전유하여 사법 체계에 혼란을 초래할 수 있는 중대한 위법 행위이다.[49] 따라서 자신의 고발이 거짓으로 드러나면 반란 모의와 동일한 형벌인 중형을 받게 된다. 그런데 이하경은 〈영조 27년 김정구 사건〉을 통해서 추국장이 단순히 반역 사건을 거짓으로 고한 죄인을 왕이 엄형으로 다스리는 공간만이 아니었음을 보여 주었다. 우선 죄인 김정구가 무고라는 위법한 행위를 하고서라도 지방사회에 벌어진 문제를 왕에게 알리고자 했던 것에 주목하였다. 그리고 근본적인 문제를 야기한 지방의 탐학 무리에 형벌을 내리는 영조의 법적 퍼포먼스에 주목하여 추국이라는 공간의 의미를 재음미하였다.

이외에도 추국 기록을 보면 법적 주체들의 법적인 행위가 갖는 의미에 대해서 다시 생각해보아야 할 사건 기록들이 적지 않다. 〈정조 8년 김하재 추안〉에서 엿볼 수 있는 전前 이조 참판인 김하재에 관한 추국이 대표적인 예다.[50] 김하재는 왕에 대한 욕설을 가득 적은 종이를 다른 관료에게 넘겨주었다가 추국을 받게 된 자다. 김하재가 추포되는 과정을 살펴보면, 김하재는 자신이 잡히게 될 줄 알면서도 일부러 문제가 되는 행동을 한 것처럼 보인다. 당시 김하재는 영희전永禧殿의 고유제告由祭 헌관獻官이었는데, 향실에 들어가면서 소매 속에서 조그마한 종이를 꺼내어 예방禮房 승지 이재학李在學에게 넘겨주었다. 그리고 이재학이 이 면지를 펼쳐보니 왕에 대한 욕설이 가득하여 이를 고발하였고, 이로써 김하재는 잡히게 된 것이다. 그런데 심문 과정에서 김하재는 자신이 더러운 이름을 먼 훗날까지 남기고 싶어서 일부러 그랬노라고 말한다. 심지어 자신이 "김일경金一鏡과 똑같은 심보였다"라고 말하기도 한다. 김일경은 영조 즉위를 저지하려 했던 소론

---

48 이하경, 「조선후기 '무고모역'의 정치적 의미」, 『한국정치학회보』 54(1), 2020.
49 기존 연구에서는 조선시대 무고가 만연했으며, 관료의 무능, 부패와 연계하여 사회의 고질적인 문제점으로 인식되어 왔다고 한다. 서정민, 『한국 전통형법의 무고죄』, 민속원, 2013, 260쪽 참조.
50 이하 김하재의 추국 내용은 변주승 역주, 『추안급국안』 71권, 흐름, 2014, 13~22쪽 참조.

의 대표 격으로 영조 즉위년인 갑진년(1724년)에 처형당하였는데, 김하재는 "올해가 갑진년(1784년)이므로 자신도 김일경처럼 죽겠다"라고 하였다. 계속된 심문 과정에서 김하재는 "제가 마치 정신 나간 사람처럼 조상을 욕되게 했는데, 스스로 난신적자亂臣賊子가 될 줄을 알면서도 공연히 비명횡사하고 싶은 까닭에 이런 짓을 저질렀습니다"라며 자신의 행위가 의도된 것이라고 주장하였다. 그러다가 김하재는 자신이 지난해 관직에서 박탈당하여 흉악한 마음이 생겼다는 것으로 변한다. 그리고 대역부도大逆不道 죄를 저질렀음을 인정하는 결안結案을 김하재로부터 받아 결국 『대명률大明律』에 의거하여 김하재는 능지처사 되었다.

아직 김하재의 추국 과정에 대해서는 선행연구에서 자세하게 논구된 바 없고, 다만, 김하재 사건을 정조에 대한 노론의 뿌리 깊은 반감을 보여주는 사건 정도로 간주하는 연구가 있다.[51] 정조의 즉위부터 반감을 가지고 있었을 노론이, 정조가 원자를 책봉하려고 할 때, 이를 막기 위해서 벌인 일이라고 보았기 때문이다. 그러나 추국 과정을 더 자세히 살펴본다면, 심문하는 자와 심문받는 자의 법적 퍼포먼스에 대해 분석의 여지가 있다. 먼저, 심문 과정에서 정조는 김하재의 이러한 태도를 전혀 이해할 수 없다고 계속 반복한다. 특히 김하재는 당시 조선후기를 대표하는 최고의 명문가 출신으로 25세에 문과에 급제한 후 청요직을 거치며 화려한 관직 생활을 영위하였고, 당시에는 이조 참판에까지 올랐던 사람이다. 선행연구에서도 이미 정조 세손 시절부터 김하재에 대한 정조의 신임은 두터웠다고 한다. 이 사건이 발생하기 직전 정조 8년의 4월에 김하재가 죄인인 윤득부를 홍문관에 천거하는 일에 관계되어 이조 참판에서 파직되었지만, 이는 명문 세가의 후손을 보호하려는 정조의 고육지책이었다고 보고 있다.

---

51 예를 들면, 박성순, 「정조대(正祖代) "김하재(金夏材) 사건(事件)"의 전말과 성격」, 『조선시대사학보』 47, 2008. 이하 기존 연구의 김하재에 관한 서술은 박성순의 글을 토대로 작성한 것임.

물론, 현 상황에서 사료상의 한계로 김하재의 의도를 정확하게 파악하기는 어렵다. 정조는 부도하다는 이유로 문제가 된 쪽지를 그 즉시 불태워 버리도록 명령하였기에 구체적으로 논란이 된 쪽지의 내용도 단정하기 어렵다. 다만, 추국이라는 공간이 주권자에 의해 일방적으로 형벌이 강요되는 공간으로 이해해 왔던 것과 달리, 김하재 사건에서는 "추국을 받으며 더러운 이름을 남기는 것"이 오히려 공적인 가치를 갖는 것으로 변화하고 있다는 점에 주목해볼 필요가 있다. 그 결과, 정조는 김하재를 대역부도 죄로 처형하였지만, 오히려 이것이 김하재가 의도한 바이기 때문에 결과적으로 정조가 지는 게임이 되어버렸다.

그렇다면, 김하재 사건은 단순히 김하재가 왕에 대한 불만을 노골적으로 표출한 사건으로만 보기는 어렵다. 왕에 대한 욕설이 담긴 쪽지를 작성한 것과 같은 위법 행위에 대해 왕이 일의적으로 사법적인 판단을 내리고 있는 것으로 보기가 어렵기 때문이다. 오히려 추국이라는 과정에 참여하는 정치 주체들의 법적 퍼포먼스를 분석하여, 과연 심문받는 자는 추국을 통해서 어떠한 정치적 효과를 얻고자 한 것인지 질문해 볼 필요가 있다. 동시에 심문하는 자에게도 추국을 통해서 죄인에게 형벌을 내림으로써 과연 무엇을 하고자 했던 것인지 살펴보아야 한다. 그 과정에서 조선후기 반역사건을 다루면서 발달했던 '범상부도犯上不道', '무상부도誣上不道', '대역부도'와 같은 조선의 특징적인 법규에 대한 이해도 보다 심화될 것이다.

6. 맺음말

본 연구는 김지수의 연구를 경유하여, 조선후기 소원을 둘러싼 법정, 법, 국가의 성격을 시론적으로나마 분석하였다. 첫째, 조선후기 법정은 그동안 국가권력이 피지배자에게 현시되는 일방적인 공간으로 묘사되어 왔다. 그러나 법정은 국가와 사회가 만나 상호작용하는 곳이다. 특히 김지수가 분석하고 있는 600여 건의 여성들의 소원 문건은 학계에서 거의 주목하지 못했던 법적인 주체가 젠더나 신분의 차별 없이 국가와 상호작용을 하는 법정의 모습을 잘 보여주고 있다.

둘째, 조선후기 법 역시 국가권력을 집행하는 도구적인 수단으로 이해되어 왔지만, 소원과 관련된 법의 발달은 국가와 사회의 상호작용으로 만들어지는 결과물로 볼 수 있다. 그리고 그 법은 한편으로는 신분제 상의 차별성을 분명히 하면서도 다른 한편으로는 누구나 소원을 통해 법정에 설 수 있도록 함으로써 일종의 평등적인 역할을 한다는 점에서, 사회 내에서 모순적인 역할을 하였다. 법은 백성들을 그들의 신분 경계 내에서 보호해주면서도 동시에 그들이 사회질서에 저항하는 것을 막아주었다.

셋째, 조선후기 민인들의 원억에 관심을 갖고 적극적으로 해결하는 모습을 통해서 전근대 국가가 단순히 공공질서를 확보하는 데에만 중점을 둔 것이 아니라, 사인들 간의 분쟁에 개입하여 사법적인 정의를 추구하고자 했음을 알 수 있다. 그리고 이 두 가지 목표가 배타적이지 않고 상호구성적인 역할을 한다는 점에서, 국가의 입장에서도 분쟁 해결에 적극적으로 참여하는 것이 합리적인 선택이 될 수 있다. 특히 국가권력이라는 것이 일방적으로 사회에 행사되는 권력이 아니라, 법정 속에서 사회와의 상호작용 가운데 끊임없이 재구성되고 있음에 주목해볼 필요가 있다.

김지수 연구에서 확인할 수 있는 조선후기 법정의 의미, 법의 의미, 그리고 국가권력에 관한 논의는 조기 근대early modern 지역의 법사학에 관한 법인류학적 연구 경향과 맞닿아 있다.[52] 이들은 법이 일관성을 갖춘 추상적

---

52 법인류학적인 연구법에 대해서는 다음 참조. Simon Roberts, *Order and Dispute: An Introduction to Legal Anthropology*, New York: Quid Pro, LLC, 1979; Sally Falk Moore, *Law as Process: An Anthropological Approach*, London: Oxford University Press, 1998; Laura Nadler, *The Life of the Law: Anthropological Projects*, Berkeley, 2002; June Starr and Jane Collier, eds., *History

인 일련의 체계로 보지 않는다. 오히려, 원고, 피고, 목격자의 지위로 법정에 서게 되는 평범한 사람들과, 정치적 주체, 법적 전문가들 사이에서 계속해서 진행되는 대화들, 협상들, 논쟁들 사이에서 부수적으로 만들어지는 contingent 산물로 여긴다.[53] 즉, 법을 사회 구성원들의 상호작용을 통해서 나타나는 사회과정으로 이해하게 되고, 법정은 그러한 구성원들 간의 상호작용이 이뤄지는 공간이 된다. 그리고 재판에 참여하는 관계자들의 상호작용을 속에서 이들이 공유하고 있는 법적 인식을 우리가 읽어 내는 것일 뿐이라고 한다. 따라서, 법인류학자들에 의하면, 법 구조가 그 자체로 자율성을 갖고 국가권력의 도구적인 역할을 한다기보다는 평범한 사람들의 삶 속에 파고들어 일정한 상징체계를 통해서 그들의 삶과 연계된다.

이렇게 법을 새롭게 바라본다면, 법이 단순히 국가나 중앙엘리트만의 전유물이 아니고, 재판관도 일의적으로 명령을 하달하는 주체라기보다는 사회 구성원들과 끊임없이 협상하고, 상호작용하는 주체로 변하게 된다. 따라서 법정이야말로 국가와 사회가 만날 수 있는 공간이 되고, 공적 영역과 사적 영역의 경계가 새롭게 규정되는 곳이라고 한다. 그리고 그 과정에서 중세에서 근대로의 변혁을 가능하게 했다고 믿어지는 강력한 군주인 '절대 군주정absolutism'에 대한 인식도 점차 변화하게 된다. 즉, 절대왕정이 강력한 국가권력을 위에서 아래로 하달하는 식으로 통치를 한 것이 아니라, 오히려 사회 엘리트들과 바로 '법정'에서 함께 협력관계를 통해서 통치했다고 간주한다.[54]

---

    and Power in the Study of the Law: New Directions in Legal Anthropology, Ithaca: Cornell University Press, 1989; Norbert Rouland, *Legal Anthropology*, trans. Philippe G. Planet, London: The Athlone Press, 1994.

53 Michael Breen, "Law, Society, and the State in Early Modern France," *The Journal of Modern History* 83(2), 2011, pp.356~66.

54 예를 들어, William Beik, "The Absolutism of Louis XIV as Social Collaboration," *Past and Present* 188, 2005, pp.195~224.

결국, 법인류학자들의 이러한 연구 성과를 적극적으로 활용한다면, 조선후기 법사학 연구에 있어서도 유의미한 분석이 가능하지 않을까 한다. 본 연구에서는 조선후기 소원을 둘러싼 선행연구를 통하여 주로 민사적인 성격을 갖는 법정을 대상으로 분석하였다. 그러나 본론의 말미에서 제시한 바와 같이, 법정에 서는 주체가 훨씬 더 수동적인 것으로 이해되어 온 추국과 같은 공간에서도 법적 주체들의 퍼포먼스에 주목할 필요가 있음을 역설하였다. 단순히 위법한 행위에 대해 일의적인 사법적 판단이 하달되는 공간이 아니라, 심문하는 자와 심문받는 자 사이에 끊임없는 상호작용이 일어나는 공간으로서 추국장을 새롭게 살펴볼 필요가 있기 때문이다. 그 과정에서 나타났던 조선만의 법규에 대한 이해도 심화될 수 있다.

참고문헌

『조선왕조실록』, http://sillok.history.go.kr/main/main.do
『경국대전』, https://www.krpia.co.kr/

김백철, 『탕평시대 법치주의 유산: 조선후기 국법체계 재구축사』, 경인문화사, 2016.
김지수(김대홍 역), 『정의의 감정들: 조선 여성의 소송으로 본 젠더와 신분』, 너머북스, 2020.
김 호, 『정조의 법치』, 휴머니스트, 2020.
서정민, 『한국 전통형법의 무고죄』, 민속원, 2013.
박병호, 『근세의 법과 법사상』, 진원, 1996.
변주승 역주, 『추안급국안』 71권, 흐름, 2014.
이승일, 『근대 한국의 법, 재판 그리고 정의』, 경인문화사, 2021.
임상혁, 『나는 노비로소이다』, 역사비평사, 2020.
정긍식, 『조선의 법치주의 탐구』, 태학사, 2018.
한국고문서학회, 『조선의 일상, 법정에 서다』, 역사비평사, 2013.
한상권, 『조선후기 사회와 소원제도』, 일조각, 1996.

박강우, 「조선조(朝鮮朝) 형사절차(刑事節次)에 있어서 증거재판주의(證據裁判主義)와 공정(公正)한 재판(裁判)」, 『형사정책연구』 60, 2004.
박성순, 「정조대(正祖代) "김하재(金夏材) 사건(事件)"의 전말과 성격」, 『조선시대사학보』 47, 2008.
심재우, 「18세기 옥송(獄訟)의 성격과 형정운용의 변화」, 『한국사론』 34, 서울대학교 국사학과, 1995.
_____, 「조선후기 소송을 통해 본 법과 사회」, 『동양사학연구』 123, 2011.
_____, 「조선후기 범죄와 판례 연구의 현황」, 『조선후기 법률문화 연구』, 한국학중앙연구원 출판부, 2017.
이하경, 「조선후기 '무고모역'의 정치적 의미」, 『한국정치학회보』 54(1), 2020.
_____, 「조선후기 추국장에서의 왕」, 『법사학연구』 63, 2021.
조윤선, 「조선후기 법사학 연구의 현황」, 『조선후기사 연구의 현황과 과제』, 창작과비평사, 2000.
한상권, 「조선시대의 교화와 형정」, 『역사와 현실』 79, 2011.

Davis, Natalie, *Fiction in the Archives: Pardon Tales and Their Tellers in Sixteenth-Century France*, Stanford: Stanford University Press, 1987.
Kim, Jisoo, *The emotions of justice : gender, status, and legal performance in Chosŏn Korea*, Seattle : University of Washington Press, 2015.
Kim, Marie S., *Law and Custom in Korea*, New York: Cambridge University Press, 2012.
Moore, Sally Falk, *Law as Process: An Anthropological Approach*, London: Oxford University Press, 1998.
Nadler, Laura, *The Life of the Law: Anthropological Projects*, Berkeley: University of California Press, 2002.
Roberts, Simon, *Order and Dispute: An Introduction to Legal Anthropology*, New York: Quid Pro, LLC, 1979.

Rouland, Norbert, *Legal Anthropology*, trans. Philippe G. Planet, London: The Athlone Press, 1994.
Smail, Daniel, *The Consumption of Justice: Emotions, Publicity, and Legal Culture in Marseille, 1264-1423*, Ithaca: Cornell University Press, 2003.
Starr, June and Jane Collier, eds., *History and Power in the Study of the Law: New Directions in Legal Anthropology*, Ithaca: Cornell University Press, 1989.
Weber, Max, *The Theory of Social and Economic Organization*, trans. A. M. Henderson, ed. Talcott Parsons, New York: The Free Press, 1947.

Beik, William, "The Absolutism of Louis XIV as Social Collaboration," *Past and Present* 188, 2005.
Breen, Michael, "Law, Society, and the State in Early Modern France," *The Journal of Modern History* 83(2), 2011.
Kim, Jisoo, "Voices heard: Women's right to petition in late Chosŏn Korea", Ph.D dissertation, Columbia University, 2010.
Roberts, Simon, "The Study of Dispute: Anthropological Perspectives," in Disputes and Settlements: Law and Human Relations in the West, ed. John Bossy, Cambridge, 1983.

夫馬進, 『中國訴訟社會史の研究』, 東京大學學術出版會, 2011.

1801년(순조 1) '신유옥사辛酉獄事'의 시작과 변화 양상*

이가환李家煥·이기양李基讓 추국 사건과
주문모周文謨 신부神父 추국 관련
『추안급국안推案及鞫案』을 중심으로

김정자
연세대학교 법학연구원 연구교수

1801년(순조 1) '신유옥사辛酉獄事'의 시작과 변화 양상
: 이가환李家煥 · 이기양李基讓 추국 사건과 주문모周文謨 신부神父 추국 관련
『추안급국안推案及鞫案』을 중심으로

1. 머리말

조선시대는 유학儒學을 '정학正學'이라고 하고, 이외의 학문을 '사학邪學'이라고 했다. 조선 후기 '정학' 이외의 '사학' 중에는 『정감록鄭鑑錄』 등에 의한 '정진인설鄭眞人說' · '도참설圖讖說' 등 '사설邪說' 관련 역모 · 모반 사건에 대한 추국推鞫이 시행되기도 했다.[1] 18~19세기 조선에서 '사학'이라고 불리운 '서학西學' 또는 '서교西敎'에 대한 사법적 절차와 판결은 국가에서 시행하는 추국에서 확인된다. 정조 사후, '사설'뿐 만이 아닌 '사학'과 관련한 역모 · 모반 사건에 대한 추국이 시행된 것이 바로 '신유옥사'였다. 정조 (재위: 1776~1800) 연간 국가는 '정학에 매진하고 사학을 배척한다[위정척사衛正斥邪]'를 지향하며, '서학' 관련 사건에 대한 추국은 시행하지 않았다.

---

* 이 글은 『법사학연구』 67, 한국법사학회, 2023, 83~135쪽에 게재된 논문을 연구총서의 기획 의도에 맞게 약간의 수정을 가하여 수록한 것이다.
1 정진혁, 「18세기 말 정부의 '정감록 참위설' 인식과 대응책」, 『역사와 현실』 111, 한국역사연구회, 2019; 김정자, 「'邪說' · '誣告' · '邪學' 事件과 '辛酉獄事' - 『推案及鞫案』의 姜彝天 推鞫 事件을 중심으로」, 『역사와 경계』 122, 부산경남사학회, 2022 참조.

지금까지 '신유옥사'가 일어난 19세기 조선은 이전 시기 유학이 지향하는 세도정치世道政治가 아닌 외척 세력의 억압과 탄압이 지배하는 세도정치勢道政治로 이해되기도 했다.[2] 또한 '신유옥사'는 천주교인들이 순교殉教 또는 치명致命한 사실을 강조해서 '신유박해辛酉迫害'·'신유사옥辛酉邪獄'이라고도 했다.[3] '신유옥사'는 확실한 증거와 증인·대질심문·형신刑訊을 통해 자백을 받아내고[지만遲晩], 조율照律하여 결안結案해야 하는 절차를 무시하는 등 인간의 자유 활동과 사상을 탄압하는 전근대적인 사건으로 여겨졌지만, 한편으로는 '사설'·'사학'·'역모'·'무고'가 혼재한 정치적·사회적·사법적 사안이었다.[4]

특히, 천주교와 관련해서 '서학'이라는 학문적 접근에서 '서교'라는 신앙적 변화 또는 믿음으로 이행하거나 그렇지 않은 경우를 다음과 같이 나눌 수 있다. ① 서양의 학문인 '서학'을 지식의 차원에서 접했던 경우와 ② '서학'을 접했다가 '서교'를 받아들였다가 배교背教한 경우[혁신革心], ③ '서학'을 접했다가 '서교'를 받아들였다가 배교를 했다가 다시 회귀한 경우, ④ '서학'을 접했다가 '서교'를 온전히 신앙으로 받아들인 경우이다. ③~④의 경우는 추국 과정이나 추국의 결안으로 죽음 또는 죽임을 당한다면 순교 또는 치명했다는 점에서 의심의 여지가 없다고 할 수 있다. 앞선 정조 연간 ①, ②의 경우 국가에는 유배 보내거나 석방했다. 그러나, 점차 ③의 경우

---

[2] 한국역사연구회, 『조선정치사 1800~1863』 상·하, 청년사, 1990; 유봉학, 『燕巖一派 北學思想研究』, 일지사, 1995; 유봉학, 『개혁과 갈등의 시대 - 정조와 19세기』, 신구문화사, 2009; 박현모, 『정조 사후 63년』, 창비, 2011; 역사비평 편집위원회 지음, 『정조와 정조 이후 - 정조 시대와 19세기의 연속과 단절』, 역사비평사, 2017; 김정자, 「정조 후반 純祖 초반 정치세력과 정국의 동향 - 정조 16년(1792)~純祖 6년(1806)을 중심으로 - 」, 『한국학논총』 50, 국민대학교 한국학연구소, 2018.

[3] 1866년 병인박해에 대한 연구를 참조했다(조광, 「병인박해 그리고 제너럴셔먼호 사건과 '순교'」, 『한국기독교와 역사』 45 "IV. 순교의 의미", 한국기독교역사연구소, 2016).

[4] 김정자, 「순조 1년(1801) '辛酉獄事'와 尹行恁 賜死 사건 - 任時發·尹可基 사건을 중심으로」, 『역사민속학』 61, 한국역사민속학회, 2021B; 소진형, 「辛酉邪獄 이전 천주교에 대한 국가적 대응과 그 정치적 의미 : 천주교에 대한 여론형성과 사회의 보수화적 관점에서」, 『정치사상연구』 제28집 1호, 한국정치사상학회, 2022; 김정자, 앞의 글, 『역사와 경계』 122, 부산경남사학회, 2022 참조.

가 늘어나고 ④의 경우가 공고히 되었다. 그리고 국가는 1791년(정조 15) '서학'도 '사학'으로 포함하여 금령禁令을 내렸다.

1801년(순조 1) 국왕이 친림親臨하거나 의금부에서 시행된 추국 내용과 과정, 결과가 실린『추안급국안推案及鞫案』⁵에서 '신유옥사'는 '사학 죄인 이가환' 추국부터 시작되어 겨울 '사학 죄인 황사영黃嗣永' 추국까지 실려 있다(〈표〉 참조).⁶

그런데, 2월 이가환 사건과 관련해서『추안급국안』은 중간이 결락缺落되고, 3월 이기양 사건으로 이어진다. 다행히『추안급국안』의 결락 부분은 승정원에서 작성한『추국일기推鞫日記』에 실려 있다.⁷ 이 두 사건은 남인 세력 내의 채제공蔡濟恭 세력인 채당蔡黨과 '사학'인 '서학'을 믿는 신서파信西派 세력에 대한 추국이었다.

그리고, 3월 12일 중국 사람 주문모 신부가 자수하면서 주문모 신부의 추국 내용은『추국일기』에는 실려 있지 않고,『추안급국안』의 3월 이기양 사건이 끝난 후에 이어서 실려 있다. 주문모 신부의 자수로 인해 노론老論의 김건순金建淳·김려金鑢와 소북인小北人 강이천姜彝天 등의 추국이 이어

---

5   韓國學文獻硏究所 編,『推案及鞫案』25, 아세아문화사, 1983; 이상식 역주,『(국역) 추안급국안』73, 흐름출판사, 2014.
6   〈표〉한국학문헌연구소 편, 위의 책 25, 아세아문화사, 1983; 이상식 역주, 위의 책 73·74·75, 흐름출판사, 2014와 各司謄錄 78『推鞫日記』, 국사편찬위원회, 1994의 날짜별 기재 내용 비교.

날짜 사료	2월 9일~ 2월 17일		3월 6일~ 3월 10일	3월 15일~ 3월 24일	3월 23일~ 3월 25일	3월 25일~
『推案及鞫案』25; 『(국역)추안급국안』 73	「사학죄인 이가환」		「사학죄인 이기양」 - 이기양· 오석충 심문	「사학죄인 이기양」 - 주문모 심문	「사학죄인 이기양」 - 김려 심문	
『推鞫日記』8	앞 부분 缺落	2월 10일~ 230~284면				
『推案及鞫案』25; 『(국역)추안급국안』 74·75						「사학죄인 강이천·김려」 ~「사학 죄인 黃嗣永」

7   各司謄錄 78『推鞫日記』, 국사편찬위원회, 1994.

졌다.⁸ 이들 추국의 진술 과정에서는 자신과 원한이 있던 사람을 '무고誣告' 함으로써, 옥사獄事에 끌어들여서 유감을 풀려고 하는 일은 다반사였다. 추국청의 위관委官과 안옥대신按獄大臣들은 '진위眞僞'를 가려내고자, 확실한 증거와 증인·대질심문·형신을 통해 자백을 받아내고, 조율하여 결안하고자 했다.⁹

'신유옥사'의 첫 번째 추국 사건의 추국 대상인 이가환[1742년(영조 18)~1801년(순조 1)]은 본관이 여주驪州, 자가 정조庭藻, 호가 금대錦帶, 정헌貞軒이다. 섬계剡溪 이잠李潛·성호星湖 이익李瀷의 종손從孫이고, 남인南人 세력 내 기호畿湖 남인이다(뒤에 〈그림〉 참조). 그는 1801년(순조 1) 2월 10일부터 정약용丁若鏞·이승훈李承薰 등과 함께 '사학' 죄인으로 추국장에서 심문을 받았다. 그는 억울함을 토로하며 음식을 끊기까지 했으며[폐식廢食], 형신을 받다가 2월 24일에 사망했다[물고物故].¹⁰ 정조 연간 청요직인 성균관 대사성을 역임하고, 정 2품 재상직宰相職의 한성판윤을 역임했던 그가 14일 만에 사망한 사건이 바로 '신유옥사' 중 '신유년 봄의 옥사'였다.

'신유년 봄의 옥사'로부터 '사학'·'사설'·'무고'와 관련한 추국 사건은 역모·모반 추국 관련 사건으로 양상이 변모하여 5월 여름에 규장각 각신

---

8 김정자, 앞의 글, 『역사와 경계』 122, 부산경남사학회, 2022 참조. 이후, 4월에 전라감사 金達淳의 密啓로 윤지충의 친척인 柳恒儉·柳觀儉 등 '邪學' 관련 '湖南獄事'가 일어났다(『純祖實錄』卷2, 純祖 1年 4月 25日 辛未). 8월에 영의정 심환지가 국청을 요청했고(『純祖實錄』卷3 純祖 1年 8月 10日 甲寅), 전라도와 형조에서 조사한 후 추국을 설행하여 9월에 결안·正法했다(『純祖實錄』卷3 純祖 1年 9月 11日 乙酉. 겨울 황사영 사건까지의 내용은 『邪學懲義』, 조광 역주, 역주 『사학징의』 I·II, 천주교 서울대교구 순교자현양위원회, 2001·2022)에 자세히 실려 있다. 심재우, 「1801년 천주교 유배인의 현황과 유배지에서의 삶: 『邪學懲義』 분석을 중심으로」, 『한국문화』 87, 서울대학교 규장각한국학연구원, 2019 참조.
9 김정자, 「純祖 前半期 親鞫·推鞫의 政治性 - 「親鞫日記」·『推案及鞫案』 사례 비교를 중심으로」, 『法史學研究』 63, 한국법사학회, 2021A 참조.
10 정약용, 『다산시문집』 제15권 「貞軒의 墓誌銘」(정태현 역, 한국고전번역원, 1985). 순조 18년(1818)에 유배에서 풀린 정약용은 이가환의 墓誌를 찬했다. 이가환, 『錦帶詩文鈔』, 한국문집총간 255, 한국고전번역원; 金成愛, 해제 『錦帶詩文鈔』, 한국고전번역원, 2001; 『일성록』 순조 1년 2월 25일 신미; 各司謄錄 78 『推鞫日記』, 국사편찬위원회, 1994 268쪽.

이었던 윤행임尹行恁이 관련된 '역적 임시발·윤가기 추국'이 계속되었고,[11] 겨울에 '사학 죄인 황사영 추국'에서 서양 세력의 함선艦船을 요청[청래대박請來大舶]한 백서帛書 관련 추국으로 이어졌다.[12]

이가환 추국 사건과 관련해서는 천주교 관련 연구,[13] 주문모 신부 관련 연구[14]와 함께 이 사건에 연루되어 유배 갔던 정약용 등에 대한 연구 등이 있다.[15] 이가환에 대해서는 번암 채제공의 후계자로 정조의 측근 신하였다는 역사적 사실에 대한 연구와 성호학파의 가문적·학문적·정치적 차세대 인물이라는 연구와 『금대시문초錦帶詩文鈔』를 남긴 문학적 업적이 있는 인물이라는 연구와 '신유옥사'에서 순교했는가 등의 연구가 있다.[16]

그러나 '신유옥사'는 외척, 종친, 노·소론, 남인 내 정조 측근 세력, 사도세자 신원·추숭 세력, 신서파 세력 등 '시파時派' 세력들이 '벽파 정권僻派 政權' 세력에 의해 정치·사회·사법적 탄압을 당한 사건이라고 할 수 있다.[17] ①~④의 경우도 혼재되어 있는 양상이라고 할 수 있고, ①·②의 경우

---

11 김정자, 앞의 글, 『역사민속학』 61, 한국역사민속학회, 2021B 참조.
12 김정자, 앞의 글, 『한국학논총』 50, 국민대학교 한국학연구소, 2018 참조; 임혜련, 「정조 말~순조 초 金健淳의 행보와 辛酉邪獄」, 『한국학논총』 51, 국민대학교 한국학연구소, 2019; 김문태, 「노론 천주교인 김건순의 삶과 신앙: 심문기록 분석을 통한 순교 여부를 중심으로」, 『神學展望』 217, 광주가톨릭대학교 신학연구소, 2022; 김정자, 앞의 글, 『역사와 경계』 122, 부산경남사학회, 2022 참조.
13 조광, 『조선후기 천주교사 연구의 기초』, 경인문화사, 2010; 『조선후기 사회와 천주교』, 경인문화사, 2010; 이경구, 「이벽, 황사영, 정하상의 천주교, 유교 인식의 동일성과 차이점」, 『敎會史硏究』 52, 한국교회사연구소, 2018.
14 류한영, 「한국 천주교회의 첫 선교사 주문모 신부의 활동과 司祭像」, 『神學展望』 169, 광주가톨릭대학교 신학연구소, 2010 "1995년, '주문모 신부 선교 200주년 기념 학술 심포지엄'에서 주문모 신부가 활동하던 당시의 정치적 배경과 그의 선교 활동이 연구되었다. 1997년 이후 2008년까지 한국 천주교회의 초기 순교자들에 대한 자료집이 정리되면서 주신부에 대한 새로운 연구가 가능하게 되었다. 앞선 연구들이 주로 역사적 관점에서 이루어졌다면, 본 연구는 신학적 관점에 더 초점이 맞추어져 진행되었다."
15 김태희, 「다산의 해배 과정과 19세기 정치적 상황」, 『다산과 현대』 11, 연세대학교 강진다산실학연구원, 2018.
16 하성래, 「李家煥과 西學과의 관계」, 『韓國學論集』 35, 한양대학교 한국학연구소, 2001; 박진아, 「18세기 조선, 錦帶 李家煥 서학 수용의 인식론적 기반」, 『東洋古典硏究』 75, 동양고전학회, 2019.
17 김정자, 앞의 글, 『한국학논총』 50, 국민대학교 한국학연구소, 2018; 김정자, 앞의 글, 『역사민속학』 61, 한국역사민속학회, 2021B; 김정자, 앞의 글, 『역사와 경계』 122, 부산경남사학회, 2022 참조.

라도 정치·사회·사법적 측면에서 죽임 또는 죽음을 당했던 양상이라고 할 수 있다.[18]

이잠의 후손인 이가환 추국을 시작으로, 한음漢陰 이덕형李德馨의 7대손인 이기양과 오시수吳始壽의 증손자인 오석충吳錫忠 등 대대로 내려온 남인 세력에 대한 추국이었던 '신유년 봄의 옥사'는 '신유옥사' 동안에 외척·종친 세력, 노·소론, 남인 세력 등이 연루된 정치적인 문제뿐만이 아닌 사회적·종교적인 문제를 포함하여 추국이라는 사법적인 방식으로 처분했던 사건이었다.

따라서 이 글에서는 2장에서 '신유옥사' 이전인 정조 연간 이가환과 관련해서 '서학'에서 '사학'·'사설'의 변화 양상과 관련해서 살펴보고, 3장에서는 1801년(순조 1) 이가환·정약용·이승훈 등의 '사학'·'사설' 관련 추국의 시작과 차세대인 홍헌영洪獻榮·유이환兪理煥·이학규李學逵=李學達가 연루된 이가환·오석충·이기양 등에 대한 외척 홍낙임 관련 심문으로 변화되는 과정으로 나누어 본 후, 4장에서는 주문모 신부가 종친 은언군의 폐궁에 숨었던 진술과 '사학'·'사설'·'무고' 관련 사안으로의 확산을 살펴봄으로써 신유년 봄에 일어난 옥사의 변화 양상이 어떠했는지 살펴보고자 한다.[19] 이후 이 사건들이 어떤 정치·사회·사법적 영향과 여파를 끼치는가를 생각하며, 당시 정치·사회·사법적 처분 내용의 양상 변화를 살펴보고 그 역사적 해석과 의미를 찾아보고자 한다.

---

18 이 글에서는 ①·②의 측면에 주목하였다.
19 한국학문헌연구소 편, 앞의 책 25; 이상식 역주, 앞의 책 73.

2. '신유옥사' 이전 정조正祖 연간 이가환 관련 '사학邪學'·'사설邪說'의 변화 양상

이가환은 1742년(영조 18) 서울에서 태어났다. 종조부인 성호 이익 등 집안의 가학家學을 배웠다.[20] 증조부가 부제학을 지낸 이명진李明鎭, 조부가 이침李沈, 부가 이용휴李用休이고,[21] 외조부가 진주 유문 유헌장柳憲章이다. 숙부인 이병휴李秉休가 종조부인 섬계 이잠[1660년(현종 1)~1706년(숙종 32)]의 후사를 이었다. 이잠은 1706년(숙종 32)에 인현왕후 서거 후, 왕세자 경종景宗에 대한 보호를 주장하며, 노론 산림 송시열宋時烈과 노론 외척 김춘택金春澤, 노론 대신 이이명李頤命을 논척하는 상소를 올린 인물이었다.[22] 숙종은 앞서 소론 내 임부林溥 세력이 노론 세력을 논척하며 올린 '동궁보호론東宮保護論' 관련 상소 사건을 친림하여 국문하는 친국親鞫을 한 직후였다.[23]

이때 남인 내에서도 이잠이 상소를 올리자, 숙종은 친국과 의금부에서의 정국庭鞫 등을 번갈아 가며 추국을 설행했다. 47세의 이잠은 심문 과정 중에 음식을 끊고, 끝내 심문 내용에 대해 자백하고 잘못을 인정하는 지만을 하지 않고서, 형신을 받다가 7일 만에 장폐杖斃하여 물고되었다.[24] 지만을 하지 않고서 지레 죽음에 이르는 경우를 경폐徑斃라고 했다.

---

20 정만조, 「星湖學의 原形과 東西 交流의 가능성」, 『성호학보』 24, 성호학회, 2022.
21 李用休, 『烄烄集』, 한국문집총간 232, 한국고전번역원. 辛容南, 해제 『烄烄集』, 한국고전번역원, 2001 참조.
22 이상식, 「숙종 중기의 왕세자 보호론」, 『숙종 대 정국 운영과 대외관계』, 한국학중앙연구원출판부, 2021; 원재린, 「『星湖僿說』과 당쟁사 이해」, 『韓國思想史學』 59, 한국사상사학회, 2018; 고수연, 「16~17세기 李潛·李得胤 父子의 講學活動과 門人의 動向」, 『역사와 담론』 73, 호서사학회, 2015; 송혁기, 「특집. 조선시대 지식, 식인 생산체계 : 17~18세기 여주 이씨를 중심으로」; 剡溪 李潛의 丙戌年 上疏 연구」, 『民族文化硏究』 60, 고려대학교 민족문화연구원, 2013 참조.
23 한국학문헌연구소 편, 앞의 책 12, 아세아문화사, 1983; 김우철 역주, 앞의 책 35·36, 흐름출판사, 2014, 177쪽.
24 이잠은 9월 17일~9월 24일까지 18번 형신하고 1차례에 신장 30대를 맞았는데, 7일 간 하루에 1차례 또는 3차례를 맞았던 사례도 있다. 결국, 9월 25일 卯時(오전 5~7시) 物故되었다(한국학문헌연구소 편, 앞의 책 12, 아세아문화사, 1983; 김우철 역주, 앞의 책 36, 흐름출판사, 2014, 15~130쪽.

이 사건으로 이잠의 종손인 이삼환李森煥은 벼슬자리에 나오지 않았고,[25] 이가환의 벼슬길도 순탄치 않았지만, 그는 박식하고 문장을 잘한다는 소문이 나 있었다. 이가환은 1771년(영조 47)에 사마시에 합격하여 진사가 되었다. 그는 1777년(정조 1)에 증광시에 급제하고, 승문원 부정자가 되었다. 특히, 이가환은 1778년(정조 2) 37세 2월에 문신 제술에서 수석을 하여 6품으로 승서陞敍되고, 정조를 소견했을 때 정조는 그의 박식함을 칭찬했다고 한다. 그는 1780년(정조 4) 39세에 비인현감庇仁縣監을 지내고, 1781년(정조 5) 40세 7월에 소론 대신 서명선徐命善의 추천으로 예조 정랑에 차임되어『예조등록禮曹謄錄』을 수정하고, 8월에 정조의 특지로 사헌부 지평에 제수되었다.

이가환은 1784년(정조 8)에 수교찬집청 낭청이 되었고, 이 해에 여동생의 아들이자 조카인 이승훈李承薰이 북경에서 구해온 천주교 관련 서적을 보았다고 한다. 그는 1785년(정조 9) 5월에 지제교가 되고, 10월에 병조 참지로『갱장록속록羹墻錄續錄』의 편찬에 참여했다. 이가환이『대전통편大典通編』을 편찬할 때 정조는 그의 학식을 칭찬하며 총애했고, 편찬의 공로로 승정원 승지에 임명했다. 이 해에 '을사추조적발사건乙巳秋曹摘發事件'이 일어났다.[26]

'을사추조적발사건'에 앞서서 성호 이익의 문인들 중에서 권일신權日身은 조선 초기 권근權近[1352년(공민왕 1)~1409년(태종 9)]의 후손이며, 권철신權哲身의 동생으로, 남인 공서파攻西派 순암順菴 안정복安鼎福의 사위이고, 매부妹夫가 이윤하李潤夏였다. 그는 1782년(정조 6) 이벽李檗의 권유로 천주교에 입교했다. 이벽의 동생은 이석李晳으로 선전관宣傳官, 사복시司僕寺 내승

---

25 李森煥,『少眉山房藏』, 한국문집총간 속 92, 한국고전번역원; 金材勳, 해제『소미산방장』, 한국고전번역원, 2012 참조.
26 김정자, 앞의 글,『한국학논총』50, 국민대학교 한국학연구소, 2018 참조.

內乘을 역임한 무관직武官職 인물로, 정조의 측근 인물이었다.

이가환의 조카인 이승훈은 1783년(정조 7)에 동지사冬至使의 일원으로 서장관書狀官이었던 부친 이동욱李東郁을 따라 북경에 가서 세례를 받고 천주교 서적을 구해 돌아와서 천주교를 전파하고, 세례를 주기 시작했다. 이벽과 권일신이 세례를 받았고, 1784년(정조 8) 겨울 이벽이 수표교에서 처음으로 서교西敎를 선교했다.

이즈음 노·소론 내에서는 노론 이문원계李文源系 동당東黨 세력과 소론 서명선계 남당南黨 세력, 소론 조시위趙時偉·이재간계李在簡系 외척 세력이 연합한 '시배時輩'·'시의時議'·'시론時論'으로 불리운 '시파時派'가 있었고, 이들을 논척하는 윤득부尹得孚·김하재金夏材 등이 '벽파僻派'로 분기分岐하였으며, 남인 내에서는 신서파信西派 대對 공서파攻西派=척사파斥邪派로 분기하였다. 1785년(정조 9) '을사추조적발사건'은 서울 명례동에 있는 역관譯官 김범우金範禹의 집에서 집회가 있었는데, 놀음을 단속하러 온 형조의 관원들에게 우연하게 발각된 일이었다. 당시 형조판서는 소론 동당東黨 세력 김화진金華鎭이었다. 김범우만 귀양을 가고 사건은 무마되었다. 정조 전반기前半期의 '서학' 세력은 소론 동당 세력·남인 내 정조 측근 세력과 정조의 온건한 서학 정책으로 무사할 수 있었다.[27]

그러나 1786년(정조 10)에 문효세자文孝世子와 의빈宜嬪 성씨成氏가 사망하자, '병오년 상변丙午年 喪變'의 배후로 무장武將 세력 구선복具善復, 소론 외척 세력과 소론 동당 김상철金尙喆·김우진金宇鎭 세력이 정계에서 축출되었다. 노론 동당과 소론 남당 세력 또한 위축되었고, '시의時宜'에 의해 막혀서 벼슬길이 순탄치 않았던 남인 채제공은 정조의 특명으로 정계에 다시

---

27 김정자,「正祖代 前半期의 政局動向과 政治勢力의 變化(Ⅰ)」,『한국학논총』37, 국민대학교 한국학연구소, 2012;「正祖代 前半期의 政局動向과 政治勢力의 變化(Ⅱ)-『頤齋亂藁』를 중심으로」,『조선시대사학보』78, 조선시대사학회, 2016 참조.

진출하였다.

　1787년(정조 11)에 '반회사건泮會事件'이 일어났다. 성균관 근처 반촌泮村의 김석태 집에서 이승훈·정약용 등이 모여 집회를 한 일이 발각된 일이었다. 남인 내 공서파[=척사파] 이기경李基慶과 홍낙안洪樂安(홍희운洪羲運) 등이 신서파를 논척했다.

　정조는 1788년(정조 12)에 탕평정치의 일환으로 영의정 노론 김치인·좌의정 소론 이성원·우의정 남인 채제공을 임명하는 삼상보합三相保合을 이뤄냈다. 앞서 이가환은 1787년(정조 11) 4월 정주목사定州牧使 재임 중에 소론 암행어사 이곤수李崑秀의 서계書啓로 파직되고,[28] 강원도 김화金化에 유배되었다가 채제공이 우의정에 임명되어 집권하자 곧 승정원 승지로 서용되었다.

　이해 8월 정조와 좌의정 이성원·우의정 채제공의 대화에서 채제공은 서학이 성행하고 있지만, 천당과 지옥에 관한 설 때문에 지각없는 시골 백성들이 쉽사리 빠져드는데 달리 방도가 없다고 했다. 정조는 정학에 힘쓰고, 서양 서적을 불태우면 된다고 대응했다. 채제공은 아버지를 옥황상제나 조물주에 비해 세 번째로 삼는 내용은 아버지를 무시하는 것이며, '신부神父'로 상정되는 자를 군주로 삼는다는 내용은 임금을 무시하는 것으로, 이치에 맞지 않는다고 봤다. 정조는 앞서 형조판서 김화진이 대략 수색해서 다스린 것처럼 담당 관원인 유사有司에게 맡기면 된다고 여겼다. 이때 정조는 정도正道인 '우도右道'와 달리 '좌도左道'가 역사적으로 있어 왔고, 금령禁令은 없었다며, 그 해결책으로 육경六經과 사서四書의 경학經學의 문장 공부에 매진해서, 선비들을 배양하고 변화시킬 방도를 상의하며, '서학'은 서울과 지방의 관원들에게 맡겨서 잘 금지하라고 명했다.[29]

---

28 『正祖實錄』 卷23, 正祖 11年 4月 16日 癸丑.
29 『正祖實錄』 卷26, 正祖 12年 8月 3日 壬辰;『承政院日記』 같은 날 "戊申八月初三日午時 上御誠正閣 大

그런데, 1791년(정조 15) 진산사건珍山事件('호남옥사湖南獄事'=윤지충·권상연 사건尹持忠·權尙然 事件)이 일어났다. 윤지충 모친의 사망 후, '부모의 시신을 버렸다'·'사판祠版을 불태워 버렸다'는 등의 소문이 있었고, 부자 관계와 군신 관계에서 부모도 없고, 임금도 없는 '무부무군無父無君' 문제가 현안懸案이 되었다. 좌의정 채제공은 윤지충과 권상연은 전라도 도신에게 분부하여 바로 즉시 참하여 5일 동안 기시棄市함으로써, 강상綱常이 지극히 중요한 것이며, 사학은 절대로 경계해야 한다고 주장했다. 또한 조정 대신들이 논의한 결과,

> "①『대명률大明律』의「박수와 무당의 사술에 대한 금지[禁止師巫邪術]」조항에 '한결같이 좌도左道로써 정도正道를 어지럽히는 술수를 행하며 혹 도상圖像을 숨겨 두고 향을 태워 무리를 모아 저녁에 모여 아침에 흩어지며 선善한 일을 행하는 척 가장하여 민심을 선동하고 미혹하는 경우, 주범은 교형絞刑에 처한다.'
> ②『대명률大明律』의「발총發塚」조항에 '부모父祖의 신주神主를 훼손한 자는 시신을 훼손한 법률에 비긴다. 자손이 조부모나 부모의 시신을 훼손하거나 버린 경우에는 참형斬刑에 처한다.'"[30]

라며,『대명률』의「박수와 무당의 사술에 대한 금지」조항과[31]「발총」조항

臣有司堂上入侍時 左議政李性源 右議政蔡濟恭 兵曹判書李在簡 戶曹判書徐有隣 右參贊鄭昌順 禮曹判書李秉模 行左承旨趙鼎鎭 假注書李貞運 記事官李相璜金祖淳 以次進伏訖…上曰 此說熾盛於乙巳間 而金華鎭爲秋判時 略爲搜治矣 蓋此事 付諸有司之臣 可矣 若作爲大事 推上於朝廷 則豈非屑越者乎 大抵挾左道而亂衆聽者 奚特西學而已 中國則有陸學陽學佛道老道道流釋流 而中國亦何嘗設禁乎 今聞右相言 果然矣 旣有臺疏 則亦不可仍置矣 且見儒生洪樂安之對策 已言西學之弊 今玆臺疏又有之 此是出於能距之意耶 或由於嫌疑所在而然耶 卿知之乎".『承政院日記』正祖 17年 4月 27日 己丑 "有政 吏批…金華鎭爲判義禁"『承政院日記』正祖 21年 6月 1日 庚午 "有政 吏批…金華鎭爲判義禁".

30 『正祖實錄』卷33, 正祖 15年 11月 8日 己卯.『日省錄』같은 날.
31 한상권·구덕회·심희기·박진호·장경준·김세봉·김백철·조윤선 공역,『대명률직해』제12권

으로 조율하여³² '두 가지 죄가 함께 발각되면 무거운 면으로 논죄한다.'라는 근거를 들었다. 결국, 정조는 윤지충과 권상연 등이 요서妖書와 사술邪術을 몰래 서로 전파하고 익히며, 심지어 부조의 사판을 직접 불태워 버림으로써, 흉악하고 패악하기가 이를 데 없어 사람의 도리가 완전히 끊어졌다며, 『대명률』에 따라 부대시 참형을 시행했던 것이었다.

호남의 죄수 윤지충과 권상연은 참형에 처했고, 진산군珍山郡은 5년을 기한으로 현縣으로 강등하며, 잘 다스리지 못한 죄를 물어 진산군수 신사원申史源은 그 지방에 유배되었다. 그리고 서울과 지방에 효유하여 집 안에 서양 서적을 보관하고 있는 자는 관청에 자수하도록 하고, 묘당과 각 도道로 하여금 각기 글을 읽으며 수양하는 선비들을 천거하도록 하였다. 같은 날, 죄인 권일신은 더욱 엄형을 가한 뒤 제주목濟州牧에 사형을 감하여 위리안치圍籬安置되었지만, 그해 사망했다.

이 사건의 여파로 이가환은 남인 신서파의 교주로 지목되어서 광주부윤廣州府尹으로 내려갔으며, 이후 서학에 대한 연구를 중단하고 서교를 박해하는 쪽으로 돌아섰고, 이 당시 천주교에 대한 국가 차원의 금령이 엄해지면서 정약용도 이때 서학 → 서교 → 배교[혁심]하는 쪽으로 돌아섰다고 했다. 이를 통해, 국가의 금령에 따라 정조 15년에 서학을 서교로 받아들였다가 배교하는 당시의 상황을 확인할 수 있다.³³ 특히, 정조 8년에 이가환의 조카 이승훈이 중국에서 세례를 받고 많은 양의 서학 서적과 물품을 들여온 후, 정조 15년 윤지충・권상연 사건이 일어나자, 국가에서는 '사학'을 경

예율/의제(儀制)「197조 술사가 화복을 거짓되게 말함[術士妄言禍福]」, 한국고전번역원, 2018.

32 한상권・구덕회・심희기・박진호・장경준・김세봉・김백철・조윤선 공역, 『대명률직해』 제18권 형률/도적(盜賊)「299조 무덤을 파헤침[發塚]」, 한국고전번역원, 2018.

33 정약용, 앞의 책, 제16권「自撰墓誌銘 壙中本」(정태현 역, 한국고전번역원, 1985) "上庠[성균관]하여 李檗을 따라 노닐면서 西敎의 교리를 듣고 서교의 서적을 보았다. 정미년(1787, 정조 11) 이후 4~5년 동안 자못 마음을 기울였는데, 신해년(1791, 정조 15) 이래로 국가의 금령이 엄하여 마침내 생각을 아주 끊어버렸다." 앞의 1장 머리말 ② 경우라고 할 수 있다.

계하는 금령을 내렸고, 이 때문에 이가환·정약용·이승훈 등은 마음을 바꾸었다는 것이었다[혁심革心].

한편, 남인 채제공계 이가환 등은 정조의 측근 세력으로, 사도세자의 신원·추숭 관련 사안을 적극적으로 추진한 세력들이었다. 이들은 1762년(영조 38)의 '임오화변壬午禍變' 후, '임오의리壬午義理'에 따라 사도세자 관련 사안을 금기시했던 영조의 금령을 지지하는 세력들의 논척 대상이 되었다.[34]

1792년(정조 16) 9월에 정조가 이가환을 사헌부 대사간에 임명하자, 노론·소론 세력 내에서는 이가환이 이잠의 친족이라는 이유로 논척했다. 곧바로 정조는 성균관 대사성에 이가환을 임명했고, 유생들의 반발로 이가환이 사직하자, 개성유수開城留守에 임명했다. 이 해에 사도세자 신원·추숭을 요청하는 노론 세력 내의 서유린徐有隣, 외척 세력 내의 박종경朴宗慶 등의 상소와 소론 박하원朴夏源 등의 남학소南學疏, 영남 남인의 만인소萬人疏가 올라왔다. 한편 이 해에 정조는 청나라 소설 등의 문체文體가 순정醇正하지 못한 당시의 유행을 엄하게 처벌하는 '문체반정文體反正'도 시행했다. 이가환은 한편으로는 남인 내에서 채제공과 같은 당이었기에 영남 만인소의 배후 세력으로, 한편으로는 당시 유행하는 정학이 아닌 사설·사학·사교邪敎의 교주로 지목받았다.

1793년(정조 17) 1월에 이가환은 종조부 이잠을 변호하는 상소를 올렸고, 노론 김이소金履素·김종수金鍾秀 등의 논척을 받았다['계축년 봄의 상소'].[35]

---

34 김정자, 「영조 말~정조 초의 정국과 정치세력의 동향」, 『조선후기 탕평정치의 재조명』 下, 태학사, 2011 참조.
35 정약용, 앞의 책, 「貞軒의 墓誌銘」(정태현 (역), 한국고전번역원, 1985) "정사년 대보름날 저녁은 구름이 끼었으나 16일에는 달이 밝으니, 尹弼秉·李鼎運 등 여러 사람이 번옹을 찾아가서 함께 踏橋하기를 청하자, 번옹은, '오늘 내가 몸이 편치 못하니 그대들은 葉西 權大監[權憘] 집으로 가라.' 하였다. 여러 사람이 다 물러가고 二更이 되자 번옹은 사람을 시켜 공[필자주: 이가환]을 청해 오게 하여 함께 廣通橋로 나가서 장막 안에서 무릎을 맞대고 앉아 구운 고기와 떡국을 먹으며 즐겁게 古今을 담론하고 서로 진심을 말하는 것이 끝이 없었다. 이때 놀러 나온 온 장안의 백성·胥吏·儒士·朝官에서부터 卿宰의 侍從과 宮中의 小臣까지 두 공이 무릎을 맞대고 환담하는 것을 보고 모두 감탄하며 말하기를, '두 분의 사이가 저렇게도 좋단 말인가' 하였다. 이 뒤로는 전에 두 분의 사이가 멀어졌다고 하던 뜬소문이

6월에 형조 참판에 임명되었으나 체직되었고, 9월에 대사성에 임명되었다. 이 해에 정조와 채제공은 영조가 사도세자의 죽음을 애도한 '금등지사金縢之詞'를 공개하고 영조와 사도세자의 자애慈愛와 효성孝誠이라는 '양조兩朝의 미덕美德'을 강조하며 영조의 '임오의리'와 관련한 금령을 재해석하고, 사도세자의 신원·추숭 사안을 진행해 갔다. 동시에 정조는 경종과 영조가 이잠 사건에 대해 역적逆賊에 해당하는 일이 아니었다는 처분이 있었다며,[36] 자신 또한 이잠의 후손인 이가환을 등용시키는 것에 문제가 없다는 처분을 내렸다. 그러나 1794년(정조 18) 1월에 이가환은 개성유수 시절에 탐오貪汚했다는 죄목으로 관직이 삭탈되었고, 10월에 대사성에 임명되었다.

1795년(정조 19) 1월에 정조의 최측근을 자임하던 소론 귀근貴近 정동준鄭東浚이 노론 벽파 권유權裕의 논척으로 자살하는 일이 일어났다. 정조는 노론 청론淸論 조득영趙得永과 벽파 심환지沈煥之 세력들과 남인 세력을 등용하며 당시 국면을 전환했고, 이가환을 공조판서에 임명했다. 이 해에 정조는 어머니 혜경궁 홍씨를 완성된 수원水原 화성華城에 모시고 가서, 살아있었으면 동갑이었을 아버지 사도세자의 회갑잔치를 행하는 '을묘원행乙卯園幸'을 성사시켰고, 이가환과 정약용은 『화성정리통고華城整理通考』를 편찬하였다.

이즈음 1794년(정조 18) 12월에서 1795년(정조 19) 1월 사이에 중국 소주蘇州 사람 주문모 신부가 입국해서 여름 즈음에 소문이 났고, 주문모 신부 체포에 실패하는 '을묘실포사건乙卯失捕事件'이 일어났다.[37] 당시 중국 사람

일시에 사라져버리고 상의 의심도 풀렸다. 상이 일찍이 景慕宮 齋室에서 번옹을 불러 조용히 묻기를, '경이 늙었으니 누가 경을 대신할 만한가' 하니, 번옹이 대답하기를, '전하께서 진실로 믿고 쓸 사람으로 이가환만 한 사람이 없습니다. 그러나 계축년 봄의 상소로 인하여 時論에 미움을 샀기 때문에 기괴한 비방이 있어 감히 용서하려는 사람이 없습니다.' 하였다. 그러자 상은, '경의 말이 아니라도 내가 벌써부터 생각하고 있다.' 하시고, 일이 있을 적마다 공에게 가부를 물으셨다. 이해 가을에 내가 谷山都護로 나가고, 기미년 봄에 번옹마저 죽으니 도와줄 사람이 없어 공은 더욱 외로워졌다."

36 『景宗修正實錄』卷4, 景宗 3年 1月 25日 乙巳 ; 『景宗實錄』卷11, 景宗 3年 2月 20日 庚午. 沈檀의 요청으로 이잠 추증.

[화인華시]이 국내에 들어와 선교한다는 소문이 자자했고, 주문모 신부 체포 작전은 진사 한영익韓永益이 이벽의 동생 이석에게,[38] 이석이 채제공에게 이 사실을 알림으로써 시작되었다. 우의정 채제공이 연석筵席에서 정조에게 알렸고, 정조가 체포하라는 명을 내려서 3인의 천주교 신자 윤유일尹有一·최인길崔仁吉·지황池璜을 체포했다.[39] 이에 정조는 포도청의 포도대장 소론 조규진趙圭鎭=趙奎鎭[40]으로 하여금 곤장을 치는 형신을 가해서 심문한 후, 형조로 이송하라고 명했다.[41] 그런데 3인은 5월 11일에 체포되어 5월 12일 포도청에서 심문을 받다가 지만없이 장폐하여 물고되었다. 경폐한 것이었다. 세간에서는 남인 채제공·소론 조규진 등이 일부러 입막음을 하기 위해 3인을 죽음에 이르게 했다는 의혹이 자자했다.

---

37 『正祖實錄』卷43, 正祖 19年 7月 7日 丙辰.
38 『承政院日記』正祖 13年 12月 29日 庚辰 "兵批…以李晳爲兼內乘". 『承政院日記』正祖 21年 4月 22日 壬辰 "許相奉命 代以李晳爲事變假注書"; 『日省錄 純祖 1年 9月 15日 (己丑).
39 정약용, 앞의 책, 제16권 「自撰墓誌銘」(정태현 역, 한국고전번역원, 1985) "4월에 蘇州 사람 周文謨가 變服 차림으로 몰래 우리나라에 와서 北山 아래에 숨어서 西敎를 널리 선전하였다. 진사 韓永益이 이를 알고 李晳에게 고하였는데, 용도 그 말을 들었다. 이석이 蔡相公(채제공을 가리킴)에게 고하니, 공은 주상에게 비밀히 고하였다. 그래서 주상은 捕將 趙奎鎭에게 명하여 체포하도록 하였다. 그런데 주문모는 달아나고 崔仁吉·尹有一·池潢 등 3인을 잡아 杖殺하였다. 睦萬中 등이 뜬말로 선동질하여 이를 기회로 善類를 다 함정에 빠뜨리려 하였다."
40 『日省錄』에서는 趙圭鎭·趙奎鎭이 확인된다(『日省錄』正祖 7年 11月 12日(己亥) 《자휼전칙》을 頒賜하였다. …中軍 趙圭鎭…차비대령 差備待令寫字官 安福臣·趙奎鎭…". 『承政院日記』에서는 趙奎鎭만 확인된다. 『노상추일기』에서는 趙圭鎭으로 확인된다(『노상추일기』, 국사편찬위원회, 2005)).
41 『번암집』제26권 / 疏箚七「도헌 권유가 상소한 이후에 사학의 엄금을 널리 신칙할 것을 청하는 차자 [都憲權裕疏後請申禁邪學箚]」, 한국고전번역원) "이런 즈음에 삼가 도헌 권유의 소본을 보니 포도청을 논핵한 내용입니다. 그 소본에서 "대신으로서 연석에서 품달하여 지휘한 자"라고 한 것은 바로 신을 가리킨 말입니다. 세 놈의 죄가 죽이더라도 용서되지 않는다고 청한 것은 단지 邪學이 인륜을 무너뜨리기 때문만이 아닙니다. 화인(華人, 중국 사람)이 와서 가르친다고 거짓으로 칭하고 어리석은 백성을 미혹시키니 헤아릴 수 없이 요망하고 악독하여 결단코 한순간도 백성들 사이에 끼어 있게 해서는 안 되기 때문입니다. 그래서 신이 마침내 이것으로 연석에서 경계하였고, 포도청으로 하여금 간악한 무리들을 엄히 조사하도록 한 것입니다. 이어 형조에 넘겨 법대로 처단하게 했는데 어찌 그 세 놈이 죽기를 좋아하고 살기를 싫어하여 곤장을 엿처럼 달가워하며 입을 꼭 다물고 말 한마디 하지 않은 채 의기양양하게 나란히 죽을 줄 생각이나 했겠습니까. 지레 엎어져 죽어 버린 것이 절통하고 분한 것은 신의 마음이 도헌의 마음과 한 번도 같지 않은 적이 없었습니다. 따라서 동료 상신들이 합석한 가운데 이 사실을 빠트림 없이 말하여 분통한 뜻을 표했던 것입니다. 그런데 이제 비밀스럽게 감추었다고 의심하는 것은 다만 당시 사실의 속내를 알지 못해서 그런 것일 뿐입니다."

당시 병조판서였던 심환지도 연석의 자리에 있었다. 순조純祖 연간 포도대장 조규진의 아들 조운상趙雲祥이 글을 갖고 부친의 억울함을 호소할 때, 정승이 된 심환지는 정조의 판하判下에 따라 3인이 엄히 곤장을 맞고 물고했다는 사실을 확인해 준다.[42] 달포가 지나서 7월 4일 대사헌 권유가 이 사건을 재론하며, 논척했다. 상소에 대한 비답에서 정조는 한성부에 분부[행회行會]하여 3인의 성명과 범죄 사실을 방방곡곡에 효유曉諭하도록 하였고, '사학 죄인은 전교로 인해 장을 맞고 사망했다는 내용을 큰길에 방을 붙여 대중의 의혹을 풀게 하라.'며, 감히 다시 범하는 일이 없게 하겠다고 했다.[43]

그럼에도 불구하고, 남인 내 신서파 대 공서파[=척사파]의 대립인 이기경과 홍낙안(=홍희운)의 논척을 이어서, 남인 내 신서파 대 공서파[=척사파]의 대립 또는 채당 대 홍당洪黨[홍낙안(=홍희운)·이기경·강준흠배姜浚欽輩와 홍수보洪秀輔·홍인호洪仁浩·홍의호洪義浩 부자[44]] 또는 대채大蔡 대 소채小蔡(채홍리蔡弘履)의 대립이 점점 심화되었다. 이에 더해서 공서파 소북인 박장설朴長卨의 상소로 이가환은 조카 이승훈과 함께 서학교도西學教徒로 논척을 받았

---

42 병조판서 심환지는 병으로 30일 동안 휴가를 받고서 5월 9일에 복귀한다(『日省錄』正祖 19年 5月 9日[己未]. 5월 11일에 3인이 체포되는 그 사이 우의정 채제공이 연석에서 정조에게 華人이야기를 한 듯하다. 이 사안은 7월 4일 대사헌 권유 상소와 7월 7일 행부사직 박장설의 상소로 再論되었다. 당시 사실은 순조 10년 채제공의 신원을 요청하는 채제공의 양자 채홍원의 原情과 순조 14년 손자 蔡柱永의 원정에 나온다(『純祖實錄』卷13, 純祖 10年 2月 16日 庚子; 卷17, 純祖 14年 7月 16日 甲辰). 결국 1802년(순조 2)에 전 포도대장 조규진은 낙안군에, 故 채제공의 아들인 채홍원은 온성부에 찬배했다(『日省錄』純祖 2年 1月 5日[丁丑]). 조규진은 1805년(순조 5)에 유배에서 풀려난다(『日省錄』純祖 5年 1月 8日[癸巳]).

43 『번암집』제26권 疏箚七「도헌 권유가 상소한 이후에 사학의 엄금을 널리 신칙할 것을 청하는 차자[都憲權裕疏後請申禁邪學箚]」, 한국고전번역원) 1810년(순조 10)에 채홍원은 채제공의 신원을 위해 이 사건을 명명백백히 알리고자 했다(『日省錄』純祖 10年 2月 16日[庚子]). "채홍원의 원정에, '…포도대장 趙圭鎭의 아들 趙雲祥이 글을 갖고 심환지에게 가서 억울함을 호소했을 때 그가 判下에 따라 엄히 棍을 맞고 사망한 사실을 모두 말했습니다. 또 원임 대신이 연석에서 아뢰자 하교하시기를 「사학 죄인은 전교로 인해 장을 맞고 사망했다는 내용을 큰길에 방을 붙여 대중의 의혹을 풀게 하라.」라고 하셨습니다.…'".

44 『純祖實錄』卷21, 純祖 18年 9月 20日 乙卯 "慶尙道儒生李學培等疏略".

다. 정조는 당시 충주忠州가 서학이 융성했기에 속죄하라는 의미로 충주 지역의 서학을 다스리는 충주목사에 이가환을, 정약용을 금정찰방金井察訪에 보임補任했고, 이승훈은 예산현禮山縣에 정배定配하는 처분을 내렸다.[45] 이가환은 앞서 광주목사 시절에도 몇 사람의 농민을 잡아다가 사교邪敎를 믿는다고 치죄한 일이 있었다. 충주목사가 된 그는 교인들을 잡아다가 주리를 틀고 곤장을 치기까지 했다.[46] 이 일에 대해 정약용은 "자신이 위험해지자 서교 믿는 자들을 잡아다가 심하게 다스림으로써 자신의 결백을 입증하려 한 것이니, 이것이 바로 공에게 겁이 많다는 증거이다. 내가 위험하다 하여 백성을 악형惡刑으로 다스린다면 그 누가 심복心服하겠는가"라고 평가했다.[47]

1797년(정조 21) 4월에 이가환은 정 2품 도총부 도총관에 임명되었으나,[48] 소명에 응하지 않았고, 12월 한성판윤에 임명되었다.[49] 1799년(정조 23) 채제공·김종수 등이 돌림병으로 사망하고, 죽기 전 채제공이 자신의 후임으로 추천한 이가환에 대해 좌의정 이병모李秉模는 '사학邪學의 괴수魁首'라고 논척했으나, 정조의 극진한 변호가 있었다. 1800년(정조 24) 5월 '오회연교五晦筵敎'에서 정조가 이가환 등을 등용하겠다는 뜻을 보이자, 노·소론, 남인 내에서는 이가환과 그 세력들에 반대하는 세력들로 결집하였다. 다음 달인 6월에 정조가 서거했다.

---

45 『日省錄』正祖 19年 7月 25日(甲戌)
46 앞서, 정조 11년에 兩西의 암행어사 李崑秀가 復命하여, 정주목사 이가환을 논척한 일이었다. 일례로, 이곤수의 封書 중에는 이가환에 해당되지는 않지만, 도신과 수령이 "…옥사를 다스리고 도적을 다스리는 데에는 刑具가 각각 다른데도 살옥 사건에 대해 공초를 받으면서 함부로 周牢의 형벌을 시행한 것은 크게 격례와 어긋나고 또 후일의 폐단과 관계되니, 그 당시 본영의 中軍은 엄하게 처벌해서 후일을 경계하지 않아서는 안 됩니다."라고 했다(『正祖實錄』卷23, 正祖 11年 4月 16日 癸丑). 그런데 이때 이가환은 살옥 사건이 아닌 사학 사건에 주리를 틀고 곤장을 치는 형벌을 시행한 것이었다.
47 정약용, 앞의 책, 「貞軒의 墓誌銘」(정태현 역, 한국고전번역원, 1985).
48 『正祖實錄』卷46, 正祖 21年 4月 25日 乙未.
49 『正祖實錄』卷47, 正祖 21年 12月 2日 丁酉.

이가환은 '사학'과 관련해서는 노·소론, 남·소북인 내 공서파 세력과, '사설'과 관련해서는 사도세자 신원·추숭 반대 세력 양쪽 모두에게 정치적으로 논척당했지만, 정조와 채제공의 극진한 변호로 무사할 수 있었다. 그러나 순조 연간의 '벽파정권'의 집권으로 이가환은 바람 앞의 촛불처럼 위태로운 정치적 상황에 당면하게 되는 것이었다.

3. 이가환·이기양의 '사학'·'사설' 세력 관련 추국 사건

1) 이가환·정약용·이승훈 등 '사학' 관련 추국의 시작

1800년(정조 24=순조 즉위년, 경신) 6월, 정조가 서거하고 11세의 순조가 즉위하자, 대왕대비 정순왕후貞純王后의 수렴청정이 시작되었다.[50] 노론 외척 세력 내 경주 김문 정순왕후 집안의 김관주金觀柱 등과 노론 벽파 세력 심환지 등이 연합한 '벽파정권'에 의한 정치 세력과 정국의 변화 과정에서 노·소론, 남·소북인 내 정조 측근 세력, 사도세자 신원伸冤·추숭追崇 세력, 신서파 세력에 대한 추국과 천주교 관련 '사학'과 역모·모반에 대한 추국이 이어졌다. 경신년 8월에 영남 지역에서 일어난 인동작변仁同作變이 있었고,[51] 신유년에 일어난 '신유박해' 또는 '신유사옥'을 모두 포함한 '신유옥사'가 있었다.[52]

---

50 오수창, 「제 2장 정국의 추이」, 앞의 책, 청년사, 1990; 유봉학, 앞의 책, 일지사, 1995; 유봉학, 앞의 책, 신구문화사, 2009; 김정자, 앞의 글, 『역사와 경계』 122, 부산경남사학회, 2022 참조.

51 김성우, 「1800년 仁同作變을 둘러싼 다중의 시선들」, 『역사와 현실』 82, 한국역사연구회, 2011; 김성우, 「정조 대 영남 남인의 중앙 정계 진출과 좌절」, 『다산학』 21, 재단법인다산학술문화재단, 2012; 『조선시대 경상도의 권력 중심 이동』, 태학사, 2012 참조.

52 김정자, 앞의 글, 『역사민속학』 61, 한국역사민속학회, 2021B; 앞의 글, 『역사와 경계』 122, 부산경남사학회, 2022 참조.

『추안급국안』에는 신유년 봄에 남인 세력 내 이가환·이기양 추국을 시작으로,[53] 주문모 신부가 자수하고, 노론, 소북인 세력 내 김건순·김려, 강이천 등의 추국이 이어졌다.[54] 여름에는 규장각 각신 윤행임과 서얼 세력인 역적 임시발任時發·윤가기尹可基 등의 추국과 겨울에는 '백서'를 작성해서 중국에 있는 외국인 신부들에게 보내려 한 황사영을 체포하여 추국한 사건이 이어졌다.[55]

1801년 1월 10일에 대왕대비와 영의정 심환지 등은 경성京城에서 부터 기호畿湖 안에 사학이 치성하는 일에 대해 논의하고, '사교에 빠져 개전改悛하지 않는 자는 다 죽여 없애라'며, 좌우포도청에서 각별히 신칙하도록 명했다.[56]

1801년 2월 9일 사헌부 집의 민명혁閔命爀, 장령 윤행직尹行直·조태영趙台榮, 지평 이의채李毅采 등이 계사啓辭(대계臺啓)를 올려서 이가환·이승훈·정약용 등에 대한 사학 죄인 논척과 의금부의 추국, 포도대장에 대한 삭직을 요청했다.[57] 이들은 전 판서 이가환은 교주敎主라는 혐의가 있고, 전 판서 이승훈은 요사스러운 책을 구입해 오고 요사한 학술[요술妖術]을 주도면밀하게 준비하고 추진한 혐의가 있으며, 전 승지 정약용은 형조에 체포되었을 때 그의 형제와 숙질 사이에 주고받았던 요사스럽고 흉악한 정황에

---

53 이상식 역주, 앞의 책 73「순조1(1801) 사학 죄인 李家煥 등 심문 기록/신유년(1801, 순조1)」,「邪學 죄인 李基讓 등 심문 기록/신유년(1801, 순조1)」.

54 이상식 역주, 앞의 책 74, 흐름출판사, 2014.「순조1(1801) 邪學 죄인 姜彛天 등 심문 기록/신유년(1801, 순조1)」,「순조1(1801) 사학 죄인 金鑢 등 심문 기록/신유년(1801, 순조1)」,「심문 기록/신유년(1801, 순조1)」; 김정자, 앞의 글,『역사와 경계』122, 부산경남사학회, 2022 참조.

55 이상식 역주, 앞의 책 75, 흐름출판사, 2014.「순조1(1801) 역적 任時發·尹可基 등 심문 기록/신유년(1801, 순조1)」,「순조1(1801) 邪學 죄인 黃嗣永 등 심문 기록」; 김정자, 앞의 글,『역사민속학』61, 한국역사민속학회, 2021B 참조.

56 『日省錄』純祖 1年 1月 10日(丁亥). 정약용, 앞의 책,「貞軒의 墓誌銘」(정태현 역, 한국고전번역원, 1985) "신유년 정월에 大妃 貞純王后께서 중외에 敎諭하기를, '사교에 빠져 改悛하지 않는 자는 다 죽여 없애라.' 하였다. 이때 마침 漢城府에서 우리 집안의 편지가 든 상자를 지고 가는 한 농부를 잡아 드디어 큰 獄事가 일어났다."

57 이상식 역주, 앞의 책 73, 15~21쪽.『日省錄』純祖 1年 2月 9日(乙卯);『承政院日記』같은 날.

대한 혐의가 있는 사학의 뿌리라며, 세 사람을 '삼흉三凶'으로 지목했다.

또한 대계臺啓에서는 한성부에서 체포한 죄인을 포도청으로 옮기면, 포도청에서는 '심문하고 조사한다.'라고 해 놓고는 오로지 느슨하게 처리했으며, 범인을 수사해 체포하는 일을 한결같이 소홀히 했고, 사건 처리를 모두 하인배의 손에 맡겨 두었다며, 해당 포도대장의 삭직을 요청했다. 사헌부 계사의 논척 대상이었던 포도대장은 바로 이유경李儒敬·이득제李得濟·신대현申大顯 등이었다.[58] 특히 어영대장를 겸직했던 신대현은 좌변포도대장 직책의 책임을 지고 어영대장에서도 삭직되었다. 후임 좌변포도대장에 임명된 임률任㻎은 동지의금부사를 역임하며, 이후에 '신유년 여름 옥사'를 고변하고 담당하는 인물이었다.[59]

같은 날, 대왕대비는 의금부에서 추국을 설행했다. 일반적으로 추국은 대신大臣이나 포도대장 등의 청대請對 요청과 역모·모반에 대한 고변으로 설행되었다. 그런데 이가환 등에 대한 추국은 사헌부의 계사 즉 대간臺諫의 계사[=대계]로 설행된 이례적이고 특이한 경우였다.[60] 소론 판의금부사 조상진趙尙鎭의 교체 요청을 허락하고, 병조판서 서정수徐鼎修를 임명하며, 위관으로는 영중추부사 이병모를 삼았다.[61]

---

58 이즈음 좌변포도대장에는 李儒敬, 우변포도대장 李得濟 등이 역임하다가 이유경이 승지로 임명되자, 이득제가 좌변포도대장까지 겸직했다. 2월 2일에 순조가 申大顯을 좌변포도대장으로 임명했고, 이득제가 다른 일로 나가 있자, 신대현이 우변포도대장까지 겸직했다.

59 5월~8월의 '임시발·윤가기 사건'은 좌변포도대장 임률과 우변포도대장 申應周가 請對하면서 추국이 설행되었다(『日省錄』 純祖 1年 8月 27日[辛未]). 김정자, 앞의 글, 『역사민속학』 61, 한국역사민속학회, 2021B 참조.

60 정약용, 앞의 책, 「貞軒의 墓誌銘」(정태현 역, 한국고전번역원, 1985) "아, 국문과 옥사는 예부터 있어 왔다. 그러나 선조 때의 己丑獄事와 숙종 때의 庚申獄事 같은 때에도 반드시 上變한 자가 있거나 죄수의 招引이 있고, 또 증거될 만한 문서가 있거나 죄수가 立證한 뒤에야 체포하여 고문하고 죽여 棄市하였는데, 이번처럼 대간의 啓辭로 발단하고 고문하여 그 옥사를 이룬 다음 증거도 없이 사람을 죽여 기시한 일은 일찍이 기축·경신 때에도 없었던 일이다."

61 『日省錄』 純祖 1年 2月 10日(丙辰) "本府에서 推鞫을 설행하였다. 영중추부사 이병모·영의정 심환지·좌의정 이시수·우의정 서용보·판의금부사 서정수·지의금부사 이서구·동지의금부사 尹東晩·승지 徐美修, 問事郞廳 張錫胤·李象謙·吳翰源·李基憲·任厚常이 참석하였다."

(1) 이가환 추국에서의 심문과 진술 내용

2월 10일 60세 이가환의 1차 심문이 시작되었다. 심문 내용은 교주가 되어 잘못을 뉘우치며 고치지 않는 지금까지 사건의 진상을 먼저 바른대로 말하라는 것이었다. 이가환은 1795년(정조 19) 박장설이 사학을 배척했던 상소에 변명했던 사실과 조카 이승훈이 사 온 서적은 책 읽기를 좋아했던 까닭에 얻어 보았으나, '신주에 절하지 않고 제사 지내지 않는다[不拜神主 不行祀]'는 부분 때문에 배척했던 사실과 1791년(정조 15) 광주부윤 시절에 향교에는 문서로 '정학을 숭상하고 이단을 배척하라[崇正學 闢異端]'는 뜻으로 누누이 깨닫도록 타일렀으며, 각 마을에 방을 붙여서 사학을 금지토록 명령한 일과 체포한 자들이 4~5명이나 되어 감영에 보고하고 매질하며 캐물어서 마음을 바꾸겠다는 다짐을 받고 풀어 준 사실과 1792년(정조 16) 여름 선왕 정조에게 서학 서적을 봤다고 말한 대화 사실과 충주목사가 되어 사학을 원수처럼 여겨서 사학한 놈을 붙잡아 주리를 트는 형벌을 시행한 사실과 1795년(정조 19)에 사학을 배척하는 새로 나온 책을 얻어 보았는데, '어버이와 임금님도 안중에 두지 않는 오랑캐나 짐승과 같다[斥之以無父無君夷狄禽獸]'라는 해괴한 이야기에 대해 배척한 사실 등을 진술했다.

특히, 그는 앞서 1791년(정조 15) '윤지충·권상연 사건'을 원수같이 미워했고, 1795년(정조 19) 다른 사람들에게서 비난을 받게 되자 자책했으며, '사학'을 하는 사람이 있다면 곧장 칼을 가지고 찔러 버리겠다며, '교주' 등에 대한 이야기는 근거 없는 이야기이고, 누가 듣고 누가 전했는지 아는 바가 없다고 했다. 그러나, '사학'에 푹 빠진 실상과 가르쳤던 사람의 숫자, 어리석은 백성들을 쉽게 현혹시켰던 술수들에 대해 낱낱이 바르게 말하라는 심문이 이어졌다. 이가환은 현혹된 자들의 속내를 알 수 없으며, 자신은 사학을 배척해서 다른 사람을 가르치지 않았다고 했다. 이때 그는 정약용의 형인 정약종丁若鍾이 서학 서적 궤짝을 옮기려다가 한성부에 붙잡힌 일[책롱사건冊籠事件]을 한성부 서리書吏 위태원魏泰元에게 들었다고 진술했다.[62] 책롱인 궤짝에는 5~6인의 문서와 정약용 집안의 서찰이 들어 있었기에 정약용 또한 '책롱사건'이 '신유년 봄 옥사'의 계기가 되었다고 언급했는데,[63] 이가환도 이번 추국의 시작을 '책롱사건' 때문이라고 여겼던 것이었다.

2월 11일 2차 심문부터는 형신을 가한 심문이 이어졌다. 심문 내용은 이가환과 친한 정약종·정약용 형제와 이승훈·신여권申汝權=申興權=申興權[64] 두 조카와의 관련 여부(뒤에 〈그림〉 참조)와 사학 소굴의 우두머리로 불리는 것에 대해 변명하지 말고 바르게 말하라며, 바르게 말하지 않으면 매질을 가하겠다는 것이었다. 이가환은 이승훈의 사학 관련 여부는 온 세상 사람들이 알고 있지만, 신여권이나 정약용 형제가 사학을 했는지의 여부에 대해 자신은 알 수 없으며, 신여권은 일 년 전 물었으나 바르게 말하지 않는 일이 있었다고 진술했다.

결국, 이가환은 요사스런 서적을 얻어 보았던 것만은 자신의 용서받을 수 없는 죄라고 인정했다. 또한 그는 친척들을 금지시키지 못한 죄를 인정하라는 심문이 이어지자 죄를 인정했다. 최후 자복 진술[지만]이냐는 심문에 이가환은 "저의 경우, 대간의 보고 중 소굴의 우두머리라는 지목은 진실로 제 자신 스스로 얻게 된 것입니다. 만약 살아서 감옥문을 나간다면 이후에는 소굴의 우두머리라는 지목에서 분명히 스스로 벗어날 방법만을 생각할 것입니다. 이 밖에는 다시 드릴 말씀이 없습니다."라고 했다.

이후, 이가환은 식음을 전폐했다. 3차 심문을 보면, "여러 날 음식을 먹지 않았다[폐식廢食]. 기필코 죽으려고 하는 것이냐"는 내용에 대해 이가환은

---

62 한국학문헌연구소 편, 앞의 책 25, 1~9쪽; 이상식 역주, 앞의 책 73, 23~30쪽.
63 정약용, 앞의 책, 제16권 「自撰墓誌銘 集中本」(정태현 역, 한국고전번역원, 1985).
64 조광 역주, 앞의 책 I (각주 8), 115쪽의 각주 95 참조.

"저는 용서받지 못할 죄를 지었다는 것을 잘 알기 때문에 음식을 먹지 않고 기필코 죽으려고 하는 것입니다. 저의 직책이 재상의 위치에 있었던 만큼, 이처럼 사학으로 지목받은 것만으로도 그 죄는 죽어 마땅합니다."[65]

라고 했다. 그는 재상의 직책을 역임한 사회 지도층으로서, 사학의 괴수로 지목받은 것 자체가 불미스러운 일이며, 죽어 마땅한 죄를 지었다고 인식했던 것이었다.

그러나, '사학'의 진짜 괴수를 꼭 집어 말하는 것이 스스로 무죄임을 밝히는 방법이 될 수도 있을 것이라고 회유하는 심문이 이어지자, 그는 충청도의 이존창·양근의 권철신·서울의 최필공이 있으며, '신부'는 바로 '존경과 믿음'에 대한 칭호인데, 아마 이존창과 최필공의 무리들을 가리키는 듯하지만, 자세히는 알지 못한다고 진술했다.

(2) 정약용 추국에서의 심문과 진술 내용

다음으로 40세 정약용의 1차 심문이 이어졌다.[66] 심문 내용은 이가환·이승훈과 함께 도모하다가 자취가 드러나게 되자 상소해 사실을 자복하고, 갖은 맹세를 다한 후에도, 도리어 전보다 더 몰래 제멋대로 요사를 부렸으며, 정조를 속이고도 두려워하지 않은 사실과 형제간이나 삼촌과 조카 사이에 주고받은 편지 등으로 치밀하게 준비했던 간사하고 요상한 모의와 계책을 바르게 말하라는 것이었다. 정약용은 위로는 감히 임금님을 속일 수 없고 아래로는 천륜天倫인 형 정약종을 증거로 삼을 수 없으니 자신에게는 죽음만이 있을 뿐이라고 진술했다(뒤에 〈그림〉 참조). 또한, 교주와 소굴에 대한 심문이 이어지자, 정약용은 요즈음 교주가 수없이 많다고들 하며

---

65 한국학문헌연구소 편, 앞의 책 25, 36~39쪽; 이상식 역주, 앞의 책 73, 215~217쪽.
66 한국학문헌연구소 편, 앞의 책 25, 13~19쪽; 이상식 역주, 앞의 책 73, 30~38쪽.

진실로 누구인지 모르겠다고 했다.

편지와 관련한 심문이 이어지자, 정약용은 아현阿峴에 사는 황사영에게 보냈던 편지라고 진술했다. 황사영은 정약용과 5촌 사이였다.[67] 편지에 있는 '권權'과 '조趙'가 누구냐고 심문하자, 정약용은 권철신과 조동섬趙東暹으로, 조동섬은 양근의 관리에게 붙잡혔다가 보석保釋으로 풀려났고, 권철신은 서울로 피신했다고 진술했다. 권철신이 양근 지방 사학의 괴수냐는 심문에 정약용은 권철신이 본래 글을 잘하는 사람이고, 정조 15년의 권일신 사건이 발생한 후에 자신은 그때부터 절교했기에 요즈음 사학을 하는지 여부는 자세히 알지 못한다고 진술했다.

2차 심문에서 정약용은 자신이 재작년인 정조 23년에 형조에서 근무할 때에 『척사방략斥邪方略』을 지어 정조에게 바치려고 했는데 때마침 사람들의 비방을 받아 직책에서 교체되었기 때문에 바치지 못한 일이 있었고, 이 지경을 당하고 보니 사학을 하는 사람들이 자신에게는 원수라며, 10일의 기한을 주고 영리한 포교를 데리고 나가게 해 준다면 사학의 소굴들을 마땅히 체포해서 바치겠다고 진술했다. 정 3품~종 4품의 하대부下大夫를 지낸 정약용에 대해서 보통 죄수와는 비교할 수 없다며, 소굴과 교주를 바르게 말하지 않는다면 형 정약종은 결국 소굴의 우두머리라는 혐의를 벗어날 수 없을 것이라는 심문이 이어졌다. 정약용은 황사영만이 사학을 했다고 알고 있었는데, 황사영은 자신의 조카사위인 까닭에 심정 상 차마 할 수 없이 바로 말하지 못했다고 진술했다.

2월 13일 3차 심문에서 정약용은 최창현이 괴수의 우두머리이며, 황사영은 죽어도 변치 않을 것이니, 비록 조카사위이지만 바로 원수라고 진술했다. 또한 이백다李伯多는 이승훈, 권사물權沙勿은 권일신인데, 서학 책에

---

67 한국학문헌연구소 편, 앞의 책 25, 18쪽; 이상식 역주, 앞의 책 73, 36쪽, 각주 31.

나오는 서양식 호號라고 했다.[68]

계속해서 소굴의 우두머리에 대한 심문이 이어졌다. 정약용은 소굴의 우두머리는 김백순金伯淳이라는 이름이 파다하게 입에 오르내리고, 포천의 홍교만洪敎萬 또한 유명한데, 자신의 형과는 사돈 간이자 홍주만洪周萬의 동생이라고 했다. 또한 그는 최창현이나 황사영 같은 무리들은 실토하지 않을 것이 분명하니, 그들의 종들이나 학생들 중에서 '사학'에 깊이 물들지 않는 사람을 체포해 심문한 연후에야 그 단서를 얻을 수 있을 것이라고 진술했다.

정약용이 진술한 김백순은 노론 안동 김문의 인물이었다. 그는 주문모 신부가 자수한 이후, 같은 집안의 김건순이 연루되자, 김려·강이천 추국과 관련해서 3월에도 추국을 받게 된다. 또한 홍주만은 1799년에 사망했는데, 이잠·이익의 동생인 옥동玉洞 이서李漵의 손녀와 혼인한 남양 홍문의 인물로(뒤에 〈그림〉 참조),[69] 남인 공서파 윤기尹愭와 친분이 있었다.[70] 정약용이 거론한 홍주만·홍교만 형제 사이에서도 공서파·신서파가 혼재한 사례가 있었던 것이었다.

또한 정약용은 '사학'에 깊이 물들지 않는 종들이나 학생들을 체포해 심문한 후 단서를 얻을 수 있을 것이라는 조사 방법까지 제시했다. 이러한 조사 방법은 이후 추국 과정에서 실제로 시행되기도 했다.

---

68 또한 서양식 호를 쓰는 자가 누구인지 심문하자, 그는 權巴西는 아마도 권철신의 아들 권상문, 조생원은 조동섬, 張生과 兪生은 이름을 알지 못하지만, 양근현 감옥에 갇혀 있다고 진술했다(한국학문헌연구소 편, 앞의 책 25, 39~40쪽; 이상식 역주, 앞의 책 73, 89~93쪽).
69 李森煥, 『少眉山房藏』, 한국문집총간 속 92, 한국고전번역원; 金材勳, 해제 『소미산방장』, 한국고전번역원, 2012 참조.
70 尹愭, 『무명자집』 시고 제4책 「홍 지사의 칠석 모임에[西鄰洪知事 周萬 以七月旣望夜 小會賦詩 余適有故 不得與而步其韻 韻則拈出於赤壁賦中字云]」. 尹愭, 『무명자집』 시고 제4책 「홍 판윤과 《희암집》의 운을 따서[與洪判尹 周萬 拈希庵集韻共賦] 홍 판윤은 洪周萬이다.」, 한국고전번역원. 강민정 외, 해제 『무명자집』, 한국고전번역원, 2014 참조.

(3) 이승훈 추국에서의 심문과 진술 내용

다음으로 46세 이승훈의 1차 심문이 이어졌다.[71] 심문 내용은 아버지 이동욱이 구입해 온 요사스런 책을 전달하고, 기꺼이 지키고 본받으며 집안의 규범으로 삼은 일과 날마다 이가환과 머리를 맞대며 요사한 술책을 준비하며 행하려고 추진했던 일이 무엇인지와 이가환이 교주라는 사실과 이가환과 나누었던 비밀스런 말은 어떤 일인지와 마음을 같이하여 선동해 현혹시킨 사람은 몇 사람인지 등이었다.

이승훈은 첫 번째로, 1785년(정조 9)에 형조에서 조사한다는 이야기를 듣고 아버지가 친척들을 모아 놓고 마당에서 그 책들을 불태우며, 책을 불태운 일에 대해 칠언율시七言律詩 2수首를 지었고, 자신도 이단異端을 배척하는 글과 시를 지었다고 진술했다. 그는 1785년(정조 9)에 중국에서 구입해 온 책을 불태우고, '사학'을 배척했다고 진술했다.

두 번째로, 그는 1791년(정조 15)에 홍낙안에 대한 승정원의 조사 보고로 인해 체포되어 심문을 받았는데, 정조가 1785년(정조 9)의 일을 재론하는 것이 사건의 실상에 부합하지 않고 금령이 내려진 1791년(정조 15) 이전과 이후는 구별이 있어야 한다고 지시를 내렸던 일이 있었다고 진술했다. 그는 1791년(정조 15) 이후에 부친이 타이르기를 "'사학'은 우리 집안의 원수이다. 이것을 하는 자는 손수 칼로 베어야 옳을 것이다."라고 했기에 자신은 부모와 임금님을 안중에 두지 않는, 윤리와 도덕을 무너뜨리는 천주학을 하지 않았다고 진술했다.

그는 세 번째로, 1795년(정조 19)에 예산禮山에 귀양 가서 있을 때에 사학 중에서 가장 요상하고 참혹한 말들을 세 부분으로 나누어 논리를 깨부수고 반성문을 지었다고 했다. 그때 고을 수령이 그 반성문으로 한자와 한글로

---

71 한국학문헌연구소 편, 앞의 책 25, 19~23쪽; 이상식 역주, 앞의 책 73, 38~43쪽.

베껴서 각 고을을 독려하여 낱낱이 깨우쳐 타이르도록 했기에 예산 일대는 사학에 다시 물들지 않았다고 진술했다.

네 번째로, 그는 서학 서적 중에 '하늘이 사람이 되어 내려 왔다'는 이야기가 매우 요망한데 어찌 깊이 현혹될 리가 있겠느냐며, 약간이라도 글을 아는 사람들은 정교한 천문 지식 때문에 현혹되었고, 어리석은 무리들은 천당과 지옥의 이야기로 현혹되었기에 자신이 이것을 깨부수려는 의도로 수천여 마디의 글을 지었다고 진술했다.

다섯 번째로, 그는 정조 15년 이후 임금님 은혜에 보답하고 아버지의 말을 어기지 않으려고 했고, 지금은 우리 유교의 학문을 깊이 연구하면서, 성현들의 경전이 아니면 책상에 두지도 않았으며, 『주자백록동연의朱子白鹿洞衍義』를 지었던 일을 친척과 친구들이 모두 알고 있다고 진술했다.

그러나, "'사학'의 교주가 누구이며 소굴은 누구냐"라는 심문이 이어졌고, 이승훈은 1785년(정조 9) 이후 아버지와 아들이 한마음으로 사학을 배척했고, 1791년(정조 15) '윤지충·권상연 사건'이 발생했을 때도 '사학'을 배척했으며, 올바른 학문을 하는 유학자[정학인正學人]과 함께 이단을 배척했다고 진술했다. 올바른 학문[정학正學]을 한 사람이 누구냐는 심문에 이승훈은 이기경의 외사촌인 심유沈㴲로,[72] 이기경이 처음에 자신을 공격하고 배척했는데, 자신이 심유 집안과 혼인한 것을 알고서는(뒤에 〈그림〉 참조), 이기경 또한 자신이 사학을 배척했음을 알게 되었다고 진술했다.

이승훈의 2차 심문에서는 사악한 서적을 베껴 전파한 일과 교주를 데

---

[72] 심유는 당시 기호 남인 중에 黃德吉과 함께 성호학파를 대표하는 인물이었다(정약용, 앞의 책, 제19권, 「木齋께 올리는 글 - 李先生 森煥의 호가 목재이다. ○ 을묘[1795, 정조 19년, 선생 34세] 가을 金井에 있을 때」[정태현 역, 한국고전번역원, 1985]) "앞 뒤 여러 차례의 聖敎가 은근하고 간곡하시어 正學을 숭상하시는 것으로써 異端을 물리치는 근본으로 삼으셨으니, …하물며 星翁[필자주: 星湖 李瀷]의 문하에서 유학하여 성옹의 가르침을 받은 사람이겠습니까. …오늘날 서울의 師友 중에 沈士潤[필자주: 沈㴲]·黃耳叟[필자주: 黃德吉] 등 몇몇 분도 수립한 바가 모두 우뚝이 뛰어났는데 진실로 일세의 표준이 될 만한 門下께서는 선구자가 되어야지 겸양하고 자신을 낮추기만 하여 많은 사람들의 바람을 저버려서는 안 됩니다. 어떻게 생각하십니까."

리고 온 일, 1795년 예산 유배 때 「유혹문牖惑文」을 지어서 잘못을 명쾌히 변명하는 단서가 되기에 부족한 일, 수 많은 사람들이 전하는 이야기가 전혀 근거 없는 말이 아니라는 일에 대해 바른대로 말하라는 심문이 이어졌다. 이승훈은 사학을 한 사람이 누구인지 모른다며, 「유혹문」으로 사학한 사람들을 타이르고 깨우친다면, 자연히 금지시키는 방도가 될 것이고, 책이 자신의 집에서 나왔으나 몇 해 전에 불태워 없애 버린 후에는 다시 보지 않았으며, 당초에 아버지가 가지고 온 그 책은 사 온 것이 아니고 천주당을 구경했을 때 서양인이 선물로 준 물건이라고 진술했다. 또한 그는 정조 9년 이후로는 사학을 배척하기로 작정하고, 「유혹문」을 만들어서 스스로 증명했으니 어찌 애당초 이 책을 보았다는 이유로 죄 없는 사람을 죽일 수 있냐고 반문했다. 추국청에서 추국 결과를 논의하여 순조에게 보고하자, 순조는 3명의 죄수는 일단 다시 심문할 단서가 없으니 잠시 매질을 중지하고, 정약종을 형신하라는 명을 내렸다.

3차 심문에서 이승훈은 정조 9년 이후에 사학을 한 번 한 적이 있었는데, 몇 년 동안 단념할 수 없었지만, '신부' 등의 이야기는 정말로 기억나지 않는다고 진술했다. 이승훈과 최창현의 대질심문이 이어졌고, 최창현은 정조 8년 이벽의 집에서 이승훈이 자신을 세례 해 주고 신부가 되어 주었다고 진술했다. 이에 이승훈은 정약용과 정조 8년 이벽의 집에서 모여서 세례를 요청하길래 세례를 해 주었고, 지금 정약용이 자신을 원수로 여긴다면 자신 또한 그를 원수로 여길 것이라고 진술했다.

이승훈은 4차 심문에서 자신이 서학을 그만둔 해를 정조 9년이라고 했다가 정약용의 진술을 인정하며, 최창현과 대질심문한 이후, 정조 15년이라고 했다. 사형을 면하고자 하거든 정가丁哥 외에 사학의 괴수를 말하라는 심문에 이승훈은

"저는 신해년 이후에는 진실로 영원히 끊었습니다. 정조 8년 이벽의 집에서 최창현에게 세례하고 제 스스로 신부가 된 한 가지 사항은 진실로 죽어 마땅한 죄입니다. 저는 요즈음 사학을 배척하고 끊었기 때문에 사학의 괴수가 누구인지 알지 못합니다. 정약종의 형 정약전丁若銓을 잡아다가 물어보면 알 수 있을 것입니다."[73]

라고 했다. 이승훈은 추국 과정에서 서학 → 서교 → 배교를 증명하는 진술을 했다.[74] 또한 그는 정조 8년에 스스로 '신부'가 된 죄를 인정하는 자백을 지만했다. 그는 '사학의 괴수'가 누구인지는 모르지만, 정약종의 둘째 형인 정약전을 거론하였다. 정약용의 진술 때문에 이승훈이 '무고'한 것일 수도 있었으나, 정약종·정약용에 이어 정약전까지 추국당하게 된다.

2) 이가환·오석충吳錫忠·이기양 등 외척外戚 홍낙임洪樂任 관련 심문으로의 변화

추국이 설행되는 와중에 조정 신하들 중에서는 사학과 연루된 세력을 확대하여 엄한 처벌을 내려달라는 요청이 이어졌다. 벽파 세력의 정치적 공세는 추국의 설행을 통한 사법적인 판단과 국가적인 처분에 대한 요구라고 할 수 있다.

2월 14일 대사간 신봉조申鳳朝는 척사소斥邪疏에서 의금부에 지시해서 '삼흉'과 오석충·유이환·이학규·홍헌영을 추국청으로 붙잡아 와서 엄히 심문해 근본 원인과 소굴을 싹 쓸어 없애 버리는 것이 마땅하다고 요청했다.[75] 추국 과정에서 죄인의 진술에서 거론된 추국청의 추가 죄인 심문

---

[73] 한국학문헌연구소 편, 앞의 책 25, 80~82쪽; 이상식 역주, 앞의 책 73, 112~113쪽.
[74] 1장 머리말 ②의 경우라고 할 수 있다.

요청과 달리 사헌부 대사간의 추가 죄인 심문 요청이었다.

첫 번째로, 대사간 신봉조의 상소에서 거론된 22세 홍헌영의 1차 심문이 이어졌다.[76] 그는 이가환·정약용의 얼굴을 알기는 하지만 새해에 세배하는 정도에 불과할 따름이고, 이승훈은 애당초 얼굴도 알지 못한다고 했다. 또한 그는 자신이 사학을 했다고 비방을 받은 이유는 이전에 홍의호에게 보낸 편지 중에 '천지千支'라는 두 글자가 있었는데, 홍의호가 그것을 '사학의 문자다.'라고 말했기 때문이라며, 자신은 정말로 사학 서적을 본 적이 없다고 진술했다. 홍의호는 공서파 홍수보의 아들이었고, 홍헌영은 공서파의 정치적 논척으로 자신이 사학을 했다는 비방과 무고를 받아서 추국장에 불려온 것이라고 했다. 특히 홍헌영이 정약용·이가환의 집에 왕래한 이유에 대한 심문이 이어지자, 그는 대대로 이어 온 집안끼리의 정리情理[세의世誼] 때문에 부득이 일 년에 한 번씩 만났다고 진술했다. 1794년(정조 18)에 사학四學의 재임齋任 유생儒生이기도 했던 그는 남인 세력 내 차세대 신진新進 인물이었다.[77] '벽파정권' 내 남인 세력 내 공서파 홍수보·홍의호 부자의 정치적 공세를 확인할 수 있다.

두 번째로, 2월 15일 추국에서는 26세 유이환의 1차 심문이 이어졌다.[78] 그는 사학에 대해서는 바로 아비와 임금님도 안중에 두지 않는 학술이며, '삼흉'에 대해서는 온 나라 사람들이 지목하며 죽이려고 한다고 진술했다. 그런데 갑자기 홍낙임의 사위인 유기주兪杞柱와 몇 촌이냐는 심문이 이어졌고, 그는 아마 30촌쯤 되는데, 정조 23년(1799) 봄 종중宗中 모임 때에 보았으며, 그 사람은 고운 옷을 입고 기름진 말을 탔는데 자못 사치스러워 보였

---

75 한국학문헌연구소 편, 앞의 책 25, 79~80쪽; 이상식 역주, 앞의 책 73, 110쪽.
76 한국학문헌연구소 편, 앞의 책 25, 91~92쪽; 이상식 역주, 앞의 책 73, 125쪽.
77 『日省錄』正祖 18年 9月 5日(己丑).
78 한국학문헌연구소 편, 앞의 책 25, 96~98쪽; 이상식 역주, 앞의 책 73, 128~134쪽.

다고 진술했다. '벽파정권'의 정치적 공세 중에 하나는 외척 세력인 경주 김문과 대립한 풍산 홍문 혜경궁 집안 홍낙임 세력 등에 대한 논척을 들 수 있다. 대사간 신봉조가 유이환을 논척한 것은 궁극적으로는 홍낙임의 사위인 유기주를 연관시켜서 풍산 홍문 홍낙임 세력을 논척하려 한 것이었다.

세 번째로, 32세 이학규李學奎=李學逵의 1차 심문이 이어졌다. '삼흉'이 누구누구인지 아느냐는 심문에, 그는 '삼흉'이 누구인지 모르겠다고 했다. 그는

"정조 15년 이전에 전 참판 목만중睦萬中의 문 앞에 살고 있었습니다. 하루는 사학을 배척하는 통문을 쓰게 했는데 이가환과 이승훈이 모두 배척하는 대상에 들어 있었습니다. 어찌 조카로서 삼촌을 배척할 수 있겠습니까? 하고는 쓰지 않았더니 목만중이 화를 내면서 근거없는 말을 지어내서 억울했습니다. ① 목만중은 저의 외삼촌이 글 잘하는 것을 시기하여 사이가 벌어져서 사학을 한다고 지목했습니다. ② 포도청에 체포된 것은 저 뿐만 아니라 황사영의 친인척도 많이 체포되었습니다. 황사영은 자손이 드문 종갓집입니다. 때문에 저는 그의 외척이라는 것 때문에 체포되었습니다. 저는 황사영의 외가 면, 육촌이 됩니다. 괴수인지 여부에 대해서는 알지 못합니다만, 사학을 했다는 것을 알고 있습니다. 저는 이승훈의 구촌 조카입니다. 황사영의 어머니가 제게는 삼촌 고모가 됩니다. 제가 양자로 들어간 집으로 치자면 황사영은 육촌이 되고 본래 생가生家로 보면 사촌이 됩니다."[79]

라고 했다. 이학규의 진술에서는 ① 남인 공서파 목만중의 이가환과 이승훈에 대한 정치적 공세가 있었으며, 부모 자식 관계와 같은 삼촌 조카 관계

---

[79] 한국학문헌연구소 편, 앞의 책 25, 98~102쪽; 이상식 역주, 앞의 책 73, 134~138쪽.

로써 통문을 쓸 수 없었다는 내용을 확인할 수 있다. 앞서, '벽파정권' 내 남인 세력 내 공서파 홍수보·홍의호 부자에 이은 목만중의 정치적 공세를 확인할 수 있다.

특히, ②에서 이학규는 황사영·이승훈 집안과의 연혼 관계를 진술했고, 그의 외삼촌이 바로 이가환이었다(뒤에 〈그림〉 참조).[80] 이가환의 조카 이승훈·신여권에 이어 이학규까지 연루되었고, 이학규는 정치·사회적인 상황보다 삼강오륜三綱五倫을 더 중요하게 여겼으며, 공서파의 공세에 대응한 일 때문에 비방과 무고를 받아서 추국장에 불려온 것이었다. 이처럼 대사간 신봉조, 홍수보·홍의호 부자, 목만중 등의 '벽파정권' 내 공서파 세력들은 '삼흉'인 이가환·정약용·이승훈과 연혼 관계에 있던 아들과 같은 조카 뻘이 되는 이름난 남인 세력 내 신진 차세대 3인까지 연관지어 논척하며, 이번 추국에 연루시켜 사법적인 판단과 국가적인 처분으로 정계에서 축출시키고자 한 것이었다.

그런데 3인 외에 오석충은 신진 차세대 인물이 아닌 이가환·이동욱의 친구이자, 권철신의 사돈이었다. 그는 오시수의 증손자였다. 오시수는 중국에 사신으로 갔을 때 통역관의 실수로, 숙종 연간 노론 송시열을 논척하고, 선왕인 현종顯宗에 대해 '임금이 약하고 신하가 강성하다[군약신강君弱臣强]'라는 말을 했다는 무함을 받아 억울하게 죽임을 당했던 인물로, 정조 8년에야 신원伸冤되고 복관復官되었다. 59세 오석충의 1차 심문이 이어졌다. 오석충은

"삼흉이 누구인지 모릅니다. 이가환은 아는 데 지체 높은 사람이었기 때문에 어울리지는 못했습니다. 정약용 또한 얼굴을 압니다만 그는 유명한 선비이

---

80 李學逵, 『洛下生集』, 한국문집총간 290, 한국고전번역원; 金鎭玉, 해제 『洛下生集』, 한국고전번역원, 2005.

고 또한 나이가 어렸기 때문에 자주 보는 일은 없었습니다. 이승훈은 그의 아버지 이동욱이 죽은 후에는 자주 보지는 못했습니다.[81] 사학지설邪學之說은 들었으나, 저는 올바른 학문에 마음을 쏟았기 때문에 일찍이 본 적은 없었습니다. 사서유행지설邪書流行之說은 들었으나, 저는 수만 리 떨어진 다른 나라의 책은 당연히 보아서도 안 되고, 다른 나라의 학문은 당연히 배워서도 안 된다고 생각했기 때문에 다른 사람들과 얘기하지 않았습니다."[82]

라고 진술했다. 그는 처음에 '삼흉'이 누구인지 몰랐고, 이가환은 지체 높은 사람이었기에, 정약용은 유명한 선비이고 나이가 어렸기에, 이승훈은 그의 아버지가 죽은 후에 자주 보지 못했다고 진술했다. 또한 그는 사학과 사학 서적이 유행한다는 말에 대해서는 들었으나, 정학에 힘썼다고 진술했다.

그는 대간의 상소를 통해 '이 책의 뜻은 비록 알지 못하나, 제사를 폐지했다는 이야기를 들었다. 이는 또한 부모도 임금도 안중에 두지 않는 학문이다[無父無君].'라고 알았으며, 그는 이가환을 만나면 번번이 '사악한 서적을 보아서는 안된다'고 말하며 배척했고, 권철신이 사학을 했었다는 것을 들었기 때문에 사술邪術을 심하게 배척했으며, 자신은 애당초 물든 적이 없는 데도 비방을 받았으니, 매우 억울하다고 진술했다. 오석충의 심문 이후, 이제 추국은 사학 뿐 만이 아닌 '흉악한 잔당[흉얼凶孼]'인 풍산 홍문 홍낙임과 관련 여부로 사안이 확대되었다.

이가환의 4차 심문이 이어졌다.[83] 이때 그는 "흉악한 잔당 홍낙임의 하늘을 찌를 듯한 못된 짓에 대해서는 저도 전부터 분통스럽게 여기고 있으

---

81 정약용, 앞의 책, 제15권, 「梅丈 吳錫忠의 묘지명」(정태현 역, 한국고전번역원, 1985).
82 한국학문헌연구소 편, 앞의 책 25, 88~91쪽; 이상식 역주, 앞의 책 73, 122~125쪽.
83 한국학문헌연구소 편, 앞의 책 25, 각주 5; 이상식 역주, 앞의 책 73, 139~143쪽.

니, 어찌 그와 결탁할 리가 있겠습니까."라고 먼저 진술했다. 그러자, "'낙임樂任' 두 글자를 내뱉어 냈으니, 또한 반드시 유래가 있어서 그리했을 것이다."라는 심문이 이어졌다. 당시 상황에 대해 정약용은

> "이때 신봉조가 상소를 올려 오석충이 흉얼과 체결한 일을 논박하였는데, 옥문 밖에 한 졸개가 지나가며 홍낙임이 바로 흉얼이라고 하는 말이 들렸다. 조금 뒤 안옥대신들이, '흉얼이 누구냐'고 묻자, 공이, '오석충과 홍낙임의 체결 여부를 나는 실로 알지 못한다.'고 대답하니, 대신들은, '홍낙임이란 세 글자를 네가 어찌 먼저 말하느냐. 이로 보아 체결한 사실을 분명히 알 수 있다.' 하고, 공과 석충을 번갈아 고문하니 살갗이 터지고 피가 흘러 정신을 잃을 지경이 되었다."[84]

라고 했다. 추국장에서 심문하고 진술하는 긴박한 상황에서 옥문 밖에 한 졸개가 지나가며 안옥대신들이 '흉얼'이 누구인지 심문할 때, '흉얼'은 바로 홍낙임이라는 말을 듣고 이가환이 '홍낙임'이라는 세 글자를 먼저 꺼냈다는 위의 사료는 『추안급국안』의 '낙임'이라는 두 글자 내용을 좀 더 상세하고, 생생하게 이해하는 데 도움을 주는 귀중한 사료라고 할 수 있다.

오석충 외 3인에 대해 이가환을 심문하자, 이가환은 조카인 이학규를 비롯한 3인이 '사학'으로 지목을 받고, 심문을 당한 사실이 자신 때문이라고 자책했다. 또한 그는 홍낙임과의 결탁 여부를 부인했고, 목만중과의 절교 사실과 권철신의 사돈인 오석충을 제외한 3인은 자신이 보증할 수 있다고 피력하며, 살아서 나간다면 염탐하는 일에 적극적으로 협조하겠다고 했다.

---

84 정약용, 앞의 책, 「貞軒의 墓誌銘」(정태현 역, 한국고전번역원, 1985).

다음으로, 이승훈의 5차 심문이 이어졌다.[85] 그는 홍헌영에 대해서는 비록 자신이 그 아버지와 나이는 같으나, 오히려 그의 얼굴을 알지 못하고, 유이환에 대해서는 비록 얼굴은 알지만 애당초에 어울리지는 않았으며, 이학규에 대해서는 자신의 이종사촌이며, 오석충에 대해서는 사는 곳이 멀지 않아 사실 알고 지냈다고 진술했다. 특히, 그는 이 4인이 모두 사학과는 서로 반대되는데, 그들이 '흉악한 잔당'과 결탁한 일은 진실로 모를 일이며, 오석충은 매번 자신을 대할 때마다 사학을 배척했기 때문에 서로 반대되는 점이 있다고 진술했다. 이승훈 또한 4인이 사학 또는 흉악한 잔당인 홍낙임 세력과 관련이 없으며, 오석충은 사학을 배척하는 공서파라고 했다.

정약용의 4차 심문이 이어졌다.[86] 그는 사학을 하는 사람들은 비록 형제간이라고 해도 주로 속이고 숨기는 것을 능사로 여기는데, 지금 이 4인은 결코 사학을 하지 않았다고 했다. 특히, 그는 오석충 이외에 3인은 요즈음 자못 성균관에서 재주 있다는 명성이 있는데, 이러한 일은 분명 시기를 당해 비방을 받은 것이라고 진술했다. 정약용은 당시의 비방과 무고 상황을 가장 확실하게 인식하고 파악했던 것이었다.

추국청에서 추국 내용을 논의해서 보고하자,[87] 순조는 오석충을 제외한 3인에 대해서는 이미 심문할 단서가 없으니, '사학'을 배척하고 올바른 길로 되돌아가겠다는 내용으로 다짐을 받은 후에 석방하라고 판부하여 명령했다. 그러나, 오석충에 대해서는 잠시 한성부漢城府 내內에 있도록 보석하라고 명령했다. 이때 순조는 목만중을 불러 심문해야 한다는 추국청의 요청에 대해서 "목만중에 대해 유감을 풀려고 한다는 것을 알고도 포교를 내보내 그를 체포할 수 있겠느냐. 허락하지 않는다."고 했다. 이처럼 추국

---

85 한국학문헌연구소 편, 앞의 책 25, 105~107쪽; 이상식 역주, 앞의 책 73, 143~145쪽.
86 한국학문헌연구소 편, 앞의 책 25, 107~108쪽; 이상식 역주, 앞의 책 73, 145~146쪽.
87 한국학문헌연구소 편, 앞의 책 25, 108~109쪽; 이상식 역주, 앞의 책 73, 147쪽.

과정에서의 진술은 도리어 목만중을 무고하여 옥사에 끌어들여서 유감을 풀려고 하는 계기가 될 수도 있었다. 하지만 순조는 목만중을 잡아들여야 한다는 추국청의 요청을 허락하지 않았고, 사안을 확산시키지 않았던 것이다.

한편, 홍헌영 등 3인은 사학을 배척하고 정학으로 돌아갈 것이라 다짐을 하고 방송放送되었다.[88] 3인의 혐의가 무고로 밝혀지자, 이들을 논척했던 신봉조가 도리어 파직되었다.[89] 반면, 목만중은 사학을 배척하는 사람이라는 이유로 신봉조의 후임 대사간에 임명되었다.

추국청에서 추국 내용을 논의해서 보고하기를, 이승훈의 경우에는 최창현의 4차 진술을 증거로, 그가 '신부'였다는 죽을 죄를 하나 더 첨가해야 하고, 정약종의 경우에는 경폐의 우려가 있다고 했다. 특히 안옥대신들은 서학을 정학과 배치되는 '사학'이라고 명명한 정조 임금의 뜻을 상기해야 한다고 순조에게 강조했다.

2월 17일 이가환의 5차 심문이 이어졌다. 오석충이 한 일을 바른대로 말하라는 심문에, 이가환은 자신은 오석충과 친하지 않으며, 죽을 지경에 이르러서도 말하지 않는 것은 아는 것이 없어서라고 했다. 특히 그는 자신의 아들이 양자養子이고 자신이 죽을 죄를 지었으니, 양자관계를 파기한 연후에야 연좌되는 것에서 벗어날 수 있고, 부모 제사도 끊기지 않게 될 것이라고 하소연했다. 또한 홍낙임과 원래 얼굴을 마주친 적도, 그 집도 알지 못하지만, 모두들 홍낙임을 '흉악한 잔당'과 '소굴'이라고 지적했기 때문에 자

---

[88] 한국학문헌연구소 편, 앞의 책 25, 109쪽; 이상식 역주, 앞의 책 73, 148쪽; 『承政院日記』 純祖 1年 2月 15日 "金近淳 以義禁府言啓曰 罪人洪獻榮·兪理煥·李學達等 謹依判付 以斥邪歸正之意 各捧侤音後 竝放送."

[89] 『純祖實錄』 卷2, 純祖 1年 2月 14日 庚申 "죄인 洪獻榮·兪理煥·李學達가 사정을 하소연하여 스스로 변명하니, 특별히 석방하도록 判付하고, 하교하기를, "推案을 살펴보건대, 대간의 소장은 당초에 상세히 살피지 않았음을 알 수 있다. 비록 풍문을 탄핵하도록 許與하였으나 이는 警責이 없을 수 없다. 대사간 申鳳朝를 파직하도록 하라." 하였다." 한국학문헌연구소 편, 앞의 책 25, 109~110쪽; 이상식 역주, 앞의 책 73, 149쪽의 각주 84 참조.

신이 다만 홍낙임만을 '흉악한 잔당'이라고 말한 것이라고 했다.[90] 이가환이 이렇게 진술하자, "이번 사건은 '사학'을 다스리는 사건이다. 홍낙임이 비록 '흉악한 잔당'이라고 하지만, 본래 사학과는 관련이 없다.[91] 전부터 친했던 사실과 근래에 밀접하게 결탁한 사실들과 오석충이 홍낙임과 결탁한 진상도 함께 바르게 말하라."라는 심문이 이어졌다.

'신유년 봄의 옥사'는 '사학'을 다스리는 사건이었다. 『추안급국안』에도 '사학죄인 이가환'·'사학죄인 이기양'이라고 되어 있다. 그리고 '흉악한 잔당'인 홍낙임은 '사학'과 관련이 없다는 사실이 심문 내용에서도 드러났다. 그러나 '사학'과 관련 없이 전부터 친했던 사실과 근래에 밀접하게 결탁한 사실들과 오석충이 홍낙임과 결탁한 진상을 함께 바르게 말하라는 심문의 의도는 확실히 이상하다고 할 수 있다. 왜냐하면, 외척 홍낙임과 종친 은언군, 각신 윤행임이 각각 5월 역모 사건에 연루되어 사망하기 때문이었다. 이미 이때부터 홍낙임 등과 연루시키려는 심문의 의도가 다분했던 것이라고 할 수 있다. 그러나 이가환은 홍낙임과는 본래 주고받은 소식이 없고, 오석충과 홍낙임이 친했는지 안 친했는지는 자신이 진실로 알지 못한다고 진술할 뿐이었다.

이가환의 6차 심문이 이어졌지만, 그는 "제가 많은 말을 할 필요는 없습니다. 애당초에 홍낙임을 알았던 일은 없습니다."라고 진술했고, "너는 이미 재상의 자리를 거쳤으니 다른 죄수들과 비교해 볼 때 사건 처리 원칙이 또한 다르니 어찌 사실대로 바르게 말하지 않느냐"는 심문이 계속되었다. 이가환의 이러한 진술은 그가 죽을 때까지 바뀌지 않았다.

정약용의 5차 심문이 이어졌다. 그는 "임금님의 은혜에 보답하고 집안

---

90 한국학문헌연구소 편, 앞의 책 25, 129~133쪽; 이상식 역주, 앞의 책 73, 173쪽.
91 한국학문헌연구소 편, 앞의 책 25, 133쪽 "問曰 今番之獄卽治邪學之獄 則樂任雖曰凶孼本 不關於邪學"; 이상식 역주, 앞의 책 73, 176쪽.

의 원수도 갚을 것입니다[以報國恩 以雪家讐].”라고 했고, 최창현과 황사영 이외에 분명 신부가 되고 사학의 괴수가 된 자가 있을 것이라고 했다. 그는 "지난 2월 12일 진술에서도 말했지만, 정조 19년 포도청 사건 이후로, 사학의 괴수들이 피해 빠져나갔다는 것에 대해 의심하지 않을 수 없었습니다. 그러다가 정조 23년 겨울 거짓으로 고발한 글 중에 '사학의 괴수가 출몰한다[사괴출몰邪魁出沒]' 등의 말이 있었기 때문에 저는 더더욱 매우 의심했습니다."라고 했다. '을사추조적발사건'에서 주문모 신부의 탈출과 선교 활동을 언급한 대목이었다. 이 진술로 추국청은 순조에게 정약용을 의금부義禁府 내內에서 형틀을 벗기고 보방保放할 것을 요청을 했고, 순조는 요청대로 하라고 결정해서 지시했다.[92]

한편, 추국청에서 논의해서 보고하기를,[93] 중요한 죄수인 오석충을 여러 날 보석하는 것은 매우 소홀한 처사라며, 규정대로 다시 가두고, 엄히 매질해 사건의 진상을 밝혀야 한다고 요청했다. 순조는 보고대로 하라고 결정해서 지시했고, 죄인 오석충을 도로 가두었다. 오석충 2차 심문이 이어졌다. 그가 이전에 장문의 편지를 써서 윤신尹慎에게 보내고 이가환을 칭찬하며 추대해 영수로 삼은 일에 대해 심문하자, 그는 이가환을 위해서 한 것이 아니고, 이가환이 '사학을 하지 않았다'고 상소했기 때문에 장문의 편지를 써서 이가환을 공격한 사람들을 배척한 것이라고 했다. 또한 그는 이가환이 진술한 것은 매우 잘못되었으며, 자신은 애당초 '흉악한 잔당'이 누구누구인지 알지 못한다고 진술했다. 이처럼 오석충과 달리 정약용에 대한 특별 처분에 대한 차이를 확인할 수 있다.

이러한 처분이 가능했던 이유로는 당시 추국 과정에서 '벽파정권'에 협조하고 있던 노론 세력들 내에서도 당시의 억울한 상황을 동감하고 공감하

---

92 『日省錄』純祖 1年 2月 17日(癸亥).
93 한국학문헌연구소 편, 앞의 책 25, 144~147쪽; 이상식 역주, 앞의 책 73, 177~178쪽.

는 이들이 있었기 때문이었다. 이에 대해서는 정약용의 문집을 통해 확인할 수 있다.

① "옥관獄官은 모두 심리審理하지 않고 다만, '이런 지목을 받았으니 어찌 벗어날 수 있겠는가.' 할 뿐이었다. 심한 고문을 하였으나 끝내 증거가 될 만한 한 장의 문건文件이나 함께 잡혀 온 죄수의 공초供招도 없었고, 오직 어지러운 문서文書 속에서 노인도老人圖를 찾아내어 이것이 누구의 상像이냐고 물었다. 그러나 이 역시 증거물이 되기에는 부족하였다."[94]

② "2월 8일에 양사兩司가 발계發啓하여 이가환·정약용[필자주]·이승훈을 국문하기를 청하니 모두 하옥하고,… 그런데 그 문서 더미 가운데 도리어 정약용[필자주]의 누명을 밝게 벗길 만한 증거가 많았으므로 곧 형틀을 벗기고 금부禁府 안에서 보방保放되었다. 여러 대신이 때때로 나를 불러 함께 옥사를 의논하였다. 위관 이병모가 말하기를, '곧 백방白放할 것이니 식사를 많이 들고 자중하라.' 하고, 심환지沈煥之는 말하기를, '허, 혼우婚友(혼인한 집안의 벗)여! 믿을 수 없군.' 하고, 지의금부사 이서구李書九와 승지 김관주金觀住가 평반平反하여 너그러이 용서한 것이 많았다. 그리고 참국승지參鞫承旨(죄인 국문에 참여하는 승지) 서미수徐美修는 기름 파는 노파를 몰래 불러 옥獄의 사정을 정약용[필자주]의 처자에게 통지하여, 정약용[필자주]의 죄정罪情이 가벼워서 죽을 염려가 없음을 알게 하고, 식사를 많이 들며 살라고 권하였다."[95]

①의 사료는 정약용이 지은 이가환의 묘지명으로, 이가환의 추국에서 옥관獄官들이 '사학의 괴수'라는 지목을 받아 벗어날 수 없게 된 상황에 안

---

94 정약용, 앞의 책, 「貞軒의 墓誌銘」(정태현 역, 한국고전번역원, 1985).
95 정약용, 앞의 책, 「自撰墓誌銘 集中本」(정태현 역, 한국고전번역원, 1985).

타까워하며 동감하고 공감하는 내용을 확인할 수 있다. ②의 사료는 정약용의 자찬 묘지명으로, 정약용의 누명을 벗길 증거가 확실하여 보방된 사실과 여러 대신이 때때로 자신을 불러 함께 옥사를 의논한 사실을 알 수 있다. 특히, 대신大臣인 위관 이병모, 영의정 심환지[96]와 지의금부사 이서구, 승지 김관주, 참국승지 서미수 등을 확인할 수 있다. 특히, 죄인 국문에 참여하는 승지였던 서미수는 추국 상황을 안심하라며 염려하지 말라고 정약용의 가족들에게 알려 주었던 것이다.

그러나, 추국 상황은 누설되면 안되는 일이었고, 당시 이러한 추국 담당 관원들의 행태에 대해 정순왕후는 의혹과 불만이 있었다. 2월 17일에 정순왕후는 추국을 엄히 다스리지 않는 이서구를 책망했다. 정순왕후는 호조 판서와 지의금부사를 겸하고 있던 이서구를 호조의 직임이 바쁘다는 이유로, 지의금부사의 직을 체차하고 공서파 소북인 박장설을 임명했다.[97] 그런데, 추국청에서 "방금 보건대 이서구가 맡은 금오(=의금부)의 직임을 체차해 주라고 명하셨습니다. 이러한 때 이 직임을 결코 생무지에게 맡기기 어려우니 지금 우선 잉임하여 국청의 좌기坐起에 참석하게 하는 것이 어떻겠습니까"라고 요청하여, 이서구를 지의금부사에 잉임한 일이 있었다. 추국청에서는 박장설을 생무지라고 폄하하며, 이서구의 잉임을 관철시켰던 것이었다.

---

96 宋載邵 외, 해제『定本 與猶堂全書』, 한국고전번역원, 2012의 뒷부분 金彦鍾, 해제『여유당전서 보유』, 「9.『含珠日錄』」, 한국고전번역원, 2012. "끝부분에 보이는 노론 영수 심환지에 대한 기록도 흥미롭다. 심환지는 다산가의 경조사에 두 번이나 직접 찾아오는 성의를 보였고, 임금 앞에서 은연중에 다산을 돕는 주달(奏達)이 적지 않았다. 그래서 늘 이를 감사히 여긴 다산이 곡산부사 부임 전에 의례적인 인사를 갔지만 심환지는 끝내 한마디의 공치사도 하지 않고 있다. 심환지의 다산에 대한 이러한 자세 역시 다산이 신유년의 위기를 벗어나는 데 적지 않은 영향을 끼쳤을 것이다. 〈자찬묘지명〉의 기록에 의하면, 이른바 신유사옥(1801)의 위관이던 심환지는 "어허! 혼우를 믿을 수 있어야지."[沈煥之日, "咄咄, 婚友不可恃."]라고 했다 한다. 1년 전인 1800년 봄에 다산은 沈澳의 딸을 둘째아들 學游의 처로 맞이했는데, 심욱의 10대조 沈達源과 심환지의 10대조 沈連源은 형제간이다. 심환지의 말은 '비록 살게 되었지만 서학과 전연 관련이 없음을 믿을 수 있어야지.' 정도의 호의를 담은 것으로 보인다. 다산의 삶을 이해하는 데 매우 귀중한 자료라 하겠다."

97 『日省錄』純祖 1年 2月 17日(癸亥).

노론 종친이자, 청론淸論 세력이었던 이서구는 '신유년 봄의 옥사'에서 지의금부사에 임명되어 사옥邪獄을 다스렸고, '반복해서 형문訊問하여 죄를 공평히 해야 한다[평반平反]'고 위관인 이병모에게 매번 주장했다고 한다. 홍헌영이 석방되고 정약용과 이기양이 찬배에 그친 것은 이서구의 말 때문이라는 것이었다.[98] 또한 경주 김문 외척 세력인 승지 김관주도 정순왕후의 의도와 달리 이서구와 함께 평반하며 너그러이 용서한 것이 많았다는 사실을 알 수 있다. 이처럼 '벽파정권'이라는 상황 속에서도 당대의 인재를 알아보고, '사학'과 관련이 없는 인물들에 대한 추국에 대해 당국자들도 공감하고 동감하고 있었던 사례라고 할 수 있다.

반면에 정순왕후를 위시한 노론 서용보徐龍輔 · 남인 공서파 목만중 · 소북인 박장설 등 반대 세력의 사례도 확인할 수 있다. 여러 대신이 모두 백방白放하기를 의논하는데 서용보만이 불가하다고 고집했다. 정약용은 장기현長鬐縣으로 정배되고 그의 형 정약전은 신지도薪智島로 정배되었으나 정약종 및 나머지는 모두 중형을 면하지 못했으며, 이기양은 단천端川으로 귀양가고, 오석충은 임자도荏子島로 귀양갔다.[99]

이후 2월 18일부터의 『추안급국안』에는 추국 내용이 실려 있지 않다. 『추국일기』와 『일성록日省錄』에 있는 내용을 확인하면 다음과 같다. 2월 18일에 장령 이인채李寅采가 이기양李基讓의 추국을 요청했다.[100] 앞서 언급했던 대신이나 포도대장 등의 요청이 아닌 대계臺啓에 의한 추국 요청이었다. 또한 지사知事 권엄權襓 등이 연명으로 상소하여 부도죄인不道罪人 정약종

---

[98] 李書九, 『惕齋集年譜』 男蓍永編 「惕齋先生年譜[李蓍永]」, 한국문집총간 270, 한국고전번역원 "當宁元年辛酉…二月 除知義禁府事 按邪獄 每言委官多主平反 如洪獻榮之蒙宥 李基讓 丁若鏞之罪止竄配 皆因府君言也 是時慈敎下鞫廳 責究治不嚴 仍遞府君 委官啓請仍之."
[99] 정약용, 앞의 책, 「貞軒의 墓誌銘」(정태현 역, 한국고전번역원, 1985) "여러 대신이 모두 白放하기를 의논하는데 徐龍輔만이 불가하다고 고집하였다. 그래서 정약용[필자주]은 長鬐縣으로 定配되고 그의 형 若銓은 薪智島로 定配되었으나 若鍾 및 나머지는 모두 중형을 면하지 못하였다. 오직 이기양은 端川으로 귀양가고, 吳錫忠은 荏子島로 귀양갔다."
[100] 『日省錄』 純祖 1年 2月 18日(甲子).

에게 대역률大逆律을 시행하기를 요청했다. 정약종의 진술 중에 범상부도犯上不道한 내용이 문제가 되었던 것이었다.

2월 23일에 대사간 목만중이 체차 상소하며, 사학을 성토했다. 목만중은 사학을 깨끗이 없애는 일에서 첫 번째로, 만약 김범우를 다스리던 초기 같았으면 뿌리를 뽑아 버리는 데 터럭 하나만큼의 힘도 쓸 필요가 없었을 텐데 을사년(1785)에 이미 기회를 놓쳤고, 두 번째로, 그 뒤 윤지충과 권상연이 법의 심판을 받던 날에는 다시 준동할 염려가 거의 없었는데도 신해년(1791)에 또 기회를 놓쳐서 오늘날까지 끌어오다가 괴수를 모두 사로잡고 소굴을 다 파헤치게 되었다고 인식했다. 그는 이승훈이 서학 서적을 사 온 일의 배후는 이가환이며, 정약용 형제로 인한 양근楊根[양평陽平] 지역과 홍낙민으로 인한 내포內浦 지역의 전파 등은 이기양의 인척이기 때문이라고 했다. 또한 그는 김려·강이천·김이백金履白 등의 조사도 요청했다.

2월 22일에 권철신이 물고되었고, 24일에 이가환이 옥중에서 음식을 끊고, 형신 끝에 장폐하여 물고되었다.[101] 지만과 결안이 완성되지 않고, 경폐한 것이었다. 2월 25일에 정순왕후는 국옥을 여러 날 지연하여 권철신과 이가환 같은 무리가 연이어 경폐했다며, 옥사에 형벌을 잘못 시행할 우려가 있는 점에 대해 참으로 걱정스럽다고 했다.[102] 위관 이병모는 당초에 추국하라는 뜻은 그들 가운데 심한 자를 다스려서 한 사람을 징토하여 백 사람을 면려하려는 뜻에서 나왔으니, 옥에 갇혀 있는 자들만 경중을 나누어서 참작하여 처리할 계획이라며, 다음과 같이 보고했다.

이가환에 대해서는 당초에 사학이 나올 때 그가 만약 그것을 짐독鴆毒(맹렬한 독)처럼 보고 사갈蛇蝎(뱀과 전갈)처럼 피했다면 나이 어린 후배들이 점차 물들어 그릇될 리가 없었을 것인데, 그가 앞장서서 주창했기 때문에

---

101 各司謄錄 78 『推鞫日記』, 국사편찬위원회, 1994, 268쪽.
102 『日省錄』 純祖 1年 2月 25日(辛未).

경외京外가 바람에 쏠리듯이 따랐으며 그 또한 '사학의 수괴首魁'라는 이름을 스스로 취했다고 말했는데, 국법을 적용하기 전에 지레 사망했으니, 마땅히 지만한 뒤에 물고가 난 것으로 조지朝紙에 반포해야 할 것이라고 했다.

이승훈에 대해서는 당초에 사학의 책을 구입해 와서 온 세상에 전하여 배포했으니 근본을 캐 보면 모두 그가 영향을 미친 것이고, 지금은 비록 정학으로 돌아왔다고 밝히고 있지만, 그의 문서에서 적발한 것으로 말하자면, '신부'라고 가칭假稱했다는 등의 말은 확실하여 숨길 수 없다는 것이었다. 또한 이승훈이 심지어 서양 사람과 깊숙이 결탁했으니 그 행적을 찾아 보면 지극히 흉악하여 사형에 처해야 한다고 요청했다.

정약종에 대해서는 사술邪術의 수괴가 되었을 뿐만 아니라 임금과 어버이를 향해 함부로 흉한 말을 하기까지 했다며, 이 역적은 마땅히 범상부도의 죄로 결안하여 사형에 처해야 요청했다. 권철신은 이미 물고가 났으므로 지금은 논할 만한 것이 없다고 했다.

정약전과 정약용에 대해서는 중간에 사학을 버리고 정학으로 돌아왔다고 하는 것을 비단 자기 입으로 말했을 뿐만 아니라, 정약종에게서 적발한 문서 가운데 사학의 도당들과 주고받은 서찰에 '그대의 동생들이 알게 하지 말라.'라는 말이 있고, 정약종이 손수 쓴 문서 가운데에도 '형제들과 같은 학문을 할 수 없는 것은 모두 나의 죄이다.'라고 하며, 그들이 뉘우친 행적은 의심할 것이 없을 듯하니 차율次律에 처해야 한다고 했다.

김백순에 대해서는 당초에는 깊이 물들어 죽어도 고수하고 뉘우치지 않으려 하다가 마지막에는 공초에서 뉘우친다고 말했으니 사형에 대해서는 의논할 만한 점이 있으니, 이 자는 마땅히 다시 형신을 가해야 한다고 했다.

오석충에 대해서는 그가 비록 시종 변명을 하고 있으나, 흉악한 역도들과 왕래한 흔적이 또 있으니, 지레 참작하여 처리할 수 없고 마땅히 다시 엄한 형을 가하여 끝까지 형신해야 한다고 했다. 이기양은 그 집안의 선조先祖가 국가에 큰 공로가 있어 차마 형장刑杖을 가할 수 없는데, 의계議啓에서 다시 형장을 가하기를 청하였으니 판하判下하면 거행하겠다고 했다.

이상과 같은 위관 이병모의 보고에 대해 영의정 심환지는 함께 상세히 의논한 결과라고 했다. 또한 영의정 심환지는 이번에는 거의 그 뿌리를 잡았으니 의금부의 옥사를 참작하여 처리하는 이외에도 형조와 포도청 및 양근, 여주와 충청 감영 등의 지방 고을에 수감되어 있는 자들이 많으니 끝까지 다스려서 발본색원拔本塞源하여 사람들을 경계하고 단속하는 방도로 삼아야 한다고 했다. 좌의정 이시수는 한 사람 한 사람 엄히 단죄하여 사형에 처하기도 하고 도배島配하기도 하는 데 대해 조정에서 각별히 유념하지 않을 수 없다고 했다. 우의정 서용보는 위관이 아뢴 것은 바로 자신들이 밖에서 상의한 말이라고 했다.

이때 이병모는 정약종이 범상부도의 죄를 지었는데, 정조 15년에 윤지충과 권상연 무리가 신주神主를 불사르고 발상發喪을 하지 않았기 때문에 채제공 등이 논의한 대로 모두 부대시不待時의 형률을 적용했던 일이 있었으니 그때와 동일하게 적용해야 한다고 요청했다. 2월 26일에 의금부에서는 범상부도 죄인 정약종을 법대로 처형했다고 아뢰고, 가산家産을 적몰籍沒하기를 요청했다. 순조는 정약종의 가산을 적몰하라고 명했다. 의금부는 위관 이병모가 보고한 대로 죄인 이가환과 권철신이 '사학의 수괴'라는 지목을 스스로 면할 길이 없어 지만한 뒤에 물고한 것으로 아뢰었다.[103]

이어서 추국을 설행하고, 죄인 최필공 · 이승훈 · 정약종 · 최창현 · 홍교만에 대해서 결안하고 법대로 처형했다. 『대명률』조항에 의거해서 요서妖書와 요언妖言을 전하여 많은 사람들을 현혹시킨 죄에 대해서 자백을 받고[=지만], 판결문[=결안]에 따라 형이 집행되었다[=정법正法]. 2월 27일에 정약전을 전라도 강진현 신지도에 사형을 감하여 정배하고, 정약용을 사형

---

103 『日省錄』純祖 1年 2月 26日(壬申).

을 감하여 장기현에 정배했다.¹⁰⁴

3월 1일에 정순왕후는 이승훈이 이미 사형 집행을 받았으니, 1783년(정조7) 사서邪書를 가지고 왔을 때의 세 사신使臣였던 동지겸사은정사 창성위 昌城尉 황인점黃仁點, 부사 고故 참판 유의양柳義養, 서장관 이승훈의 아버지인 이동욱과 수역首譯 홍택헌洪宅憲, 의주부윤 고 참판 이형원李亨元의 죄를 초기로 논열하라고 명했다.¹⁰⁵ 3월 3일에 이동욱에게 추삭追削하고, 창성위 황인점을 삭직削職하는 형전을 시행하라고 명했다.¹⁰⁶ 정조 7년에 있었던 사안을 이때 와서 소급해 형전을 시행하라는 처분을 내렸던 것이었다.

3월 5일에 정순왕후는 이기양에 대한 추국을 내일부터 다시 하라고 명했고,¹⁰⁷ 5일만인 3월 10일 죄인 이기양은 함경도 단천부로 귀양지를 정하고, 죄인 오석충은 사형 한 등급 아래의 법률을 적용하여 전라도 영광군 임자도로 귀양 보내기로 결정했다.¹⁰⁸

이렇게 이가환·이기양 등의 '사학'·'사설'·'무고' 관련 추국이 마무리되었다. 이가환은 '사학의 괴수'라는 지목을 받았고, 사도세자 신원·추숭을 주도하며 '사설'을 퍼뜨렸던 '흉악한 잔당'인 홍낙임과의 관계를 추국장에서 심문받았다. 이가환과 관련된 남인 세력 내 채당·신서파의 조카 3인도 연루되어 추국장에서 심문받았는데, 벽파 세력 내 공서파의 '무고'가 난무했던 것을 알 수 있다. 이가환과 권철신은 경폐했는데, 위관과 추국청의 논의로 지만한 뒤에 물고한 것이라고 의금부에서 아뢰는 것도 확인할 수 있었다.

---

104 『日省錄』 純祖 1년 2월 27일(癸酉).
105 『日省錄』 純祖 1년 3월 1일(丁丑).
106 『日省錄』 純祖 1년 3월 3일(己卯).
107 『日省錄』 純祖 1년 3월 5일(辛巳).
108 한국학문헌연구소 편, 앞의 책 25, 197~200쪽; 이상식 역주, 앞의 책 73, 244~247쪽.

4. 주문모 신부 종친宗親 은언군恩彦君 폐궁廢宮 관련 추국과 '사학'·'사설'·'무고誣告' 관련 사안으로의 확산

앞서 1784년(정조 8) 이승훈이 중국 북경에서 조선인으로는 처음으로 세례를 받고 돌아왔다. 이벽과 권일신 등이 이승훈에게 세례를 받으며, 이즈음 서학은 학문의 대상을 넘어서 종교의 대상인 서교로 변모하였다. '신유박해' 또는 '신유사옥'에는 최초의 외국인 신부가 자수를 하고, 추국을 당하는 사건도 있었다. 중국인 신부 주문모 사건이다.

앞서 주문모는 1794년(정조 18) 12월 3일에 의주義州로 입국했고, 1795년(정조 19)에 포도청에서 체포하려다 놓치는 '을묘실포사건'이 일어났다. 남인 신서파 인물 3인이 포도청에서 장폐하여 물고되자, 사건은 종결되었지만 결안없이 경폐한 것이었다. 도피와 선교 생활을 하던 주문모는 이가환·이기양 추국 사건이 끝난 순조 1년 3월 12일에 자수했다. 3월 15일 50세 주문모 1차 심문에서의 진술은 다음과 같다.[109]

> "거주지는 강남江南 소주부蘇州府 곤산현崑山縣입니다. 글을 읽으며 과거 공부를 했으나, 여러 차례 낙방하여 근래에 과거 공부를 그만두었습니다. '사학邪學'이라고 하는 데 사악한 것이 아니라 바로 바른 학문입니다. 따라서 천주학을 했습니다. 나라에서 엄히 금지한다는 이야기를 자연히 듣게 되어, 신하의 도리상 자수하게 되었습니다."[110]

---

109 한국학문헌연구소 편, 앞의 책 25, 200~224쪽; 이상식 역주, 앞의 책 73, 247~275쪽.
110 한국학문헌연구소 편, 앞의 책 25, 아세아문화사, 1983, 203쪽 "矣身居在江南蘇州府崑山縣 讀書爲擧子業而屢不中近爲廢擧業矣 邪學非邪而乃是正學故爲之 而以邦禁至嚴 自然聞之 其在人臣之道 以至自首矣"; 이상식 역주, 앞의 책 73, 247~250쪽.

위의 내용에서 주문모는 '사학'이 아니라 '정학正學'이라고 주장했다. 정약종 등의 논리와 일치하는 대목이라고 할 수 있다. 이후에도 그는 비록 몰래 이 나라에 들어온 것은 귀신과 물여우처럼 음흉한 점이 있기는 하지만, 그 본심은 사실 사람들이 이승에서 길吉함을 얻고, 저승에서 복福을 받게 하려고 했을 뿐 다른 의도는 없었다고 주장했다.

또한 주문모는 정조 18년 봄에 우연히 지황池璜을 북경에서 만났고, 또 그전에도 윤씨尹氏 성을 가진 사람이 서양인들이 거처하는 집에 갔었다는 이야기도 들었으며, 비록 국경 통제가 엄격하다고 들었지만, 다만 사람들을 사랑하는 마음이 간절했기 때문에 법령을 개의치 않고 정조 18년 겨울에 동지사 행렬에 섞여서 변장을 하고 몰래 건너왔다고 진술했다.

그는 포도청에서 이미 진술한 내용이라며, 서울 정동貞洞의 최인길崔仁吉의 집에 6개월간 있었다고 진술했다. 이승훈을 만났느냐는 심문에 이승훈을 만나지 못했으며, 정조 14년에 윤씨 성을 가진 사람이 북경에 들어왔을 때 이승훈의 편지 뿐 만이 아니라 권씨 성을 가진 사람의 편지도 있었다고 들었던 것 같은데, 정조 18~19년경에는 이승훈이 이미 배교했던 것 같다고 진술했다. 주문모는 이승훈이 배교했다고 인식했던 것이었다.

그는 황사영과 홍익만洪翌萬=洪翼萬이 도망 중이고 어디 있는지 모른다며, 홍문갑洪文甲[홍필주洪弼周]의 집에 매우 오랫동안 머물렀다고 진술했다. 또한 그는 정조 21년 가을에 김건순의 명성이 서울에 자자했는데, 김건순이 추석날 밤에 홍문갑의 집에 와서 자면서 거의 한밤중까지 얘기를 나누었다고 진술했다. 또한 그에게 김건순이 천주교의 교리를 친한 친구 세 사람(강이천·김려·김이백)에게 말한 사실과 한 달여쯤 뒤에 이추찬李秋燦[이희영李喜英]이 서울로 들어와서 김건순의 집에서 이중배李中培, 정치상鄭致湘 형제, 김치석金治錫 등이 기다렸다고 진술했다. 이후 세 사람은 멀리 귀양 가게 되었고, 김건순의 명성도 꽤 추락했으며, 정조 23년에 김건순이 서울로 오자, 이중배 등 네 사람과 홍익만의 집에서 만나 세례를 받고 돌아갔다고 진술했다.

특히, 그는 지금은 조정에서 서교를 엄히 금지하는 때인데, 김건순은 불러 모은 패거리에서 벗어나 죽임을 당하지 않았지만, 장차 천주교 때문에 피해를 입게 될 것이라며 걱정했다. 또한 자신은 이미 죽을 때를 만났으니 아까울 것은 없지만 죽으면서 또 남에게 불안을 끼치게 된 점이 참으로 애통하다고 했다. 또한 그는 홍문갑 집안도 자신에게 은혜로운 보호자이고, 지금 자신이 몰래 조선에 들어왔으나, 나라에 재앙을 끼치려는 것은 아니었으며, 다만 서교의 교리가 조정의 제도와 맞지 않을 뿐이라고 했다. 신부인 주문모가 김건순과 홍문갑 집안을 아끼고 걱정하며, 서교가 조선의 제도와 맞지 않는 점을 인식하고 있음을 확인할 수 있다.

사대부들 중에 조정 관리와 유생을 막론하고 왕래한 자에 대해 바르게 말하라는 심문에 그는 자신이 이 나라에 와서 그 이름을 듣고 마음속으로 흠모하여 만나기를 원했던 사람은 김생金生(김건순) 한 사람 뿐이고, 나머지는 없다고 했다. 또한 그는 김백순이 천주교를 신봉한다는 말을 들었지만, 그런 사실에 대해 실제로 본 적은 없다고 했다.

주문모 추국 내용에서 특히 주목할 점은 주문모가 왕실에서 내쫓긴 전동磚洞 폐궁廢宮 사람의 집에 머물렀다는 진술이다. 전동 폐궁 사람은 정조의 이복동생 은언군恩彦君이었다. 당시 은언군은 앞서 언급한 정조 10년 아들 상계군常溪君의 자살로 촉발된 '병오년의 상변'에 연루되어 강화도에 유배가 있었다. '벽파 정권'은 지속적으로 '흉악한 잔당'인 종친 은언군과 외척 홍낙임 등을 논척하고 있던 상황이었다. 유배 간 은언군의 집에 외국인이고, '신부'이며, 남성인 주문모가 은언군의 부인 송씨宋氏와 며느리인 상계군의 부인 신씨申氏와 숨어서 함께 머물렀다는 사실은 왕실과 조정 대신들 모두에게 엄청난 충격을 주었으며, '사학'·'사설'에 의한 역모·모반에 대한 공포심을 더욱 키우고, 확인해 주는 사건이라고 할 수 있다.

3월 16일에 은언군 집안의 하인배들 중에 포도청에 구금된 자들을 붙잡아와서 엄히 매질해 사건의 진상을 알아내려는 심문이 이어졌다.[111] 경복敬福=景福은 양갓집 여자로 왕실에서 내쫓긴 폐궁에 들어가 일을 했으며, 왕실에서 내쫓긴 은언군의 아내 송씨와 상계군의 아내인 며느리 신씨가 주문모를 '신부'라고 불렀는데, 신부를 만나 배우지는 않고 책을 가지고 배웠고, 주문모는 안사랑에 거처했다고 진술했다. 또한 그녀는 송씨 부인이 "인간 세상의 근심 걱정을 잊어버리고, 죽은 뒤에 천당에 갈 수 있는지 생각한 것이다."라는 말에 자신도 '사학'을 했지만, 다시는 '사학'을 결코 하지 않겠다고 했다. 경의景儀=敬儀는 양갓집 여자로 왕실에서 내쫓긴 폐궁에 들어가 일을 했으며, 젊은 부인 신씨의 시어머니 송씨가 '사학'을 했고, 젊은 부인은 "지금 나라에서 금지하고 있으니 천천히 하겠습니다."라고 했다고 진술했다. 또한 그녀는 '사학을 하면 죽은 뒤에 영혼은 천당에 올라간다.'라고 하지만, 자신은 애당초 '사학'을 하지 않았기 때문에 정말로 아는 바가 없다고 진술했다.

영의정 심환지는 경복과 경의에 대해 일일이 사실대로 말했으므로, 더 조사할 내용이 없다며, 형조로 보내어 죄의 경중을 나누어 처단할 수 있도록 해달라고 요청했고, 그들은 형조로 보내졌다.[112] 25세 서씨徐氏 경의는 서관주徐實柱의 딸로 5월 10일에 웅천熊川으로 유배보내졌다.[113] 그러나 강녀姜女 경복은 한 달 뒤에 사학죄인을 포도청에서 형조로 옮기고 결안을 바치는 명단에서 확인된다.[114] 경복은 폐궁의 나인으로 강완숙姜完淑의 집에

---

111 한국학문헌연구소 편, 앞의 책 25, 225~237쪽; 이상식 역주, 앞의 책 73, 275쪽.
112 『日省錄』 純祖 1年 4月 5日(辛亥) "영의정 심환지가 아뢰기를, '국청 죄인 敬福과 敬儀는 모두 일일이 사실대로 말하였으므로 지금 더 이상 조사할 거리가 없습니다. 형조에 넘겨 경중을 나누어 처단할 수 있도록 하는 것이 어떻겠습니까' 하여, 그대로 따랐다."
113 조광 역주, 앞의 책 II, 256~259쪽 "결정문[題辭] 그는 폐궁의 계집종이다. 같이 강씨 노파의 집에 오갔으니 사학에 깊이 빠졌음은 스스로 변명할 여지가 없다. 물들어 더러워진 정상을 캐 보니, 강경복과 비교해 얕고 깊은 구별이 없지 않다. 이미 국문한 자리에서 여러 의논이 있었다. 우선 사형을 용서한다. 이대로 율문을 적용한다."
114 『純祖實錄』 卷3, 純祖 1年 5月 22日 丁酉 "捕廳邪學罪人 移刑曹捧結案…罪人姜女景福 以廢宮內人 往來

왕래하면서 주문모에게서 '선아仙娥'라는 호를 받은 사학죄인으로 5월 22일 정법正法에 처해 졌다.

3월 17일 대왕대비는 강화부에 탈 없이 머물게 한 죄인 은언군의 아내 송씨와 상계군 아내 신씨에게 모두 사약을 내려 죽이도록 하라고 지시했다. 순조는

> "시어머니와 며느리가 모두 사학에 빠져 흉악하고 추악한 외국인과 왕래하며 서로 만나면서, 나라에서 매우 엄히 금지하는 것은 두려워하지 않고, 제멋대로 집 안에 숨겨 주었다. 그들이 지은 죄를 따지자면, 단 하루라도 천지간에 그대로 둘 수 없을 것이다. 모두 사약을 내려 죽이도록 의금부에 지시하라."[115]

라고 했다. 앞서 경의가 송씨는 '사학'을 했지만, 며느리 신씨는 '사학'을 하지 않았다고 진술했지만, 송씨·신씨 모두 사사한 것을 보면 '사학'보다는 왕실·은언군과 관련한 사안이 더 크게 작용한 것이라고 할 수 있다. 이제까지 이가환과 오석충 등의 외척 홍낙임과의 연관성을 심문했던 추국은 주문모의 자수와 진술로 외국인 '신부'가 거처했던 폐궁인 은언군과의 연관성에 대한 소문이나 의심의 여지가 없이 확실해진 상황이었다.

도주하며 선교 활동을 이어갔던 주문모는 1801년에야 자수를 하고, 추국을 당한 후 4월 20일에 군기시에서 죽임을 당했다. 이때 조선 당국자들은 외국인인 중국인을 처형해도 되는지, 중국과 문제가 될 일은 없는지 논의했다. 신유년(1801)에 청淸나라에 보고하는 주문奏文을 문형文衡으로서

姜婆之家 受號於周文謨 稱以仙娥…竝正法"; 조광 역주, 앞의 책 I, 174~178쪽 "사형선고문 내용[결안招] 너는 江華 죄인의 가족과 함께 악행을 하고 서로 도왔으며, 邪術에 깊이 홀려 正道로 인정했다. 달게 형벌을 받으며, 끝내 변혁하기 어렵다 했다.…"

115 한국학문헌연구소 편, 앞의 책 25, 237쪽 "大王大妃殿傳日 江華安置罪人 禍妻湛妻 竝賜死"; 이상식 역주, 앞의 책 73, 288~289쪽.

이만수李晩秀가 지어 바쳤다. 이에 따라서 청나라 측에서는 우리나라에서 직접 주문모를 처형케 했다.[116]

정조 사후, 나이 어린 순조의 즉위와 정순왕후의 수렴청정으로 '벽파정권'의 정조 연간 '시파' 세력에 대한 토죄는 '시파' 세력 중 남인 신서파 1세대 세력이 대거 관련된 '사학'에 대한 토죄로 확대되었고, 주문모 사건과 황사영 백서 사건으로 대내對內 문제 뿐만이 아닌 대외對外 문제화되었다. 주문모 사건으로 '신유옥사'는 '사학'과 '사설'이 결합한 양상으로 확고히 인식되었다. '신유옥사'로, 남인 내 신서파 세력 중 1세대 순교자들이 대거 확인된다. 그 중에는 정약종·홍낙민 등을 포함해서『추안급국안』뿐만이 아닌『사학징의』를 통해서도 관련자들의 처분 내용을 확인할 수 있다.[117] 정약용과 사돈지간이었던 황사영은 백서를 작성해서 조선의 정치 상황과 박해 상황을 상세히 적어 외부 세력에게 큰 선박을 거느리고 와서 자신들을 구해 달라는 요청[청래대박請來大舶]을 했다. 이 내용은 당국자들에게 반드시 나라에 재앙을 끼치려는 계책과 외세까지 끌어들이는 역모 즉 반역으로 인식되었다.

결국, 정치적으로는 남인의 영수 채제공의 관작官爵이 추탈追奪되면서, 정조 연간의 남인 채당의 정치적 업적은 부정되었다. 1810년(순조 10)에 채제공의 양자 채홍원은 순조 1년 관작이 추탈된 채제공을 위한 신원 상소에서 채제공의 '사설' 관련 죄는 ① 1792년(정조 16)의 영남만인소의 배후 의혹과 ② 1793년(정조 17)의 사도세자를 죽음에 이르게 한 '임오화변壬午禍變' 관련자들에 대한 토죄討罪 요청 상소와 ③ '금등지사金縢之詞' 관련 사안이라고 했다. 또한 채제공의 '사학' 관련 죄는 ① 1795년(정조 19) '을묘실포사건'

---

116 李圭景,『五洲衍文長箋散稿』, 경사편 3 - 석전류 3/ 西學,「邪敎의 배척에 관한 변증설(고전간행회본 권 53)」, 김신호·신승운 공역, 한국고전번역원, 1979.
117 조광 역주, 앞의 책 Ⅰ·Ⅱ; 심재우, 앞의 글 참조.

과 ② 이가환의 추국으로 시작되어 주문모 신부의 자수로 인한 추국과 황사영 추국으로 이어지는 '신유옥사' 중 남인 신서파 세력의 뿌리라는 죄목이라고 했다.[118] 순조 1년 채제공은 '사설'에는 해당되었지만, '사교'·'서교'에 해당하지 않았음에도 불구하고, '사학邪學의 근저根柢'라는 이유로 관작이 추탈되었던 것이었다.[119]

30여 년이 지나 헌종 연간에는 정약종의 둘째 아들 정하상丁夏祥과 홍낙민의 아들 홍재영洪梓榮 등이 프랑스 신부들을 국내로 입국시켜 선교하는 일이 발각되는 '기해박해己亥迫害'가 일어나고, 또 30여 년이 지난 고종高宗 연간에는 이승훈의 손자인 이재의李在誼와 홍낙민의 손자이자 홍재영의 아들인 홍봉주洪鳳周가 연루된 오페르트 도굴 사건이 일어난다(뒤에 〈그림〉 참조). '신유옥사'에서 죽임을 당한 1세대 신자信者들의 죽음은 씨앗이 되어 가늠할 수 없을 정도의 열매를 맺었던 것이었다.

'신유옥사'에 대한 풍부하고 다양한 측면에서의 연구가 밑받침되어야만, 100여 년간 조선 사회에서 천주교가 탄압받고 전파되는 양상에 대해서도 풍부하고 다양하게 밝혀질 수 있으리라 기대해 본다.

5. 맺음말

조선시대는 유학을 '정학'이라고 하고, 이외의 학문을 '사학邪學'이라고 했다. 조선후기 '서학'은 학문의 차원에서 유행했다. 정조 8년에 이승훈이 중국에서 세례를 받고 서학 서적과 물품을 들여왔고, 남인 내 신서파 위주

---

118 『日省錄』 純祖 10年 2月 16日(庚子); 『純祖實錄』 卷21, 純祖 18年 9月 20日 乙卯 "慶尙道儒生李學培等 疏略"; 『日省錄』 純祖 23年 4月 7日(丙午) "命追奪罪人蔡濟恭復官".
119 『純祖實錄』 卷3, 純祖 1年 12月 22日 甲子 "行討邪陳賀于仁政殿 頒敎文".

로, 지식 차원의 '서학'은 신앙 차원의 '서교'로 변화했다. '을사추조적발사건'·'반회사건'·'진산 사건' 등은 정치·사회적 문제가 되었다.

그리고 정조 15년 제사를 폐기하고, 신주를 불태운 '윤지충·권상연 사건'이 일어나자, 국가에서는 '사학'을 경계하며 『대명률』조항에 의거해서 천주학에 대한 금령을 내렸다. 이 당시 서양 서적을 불태우고, 배교하는 양상이 확산되었다[혁심革心]. 이 사건으로 남인 채제공 계열의 이가환 등은 공서파에게 신서파라는 정치적 논척을 당했다.

그런데 정조 19년 중국인 주문모 신부가 국내에 들어와 선교를 했는데, 포도청에서 검거에 실패하는 사건이 일어났다('을묘실포사건'). 이 사건으로 남인 채제공 세력은 공서파에게 신서파라는 정치적 논척이 더욱 심해졌고, 남인 내에서의 분기도 심화되었다.

정조 사후, '벽파 정권'은 정학인 유학과 맞지 않는 사학의 '무부무군無父無君'을 논척하며, '사학'과 '사설邪說'이 확산하는 상황을 우려했다. 1801년(순조 1) '신유옥사' 중 '사학죄인 이가환' 추국은 사헌부의 대계臺啓로 인해 시작되었다. '사학' 관련 추국은 『대명률』조항에 의거해서 요서와 요언을 전하여 많은 사람들을 현혹시킨 죄에 대해서 자백을 받고[=지만], 판결문[=결안]에 따라 형이 집행되었다[=정법].

그런데 추국이 진행되면서 남인 세력 내 차세대 신진 인물들에 대한 공서파의 정치적 논척과 함께 이가환·오석충·이기양에 대한 '흉악한 잔당'인 척신 홍낙임과의 관련 여부에 대한 심문으로 변화했다. 서학과 관련 없는 경우까지도 정치적·사회적·사법적 처분이 행해졌다.

결국, 이가환은 '사학의 괴수'로 지목되었고, 자백[=지만]한 뒤에 판결문에 따라 형이 집행되기 전에 지레 사망했다[=경폐, 장폐, 물고]. 정약용은 유배 보내졌고, 이승훈 등이 '사학'과 관련해서 사형되었다.

반면에 '벽파정권'이라는 상황 속에서도 당대의 인재를 알아보고, 사학과 관련이 없는 인물들에 대한 추국 상황에 대해 당국자들도 공감하고 동감하며, 이서구·김관주 등이 평반平反했던 사례도 확인할 수 있다.

주문모 신부가 자수하자, 당국자들의 우려가 현실이 되었다. 그가 숨어 지낸 곳 중 종친 은언군의 폐궁에서 지낸 사실이 드러났다. 또한 노론 김건순·김려, 소북인 강이천 등 '사학'·'사설'·'무고' 관련 사안으로의 확산되었다.

'신유옥사' 중 이가환 추국의 시작은 '사학'과 관련해서 남인 내 채제공 계열과 신서파 세력, 신진세력에 대한 심문으로부터 '흉악한 잔당'인 외척 홍낙임 세력과의 연합 여부에 대한 심문으로 변화했고, 주문모 신부 자수로 종친 은언군 세력과 노·소론, 남인, 소북인 내 '시파' 세력에 대한 추국으로 확산·변화하는 양상을 확인할 수 있었다.

그리고 신유년 봄의 추국 과정에서 나온 심문과 진술에서 나왔던 외척 홍낙임·종친 은언군을 포함한 각신 윤행임이 역적 임시발·윤가기 사건과 관련되어 5월 여름 추국으로 이어졌고, '사학'과 '사설'과 '무고' 관련 사안은 역모 사건으로 정치적·사회적·사법적 처분이 행해졌다. 신유년 봄에 잡지 못한 사학 죄인 황사영은 12월에 체포되었다. 그의 서양 세력에 대한 도움 요청[청래대박請來大舶]은 '사학'이 더 이상 국내 문제가 아닌 양상을 말해주는 것이었다.

30여 년이 지나 헌종 연간에는 정약종의 둘째 아들 정하상과 홍낙민의 아들 홍재영 등이 프랑스 신부들을 국내로 입국시켜 선교하는 일이 발각되는 기해박해가 일어나고, 또 30여 년이 지난 고종 연간에는 이승훈의 손자인 이재의와 홍낙민의 손자이자 홍재영의 아들인 홍봉주가 연루된 오페르트 도굴 사건이 일어난다. '신유옥사'에서 죽임을 당한 1세대 신자들의 죽음은 씨앗이 되어 가늠할 수 없을 정도의 열매를 맺었던 것이었다.

'신유옥사'에 대한 풍부하고 다양한 측면에서의 연구가 밑받침되어야만, 100여 년간 조선 사회에서 천주교가 탄압받고 전파되는 양상에 대해서도 풍부하고 다양하게 밝혀질 수 있으리라 기대해 본다.

〈그림〉 이가환 · 정약용 · 이승훈 · 이기양 연혼도[120]

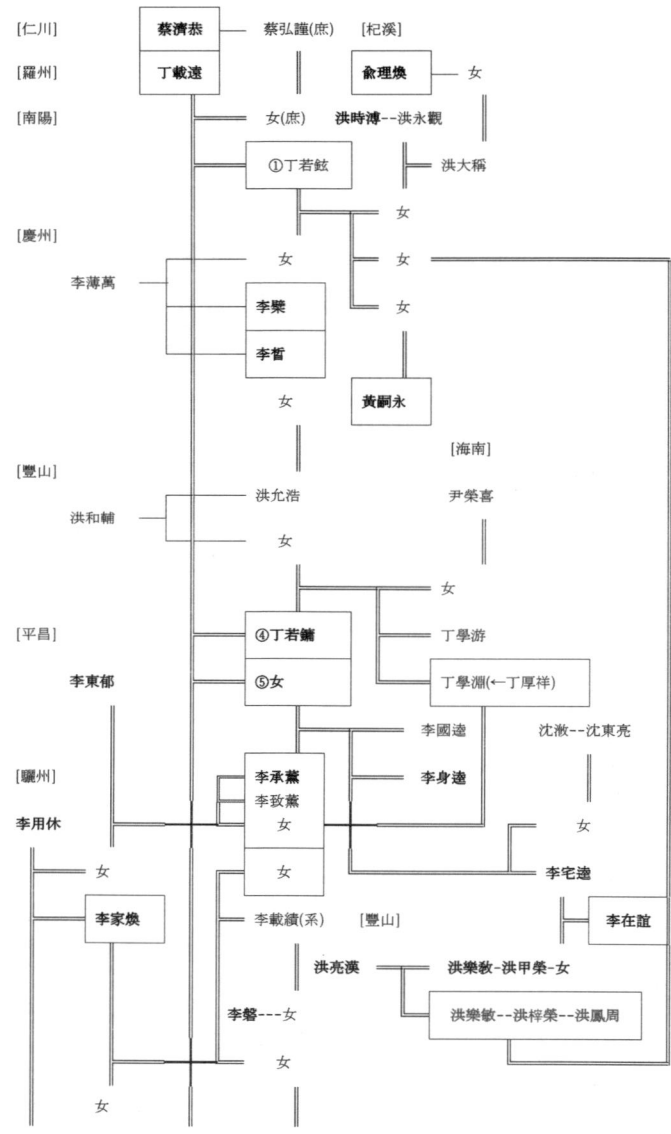

[120] 한국역대인물종합정보시스템(http://people.aks.ac.kr/)과 한국고전번역원(https://db.itkc.or.kr/)의 문집 해제와 한국고전종합DB 인물관계정보서비스(https://db.itkc.or.kr/people/#)를 참조했다.

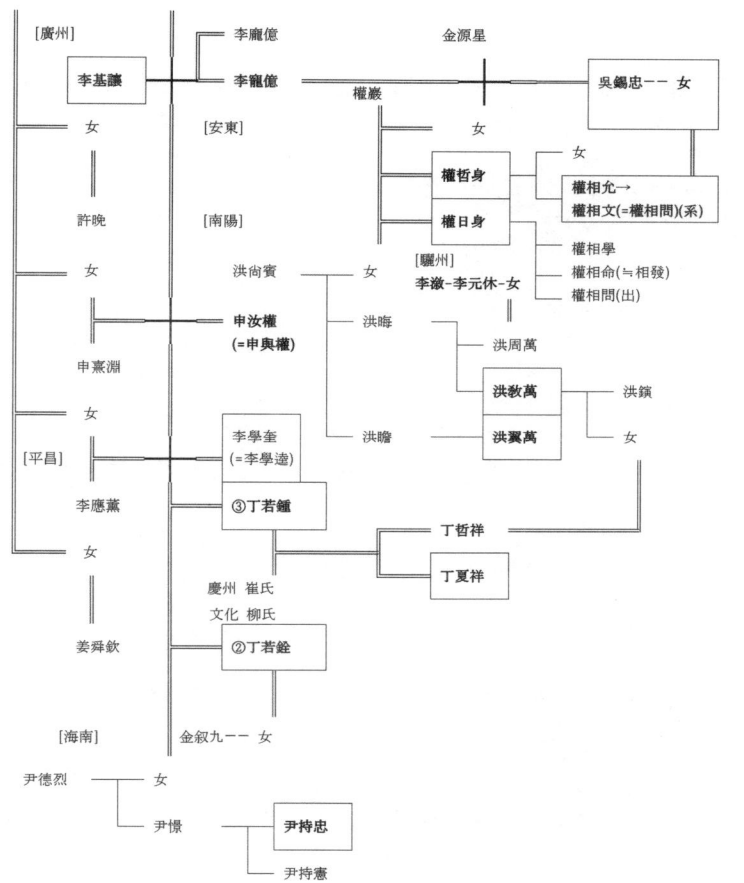

참고문헌

『朝鮮王朝實錄』·『承政院日記』·『日省錄』·『親鞫日記』, 各司謄錄 80, 國史編纂委員會, 1995.
韓國學文獻研究所 編,『推案及鞫案』, 아세아문화사, 1983 · 各司謄錄 78,『推鞫日記』, 國史編纂委員會, 1994.
李家煥,『錦帶詩文鈔』, 한국고전번역원. 李森煥,『少眉山房藏』, 한국고전번역원.
李書九,『惕齋集年譜』, 한국고전번역원.
李圭景,『五洲衍文長箋散稿』, 한국고전번역원.

(국역)『추안급국안』, 흐름출판사, 2014.
『邪學懲義』, 조광 역주,『역주 사학징의』Ⅰ·Ⅱ, 천주교 서울대교구 순교자현양위원회, 2001·2022.
노상추,『노상추일기』, 국사편찬위원회, 2005.
정약용,『다산시문집』, 정태현 역, 한국고전번역원, 1985.
한상권 · 구덕회 · 심희기 · 박진호 · 장경준 · 김세봉 · 김백철 · 조윤선 공역,『대명률직해』, 한국고전번역원, 2018.

김정자,「英祖末~正祖 初의 政局과 政治勢力의 動向」,『조선후기 탕평정치의 재조명』하, 태학사, 2011.
_____,「正祖代 前半期의 政局動向과 政治勢力의 變化(Ⅰ)」,『한국학논총』37, 국민대학교 한국학연구소, 2012.
_____,「正祖代 前半期의 政局動向과 政治勢力의 變化(Ⅱ) -『頤齋亂藁』를 중심으로」,『조선시대사학보』78, 조선시대사학회, 2016.
_____,「정조 후반 純祖 초반 정치세력과 정국의 동향 - 정조 16년(1792)~純祖 6년(1806)을 중심으로」,『한국학논총』50, 국민대학교 한국학연구소, 2018.
_____,「純祖 전반기 정국의 동향과 李審度 獄事의 전말」,『조선시대사학보』89, 조선시대사학회, 2019.
_____,「純祖 前半期 親鞫 · 推鞫의 政治性 -『親鞫日記』·『推案及鞫案』사례 비교를 중심으로 - 」,『法史學研究』63, 한국법사학회, 2021A.
_____,「순조 1년(1801) '辛酉獄事'와 尹行恁 賜死 사건 - 任時發 · 尹可基 사건을 중심으로 - 」,『역사민속학』61, 한국역사민속학회, 2021B.
_____,「'邪說' · '誣告' · '邪學' 事件과 '辛酉獄事' -『推案及鞫案』의 姜彝天 推鞫 事件을 중심으로」,『역사와 경계』122, 부산경남사학회, 2022.
역사비평 편집위원회 지음,『정조와 정조 이후 - 정조 시대와 19세기의 연속과 단절 - 』, 역사비평사, 2017.
오수창,「제 2장 정국의 추이」,『조선정치사 1800~1863』상 · 하, 청년사, 1990.
유봉학,『개혁과 갈등의 시대 - 정조와 19세기』, 신구문화사, 2009.
이경구,「이벽, 황사영, 정하상의 천주교, 유교 인식의 동일성과 차이점」,『教會史研究』52, 한국교회사연구소, 2018.
정만조,「星湖學의 原形과 東西 交流의 가능성」,『성호학보』24, 성호학회, 2022.

정진혁, 「18세기 말 정부의 '정감록 참위설' 인식과 대응책」, 『역사와 현실』 111, 한국역사연구회, 2019.
조 광, 「병인박해 그리고 제너럴셔먼호 사건과 '순교'」, 『한국기독교와 역사』 45, 한국기독교역사연구소, 2016.
한국역사연구회, 『조선정치사 1800~1863』 상·하, 청년사, 1990.

글쓴이

심재우
한국학중앙연구원 교수

박경
건양대학교 인문융합학부 강의전담교수

차인배
연세대학교 법학전문대학원 연구교수

문준영
부산대학교 법학전문대학원 교수

유승희
연세대 법학연구원 연구교수

손경찬
충북대학교 사회교육학과 교수

심희기
연세대학교 법학전문대학원 명예교수

이유진
연세대학교 법학연구원 연구교수

조윤선
전주대학교 한국고전학연구소 학술연구교수

이하경
한국학중앙연구원 교수

김정자
연세대학교 법학연구원 연구교수